일제시대 米穀시장과 流通구조

오호성

서울대학교 농대 농경제학과 졸업
미국 University of Hawaii 대학원 경제학박사
조선일보 기자, 명지대학교 경상학부 조교수
한국농촌경제연구원 수석연구원
성균관대학교 경제학부 교수
한국환경경제학회 회장
한국농업경제학회 회장 역임
현 성균관대학교 명예교수

대표 저서

『경제발전과 농지제도』(한국농촌경제연구원, 1981)
『환경과 경제의 조화』(조선일보사, 1995)
『환경경제학』(법문사, 2002)
『조선시대의 미곡유통시스템』(국학자료원, 2007)
『조선시대 농본주의사상과 경제개혁론』(경인문화사, 2009)

일제시대 米穀시장과 流通구조　　　　값 34,000원

　　2013년 9월 25일 초판 인쇄
　　2013년 9월 30일 초판 발행

　　　　　저　　자 : 오 호 성
　　　　　발 행 인 : 한 정 희
　　　　　발 행 처 : 경인문화사
　　　　　　　　　　서울특별시 마포구 마포동 324 - 3
　　　　　　　　　　전화 : 718 - 4831~2, 팩스 : 703 - 9711
　　　　　　　　　　이메일 : kyunginp@chol.com
　　　　　　　　　　홈페이지 : http://kyungin.mkstudy.com
　　　　　등록번호 : 제10 - 18호(1973. 11. 8)

ISBN : 978-89-499-0958-5 93910
ⓒ 2013, Kyung-in Publishing Co, Printed in Korea
* 파본 및 훼손된 책은 교환해 드립니다.

일제시대 米穀시장과 流通구조

吳浩成 지음

景仁文化社

머리말

저자는 2007년에 『조선시대의 미곡유통시스템』이란 책을 출간하였다. 조선시대의 미곡시장과 유통문제는 그 동안 종합적인 연구가 없었기 때문에 새로운 개척지나 다름이 없었다. 이 연구로 인해 저자는 후속 연구로 일제시대의 미곡 유통시스템에 대하여 관심을 갖게 되었다. 일제시대의 미곡시장은 조선시대와는 완전히 다른 식민지 통치와 일본에 의해 이식된 자본주의 경제제도 아래서 큰 변화를 겪었을 것이라는 생각에서 일제시대의 미곡시장과 유통에 대한 연구는 저자에게 큰 호기심의 대상이 되었다.

지금까지 우리나라 학계에서 수행한 일제시대의 농업과 농촌에 대한 연구는 식민지 농업정책의 성격과 생산 측면에 중점이 있었다. 이 분야에 대한 연구는 상당량이 축적되어 있는데 주로 일제의 식량공급기지로서 산미증식계획의 추진, 증산과 수탈을 위한 수단으로서 지주제의 강화, 그에 따른 조선 농민층의 식량 부족과 농촌의 궁핍화 문제가 강조되었다. 쌀은 조선에서 가장 큰 시장을 형성하고 있었으나 미곡의 유통문제에 관한 연구는 단편적인 몇 편을 제외하고는 찾기 어려웠다.

저자는 조선미에 대한 유통 측면의 연구 부족이 세간에서 일반적으로 받아 들여지고 있는 조선 농민과 그들이 생산한 쌀에 대한 일제의 수탈과 착취론 때문인지 아니면 미곡시장과 유통문제는 중요한 연구의 대상이 아니라고 보기 때문인지 분명한 이유를 가려낼 수 없었다. 조선미의 시장과 유통을 수탈론의 입장에서 보면 이 문제는 그 담론의 그늘에 가리워져 잘 보이지 않게 된다. 수탈론이 현실적 근거를 가졌다고 할지라도 유통 측면에서 일제의 착취와 수탈을 입증할 만한 실증적 연구를 찾기 힘든 것도 의외였다.

일제시대 조선의 미곡시장은 선물시장과 현물시장을 통하여 일본시장과 연결되어 있었다. 일본의 미곡시장은 일본의 다른 식민지 시장과도 연계되어 있었고 당시 일본은 서구의 열강에 비견할 정도로 자본주의 경제가 발달하여 있었다. 조선의 미곡경제는 일본시장에 의해 민감한 영향을 받지 않을 수 없었고 조선의 미곡문제는 일본시장을 통하여 간접적으로 세계 경제의 흐름과 연결되어 움직이고 있다고 보았다.

따라서 저자는 조선 미곡시장의 동태적 움직임을 파악하기 위해서는 쌀 문제를 조선 내의 문제 또는 식민지 착취세력과 조선 농민간의 관계로만 보아서는 안 되고 이럴 경우 문제의 본질에 접근하기 어렵다고 생각하였다.

저자는 일제시대에 조선의 미곡시장이 어떤 단계를 거쳐 확대되었으며 일본시장의 수급상황의 변화에 따라 조선의 시장과 유통정책이 어떻게 변하였는지, 조선의 미곡시장은 일본과 대만 및 외국시장과 어떤 방식으로 연결되었으며 일본정부와 조선총독부 사이의 미곡 수급과 미가 문제에 대한 정책 조율은 어떤 방식으로 이루어 졌는지, 그에 따라 조선의 미곡시장이 어떤 영향을 받았는지 등의 사실 관계를 복원하고 그것을 바탕으로 조선 미곡시장과 유통정책을 평가하기로 하였다.

구체적으로 저자는 일제가 도입한 자본주의 시장경제 시스템 아래서 조선 농민이 생산한 미곡이 상품으로서의 구색을 갖추기 위해 어떤 과정을 거쳤는지, 조선미가 일본시장에서 어떻게 경쟁력을 확보할 수 있었는지, 조선미가 일본의 미가에 어떠한 영향을 미쳤는지, 막대한 양의 미곡 이출대금은 누구에게 귀속되었으며 이 돈은 어떤 목적으로 사용하였는지, 식민지 조선의 미곡시장에서 조선인들의 역할은 무엇이었는지 하는 것을 규명하는 데 관심을 두었다.

저자는 이 연구를 수행하는데 꼬박 3년 반이 걸렸으나 연구의 목적을 충분히 달성하였다고는 생각하지 않는다. 이 점 저자의 예지나 통찰력이 부족한 탓이다. 자료의 부족으로 연구의 일부는 오래된 선행연구에 많이 의존하였음을 민망하게 여긴다. 자료와 문헌이 일제시대의 것이 대부분이기 때문에 이것들을 구하여 읽는 데 많은 시간이 소요되었다. 필요한 자료의 일부는 국립중앙도서관과 서울 시내의 중요 대학 도서관에서 찾을 수 있었는데 해방 후 70여 년이 경과하여 귀중 도서로 분류한 곳이 대부분이었다. 이 때문에 자료를 대출받기 어려워 도서관에서 많은 시간을 보냈다.

다행히 도서관에서 찾을 수 없는 자료의 일부는 한국농촌경제연구원의 朴錫斗 박사가 구해 주어 연구를 진행하는 데 큰 도움이 되었다. 또 한국고등교육재단에서는 연구 시설을 이용할 수 있도록 편의를 제공하여 주어 안락한 분위기에서 집필할 수 있었다. 이 기회를 통해 박석두 박사와 한국고등교육재단에 감사의 뜻을 전하고자 한다.

2013년 8월 20일

吳 浩 成

목 차

제1장
개항기 조선의 미곡시장과 유통

1. 조선 후기의 미곡시장과 유통

1) 조선 후기의 市廛과 미곡유통

19세기 조선 최대의 도시는 수도 한성(漢城)이었다. 당시 한성의 인구는 약 20만으로 추산된다. 한성 주민들의 직업이나 출신은 대부분 왕족, 양반, 서리(胥吏), 군졸, 노비, 시전(市廛)상인, 수공업자, 그리고 영세 상인과 품팔이 노동자들이었다. 한성 주민들 가운데는 농업에 종사하는 사람들도 있었으나 대부분 무, 배추, 오이, 미나리 등 채소와 과실을 도성 내에 공급하기 위한 사람들이었고 한성 거주자의 대부분은 지방에서 생산되는 곡물의 소비자였다.

한성을 제외한 대도시는 평양, 대구, 전주, 개성, 상주 등 7개 정도가 있었으나 그 인구는 1~2만 정도에 불과하였다.[1] 조선시대에는 도성을 제외하고는 감영(監營)이 있는 도회지라 할지라도 미곡은 거의 자급자족적 상태에 있었다.

도성 내외에 거주하는 미곡 소비자들은 시전체제에 속하는 미전(米廛)이나 또는 각 미전에 소속되어 있는 좌시미상(坐市米商·소매 쌀가게)에서 쌀과 잡곡을 구입하여 먹었다. 당시 쌀가게의 수는 알 수 없으나 도성 내외에 상당수가 있었던 것으로 보인다.[2] 소매 쌀집은 원칙적으로

---

1) 『戶口總數』, 正祖 13年(1789), 개성의 인구가 약 2만 7천, 평양이 2만, 그 밖의 도시는 2만 미만으로 집계되어 있다.
2) 19세기 전반에 그린 것으로 추정되는 작자 미상의 京畿監營圖(보물 제1349호, 호암미술관 소장)에는 돈의문 앞과 경기감영으로 가는 큰 길가에 각각 하나씩 2개의

자기 구역(基址)의 미전이나 중도아(中都兒·중간상인)로부터 쌀을 공급
받아 소비자에게 팔았다.

　소매 쌀집은 주요 가로변에 있는 주택의 일부를 개조하거나 또는 햇
빛과 비바람을 막을 정도의 간단한 점포를 만들어 사용하였다. 쌀가게
(假家)는 짚으로 만든 맷방석에 쌀과 잡곡을 쌓아놓고 되(升)와 말(斗)로
계량하여 판매하였다.

　19세기에는 통영(統營)이나 강경(江景), 송파(松坡) 같은 몇 개의 예
외를 제외하고3) 지방에는 한성에서와 같은 상설 쌀가게가 없었다. 지방
의 소비자들은 주로 5일장을 이용하거나 행상 편을 이용하여 미곡을 사
고 팔았다. 지방에 거주하는 인구의 대부분은 자급자족적 농업에 종사하
였기 때문에 특별히 매일 쌀을 구입해야 할 필요성이 없었고 5일장으로
충분하였던 것으로 보인다.

　조선 초에 관상(官商)으로 출발한 미전 시스템은 원래 1물1시(一物一
市)의 원칙 아래 한 가지 품목에 대해서 하나의 전(廛)만 허용하였다. 그
러나 쌀은 주민들이 매일 소비하는 식량으로 부피가 크고 무거워 하나의
미전만 가지고는 불편한 점이 많았다. 정부는 이 때문에 국초부터 상미
전(上米廛)과 하미전(下米廛) 그리고 잡곡전을 포함하여 세 개의 미전을

쌀가게가 사실적으로 그려져 있다. 그 밖에 약국, 종이가게, 신발가게 등이 묘사되
어 있는 이 그림은 병풍 형식의 사실적 그림인데 경기감영을 중심으로 서대문 밖
의 풍경과 생활상이 구체적으로 묘사되어 있다.

3) 1677년에 설치된 三道水軍統制營이 있는 경상도 統營에는 水軍을 배경으로 생계
　를 이어가던 약 5~6천 호의 민가가 있었는데 이들을 중심으로 큰 場市가 발달하
　였다. 18세기 후반에 쓴 것으로 보이는 『統營志』에 "이곳의 米廛은 남문 밖 성
　아래 위치하고 있는데 假家가 수백여 間이나 된다. 통영에는 嶺湖南의 商船이 貿
　穀하기 위하여 계속 들어와 정박하고 있다"는 기사가 있는 것으로 보아 18세기
　말 또는 19세기 초부터 통영에는 常設 미전이 있었던 것으로 보인다. 『統營志』
　(奎 10876). 송파장, 안성장, 강경장 등은 교통의 요지로 규모가 큰 5일장이 섰다.
　19세기 초반부터 사방에서 물산이 모여들어 集散地가 되면서 미곡을 포함한 일부
　품목은 상설 점포를 열었을 가능성이 크다.

허락하였다. 잡곡전을 미전과 같이 취급한 것은 쌀을 파는 곳에서 잡곡을 판매하는 것이 편리하고 소비자들도 한 곳에서 쌀과 잡곡을 함께 구입하는 것이 자연스럽기 때문이었다. 미전과 잡곡전은 모두 쌀과 잡곡을 취급할 수 있도록 하였다.

조선 최대의 소비도시인 한성에서의 연간 쌀 소비량에 관한 확실한 자료는 없다. 18세기 말 정조(正祖)가 신하들과 물가문제를 두고 그 대책을 논의하는 과정에서 좌승지 유의양(柳義養)은 도성에서 소비하는 미곡은 대략 연간 100만 석(石) 정도라고 말하였다.

그가 제시한 근거는 한성 주민이 20만인데 한 사람이 하루에 2되(升)의 쌀을 소비한다면 연간 소비량이 100만 석이 된다는 것이다. 그는 한성에서 소비하는 미곡은 세 가지의 경로를 통하여 공급되는데 정부의 세곡(稅穀)에서 급료 등으로 지출되는 양이 연간 약 20만 석, 재경 지주들의 소작미로 지방에서 반입하는 양이 약 20만 석, 그리고 나머지 60만 석은 상인들의 무곡(貿穀)으로 들어온다는 것이다.[4]

19세기 말 개화파 유길준(兪吉濬)은 한성에서의 연간 미곡 소비량을 약 150만 곡(斛)이라고 추산하였다. 그는 평균적으로 1인당 1일 쌀 소비량이 1되(升)라고 보았다. 도성의 인구가 약 40만인데 그 가운데 5만의 유아를 제외하고, 미성년자의 쌀 소비량을 성인의 절반으로 잡으면 30만 명이 하루에 쌀 3,000곡을 소비한다는 계산이다. 따라서 도성에서 1년 동안 소비되는 쌀의 양은 술과 떡을 만드는 분량을 합쳐 약 150만 곡이 된다는 것이다.[5] 유길준은 나아가 한성에서의 미곡수요는 관리에 대한 급료(料祿)로 3개월, 정부와 왕실의 구매지출(貢米)로 3개월, 재경 지주들의 소작미로 3개월, 미곡 상인들이 반입하는 쌀로 3개월을 충당한다고 보았다.

---

4) 『承政院日記』, 正祖 7年 9月 9日; 『日省錄』, 正祖 7年 9月 9日.
5) 『兪吉濬全書』 4, 稅制議, 一潮閣, 1971.

두 자료는 시간상 약 100년의 차이를 두고 기록된 것인데 그 차이는 도량형의 상이에서 오는 것이 대부분이고 실제로는 거의 일치한다고 보여진다. 조선시대의 인구 자료는 세금과 부역을 부과하기 위한 기초로 만들었기 때문에 정확한 규모는 알 수 없다. 정조 때의 인구자료는 유아나 노비는 통계에서 제외되었을 가능성이 높고 기근 등의 이유로 도성으로 유입한 유민(流民)들이 빠져있을 수 있기 때문에 다소 과소 추정된 면이 있다고 볼 수 있다. 그러나 두 시기에 사용된 도량형은 서로 다르다. 정조 때는 1석을 15두(斗)로 계산하였다. 조선 말기의 1곡(斛)은 10두로 계량하였다.

정조 때 조운(漕運)을 통해 반입한 세곡에 포함되어 있던 운반비인 선가미(船價米)를 제외하고 두 시대의 것을 모두 말(斗)로 계산하면 1,500만 두로 환산된다. 구한말인 1904년부터는 도량형을 일본식 표준을 따라 개정하였다. 이 수량을 일본식 되로 환산하면 조선 되로 1승이 일본 되로 0.36승이므로 한성에서의 일년간 쌀 소비량은 두 자료가 모두 54만 석으로 차이가 없다.[6]

두 자료의 차이를 종합하여 판단하면 상인들의 무곡으로 한성에 들어오는 미곡의 비중이 18세기말 자료는 60%, 19세기 말의 자료는 25%로 차이가 있는데 갑오개혁 이후 조세금납제(租稅金納制)가 실시되어 정부의 세곡이 줄어들고 상인들의 공급량이 증가하였다는 사실을 고려할 때 유길준의 자료는 상인들의 공급량을 과소평가하고 정부의 세곡을 과대평가한 것으로 볼 수 있다.

하원호는 이 같은 점을 종합하여 갑오개혁 이후 한성에서의 미곡 소비량은 연간 약 50만 석으로 이 가운데 절반 가량인 약 30만 석이 미곡상인들에 의해 공급되었을 것으로 보고 있다. 따라서 개항기 한성의 미

---

6) 구체적 계산 근거는 河元鎬, "開港期 서울의 穀物流通構造"『鄕土서울』55, 1955, pp.58-60.

곡수요는 대략 연간 50여만 석이고 미곡 상인들에 의한 조달량은 30만 석 전후로 추정된다. 한성의 미곡 유통량은 당시 전국의 연평균 생산량 1천만 석의 20분의 1 정도에 해당한다.[7]

조선총독부가 철도국의 곡물취급 통계와 각 면장의 보고를 기초로 만든 통계에 의하면 1911년 철도편으로 경성에 들어오는 쌀의 양이 26만 석, 한강 수운에 의해 반입된 양이 약 22만 석으로 모두 48만 석이었다.[8] 이 통계에는 한성 근교에서 육로를 이용하여 우(牛)·마(馬)와 사람의 등짐으로 들어오는 것은 포함되지 않았으므로 이 부분을 대체로 3~4만 석 정도로 보면 모두 52만 석 가량이 한성으로 들어왔을 것으로 생각된다.

2) 京江의 미곡 객주와 米廛

조선시대 한성으로 들어오는 미곡의 주요 집산지는 경강(京江)[9] 연안의 포구였다. 이 가운데 가장 큰 집산지는 서강(西江)과 용산(龍山), 마포(麻浦)였다. 1894년 갑오경장으로 조운제도(漕運制度)가 폐지될 때까지 삼남에서 올라오는 정부의 세곡은 서강과 용산으로 집중되었다.[10]

---

7) 조선시대에는 쌀의 생산량 통계가 없어 정확한 수량을 알 수 없다. 1910년의 1천만 석은 통감부 시대 일본인 전문가들이 추산한 양이다.

8) 朝鮮總督府, 『京城·仁川商工業調査』, 1913, pp.126-127.

9) 京江이란 한성부가 관할하던 광나루부터 양화진에 이르기까지의 한강 줄기를 말한다. 임진왜란 이후부터 남산으로부터 노량진까지를 한강, 노량진 서쪽부터 마포까지를 용산강, 마포 서쪽부터 양화나루까지를 西江이라 하고 통틀어서 3江이라고 불렀다. 18세기 중엽부터는 5江이라는 명칭이 사용되었는데 3강에 뚝섬과 송파나루 부근의 한강을 합하여 5강으로 호칭하였다.

10) 조선시대에는 쌀이 정부 재정운용의 주요 수단이었다. 정부는 쌀로 세금을 걷고 이것을 도성으로 운반하여 관료들의 급료를 지불하고 국가운영에 필요한 비용으로 사용하였다. 조선시대의 미곡 유통에 대해서는 吳浩成, 『朝鮮時代의 米穀流通시스템』, 國學資料院, 2007을 참고할 것.

재경 지주들의 소작미와 미곡 상인들의 교역미는 마포를 중심으로 한강 나루, 뚝섬 등지에 하역되었다. 나머지는 도성과 가까운 경기도의 미곡을 육로를 이용하여 운반하는 것인데 우·마와 등짐으로 서대문과 청량리 쪽으로 들어오거나 송파 등지로 가져온 다음 도성 안으로 옮겼다.

경강의 포구는 국초부터 각기 특성을 가지면서 발전하였다. 용산 강변에는 정부의 군자감창(軍資監倉), 별창(別倉) 등 미곡창고가 집중하여 한강 상류 지역과 일부 경상도 지역에서 조세로 거둔 미곡이 수운(水運)으로 이곳으로 들어왔다. 전라도, 충청도, 황해도, 일부 경상도 등지에서 바닷길을 통해 올라오는 세곡은 한강 하류를 거슬러 들어온 다음 서강에 있는 광흥창(廣興倉) 등에 양육되었다.

마포는 삼남으로부터 올라오는 세곡이 아닌 일반 미곡과 어물, 소금, 잡화 등의 집산지였다. 송파는 경기도 내륙 지방과 한강 상류로부터 수륙으로 올라오는 곡물과 잡화의 집산지였다. 한강 상류로부터 내려오는 목재와 장작, 숯 등은 주로 뚝섬에 모였다. 경강에는 조선 최대의 소비지인 한성에 각종 물화를 공급하기 위해 크고 작은 조선의 전통 선박들이 끊임없이 드나들었다. 19세기 초 각지에서 경강으로 몰려드는 상선은 해마다 1만 척을 헤아렸다.[11]

경강에는 전국 각지에서 올라오는 각종 물화를 사들여 이를 소매상에 넘기거나 또는 위탁받은 물자를 팔아주고 구문을 받는 객주(客主 또는 旅閣)들이 진을 치고 있었다. 객주는 포구(浦口)와 같은 물자의 집산지에서 고객의 의뢰를 받아 매물(賣物)을 팔아주거나 또는 특정물의 구입을 위탁받아 이를 처리해주고 일정한 구문을 받았다.

객주는 또 자기 자금으로 물화를 사들여 이를 소매상에게 판매하는 도매업도 겸영하였다. 객주는 이 과정에서 고객들을 위한 숙식의 해결로부터 상품의 보관과 운송, 어음의 할인과 추심, 상업자금의 대부 등 금융

---

11) 『備邊司謄錄』, 純祖 17년 3월 25일.

의 편의까지 제공하던 조선의 전통적인 중개업자를 말한다.[12]

객주들 가운데 주인권(主人權)을 가진 유력자는 관아나 궁방(宮房)을 대신하여 상인들로부터 세금도 징수하였다. 주인객주 또는 여각주인은 상품의 매매 시에 객주가 받는 구전(口錢)에 선세(船稅) 또는 영업세의 일종인 푼세(分稅) 등 잡세를 포함해 징수하여 이를 미전을 통해 관아나 궁가에 납부하고 그대신 특정 상품이나 거래지역에 대한 영업권이나 독점권을 인정받는 특혜를 누렸다.

경강으로 들어온 소작미와 상인들의 미곡은 경강 객주들의 중개를 거쳐 도성 내외의 미전상인들에게 넘겨졌다. 미곡은 일단 미전에서 구매한 다음 좌시미상을 통해 소비자들에게 판매되었다.

18세기 후반에는 도성 내외에 7개의 미전이 있었다. 성내에 있는 상미전, 하미전, 잡곡전은 조선 건국 초부터 종로의 시전체제 내에서 개설된 것으로 가장 오랜 역사를 갖고 있었다. 도성의 인구가 증가하고 경강 주변에 상업활동이 늘어나면서 주민들의 편의를 도모하기 위해 미전이 추가로 개설되었다.

17세기 후반 경강변에 마포미전과 서강미전이 허가되었고 18세기 후반에 서소문 밖 부근에 문외미전(門外米廛)이 개설되었다. 그리고 정식으로 정부의 허가를 받은 것은 아니나 한 때 미전으로 취급된 남문미계(南門米契)도 남대문 근처에 생겼다.[13]

도성 내외에서 영업하는 미전은 정부에 세금을 바쳐야 하는 의무를 지고 있었다. 미전은 주인권을 갖고 있는 거래 객주로부터 정부를 대신

---

12) 客主는 客商들의 主人이란 뜻이다. 旅閣은 旅商들의 旅館이란 의미인데 하는 일은 동일하다. 학자에 따라서는 여각이 취급 상품을 미곡, 어류, 소금, 과물 등으로 특화하고 牛馬의 숙박을 맡아주는 馬房을 가지고 있는 것이 특색이라고 하나 본고에서는 동일한 것으로 사용하였다. 여각이나 객주는 일본인들의 問屋과 같은 역할을 하였다.

13) 吳浩成, 『朝鮮時代의 米穀流通시스템』, 國學資料院, 2007.

하여 세금을 거두었다. 여객주인은 선상(船商)이나 무곡(貿穀)상인들로
부터 푼세(分稅)를 거두고 시전의 4미전(상미전, 하미전, 문외미전, 잡곡
전)과 마포미전, 서강미전에 세금을 납부하였다.[14]

주인객주는 원칙적으로 어떤 미전에 소속되어 해당 미전에 쌀을 판매
하지 않으면 안 되었다. 주인권이 없는 일반 객주들은 주인권을 가지고
있는 객주에게 구문의 일부를 세금으로 바쳤다.[15]

미전은 원래 정부가 지정한 전매(專賣) 영업구역이 있었으나 다른 시
전에 주었던 금난전권(禁亂廛權)은 주지 않았다. 그러나 미전은 국가에
대해 세금과 궁내의 필요물자를 조달해야 하는 국역(國役)을 부담하였으
므로 미전의 조합원이 아닌 상인들이 자기의 미전 구역으로 쌀을 가져와
팔 때는 정부를 대신하여 일정액의 세금을 거두어 주는 수세권(收稅權)
을 주었다. 18세기 후반부터 경강의 미곡 상인들과 주인객주의 세력이
커져 쌀을 어느 정도 자신들의 조직망을 통해 유통시킬 수 있게 되면서
미전의 독점적 위치는 흔들리게 되었다.

3) 場市에서의 미곡거래

(1) 場市

조선시대의 농업은 생산성이 낮았기 때문에 잉여 농산물이 거의 생산
되지 않았다. 농민들은 식량을 비롯하여 필요한 생활용품을 스스로 생산
하여 사용하는 자급자족적인 경제를 유지하였다. 지주와 대농을 제외한
대부분의 중·소농민들은 소작료를 지불하고 남는 미곡은 자가식량 등으

---

14) 전우용, "근대이행기 서울의 객주와 객주업"『서울학연구』24, 2004, p.135.
15) 객주와 여객, 여객 주인권의 성립과 포구 수세권의 유형에 대해서는 李榮昊, "19
    세기 浦口收稅의 유형과 浦口流通의 성격"『한국학보』11(4), 1985, pp.104-147
    참조.

로 소비하기 때문에 상품으로 판매할 수 있는 양은 한정적이었다.

조선시대의 중·소농민들은 환금의 필요성이 있을 때는 전통적인 장시(場市)를 이용하였다. 향시(鄕市)로도 불리는 장시는 조선 초 성종 때 전라도에서 처음 생긴 후 계속 번성하여 전국으로 퍼져나갔다. 『만기요람』(萬機要覽)에 따르면 장시의 수는 19세기 초 전국에 걸쳐 1,061개에 이르렀다.

장시는 이웃하고 있는 고을의 장시와 겹치지 않도록 음력에 따라 매 5일목(目)에 개시하는 5일장이 상례였으나 드물게 6일장과 10일장도 있었다. 한 지역 내의 장시와 장시의 거리는 대개 12~15km 정도 떨어져 있고 개시일(開市日)을 서로 다르게 하여 보부상(褓負商)들이 여러 장시를 순회하며 장사하기 편리하도록 만들었다.

장시로 지정된 곳은 사람의 집합이 용이한 장소에 넓은 공지를 선택하여 여기에 간단한 기둥 4개에 나무로 엮은 점포를 병렬로 설치하여 그 중간은 보도로 열어두었다. 개시일에는 부근의 주민은 물론 이웃 군이나 고을에 사는 상인이나 농민들도 올 수 있었다. 이들은 시장에 올 때 쌀이나 잡곡, 닭과 달걀 같은 것을 가지고 와 이것을 팔아 일용품을 구입하였다. 5일장에서 이들 농민이 자주 구입하는 물건은 포목, 신, 간단한 농기구, 북어나 새우젓 같은 어물, 염료와 장신구, 옹기그릇 같은 일용품이었다.

장시는 품목 별로 매매구역이 정해져 있었다. 대표적인 것은 쌀과 잡곡을 파는 싸전, 생선과 건어물을 파는 어물전, 닭과 돼지 등을 파는 가축시장, 옷감과 잡화를 파는 잡화전, 소를 사고 파는 우시장, 땔감을 파는 나무전 등이 있는데 싸전은 농민들이 장을 보기 전에 먼저 곡물을 팔아야 했기 때문에 늘 붐비는 곳이었다.

중소농이 쌀과 잡곡, 기타 부업 생산물을 상품화하는 매개로서 장시를 이용하였다면 대다수의 영세농은 땔감 등을 비롯한 잡다한 생산물의

판매와 품 노동의 기회를 얻거나 또는 부족한 식량을 구입하는 곳으로
장시를 이용하였다.[16] 시장에는 다수의 술집을 겸한 음식점, 놀이패, 투
전꾼 등이 있고 많은 사람들이 오고가 지방민의 생계유지와 교역에 중요
한 역할을 하였다.

장시는 단순히 물화를 사고 파는 것을 넘어서 지방경제의 유지와 활
성화에 중요한 관계가 있는 곳이었다. 뿐만 아니라 장시는 촌민들을 위
한 사교와 오락 기능도 있었고 이웃 마을과 먼 곳에 거주하는 사람들의
소식을 주고 받는 통신기능을 비롯하여 문물의 전파까지 담당하는 복합
적인 기능을 갖고 있는 장소였다.

(2) 場市에서의 쌀 거래

조선시대의 5일장에서 미곡은 벼가 아닌 백미로만 거래되었다. 농민
들이 장시에서 쌀을 팔기 위해서는 먼저 벼를 백미로 도정하지 않으면
안 되었다. 도정은 소량일 경우 자가의 절구나 디딜방아에, 다량일 경우
마을 공동의 연자매나 물방아로 도정하였다.

개항 이후에는 농가가 자가에서 도정한 쌀을 한백미(韓白米 또는 中
白米)로 불렀다. 당시 일본인들이 주로 상식하던 정백미(精白米 또는 白
米)와 구별하기 위한 명칭이었다. 한백미의 특징은 정백미에 비해 도정
도가 낮다는 점이었다. 오늘날의 기준으로 볼 때 한백미의 도정도가 7분
도(7分搗) 가량이라면 정백미(백미)는 배아(胚芽)와 미강층(米糠層)을 완
전히 벗겨낸 10분도 미라고 볼 수 있다.[17]

농가는 판매할 쌀의 양이 적을 때는 무명으로 만든 쌀 자루에 1~2두

---

16) 허영란, 『일제시기 장시연구』, 역사비평사, 2009, p.44.
17) 현미에서 쌀겨층과 배아를 제거하고 백미를 만드는 과정을 정미(精米)라 한다. 玄
    米는 쌀겨층(미강)과 배아(씨눈) 그리고 속알맹이(백미)로 구성되어 있다. 10분도
    미는 쌀겨층과 배아의 무게를 10으로 보았을 때 이것을 모두(100%) 제거한 것이
    고 7분도 미는 미강과 배아를 70%정도 제거한 쌀을 말한다.

정도 넣어 어깨에 메고 시장에 갔다. 3~4두일 경우는 지게에 얹어 짊어지고 가기도 한다. 많을 때는 한 집에서 2~3인이 2~3가마를 가지고 나가기도 한다. 농민들이 가지고 나온 쌀은 싸전 또는 싸전 입구의 공터에서 자루를 열어 내용물을 볼 수 있게 하면서 손님을 기다린다. 장시에서 쌀을 구입하려는 사람은 주로 농사를 짓지 않고 다른 직업에 종사하는 사람, 미곡을 사 모아 타지로 반출하려는 중매인(仲買人)과 지방상인들이었다.

장시에는 거간(居間)이 있었다. 거간은 매매 양자의 중간에서 거래를 알선해주고 일정한 구전을 받는 일종의 중개인(仲介人)을 말한다. 농민이 가지고 나온 쌀의 매매에는 거간이 중개하는 경우가 많다. 농민이 쌀을 가지고 시장에 나오면 거간은 쌀을 사줄 상대자를 연결해주었다.

거간은 그날의 표준시세를 알고 쌀의 품질 등을 감정하여 가격을 사정하여 매매 양자의 가운데서 흥정을 한다. 농가가 소비자에게 소량을 판매하는 경우는 거간의 손을 빌리지 않고 직접 거래하는 일도 있으나 지방 미상에 판매하는 경우에는 거간을 거치는 경우가 많았다.

곡물의 매매를 취급하는 거간의 수는 시장의 대소에 의해 다르나 대개의 시장에는 수 명 내지 10명 정도가 있었다. 시장에는 거간 이외에 감고(監考) 또는 강구라고 하는 사람도 있었다. 조선시대에는 도량형제도가 문란하여 원래의 규격보다 적거나 크게 만든 사제(私製) 도량형기를 이용하여 부당한 이익을 취하는 경우가 다반사였다.

이 때문에 농민들의 입장에서는 공정한 두량(斗量)이 필요하였고 강구는 관허(官許)의 되와 말을 가지고 다니며 매매 성립시 곡물을 두량하여 매입자에게 넘겨주었다. 강구는 곡물을 두량해주고 1석당 보통 1되 내외의 보수를 받거나 또는 두량해 주고 남는 것을 수수료로 받았다.[18]

---

18) 과거에는 시장에서 감고가 두량하는 과정에 손놀림을 이용한 속임수가 있었다. 강구는 오랜 경험을 통하여 곡물을 두량할 때 손놀림을 가볍게 또는 세게 하여

수수료는 판매하는 농민으로부터 받았다. 개화기 이후에는 감고가 별도로 있는 것이 아니라 거간이 감고의 일도 겸하는 것이 보통이었다.

(3) 小作米의 다량거래

조선시대에도 다량의 소작미를 거두는 지주와 부농의 생산물은 5일장에서 거래되지 않고 별도의 판매루트를 통하여 거래되었다. 생산지에서 미곡을 사들이는 상인도 두 부류가 있었다. 중매인(仲買人) 또는 지방의 중간상인이었다. 중매인은 장시를 순회하며 농민들이 가지고 나오는 미곡을 사 모으고 다른 한편으로는 지주와 부농의 집을 방문하여 미곡을 사들였다.

지방의 미곡상은 여러 명의 중매인을 고용하거나 또는 중매인이 수집한 미곡을 매집(買集)하여 이것을 선적지 포구의 객주에게 판매하거나 위탁하였다. 일반적으로 지주와 부농은 벼를 추수 직후에 판매하지 않고 저장하였다가 다음 해 여름철 단경기 때 비싼 값으로 판매하였다.

지주는 소작인으로부터 소작미를 받을 때 대부분 벼(籾)로 받았다.19) 지주와 부농은 수확한 쌀을 저장할 때도 벼의 형태로 하였다. 정부도 군량미나 흉년에 대비하기 위한 저장곡은 벼로 받았다. 도정한 백미는 여름철에 변질되기 쉽고 오래 저장하기 어렵기 때문이다. 그러나 정부에서 농민들로부터 세곡(田稅와 大同米)을 받을 때는 백미(한백미)로 받고 세곡을 경강으로 조운할 때도 백미로 하였다.

많은 소작미를 거두는 지주나 부농이 생산물을 다량으로 판매할 때는 대부분 벼의 형태로 거래하였다. 상인들은 이 벼를 사들여 대부분 경강

정량보다 덜 들어가게 하거나 더 들어가게 할 수 있다. 부정한 거간은 두량을 미상에게 유리하게 하여주고 별도로 미상으로부터 수수료를 받는 수가 많았다. 이와 같은 관행은 1970년 대까지 존재하였다.

19) 位土, 鄕校地, 寺有地의 소작미는 판매의 목적이 아니므로 한백미로 내는 경우가 많았다.

으로 선적하였다. 경강의 객주들은 사들인 벼를 선착장 부근에 있는 용
정군(舂精軍)을 시켜 한백미로 도정한 다음 한성 시내로 보내 팔았다.
용정군이란 방아 품을 파는 사람을 의미한다.

조선시대에는 미곡이 하역되는 경강의 선착장 부근에 수많은 디딜방
아나 연자매를 두고 객주들의 요청에 의해 도정해주고 임금을 받는 용정
꾼들이 상당수 있었던 것으로 보인다.[20] 그러나 상인들이 산지에서 벼
를 사들여 먼 거리에 있는 소비지 객주에게 보낼 때는 현미나 한백미
형태로 도정하는 경우도 없지 않았다. 예를 들면 충청도 일부 연해지방
에서 미곡을 경강으로 보낼 때는 집산지의 포구에서 디딜방아나 목매 등
을 이용하여 간단히 도정한 다음 선적하였다. 조선에서는 전통적으로 현
미(玄米)는 거래하지 않았다. 그러나 일본에서는 예부터 현미로 소작미
와 세금을 내고 현미로 거래하였다.

4) 生産地 市場의 중매인과 미곡 객주

19세기 말경 생산지에서의 미곡 유통을 설명하기 위해 자료의 이용이
가능한 여주군(驪州郡)의 사례를 들어 설명하겠다.[21] 여주군은 이천군
과 더불어 예로부터 유명한 쌀의 생산지로 도성이 가깝고 수륙으로 교통
이 편리하였다. 특히 남한강이 여주군의 동남방면에서 서북방면으로 관
통하여 수운(水運)이 좋았다. 조선시대 여주와 이천에서 생산되는 미곡
은 대부분 선편을 이용하여 한성으로 반출되었다.

여주군에는 남한강을 따라 우만리(又晩里, 州內面)와 흔암리(欣岩里,
占東面), 그리고 이천군에는 이포리(梨浦里, 金沙面)라는 유명한 포구가
있었다. 이 세 포구에는 한성을 오가는 배들이 많았고 수많은 미곡 객주

---

20) 蔡丙錫, "朝鮮精米工業의 沿革" 『農業朝鮮』 4(4), 1941, p.17.

21) 朝鮮米穀事務所, 『京城に於ける米穀事情』(油印物), 1936, pp.146-157.

들이 상주하였다. 추수철에는 여주군의 우만리와 흔암리 그리고 이포리 강변에는 미곡이 산더미처럼 쌓였고 특히 우만리에 본거지를 둔 7여각 (旅閣·客主)은 한강 일대에서 명성이 높았다.

우만리의 7여각은 여주군 내는 물론이고 매 장날마다 중간상인을 통하여 장호원(長湖院) 장(장호원은 6일장)으로 들어오는 쌀을 매집하였다. 당시 장호원 장에는 죽산·무극·진천·음성·청주 부근의 쌀이 들어왔다. 우만리의 상인들은 충주(忠州)까지 진출하여 영월·영춘·제천에서 나오는 쌀도 수집하고 심지어는 조령(鳥嶺)을 넘어오는 경상도 쌀도 매집하였다. 경상도에서 오는 쌀은 섬이 아닌 포대(布袋)에 10두씩 넣어 말을 이용하여 조령을 넘어왔다. 당시 우만리의 상권은 상당히 넓었던 것으로 짐작된다.

조선시대 말 우만리의 미곡 객주들은 이 쌀을 모두 한성의 뚝섬·서빙고·한강진·마포 등지로 선적하였다. 흔암리 포구에도 7~8인의 여각이 있었는데 이들도 우만리의 객주와 경쟁적으로 미곡을 매집하여 양쪽을 합하여 연간 수십만 석의 쌀을 취급하였다. 이 가운데 약 3분의 2는 우만리에서, 나머지 3분의 1은 흔암리에서 거래하였다. 당시 이곳의 객주들이 수집한 미곡은 대부분 벼가 아닌 중백미(中白米·韓白米)였다. 이 쌀은 현지의 농민들에 의해 절구, 디딜방아 또는 물방아 등을 이용하여 도정한 것이었다.

도로와 교통수단이 발달하지 않았던 당시에는 여러 장시에서 수집한 곡물을 우·마의 등을 이용하여 우만리와 흔암리 또는 이포리의 한강변까지 운반하지 않으면 안 되었다. 이 때문에 당시 이 곳에 상주하고 있던 여각들은 우·마를 확보하는 것이 큰 일이었다고 한다.

우마를 확보하는 일은 여주의 객주들이 담당하였으나 이를 위한 자금은 한성에 있는 미곡 객주들에게서 나왔다. 즉 우만리 등지의 객주는 5 강에 있는 여각의 의뢰를 받아 현지 중간상인에게 전대(前貸)를 주어

우·마를 확보하도록 하였다. 뿐만 아니라 미곡을 확보하기 위하여 봄철부터 장호원 등지의 현지 중간상인을 통하여 곡물 매입을 위한 선대자금(先貸資金)도 살포하였다

조선 말에는 한강 수로에 해적(海賊 또는 水賊)들이 출몰하였다. 미곡의 매입 또는 매각자금으로 다량의 엽전을 사용하던 시대였으므로 엽전을 배에 싣고 다니는 것은 대단히 위험하였다. 이를 피하기 위하여 객주들은 어음표를 사용하였다. 현금이 필요할 때는 배에 소금을 가득 싣고 그 속에 엽전을 숨겨가지고 왔다.[22]

예를 들면 우만리의 객주가 장호원의 상인으로부터 쌀의 매각을 위탁받아 이것을 한성의 여각에게 판매하는 경우 우만리의 객주는 어음표를 발행하여 이것을 둘로 나누어 한쪽은 장호원의 상인에게 주고 다른 한쪽을 한성의 여각에게 보냈다.

어음에는 지불금액과 옥호를 기재하였는데 이것을 반으로 찢어 채권자와 채무자에게 한 쪽씩 나누어 주었다. 경우에 따라서는 종이 대신에 도자기 파편을 두 조각 내어 사용하는 경우도 있었다. 당시는 장호원의 미상은 직접 한성의 미곡상에게 쌀을 팔 수 없었고 반드시 우만리 객주의 손을 거쳐야 했다. 마찬가지로 도성 내의 미곡상도 한강변 객주의 손을 거치지 않고 바로 산지 상인의 미곡을 구입할 수 없었다.

장호원의 상인은 이 반 쪽의 어음표를 한성에 있는 여각에 가지고 가 대금을 청구하였다. 한성의 여각은 장호원 상인이 가지고 온 어음표의 한 조각과 우만리 여각이 보낸 어음표의 다른 한 조각을 대조하여 일치하면 대금을 지불하였다.

장호원의 상인은 받은 돈으로 마포 등지에서 소금·새우젓·포목 등을 사들여 이것을 배에 가득 싣고 한강을 거슬러 올라와 곡물을 매집한 우만리 또는 흔암리의 객주에게 넘겨준다. 소금과 새우젓, 포목 등은 우만

---

22) 朝鮮米穀事務所, 『京城に於ける米穀事情』(油印物), 1936, p.147.

리 객주의 손을 거쳐 이들과 거래하는 보부상에게 넘겨져 내륙의 장시나 한강 상류의 오지에 판매하였다.

2. 개항과 미곡 수출시장의 형성

1) 개항장 내에서의 미곡거래

조선이 쇄국체제에서 처음 문을 열고 외국과 무역을 시작한 것은 1876년의 일이었다. 일본은 1875년에 있었던 운양호(雲揚號) 포격사건을 빌미로 조선에 조일수호조약(朝日修好條約)의 체결을 강요하였다. 조선은 이 조약에 의거 1876년 부산을 최초의 개항지로 지정하였다. 일본은 이후 원산(1879), 인천(1880)의 개항을 요구하여 이를 관철시켰다.

조선은 잇달아 미국(1882)·영국(1882)·청국(1882)·독일(1883)·러시아 (1884)·이태리(1885)·프랑스(1886) 등과 통상조약을 맺으면서 조선의 문호를 개방하였다. 이에 따라 목포(1897), 진남포(1897), 군산(1899), 마산 (1899), 성진(1899) 등이 속속 개항되었다.

항구가 아닌 내륙에도 개시장(開市場)이 설정되어 외국인의 상업활동이 허락되었다. 한강 연안의 양화진(1883), 용산(1884) 그리고 대동강 연안의 평양(1899)도 개방되었다. 개항지에는 외국 상인들의 거류지가 형성되면서부터 수·출입 화물 거래의 중심지가 되었다.

개항과 함께 일본의 미곡 상인들이 조선에 들어오면서부터 미곡의 유통구조가 서서히 변화하기 시작하였다. 개항장인 인천, 부산, 원산, 목포, 군산, 진남포 등지는 원래 한산한 어촌이었으나 외국의 근대적인 기선과 범선의 기항으로 사람들이 몰려들기 시작하였다. 처음에는 외국인들의 출입이 개항지에 한정되었으므로 이들이 가져오는 서양의 물화를 구입

하고 조선의 쌀·콩·우피(牛皮) 등을 팔기 위해 각지에서 객주들이 모여
들었다. 외국인들은 개항지에 거류지를 만들고 조선의 객주를 상대로 장
사를 시작하였다.

개항 초기에는 외국 상인들이 개항장 밖으로 10리 이상 나갈 수 없었
기 때문에 개항장을 중심으로 내·외상 간에 거래가 일어났다. 이들의 거
래는 조선의 객주를 중심으로 이루어졌다. 당시에는 외상들이 조선어를
모르고 조선의 상관습에 익숙하지 않기 때문이었다.

조선의 객주는 개항장에서 조선 상인과 외국 상인과의 거래를 매개하
는데 매매가 성사될 때마다 일정한 수수료를 받았다. 개항장의 객주들은
또한 선상(船商) 또는 지방 객주들이 수집해온 미곡을 매입하여 판매하
거나 직접 선박을 고용하여 지방의 포구에 나가 미곡을 사왔다. 장시를
순회하는 보부상이 영국의 면직물인 금건(金巾)[23], 성냥, 손거울, 염료
등의 수입잡화를 매입하기 위해 쌀·콩을 갖고 오는 경우와 인근의 농민
들이 개항장으로 미곡을 가지고 나오는 경우도 있었으나 이것은 모두 소
규모였다.

당시 인천으로 수송되어 오는 수출용 미곡은 남쪽에서는 전남과 전
북, 충남, 북쪽에서는 경기와 충북, 황해도산이 많았다. 지방 미곡상인들
은 구입한 미곡을 연안의 한선(韓船)에 의뢰하여 개항장에 도착한 후 조
선인 객주에 의뢰하여 판매하였다. 이 쌀은 각지에 있는 조선인 중매인
(仲買人)의 손으로 매수된 것이 많았다.

조선미를 일본에 수출하는 일본 상인들도 중매상(仲買商)과 수출상
(輸出商)이 있었다. 중매상은 조선인으로부터 미곡을 매입하여 약간의
마진을 붙여 수출상에게 전매하는 일종의 중간상인이다. 또 중립인(仲立

---

23) 한말에 일본인들이 수입한 영국제 옥양목을 말한다. 영국인들은 이 제품을 'sheeting'
   이라고 불렀는데 일본인들이 이것을 카네긴(金巾)이라 하였고 우리는 이것을 우리
   말대로 읽어 금건이 되었다. 옥양목은 농촌의 부녀자들이 짜던 재래의 면포와 달
   리 폭이 넓은데다가 결이 곱고 색이 하얀 고급 면포였다.

人)으로 불리는 일본인 거간도 있었다. 이들은 구전을 받고 일상들에서 조선미의 매입을 알선하였다.

개항장의 조선인 객주들도 보통 일본어를 할 줄 아는 거간을 두고 있었다. 일본인 미곡 수출상은 일본으로 보낼 쌀을 구입하기 위해 중립인을 내세워 조선 객주와 접촉하였다. 조선 객주는 거간을 내세워 상담을 진행하는 것이 보통이었다. 상담이 성공하여 매매가 성립되면 거간, 객주, 일본 상인 등의 입회 아래 쌀을 계량하여 수수하고 일본 상인은 이를 일본으로부터 가져온 5두(斗)들이 가마니에 넣어 개장(改裝)한 다음 자기의 상호를 새긴 스탬프를 찍음으로써 거래를 끝냈다.[24]

개항장에서 거래되던 조선미는 전통적인 섬에 넣어 들어왔다. 섬은 짚으로 만드는데 치밀하게 짜지 않아 운반 시 내용물이 흘러나와 손실이 생기는 문제점이 있었다. 당시의 한백미는 조제가 불완전하여 개항장에서 포장을 뜯어 잡물을 제거하고 다시 두량(斗量)하는 경우가 많았다. 일본 상인은 두량한 쌀을 개장할 때는 섬 대신에 일본에서 수입한 5두입(斗入) 가마니를 사용하였다. 가마니는 원래 일본에서 사용하는 것으로 일본의 미곡 수출상에 의해 처음으로 조선에 들어왔다

2) 일본 상인의 내륙시장 침투와 미곡매입

(1) 일상의 내륙지 진출

1883년 조영수호통상조약(朝英修好通商條約)에 의해 영국인의 내륙지 행상이 허용되면서[25] 외국 상인의 내륙지 출입이 개항지의 사방 100

---

24) 『通商彙纂』 20, 仁川領事官報告, 1895. 5. 1.
25) 「朝英修好通商條約」(1883)은 제4관 6조에서 영국인은 조계 100리 이내는 護照없이, 100리 바깥은 호조를 소지한 자에게 여행할 수 있도록 하였다. 일본 상인도 최혜국조관 규정에 따라 개항장 밖으로의 여행, 行商이 가능하게 되었다.

리로 늘어나게 되었다. 일본은 조선과의 최혜국조관규정에 따라 일본인
도 같은 권리를 갖게 되었다. 일본 외무성은 1885년 일본인의 개항장 밖
으로의 여행과 행상에 대한 세부 규정인 조선국내지여행취체규칙(朝鮮
國內地旅行取締規則)을 제정, 시달하였다. 이에 따라 일본 상인은 직접
행상을 하거나 조선인 또는 일본인 고용인을 시켜 개항장 밖의 포구와
산지의 객주, 또는 지주로부터 곡물을 직접 매입할 수 있게 되었다.

　일본 상인들의 내륙지 출입은 1880년대 후반부터 활발하게 일어났다.
일상들의 내륙지 출입은 처음에는 개항지인 부산에서 낙동강을 따라 경
상도 내륙으로 들어왔고[26] 곧이어 원산과 인천이 개항되자 배후 지역인
함경도·경기·충청·황해도로 확산되었는데 이들의 대부분은 농산물을 매
입하려는 상인들이었다.

　인천의 경우 1885년에 내륙지를 여행할 수 있는 호조(護照)를 발급받
은 상인이 1명에 불과하였으나 점점 늘어나 1889년에 100명을 넘어섰다.
이 후 일상들의 내륙지 출입은 빠르게 증가하였다. 내륙지에 들어오는
일상들의 수가 증가함에 따라 미곡을 매입하기 위한 경쟁이 격화되었다.
일본 상인들은 직접 내륙지의 객주와 접촉하거나 조선 상인 또는 일본인
고용인을 시켜 내륙지 포구의 객주와 지주에게서 미곡을 매입하였다. 일
본 상인들은 개항장 객주를 통하던 종전의 유통경로를 단축시켰다.

　내륙지에 진출한 일상들은 서로 유리한 조건으로 미곡을 구입하기 위
해 농민들에게 농사자금을 전대(前貸)해주기 시작하였다. 일본 상인들은
논농사가 시작되기 전에 농촌을 순회하면서 조선 대리인을 통하여 농민
들에게 자금을 대여하여 주고 가을에 미곡으로 정산하도록 하였다.

　일상들은 이렇게 수집한 미곡을 개항장으로 수송하였다. 이들은 자금
의 전대를 통해 미곡의 매매 시세보다 낮은 값으로 구입할 수 있었다.

---

26) 1887년 부산지방에서 내륙지 행상을 위해 호조를 받은 일본 상인의 수는 108명이
　　었다.

조선의 객주나 중매인들도 하주(荷主)를 끌어들이기 위해 자금이 필요했고 이 때문에 일본 상인들에게 자금의 선대를 요구하기도 하였다. 나중에는 농민들도 선금을 받지 않고서는 작은 주문도 받지 않아 거래가 어려울 정도였다.[27]

예를 들면 낙동강 연변의 농촌에서는 벼농사를 시작하기 전에 농사자금의 일부를 대여해주고 가을에 쌀로 받으면 석당 약 20전 정도를 싸게 살 수 있었다.[28] 이 당시 개항지에서의 쌀값은 석당 약 6원 정도였다. 낙동강 연변의 마을에서 수집한 벼는 한선(韓船)을 이용하여 부산으로 가져오기에 편리하였다. 당시 낙동강의 수운은 상주(尙州)까지 가능하였는데 상주에서 작은 배로 교체할 경우 안동까지 갈 수 있었다. 일상들이 곡물을 구입하기 위한 농사자금의 전대는 낙동강 유역에서 처음 시작되었는데 1900년까지는 교통이 편리한 전국의 논농사 지역에 보편화된 현상이 되었다.

(2) 생산지 벼의 매입가격

벼의 거래는 구한국시대에는 단순히 벼 한 섬에 얼마로 매매하였다. 노일전쟁 이후 일본의 미곡상들이 내륙지에 많이 들어오면서 근량(斤量) 매매 즉 중량거래가 정착되었다. 벼 1근의 시세는 각 지방에 따라 매일 상물(上物), 중물(中物), 하물(下物)로 정해진 표준 벼와 그 날의 현미 또는 백미가격으로부터 산출하였다. 벼 1근의 가격은 그 날의 현미 1석의 시세에서 제현(製玄)비용(포장비 포함)을 제외한 값을 현미 1석을 만드는 데 필요한 벼의 근수로 나누어 구하였다.[29]

예를 들어 오늘의 현미 2등 1석의 가격이 25원이고, 제현비용(製玄·

---

27) 露國 大藏省編(日本農商務省 山林局 譯), 『韓國誌』, 東京書院, 1900, p.165.
28) 日本 農商務省, 『韓國土地農産調査報告』, 慶尙道·全羅道, 1905, p.437.
29) 菱本長次, 『朝鮮米の硏究』, 千倉書房, 1938, p.461.

籾摺費用)이 1원 20전, 1섬의 현미를 얻는데 필요한 벼의 근수를 350근이라고 가정하면 벼 1근의 가격은 다음과 같은 요령에 의해 6전 8리로 산출된다.

$$\text{벼 1근의 가격} = \frac{\text{현미 1석의 시세(25원)} - \text{인접비용(1원 20전)}}{\text{벼 1석의 근수(350근)}} = 0.068$$

이렇게 하여 벼의 매입시세가 결정되는 것이 상례였다. 그러나 농가에서는 시세의 등락을 자세하게 알 수 없기 때문에 중매인의 말을 믿고 매각하는 경우가 많았다. 따라서 중매인이 적은 지방이나 중매인이 많이 찾아오지 않는 시기 또는 불량한 중매인들이 결탁하는 경우에는 농가는 공정한 시세를 알 수 없어 싼 값으로 벼를 파는 경우도 적지 않았다.

벼의 매매가 결정되면 현장에서 계량하고 현금을 지불한 뒤 벼를 인수하였다. 계량은 농가의 입회 하에 중매인이 하였다. 중매인은 상시 출입하는 부락에 각자의 저울을 예치하여 두었다가 이를 꺼내어 사용하는 경우가 많았다. 가마니의 무게는 매수한 벼를 넣은 것과 같은 빈 가마니를 여러 개 가져와 이를 단 다음 평균값을 벼 가마를 계량한 값에서 제외하여 근량(斤量)으로 환산하는 것이 관행이었다.

3) 淸日戰爭이 미곡수출에 미친 영향

일본 상인들은 개항 후부터 청일전쟁(1894) 전까지 개항지를 중심으로 청국 상인들과 치열한 경쟁을 벌였다. 임오군란 때 청군을 따라 조선에 진출한 청국 상인들은 본국에서 조선 쌀에 대한 수요가 없어 미곡의 무역에 큰 관심은 없었다.[30] 청상(淸商)들은 그 대신 면포와 잡화 등 다

---

30) 淸商들은 1894년 조선에 큰 흉년이 들었을 때 상해에서 중국미(南京米)를 수입하여 조선에 팔았다. 청상은 조선에서 남경미의 인기가 없자 이를 다시 사들여 일본

른 분야의 무역은 일본 상인을 앞서고 있었다. 일본이 청일전쟁에서 승리하자 청상들의 세력은 위축되었고 인천 등지에 있던 일상들이 다수 한성으로 근거지를 옮기고 내륙지 행상도 확대하였다.

일본정부는 일상들을 돕기 위하여 조선의 부산과 인천 등 몇 개항지만을 왕래하는 일본 기선회사에게 연안의 여러 항을 정기적으로 취항하도록 명령항로를 지정하고 보조금을 지급하였다. 또한 일본의 보험회사도 진출할 수 있게 도왔다. 청일전쟁 직후 일본의 2대 상선회사인 대판상선(大阪商船)주식회사와 일본우선(日本郵船)주식회사는 인천에 지점을 개설하고 인천항 수출입품의 일본 수송을 사실상 독점하기 시작하였다.[31]

조선에는 1899년까지 조선인이 운영하는 근대적인 금융기관이 없었다.[32] 일본은 1878년 부산에 동경(東京) 제일은행(第一銀行)의 지점을 설치하였다. 원산(1880)과 인천(1882)에도 제일은행의 지점을 설치하고 수출입 업무의 지원에 나섰다. 뒤이어 본점을 일본의 오사카와 나가사키에 두고 있는 제18은행과 제58은행도 인천을 비롯한 부산, 목포, 군산 등지에 진출하였다. 일본흥업은행은 1907년 한성에 지점을 열었다.

일본의 기선회사와 은행들은 일본 상인들에 대해서는 타국 상인들보다 저렴한 운임을 받고 화물을 담보로 자금을 대부해 주는 영업을 하였다. 이것은 당시의 조선 경제 수준으로는 큰 특혜였다.[33]

으로 수출하였다가 큰 손실을 본 후 미곡 무역에서 손을 떼었다.

31) 仁川府, 『仁川府史』, 1933.

32) 조선인이 처음 세운 은행은 1897년 한성은행이었으나 경영난으로 장기간 휴업하였다. 1899년 조선인들만이 출자하여 大韓天一銀行을 설립하였다. 대한천일은행은 1899년 처음으로 인천에 지점을 설치하였고 1906년에는 마포 東幕에 출장소를 세워 미곡 객주들을 비롯한 객주들을 상대로 영업하였다. 1906년 농공은행조례와 은행조례가 발표되면서 농공은행과 한일은행이 설립되었다. 정부는 1905년부터 일본의 제일은행에 국고업무를 대행시켰다. 중앙은행인 한국은행은 1909년에 설립되었으나 1910년 한일합방이 되면서 조선은행으로 명칭이 바뀌었다.

일본 상인들은 매입한 미곡을 선박회사 또는 운송업자의 창고에 입고
시키고 창하증권(倉荷證券)을 받아 이를 거래은행에 가져가 이것을 담
보로 대출을 요청하였다. 이들은 자국의 금융기관을 이용하여 미곡 구입
에 필요한 자금을 저리로 융자받아 다량의 미곡을 매입할 수 있게 되었
다. 뿐만 아니라 선하증권(船荷證券) 또는 수출화물을 담보로 하환위체
(荷換爲替)[34]를 발행하여 거래 은행으로부터 수출대금을 미리 받는 등
금융기관을 적절히 이용하여 자금 운용면에서 유리한 입장에 설 수 있게
되었다.

일상들은 은행을 이용하여 미곡 수출사업의 규모를 확장할 수 있었
다. 일상들은 미곡 매입대금을 바로 현금으로 지불하는데 비해 금융기관
을 이용할 수 없었던 조선의 미곡상들은 대금의 결제가 늦어지는 것이
상례였다. 당시 조선인들은 대금업자를 통하거나 또는 계(契)를 통해 자
금을 조성하고 이를 융통하였는데 가장 싼 이자라 하더라도 10개월에
20%~40%였으며 50%도 적지 않고 심지어는 100%에 달하는 것도 있
었다.[35] 일본 상인들은 개항 이후 치열한 경쟁자였던 청상을 압도하며
조선에서 확고한 상업적 기반을 구축하였다.

---

33) 露國 大藏省, 상게서, p.133.

34) 매도인이 외국 또는 먼 곳에 있는 매수인에게 상품 등을 보내면서 그것을 담보로
　　하여 발행하는 換어음을 말한다. 매도인은 매수인이 화물을 받고 대금을 결제하
　　기 전이라도 화물에 관한 선적서류, 송장 등을 첨부하여 거래은행에서 할인 받을
　　수 있다. 예를 들면 大阪에 있는 매수인 甲 앞으로 미곡을 선적함과 동시에, 현금
　　이 필요한 경우에 仁川에 있는 매도인 乙이 자기를 수취인으로 하고 甲을 지급인
　　으로 하는 자기지시의 환어음을 발행하고 여기에 수송하는 미곡에 대한 선적서류
　　(수송증권)를 담보로 제공하여 거래은행에서 미리 수출대금을 받을 수 있는 어음
　　을 荷爲替 또는 貨換어음(Documentary Bill)이라고 한다.

35) 露國 大藏省, 상게서, p.9; 崔虎鎭, 『近代朝鮮經濟史: 李朝末期に於ける商業及び金
　　融』 慶應書房, 1942.

4) 갑오개혁과 租稅金納制가 미곡수출에 미친 영향

조선의 근대화를 표방하며 1894년에 단행된 갑오경장(甲午更張)은 비록 일본의 요구에 의해 단행되었지만 조선의 정치, 경제, 사회제도를 전면적으로 근대화 하려는 최초의 시도였다.

그 가운데 경제분야의 개혁은 정부 재정의 근간이었던 전세(田稅)와 대동세(大同稅)의 현물납세제도를 철폐하고 금납제(金納制)를 택하는 것을 비롯하여 환곡(還穀)제도의 철폐, 재정기관의 통일, 예산과 결산제의 채택, 조운제도의 철폐, 육의전(六矣廛)의 금난전권(禁亂廛權) 폐지, 왕실과 정부의 회계분리 등이었다. 갑오개혁은 친일내각의 붕괴와 함께 1년도 안 되어 개혁의 주요 부분이 원점으로 돌아갔지만 조세의 금납제는 변함없이 유지되었다.

갑오개혁의 일환으로 아무런 준비없이 시행된 조세 금납제도는 농촌경제에 큰 충격을 주었다. 정부가 세금을 쌀 대신 돈으로 받자 생산자인 농민들은 쌀을 판매하여 화폐를 마련하지 않으면 안 되었다. 추수기의 쌀값은 홍수출하로 폭락하였다. 한성에서는 조운제도가 없어지면서 쌀값이 폭등하였지만 산지와 농촌시장에서 크게 하락하였다. 매년 한성으로 실어 보내던 막대한 양의 세곡(稅穀)이 갈 곳이 없는 상황이 되었기 때문이다.

일상들은 이를 틈타 미곡을 다량으로 사들여 일본으로 보낼 수 있게 되었고 이 때문에 수출 무역이 활기를 띠게 되었다. 즉 조선 말기 쌀의 대일 수출 활성화는 갑오경장 후 토지세의 현물납부제도가 현금납부제로 변경된 후 한성으로 올라가던 쌀이 수출 물량으로 나올 수 있었던 것이 큰 원인이었다.[36]

---

36) 露國 大藏省(日本 農務省 山林局 譯), 『韓國誌』, 1900(明治 38年, 東京書院, pp.141-142.

예를 들면 갑오개혁 후 충청도 서산이나 홍성, 예산 등지에서 세곡으로 올라오던 쌀의 일부가 한강을 거슬러 올라오기 전에 인천에서 일본 상인에게 매도되었다. 금강 상류의 논산, 강경, 황산의 쌀은 오히려 부산으로 향하는 경우가 많았다. 황해도 연안, 배천의 쌀은 인천으로 향하는 것과 한성으로 향하는 것이 비슷하였다.[37] 경강으로 올라오던 미곡의 일부가 경강으로 오는 대신 일본으로 수출되기 시작하였기 때문이었다. 일본 상인들이 매집한 쌀의 수출량이 증가하면서 조선의 미곡 유통은 일본의 미곡시장과 연결되는 유통구조로 서서히 재편되기 시작하였다.

5) 일본에서의 조선미 수요

조선의 곡물이 일본으로 수출될 수 있었던 것은 양국 사이의 가격차가 크기 때문이었다. 일본 영사부의 보고에 따르면 1876년 개항 당시에 조선의 미가는 일본의 3분의 1 수준이었다고 한다. 그러나 수출이 증가하면서 가격 차이는 줄어들어 1881년 부산과 오사카(大阪)·시모노세키(下關)지방의 1월부터 6월 사이의 석당 평균 미가는 부산이 6원 90전, 대판이 8원 96전, 시모노세키가 8원 63전이었다.[38] 이 당시 부산의 미가는 일본에 비하여 석당 약 2원 정도가 저렴하였다.

또 다른 기록에 의하면 1877년부터 1904년까지 28년 동안의 1석당 평균 미가는 대판이 8원 38전, 조선의 수출항 미가가 6원 1전으로 2원 37원의 차이가 있었다. 인천에서 대판까지 쌀 1석을 수출하는데 1897년 기준으로 포장비, 선적비(船積費), 해관세(海關稅), 운임, 보험료, 하환위체(荷換爲替) 할인비, 기타 비용을 합치면 1원 50전이 소요되었다. 각 개항지마다 수출비용에 약간의 차이가 있었으므로 수출비용을 석당 1원

---

37) 『通商彙報』 附錄, "京城以北京畿及黃海道ニ於ケル農產物景況" 1890. 3.
38) 『通商彙編』, 1881, 釜山港之部, p.157.

정도로 잡아도 일본 상인들은 1석당 1원 정도의 순익을 남길 수 있었다.

일본 상인들은 조선에 올 때 영국산 면직물인 금건(金巾)을 비롯한 섬유 제품과 각종 잡화를 배에 싣고 와 수입 원가보다 훨씬 비싼 값에 팔아 넘기고 그 돈으로 조선의 쌀을 구입하여 갔기 때문에 조선과의 무역을 통해 상당한 이익을 남길 수 있었다는 것이다.[39]

조선의 쌀이 수출 무역에서 중요한 위치를 차지한 것은 개항 이래부터이지만 1890년까지는 쌀의 수출량은 그리 많은 것은 아니었다. 그나마 1880년대에 들어와서는 계속된 흉작으로, 임오군란(壬午軍亂)과 갑신정변(甲申政變) 등의 영향으로 수출량이 개항 직후 수년 간에 비해 크게 감소하였다. 특히 임오군란과 갑신정변이 있던 해는 사실상 쌀의 수출은 중지되었다.

당시 쌀의 무역은 조선과 일본 양국간의 풍흉에 의해 큰 영향을 받았다. 쌀 농사가 일본은 흉작이고 조선은 풍작이면 일본의 미가가 상승하고 조선의 미가는 하락하여 무역이 활발하게 일어났다. 반대의 경우에는 일본의 쌀이 조선으로 역수입되었다.

인천에 있던 미곡 수출업자 오다(奧田貞次郎)의 회고에 따르면 본격적인 조선미의 수출은 1890년경부터 시작되었다는 것이다.[40] 즉 1889년에는 조선에 큰 흉년이 들었고 다음 해인 1890년에도 봄부터 여름까지 비가 오지 않아 흉작의 우려가 컸다는 것이다. 이 때문에 조선에서는 3, 4월부터 미가가 큰 폭으로 상승을 계속하였고 인천의 무역업자들은 조선의 쌀값이 일본보다 비싸졌기 때문에 다량으로 일본 쌀을 조선으로 수입하였다.

이 해의 일본의 미가는 히젠미(肥前米)가 석당 4원이었는데 이것을

---

39) 河元鎬, 『개항 이후의 일제침략』, 한국독립운동사편찬위원회, 2009, pp.113-114.
40) 蔡丙錫, "朝鮮米輸移出의 消長"『農業朝鮮』3(10), 1940. p.25; 朝鮮農會(小早川九郎)『朝鮮農業發達史』發達篇, 1944. p.377.

나가사키(長崎)를 경유하여 인천으로 수입하면 수입 원가가 현미는 1석 당 약 5원이 되고 백미는 6원이 되었다. 당시 인천에서의 미가는 현미 7원, 백미 8원 내외였으므로 석 당 2원 정도의 이익을 얻을 수 있었다는 것이다. 이 해에 일본으로부터 약 10만 석의 일본미를 수입하였다. 이 당시 외국으로부터의 수입미는 관세가 없었다.[41]

이 때 일본미를 수입한 인천의 미곡상들에게 뜻밖의 일이 생겼다. 조선에서는 1890년 봄부터 6월 중순까지 비가 오지 않다가 6월 하순부터 비가 내려 모내기가 순조롭게 진행되어 풍년이 들게 되었다. 일본에서는 이와 반대로 대흉작이 예상되어 미가는 폭등, 6월에 현미 1석에 11원 80전의 시세가 형성되었다. 인천의 무역상들은 이번에는 반대로 풍년으로 값이 싸진 조선미를 일본으로 수출하여 큰 돈을 벌었다.

조선미는 다음 해인 1891년 봄까지 상당량이 대판시장으로 수출되었다는 것이다. 1891년 가을에도 조선은 풍작, 일본은 흉작이라는 똑같은 상황이 일어났다. 그러나 1892년과 1893년에는 조선에 흉년이 들어 조선정부는 쌀의 수출을 금지하는 방곡령(防穀令)을 내려 쌀의 수출이 급감하였다.

일본은 1867년의 명치유신(明治維新) 이래 서구 열강을 따라잡기 위해 맹렬한 속도로 공업화를 추진하였다. 일본은 기본적으로 미곡의 수출국이었으나 공업화가 진전되고 소득이 증가함에 따라 식량이 부족하게 되었다. 일본은 농업 근대화에도 힘써 쌀의 생산량도 크게 증가하였으나 인구증가와 소득증대에 따른 미곡 수요량 증가 속도를 따라잡을 수 없었

---

41) 1876년 朝日修好條規를 정할 때 조선 측에서는 관세에 대한 지식이 없었으므로 수입품에 대한 관세부과 문제는 전혀 언급하지 않았다. 이 불평등조약 때문에 조선은 향후 7년 동안 일본으로부터 들어오는 상품에 대해서는 관세를 부과할 수 없었다. 뿐만 아니라 개항지에서 일본 상인은 일본의 화폐로 조선의 물화를 구입할 수 있게 하고 조선인도 일본 화폐로 일본의 상품을 살 수 있도록 규정하여 개항지에서 일본 화폐가 통용할 수 있도록 하였다.(朝日修好條規 附錄)

다. 일본은 해마다 약 50만의 인구가 증가하고 있었으나 미곡 생산량의
증가율은 한계에 도달하였다. 일본은 1890년을 기점으로 미곡 수입국으
로 전환되기 시작하여 1900년을 전후하여 산업혁명을 달성한 이래 미곡
수입국으로 변하였다.

3. 일제 統監府 시기 미곡시장의 변화

1) 화폐개혁 및 外劃제도의 폐지와 객주

1905년 노일전쟁(露日戰爭)에서 승리한 일본은 조선정부를 겁박하여
을사조약을 체결하였다. 일본은 조선의 외교권을 박탈하여 보호국으로
만드는 한편 통감부(統監府)를 설치하여 조선의 내정에도 간섭하기 시
작하였다. 조선은 형식상 독립국가였으나 이때부터 통감부의 지시를 받
아 움직이는 사실상 일본의 식민지가 되었다고 볼 수 있다.

일본은 통감부를 통해 조선을 식민지로 만들기 위한 각종 준비와 제
도개혁에 착수하였다. 조선의 미곡 유통구조가 대 일본 수출 위주로 전
환하기 시작한 것도 통감부 시기부터라고 볼 수 있다. 일본은 1904년 노
일전쟁이 진행중인 가운데 조선과 외국인 고문의 초빙에 대한 제1차 한
일협약을 맺고 일본국 대장성(大藏省) 주세국장(主稅局長) 메가타 다네
타로(目下田種太郎)를 조선정부의 재정고문으로 파견하였다. 메가타는
조선의 재정개혁과 화폐개혁이라는 임무를 띠고 조선에 부임하면서 바
로 경제개혁에 착수하였다.

메가타는 조선의 악성 인플레이션의 원인을 백동화(白銅貨)의 남발에
있다고 보고 1905년 화폐개혁을 위해 조선의 백동전 발행기관이던 전환
국(典圜局)을 폐쇄하고 조선 정부로 하여금 일본의 제일은행과 화폐정

리사무에 관한 계약을 맺도록 하였다. 조선정부는 제일은행에게 정부의 국고금 출납에 관한 권리뿐만 아니라 은행권의 발행에 관한 권리도 주었다. 화폐개혁의 주 내용은 일본은행권을 준비로 하여 발행한 제일은행권을 조선의 본위화폐(本位貨幣)로 하고 보조화폐로 사용될 주화를 새로 주조하여 구화인 백동화와 교체하는 것이었다.[42]

백동화의 폐기를 목적으로 한 화폐개혁의 실행일이 다가오자 백동화의 주요 통용지역이었던 한성과 시전을 중심으로 한 조선 객주와 상인들은 패닉 상태에 빠졌다. 이들은 보유한 백동화를 처분하고 현물과 부동산 등을 사들였다. 일상과 청상들은 반대로 백동화를 사들였다.[43]

화폐개혁은 구 화폐와 신 화폐의 교환비율을 2 : 1로 하여 실시되었고 결과적으로 백동화를 처분한 조선의 상인들은 현금 부족에 시달리게 되었다. 화폐정리 과정에서 파생된 극심한 유동성 부족과 경기부진은 미곡 객주를 비롯한 전국의 상인들을 파산지경으로 내몰았고 종로의 상가는 일시 철시 상태에 빠졌다.

메가타가 주도한 재정개혁 과정에서 단행된 외획제도(外劃制度)[44]의 폐지도 객주들에게는 치명적이었다. 조선에 은행이 존재하지 않던 시절 정부자금의 이송(移送)수단이었던 외획의 폐지는 외획전(外劃錢)을 상

---

42) 裵永穆, "일제하 식민지화폐제도의 형성과 전개" 『經濟史學』 11, 1987, pp.100-101.

43) 전우용, "근대 이행기 서울의 객주와 객주업" 『서울학연구』 24, 2005, p.145; 이승렬, "한말 일제하 경성의 은행가 조진태·백완혁 연구" 『한국근현대사연구』 36, 2006, p.121.

44) 外劃制度란 조선말기 조운제도가 폐지되고 은행이 없는 상태에서의 독특한 換거래 방법을 말한다. 예를 들면 중앙정부가 시급히 필요한 자금을 객주에게서 차용한 다음 특정 지역의 군수에게 공문을 보내 영수증을 소지한 상인에게 거둔 세금으로 차용액을 지불하도록 명령한다. 이때 정부는 빌린 돈의 액수보다 훨씬 많은 액수의 지불명령서를 발행하고 객주들은 외획자금을 이용하여 지방에서 미곡이나 특산물을 구입하여 한성으로 가져와 팔았다. 외획은 객주들의 상업자금을 조달하는 방편으로도 이용되었다.

업자금으로 이용하던 객주들에게 심각한 자금난을 초래하여 취급 상품의 거래량을 급감시켰다.

황실 재정의 해체과정에서 나타난 무명 잡세의 폐지와 정부재정과 왕실재정(內藏院)의 분리도 객주들에게 불리하게 작용하였다. 특히 정부권력과의 유착을 통해 생업을 운영해오던 객주들에게는 결정적인 타격이었다. 통감부의 화폐개혁과 재정개혁은 조선 상인들이 일상들과의 상권경쟁에서 패배하게 된 중요한 원인의 하나로 작용하였다.

2) 京釜線과 京義線의 개통과 미곡 집산지의 변화

청일전쟁(淸日戰爭)이후 일상들이 빠른 속도로 조선 내륙에 진출해오면서 조선 객주의 지위는 흔들리기 시작하였다. 1900년 경인철도(京仁鐵道)가 개통되면서 한강을 통하여 한성으로 들어오던 일반 화물의 집산지가 경강(京江)일대에서 남대문 정거장(서울역)45) 주변으로 옮겨왔고, 이에 따라 남대문 부근의 상업적 중요성이 한층 강화되었다. 그동안 전통적인 소규모의 조선 배를 이용하던 경강 중심의 미곡운송체계에 변화의 바람이 불기 시작하였다.

일본이 러일전쟁을 수행하기 위해 속성공사로 완공한 경부선(1904)과 경의선(1905) 철도는 수운(水運)의 비중을 크게 감소시키는 결정적 계기가 되었다. 경부선과 경의선의 개통은 조선의 경제 활동과 산업 입지에 큰 변화를 가져오는 강력한 동력(動力)으로 작용하였다. 경부철도가 완공됨에 따라 일본 상인들은 경부선 연변의 교통이 편리한 지역에 진출하

---

45) 1899년 개통한 경인선은 제물포와 노량진 사이를 운행하였다. 1900년 한강 철교의 완성으로 경인선이 한성부로 연장되었고 이에 따라 남대문 정거장이 개설되었다. 남대문 정거장은 1923년 일제에 의하여 京城驛으로 개칭되었다. 1946년 광복 1주년을 맞아 京城府를 서울시로 개칭하는 서울시 헌장이 공포되었고 이 때 경성역도 서울역으로 바뀌었다.

기 시작하였다. 이들은 상설 점포를 열고 잡화류를 판매하는 한편 일부
는 미곡류를 매입하여 수출상에게 판매하는 미곡상이 되었다. 일본이 러
일전쟁에서 승리하자 이와 같은 경향은 더욱 가속되었다.

　일본인에 의한 농업경영도 노일전쟁 이후 급속히 확대되기 시작하였
다. 일본인 농업자본은 처음부터 미곡생산을 위하여 대농장을 건설하였
고 생산된 미곡은 일본시장에 수출하는 것을 전제로 하였다. 일본인 대
농장은 노동자를 고용하여 직접 농사를 짓는 플란테이션 형태가 아닌 조
선인 영세농에게 소작을 주어 생산하는 지주경영방식을 채택하였다. 이
점에 있어서는 동양척식(東洋拓殖)과 같은 회사형태의 농장도 마찬가지
였다. 1910년 12월 말까지 일본인 농업경영자는 2,254명, 이들이 소유한
토지 면적은 86,952정보로 급속히 증가하였다.

　러일전쟁 이후 경강에서 영업하던 조선인 객주들도 경강을 떠나 남대
문 정거장으로 거점을 옮기는 사례가 나타나기 시작하였다. 남대문 주변
의 객주들 가운데는 철도를 이용한 소 운송업으로 영업종목을 특화하는
자들이 생겼다.[46)]

　예를 들면 1906년에는 객주 유경환, 박순화가 남대문 정거장 옆에 대
한무역상사를 설립하고 철도운송의 확대라는 상황 변화에 재빠르게 대
처하고 나섰다. 대한무역상사는 한성에 본사를 두고 평택, 천안, 대전,
김천, 대구, 개성, 평양, 신의주, 인천 등 전국의 21개 역에 지점을 설치
하고 객주업, 매매중개업, 위탁판매업, 운수업, 창고업과 정미업(精米業)
을 개시하였다.[47)]

---

46) 청일전쟁 이후 京江 객주들의 영업종목이 운수업, 창고업, 위탁 매매업, 대금업,
　　숙박업 등으로 분화·전문화 되어 가는 과정은 전우용, "근대 이행기 서울의 객주
　　와 객주업"『서울학연구』24, 2004, pp.131-165 참조.
47)『大韓每日新報』, 광무 10년(1906) 11월 22일 광고.

3) 근대적 精米業의 도입과 객주업의 변화

1890년경까지 일본에 수출되던 쌀은 거의 전부가 조선에서 거래되던 한백미(韓白米·中白米)였다. 한백미는 다량의 이물질과 겨가 섞이고 여기에다 쌀을 희게 보이게 하기 위하여 약간의 물을 뿌리고 석회가루를 흡착시키는 일이 적지 않았다. 한백미는 일본으로 수송도중에 선박에서 발효되거나 일본의 창고에서 부패하는 일이 자주 발생하였다.[48] 이 때문에 일본시장에서 조선미는 열등미로 취급되고 싼값으로 거래되었다. 일본으로 수출된 한백미는 대부분 大阪에서 다시 한 번 도정하여 이물질을 걸러내고 백미로 만들어 팔았다.

미곡 수출상 가운데 건조가 불량하고 이물질이 많은 한백미를 일본으로 그대로 수출하는 것보다는 벼를 사들여 이것을 현미로 만들어 일본으로 수출하는 것이 유리하다는 판단을 한 상인이 나타났다. 인천에서 미곡 수출업을 경영하던 신토(進藤鹿之助)는 1889년 현미를 대판으로 수출하여 호평을 받았다. 이것을 계기로 신토는 같은 해에 인천정미소(仁川精米所)를 창업하였다. 인천정미소는 4마력의 증기기관과 돌로 만든 절구(石臼) 30대를 설치하고 영업을 개시하였다.[49]

조선에서 처음으로 현대식 정미소가 세워진 것은 1892년 미국인 타운센드(Townsend)가 인천에 설립한 '담손' 정미소였다.[50] 타운센트 정미

---

48) 蔡丙錫, "朝鮮精米工業의沿革"『農業朝鮮』 4(4), 1940, p.18; 朝鮮穀物協會,『朝鮮米穀輸移出の飛躍的發展とその特異性』, 1938; 二瓶精一,『精米と精穀』, 地球出版社, 1941, p.195.

49) 1889년 進藤鹿之助가 설립한 仁川精米所는 조선에서 처음 만든 정미소로 보인다.(仁川商況年報『通商彙纂』제8호 附錄, p.31). 그러나 이 정미소는 현대식 정미기를 사용하는 것이 아니라 동력축을 이용하여 디딜방아(踏臼)를 여러 개 연결하여 사용하는 打搗法을 개량한 것이었다. 農業發達史調査會編,『日本農業發達史』(2), 中央公論社, 1954, p.97; 二瓶精一,『精米と精穀』, 地球出版社, 1941, p.196.

50) 기록상 최초의 정미소는 1886년부터 兵曹의 주관으로 추진한 萬里倉製粉製米所

소는 60마력짜리 석탄용 증기 엔진 1대를 구비하고 정미기 4대를 설치하였다. 이 정미기는 미국에서 들여왔는데 엔젤(Engel) 상표를 달았다. 엔젤 정미기는 당시에 사용하던 타도법(打搗法과)는 달리 마찰력을 사용하는 것으로 미국 필라델피아에서 열린 만국박람회에 출품하고 1889년 특허를 받은 최신식이었다.[51]

이 정미기는 벼를 백미로 조제할 때 1대가 12시간 동안 백미 8석을 만들 수 있고, 현미를 백미로 가공할 때는 16석의 정백미를 조제할 수 있었다. 타운센트 정미소는 1892년 당시 동업관계에 있던 일본인 오다(奧田)에게 경영권을 넘긴 것으로 보이는데 그는 경영권을 인수하자 오다정미소(奧田精米所)로 이름을 바꾸고 중국과 일본으로 수출하는 미곡을 가공하였다.

이후 노일전쟁을 전후하여 일본인 거류자가 증가하고 조선미의 만주 수출길이 열리면서 인천에 대형 정미소가 들어서기 시작하였다. 이 무렵 인천에 문을 연 정미소는 高野정미소(1904), 力武정미소(1905) 등으로 모두 현대식 기계설비를 갖춘 것이었다. 도정공장의 건설은 미곡 수출의 질과 양면에서 그리고 조선의 미곡 유통시스템에 큰 변화를 가져오는 계기가 되었다.

한백미를 일본으로 수출하는 것보다 현미나 백미로 만들어 수출하는

로 보인다. 이 정미소는 군량미의 도정을 위해 일본인 기술자들을 고용하여 1889년 말에 완공을 보았는데 그 후 어떻게 운영되었는지 기록이 없다. 이 정미소는 얼마 가지 않아 문을 닫은 것으로 보인다. 李憲昌, "開港期 韓國人搗精業에 관한 硏究"『經濟史學』 7, 1984, pp.160-162.

51) 타운센트는 일본주재 미국무역상사의 직원으로 1884년 조선으로 건너왔다. 그는 인천에서 조선미를 수집하여 일본상인에게 판매하는 미곡 중개업을 하였는데 이때 일본상인 奧田貞次郞과 동업으로 정미소를 열었다. 그는 정미소를 오다에게 넘긴 후 독립하여 타운센트 상회를 경영하며 조선정부에 소총 등을 납품하고 광산용 폭약과 스탠다드 석유회사의 석유를 독점판매 하는 등 사업영역을 넓혔다. (하지연, "타운센트상회연구",『한국근대사연구』 4, 1966, pp.32-33)

것이 품질관리에 편리하고 훨씬 좋은 가격을 받을 수 있게 되자 개항장의 미곡 상인들은 정미소를 잇따라 건설하고 벼나 한백미를 구입하여 현미 또는 백미로 만들어 수출하게 되었다. 자연히 개항장에서의 미곡 수출은 현미와 백미 중심으로 전환되었다.

그러나 개항장에 정미소가 들어오던 초기에는 벼를 구하기가 어려워 대다수의 정미소는 한백미를 원료로 구입, 이것을 도정하여 백미로 만들어 수출하였다. 이 과정에서 지방의 미곡상들 사이에 정미소에 대한 수요가 확산되었다. 시간이 지나면서 개항장의 미곡상들은 철도편으로 지방에서 구입해온 벼를 현미로 가공하거나 또는 지방의 정미소에서 도정하여 보내온 현미를 원료로 백미로 가공하여 일본으로 내보내기 시작하였다.

내륙지에 정미소가 많아진 후부터는 지주와 대농이 판매하는 미곡은 대부분 벼의 형태로 이루어지기 시작하였다. 농가에서의 현미 조제는 한백미를 만들기 위한 과정으로서만 존재하게 되었다. 그러나 농가에서 자가소비를 위한 쌀이나 5일장에 내다 파는 쌀은 여전히 한백미였다. 한백미는 재래식 정미방법을 이용하고 있었다.[52] 일본으로 수출하던 한백미는 개항장에서 더 이상 찾아볼 수 없게 되었다. 정미소가 조선의 미곡 유통경로에 편입되면서 한백미의 수출은 자연히 소멸되었다.

인천을 비롯한 부산·군산·목포 등 미곡 수출항에 현대식 정미소가 들어서면서 미곡 수출업과 미곡 가공업이 결합된 독특한 형태의 미곡 반출 체계가 개항기에 조선에서 태동하기 시작하였다. 개항장에 정미공장이 들어서면서 개항지도 점차 현미 수출항과 백미 수출항으로 분화하기 시작하였다.

조선에서의 정미소는 3종류가 있었다. 벼를 현미(玄米)로 만드는 현미공장(玄米工場·籾摺工場), 현미를 원료로 하여 백미를 생산하는 정미

---

52) 增田吉猪, "在來精米機改善의 急務" 『朝鮮』, 1926年 9月號.

공장(精米工場), 벼를 원료로 현미를 만들고 이어 백미를 생산하는 작업
을 일관적으로 수행할 수 있는 현미 및 정미공장으로 나눌 수 있다.[53]
정미소의 형태를 결정하는 중요한 요인은 어떤 종류의 원료미를 많이 확
보할 수 있느냐와 일본 이입지의 상인들이 현미를 선호하느냐 백미를 선
호냐에 달렸던 것으로 보인다.

철도망의 확대와 정미소의 성업으로 미곡의 전통적인 집산·배급지로
서 전국의 포구와 경강은 그 지위에 큰 손상을 입게 되었다. 미곡상이
정미소를 겸영하는 형태가 유행하면서 전통적인 미곡 객주는 급속히 경
쟁력을 잃게 되었다. 미곡 객주들은 시류에 적응하여 정미업을 겸영하거
나 아니면 다른 업종으로 전환하지 않을 수 없게 되었다.

경강의 미곡 객주였던 이덕유, 최도명, 김진섭, 송택수, 고윤묵, 김락
희 등도 1910년을 전후하여 정미공장을 설립하였다.[54] 조선의 미곡 객
주들도 개항지의 일본 미곡상처럼 정미소를 운영하면서 미곡 유통과정
의 변화를 촉진하였다. 이들은 수집한 벼를 현미나 한백미로 도정하여
판매하는 도매상의 역할을 하면서 동시에 벼의 위탁매매도 겸영하는 형
태로 운영하기 시작하였다. 현대적 시설을 갖춘 정미소 겸 미곡상의 등
장으로 전통적인 객주는 점차 사라지는 상황에 직면하였다.

4) 곡물상조합시장과 미곡도매시장의 형성

간선 철도의 개통으로 철도연선 지방의 미곡은 철도를 통해 개항장으
로 반출하는 것이 유리하게 되었다. 또 한성에서 소비되는 미곡도 철도
를 이용하는 것이 편리하게 되었다. 철도의 개통은 일본인들의 내륙지

---

53) 당시에는 벼를 현미로 만드는 것을 '매갈이'라고 하였다. 현미공장은 매갈이 공장
    으로 불렀다.
54) 유승렬, "일제강점기 서울의 상업과 객주"『서울학연구』10, 1998, p.156.

이주를 촉진하였고 이들은 삼랑진, 대구, 대전, 조치원, 천안, 평택, 개성, 평양 등 교통의 요지에 정주하기 시작하였다.

이들 가운데는 잡화상, 미곡상 등을 경영하는 자가 많았다. 과거에는 산지의 미곡은 일단 내륙지 집하상 또는 객주의 손을 거쳐 선편(船便)으로 개항지에 도착하였으나 내륙지의 미곡 상인들은 철도의 개통으로 직접 개항지의 수출상과 거래할 수 있게 되었다.

개항기부터 조선에 진출한 일본 미곡상들은 취급 물량이 많아지고 미곡상의 수기 많아지자 미곡의 수출과 곡물매매를 위한 도매시장의 필요성이 커졌다. 이들은 노일전쟁의 종전을 전후하여 영업지역 별로 곡물상조합 또는 수출상조합을 설립하고 조합원들 간에 미곡을 비롯한 곡물의 매매를 시작하였다. 이 즈음 설립된 곡물상 조합과 수출상동업조합의 명단은 다음과 같다.

〈표 1-1〉 穀物商同業組合 및 관련단체

조합 명칭	소재지	창립년도	목적·업무·기타
釜山穀物商輸出組合	부산 금평정	1897.10.	곡물 수출
釜山港곡물상조합	상동	1897.10.	곡물매매
釜山穀物市場	상동	1906.	곡물시장
仁川穀物協會	인천 항정	1903.11.	곡물무역
仁川輸出穀物商組合	상동	1898.10.	곡물 수출
仁川精米販賣組合	상동	1905. 9.	정백미 도·소매
馬山穀物商組合	마산 각국거류지	1898. 8.	곡물상관리
木浦곡물상조합	목포 무안통	1903. 9.	곡물매매
鎭南浦수출곡물상조합	진남포	1903. 3.	곡물 수출
大邱곡물 수출상조합	대구 서문	1906.10.	곡물매매
慶山日韓穀物商組合	경산	1906.10.	상동
淸道일한곡물상조합	청도	1907.11	곡물매매
倭館일한곡물상조합	왜관	1907.11.	상동
김천곡물상조합	김천시장	1908.12.	상동
群山米穀貨物仲立組合	군산각국거류지	1907. 3.	미곡매매중개업
인천상품중매조합	인천	1902.	수출입중매

자료: 통감부, 『통감부통계연보』, 1907, 1908에서 취합.

5) 미곡 객주의 변신: 彰熙組合의 경우

1905년 러일전쟁 직후 재정고문 메가타에 의해 실시된 화폐정리사업과 외획(外劃)의 폐지로 인한 심각한 유동성 부족, 그리고 한반도를 남북으로 가로지르는 경부선과 경의선 철도의 완공으로 인한 유통로의 변화는 조선의 미곡 객주를 포함하여 많은 객주들을 파산시켰다.

그러나 그 혼란 가운데서도 경강의 일부 미곡 객주들은 재빠르게 지주, 은행가, 재력있는 상인들을 영입하여 조합을 결성하고 또 화폐개혁으로 인한 유동성 부족을 타개하려는 목적의 구제금융을 이용하여 사업을 확장한 경우도 있었다. 대표적인 예로 1906년 9월 20일 경강의 마포 부근에 위치한 동막(東幕. 현재의 마포구 용강동 일대)에서 창립한 객주회사 창희조합(彰熙組合)과 이 조합의 후신인 서서동막합자상회(西署東幕合資商會)의 예를 들 수 있다.[55]

창희조합은 지주 또는 하주(荷主)의 주문에 따라 각지에서 생산된 미곡을 배나 철도 편으로 한성으로 옮겨 창고에 보관하였다가 적당한 시기에 매각하고 그에 따른 수수료를 받는 위탁판매업과 미곡을 담보로 하여 대금업(貸金業)을 하는 것이 주 영업종목이었다. 당시 창희조합의 창고에 입고된 곡물의 종류와 수량, 수송 수단 그리고 곡물을 담보로 한 대금(貸金) 등의 자료가 남아있는데 이 자료는 노일전쟁과 경부·경의선 철도 개통 직후 변화한 미곡 수송 상황과 객주업의 일면을 보여주고 있다.

---

55) 창희조합의 경우는 洪性讚, "한말 서울 東幕의 미곡 객주 연구-彰熙組合과 西署東幕合資商會의 사례"『경제사학』42, 2007, pp.3-30을 참고하였다. 이 무렵 전국 각지에서 활동하던 미곡 객주들의 일부는 서로 연합하고 외부 자본을 끌어 들여 미곡매매, 중개업, 위탁판매업, 창고업, 수송업 등 가운데 한두 가지를 전문화하거나 또는 종합적으로 운영하는 근대적 객주기업으로 변신하였다. 창희조합은 1906년, 객주 김희락, 조창한 등이 은행가였던 백완혁 등을 끌어들여 설립한 객주기업의 하나였다.

1906년 가을부터 1907년 봄 사이에 창희조합 창고에 입고된 미곡은 벼 3,310석, 현미 2,772석, 백미 349석, 찹쌀 112석, 콩 기타 99석 합계 6,572석이었다. 입고된 벼와 백미는 대부분 봄과 가을철에 들어 왔는데 겨울에는 수량이 매우 적어 10%도 되지 않았다.

벼는 가을철, 백미는 겨울철, 현미는 봄철에 많이 들어왔다. 미곡의 출하지는 경기도, 충청도, 황해도는 물론 전라도도 있었다. 미곡의 운송 수단은 선박과 철도가 모두 이용되었는데 선편을 이용한 물량이 압도적으로 많았다.

선편으로 수송된 미곡의 선적지는 경기도는 통진·김포·강화·적성·광주, 충청도는 덕산·면천·풍덕·아산·서산·홍성, 전라북도는 전주·익산·김제·부안·송포·완산, 황해도는 해주·연안·배천 등지를 배후지로 둔 포구로 모두 수운이 편리한 서해안 연안이나 한강하류 지방이었다. 이 당시 미곡을 운반한 선운업자(船運業者)는 모두 40명이었는데 경강과 지방의 업자가 모두 참여하였다.

철도편으로 수송된 미곡의 양은 전체 입고량의 4% 정도인 258석에 불과하였다. 철도편으로 올라온 미곡의 생산지는 뱃길이 닿지 않는 충남의 내륙인데 이 곳의 미곡은 경부선의 전의(全義)역이나 천안역으로 옮겨져 남대문역(서울역)으로 운반되었다. 철도편을 이용한 시기는 주로 겨울이었다. 그 이유는 겨울에 배가 다니기 어렵고 한강이 얼기 때문인 것으로 보이는데 무엇보다도 당시에는 수송 단위당 철도 운임이 선박 운임보다 비쌌기 때문인 것으로 판단된다.

미곡이 경강의 동막 포구나 남대문역에 도착하면 하역 인부를 고용하여 창고로 옮겼다. 창고는 동막의 경우 마포 미전(米廛) 부근에 있는 8개의 창고를 빌려서 사용하였는데 당시까지만 하더라도 마포 일대에 전통적인 미곡창고가 많이 남아 있었던 것으로 보인다.

미곡을 창고에 입고하면 적비(積費)를 받았는데 1석당 0.5냥이었다.

미곡을 다시 두량(斗量)하면 1석당 0.5냥의 두비를 받았다. 미곡이 입고
되면 하주에게 입고영수증인 적치표(積置票)를 발행하였는데 하주는 창
고에 보관한 물건을 찾아갈 때 적치표를 제시하였다. 적치표는 창하증권
과 같은 것으로 이것을 담보로 하여 은행에서 돈을 빌릴 수 있었다.

　창고에 보관한 미곡의 출고는 도정이나 두량을 위해서는 물론이고 하
주가 원할 때는 언제든지 가능하였다. 그러나 대부분은 매매가 성립하였
을 때 출고하였다. 미곡의 매각과 출고는 쌀값이 오르는 봄부터 추수 직전
까지 집중적으로 이루어졌다. 매매가 성립되면 조합은 하주에게 구문을
받는데 대체로 벼는 1석당 5냥, 쌀은 8냥을 받았다.[56) 조합은 미곡의 위탁
매매뿐만 아니라 직접 매입하였다가 값이 오르면 매각하기도 하였다.

　창희조합과 서서동막합자회사(西署東幕合資商會)는 미곡의 매매 쌍
방 또는 제3자에게 대금(貸金) 부로커업을 하기도 하였다. 조합은 하주
를 대신하여 보관 중인 미곡을 담보로 한성농공은행(漢城農工銀行)[57)으

56) 洪性讚, "한말 서울 東幕의 미곡 객주 연구-彰熙組合과 西署東幕合資商會의 사례"
　　『경제사학』 42, 2007, pp.20-22.
57) 漢城農工銀行은 1906년 재정고문 메가다의 주도로 농업과 공업의 개량·발달을
　　위한 자금 공급을 목적으로 설립한 특수은행이다. 조선인의 출자로 한성을 비롯
　　한 대구·평양·전주 등 11개 도시에 설립하였으나 주식 모집이 잘 진행되지 않아
　　충주·공주·진주·해주·경성의 농공은행은 한성·대구·평양·함흥의 농공은행에 합
　　병되었다. 1908년에는 농공은행의 본점이 6개소 지점 및 출장소가 22개소였다.
　　한성농공은행은 불입 자본금이 부족하여 1918년 조선식산은행에 합병되었다. 한
　　성농공은행의 초대 행장은 백완혁이었다. 백완혁은 창희조합의 설립위원 가운데
　　한 사람이었다. 1905년 11월 재정고문 메가타의 주도로 창립된 漢城共同倉庫株式
　　會社는 화폐 및 재정개혁으로 어려움을 겪는 상인들 가운데 동산과 부동산 중심
　　의 자산을 가진 한상들의 금융경색을 완화시켜주기 위한 목적으로 설립되었다.
　　주요 업무는 곡물과 기타 주요 물품을 창고에 보관하고 그 보관물을 담보로 돈을
　　빌려주는 창고금융업과 부동산을 담보로 대출하는 대금업을 경영하였다. 한성공
　　동창고는 고종의 내탕금과 대한천일은행의 경영진, 고위 관료와 대상인, 그리고
　　일본인들이 출자하였다. 한성공동창고는 1912년까지 존속하였다가 조선상업은행
　　에 합병되었다.

로부터 대부를 받아주고 수수료를 받았다.[58] 가장 흔한 영업형태는 조합이 미곡의 구입자에게 보관중인 미곡을 담보로 은행에서 구입자금을 대부받아 주는 것이었다.

창희조합과 서서동막합자상회는 1907년 9월 8일부터 동년 12월 1일까지 12회에 걸쳐 한성농공은행으로부터 약 2만 1천원을 빌렸는데 대부를 주선해준 대가로 벼는 1석당 2냥, 쌀은 1석당 3냥의 수수료를 받았다. 이 상사(商社)는 1907년 말 이후 영업이 크게 악화되면서 1909년까지 적자를 본 것으로 나타났는데 그 이후는 어떻게 되었는지 알 수 없다.

---

58) 이 무렵 조선인도 倉荷證券을 담보로 하여 은행으로부터 대부를 받는 근대적 금융행위가 일어난 것으로 보인다. 창희조합이 적치표를 담보로 하여 한성농공은행으로부터 융자를 받은 것은 이와 같은 예의 하나이다. 창희조합은 1907년 10월에 西署東幕合資商會로 확대 개편하였다. 한성공동창고주식회사의 영업목적이 창고금융업인 것으로 보아 곡물을 담보로 한 대부행위가 있었을 것으로 보인다.

제2장
한일병합 이후 조선의 미곡시장과 유통

1. 1910년대 조선 미곡시장의 변화

1) 漢城에서의 정미소 출현과 소비지 유통과정의 양분화

(1) 일본인 정미소의 등장

조선 최대의 소비지 시장인 한성에는 청일전쟁(淸日戰爭) 직후까지도 일본인 거류자가 많지 않았다. 한성에 거주하는 일인들은 조선 쌀집에서 한백미를 구입하여 먹었다. 한성에 처음 근대적 정미소가 생긴 것은 노일전쟁이 진행되던 1904년이었다. 다카야마(高山)이란 일본인이 전쟁이 끝나면 한성에 일본인 거류자가 크게 늘어날 것으로 예상하고 현재의 도동(桃洞)에서 전기 동력을 사용하는 高山정미소를 개설한 것이 처음이었다.

일본이 노일전쟁에서 승리하자 일본인들의 경성 이주가 급격히 증가하였다. 1905년에는 일본인이 경영하는 경성정미소와 용산정미소 그리고 마쓰이(待井)정미소가 연달아 문을 열었다. 1906년에는 미바(三巴)정미소와 마쓰다(增田)정미소도 개업하였다.[1]

일본인 정미소는 경부선의 남대문역(서울역) 부근에 자리를 잡았다. 규모가 가장 큰 경성정미소는 일본인을 위해 백미를 생산하는 한편 인구의 절대 다수를 차지하고 있는 조선인 쌀 시장도 뚫기 위해 한백미도 생산하였다. 한일합병 직후인 1911년까지 한성과 그 주위에 <표 2-1>가 보여주는 것처럼 4개의 일본인 정미소를 포함하여 모두 20여 개의

---

1) 高山과 增田정미소는 경영난으로 얼마되지 않아 문을 닫았다.

정미소가 문을 열었다. 정미소의 경영자는 모두 쌀의 도매업도 겸영하는 정미상(精米商)이었다.

(2) 조선인 객주의 정미업 진출

경강 객주들 가운데도 1907년 경부터 도정업을 겸영하는 사람이 나타나기 시작하였다. 일제가 조선을 병합한 다음 해인 1911년까지 조선인이 경성 시내와 마포, 동막, 현석리 등지에 설립한 정미소는 14개에 이르러 일본인 정미소의 수를 압도하였다. 조선인 정미소의 대부분은 마포를 중심으로 한 경강의 전통적인 미곡 집산지에 설립되었다. 이들은 수집한 벼를 현미나 한백미로 도정하여 판매하는 도매상의 역할을 하면서 동시에 벼의 위탁매매도 겸영하는 형태로 운영하기 시작하였다.

1910년대 초 경성과 인근 지역에 조선인 미곡 객주는 약 70여명이 있었다. 이들은 마포, 동막, 용산, 서강, 뚝섬 등 경강지역과 남대문시장, 동대문시장, 종로 등지에서 영업하였다. 객주의 활동을 보좌하는 거간도 100여 명이 있었다.[2] 미곡 객주들은 한강을 통해 올라오는 벼를 한백미로 도정하여 남대문 선혜청장(宣惠廳場)과 동대문시장 내의 미곡상에게 도매하는 것을 주요 업무로 하였다.

<표 2-1>에서 보는 바와 같이 일본인 정미소는 그 숫자는 적으나 규모와 자본금 면에서 조선인 정미소보다 훨씬 컸다. 일본인 정미소의 업소당 연평균 생산량은 28,000석이었다. 조선인 정미소 가운데는 연간 생산량이 3,000석도 안 되는 영세 규모도 5개나 있었다. 조선인 정미소는 모두 벼를 원료로 사용하여 현미를 만드는 현미기(玄米機 또는 籾摺機)와 현미를 백미로 만드는 정미기(精米機)를 비치하였다.

---

2) 京城産業調査會, 『精米工業・ゴム二關スル調査』, 1935, pp.133-134; 유승렬, "일제 강점기 서울의 상업과 객주" 『서울학 연구』 10, pp.119-158.

〈표 2-1〉 1911년 현재 京城 및 京江 부근의 정미소 설립 및 운영현황

정미소명	소재지	창립연도	기계 대수		마력수	원동력	종업원수(명)		생산·소비량(石)	
			玄米機	精米機			조선인	일본인	조선인소비량	일본인소비량
京城정미소	경성 蓬萊町	1905	20	7	45	증기	81	16	29,906	
待井정미소	경성 古市町	1905		6	14	개스	46	15		
龍山정미소	경성 米倉町	1906		6	16	개스	89	9		
三巴정미소	경성 蓬萊町	1906		5	35	개스	5	5		
福岡정미소	경성 崗野町	1911								
倉洞정미소	경성 米倉町	1908	19	3	45	석유	21		8,013	
孫相五정미소	경성 倉町	1911	4	2	6	석유	10		1,561	
韓興정미소	경성 亭子洞	1908	4	2	5	전기	6		3,750	
信昌정미소	경성 亭子洞		10	4	8	증기	8			
신흥정미소	서부 한림동	1910					5			9,861
한창정미소	남부 광강	1911					8			33,000
永昌정미소	용산면 마포	1910	5	2	6	석유	7		2,000	23,299
大昌정미소	용산면 마포	1908	10	4	10	석유	17		4,800	18,500
昇源정미소	상동	1907	3	2	5	전기	5		960	
東昌정미소	상동	1911	7	4	20	석유	17		280	
順興정미소	용산면 동막	1911	7	4	10	석유	20		2,980	
順成정미소	용산면 동막	1910	3	6	12	석유	24		16,800	
東一정미소	상동	1910	10	4	10	석유	18		5,400	
大成정미소	상동	1909	15	3	8	석유	11		7,200	
順昌정미소	상동	1907	22	6	25	증기	33	1	18,720	
한흥정미소	서강 현석리	1910	6	3	8	석유	15		7,320	
태창정미소	서강면 현호	1911					10			
보창정미소	용산형제계	1910					9			

비고: 일본 정미소의 日人소비자를 위한 판매량 속에는 약간의 조선인 소비자에게 판매된 양이 포함되어 있음. 조선정미소의 생산량은 모두 한백미로 조선인이 소비함. 생산량의 판매처는 경성 시내임. 구체적인 자료가 없는 정미소는 평균 산출에서 제외하였음.

자료: 朝鮮總督府, 『京城·仁川商工業調査』, 1939, pp.31-32; 『朝鮮總督府統計年報』, 1913, pp.116-117에서 취합.

　　일본인 정미소는 경성정미소를 제외하고 모두 현미를 원료로 하여 정백미(精白米)를 조제하는 정미기만 설치하였다. 일본인 정미소는 정미기에 부설된 마찰기(磨擦機)를 이용하여 색깔이 맑고 광택이 나는 정백미를 조제하였다. 예외적으로 일본인이 경영하는 경성정미소는 현미기 20대와 정미기 7대를 갖추고 일본인 소비자 뿐만 아니라 조선인 소비자도

고객으로 포함하는 영업전략을 가지고 있었다.

(3) 조선인 정미소와 일본인 정미소의 차이

<표 2-1>의 자료를 통하여 조선인 정미소와 일본인 정미소를 비교하여 보면 몇 가지 측면에서 뚜렷한 차이점이 나타난다. 첫째, 조선인이 경영하는 정미소는 기술자를 포함하여 한 명도 일본인은 고용하지 않고 모두 조선인을 고용하고 있다는 점이다. 일본인 정미소는 기술자는 일본인을 고용하고 잡역부는 모두 조선인을 고용하였는데 고용 인원이 많았다. 둘째, 일본인 정미소는 경성역 부근에 입지하고 있는 반면 조선인 정미소는 마포, 동막, 서강 등 조선시대부터의 경강 유통의 중심지에 모였다. 셋째, 조선 정미소는 조선인 소비자를 상대로 한백미를 조제하였고 일본인 정미소는 경성정미소를 제외하고 모두 일본인을 위한 백미를 생산하였다는 점이다.

이처럼 조선인 정미소와 일본인 정미소가 규모와 고용, 입지 면에서 차이가 나는 원인은 조선인 소비자와 일본인 소비자가 원하는 쌀의 종류가 다르고 원료미가 도착하는 장소가 상이하기 때문이었다. 일본인이 운영하는 정미소는 현미를 원료로 하여 백미를 생산하였다. 일본 정미소는 백미를 만들기 위해 모래와 잡물을 골라내는 별도의 정선(精選)과정을 거쳐 석발(石拔) 백미(白米)를 만들었다. 반면에 조선인이 경영하는 정미소는 벼를 원료로 하여 한백미를 조제하였다.

일본인 정미소가 그 규모에 비하여 많은 수의 조선인을 고용하고 있는 이유는 정백미(석발 백미)를 생산하기 위해서였다. 일본 정미소는 일본인 소비자를 상대로 하기 때문에 쌀에 혼입되어 있는 모래와 흙, 잡물을 제거하기 위해 많은 수의 선미공(選米工)을 채용하였다. 선미공은 모두 여공으로 이들은 백미 제조의 최종단계에 선미 벨트에 얇게 펴져서 올라오는 쌀에 섞여있는 모래와 적미(赤米), 흑미(黑米), 피 등 협잡물

(夾雜物)을 가늘고 긴 고무관으로 된 흡취기(吸取器)로 빨아 올려 백미만 남도록 하는 작업을 하였다.[3]

당시 정미소에 고용된 사람의 임금은 기계공이 일당 65전, 보통 인부는 56전이었다. 선미공은 일당이 아닌 석발 백미 1두에 3전씩의 성과급을 주었다. 선미공은 미숙련자가 1일에 2두를 처리하는데 불과하나 숙련공은 1석 2~3두를 처리할 수 있었다. 여공들은 평균적으로 1시간에 백미 7두를 정선(精選)하였다. 임금의 지불 방법은 정미소에 따라 차이가 있으나 보통 10일에 한 번씩 지불하였다.[4] 개항지에 위치한 큰 정미소에서는 수백 명씩의 선미공을 고용하였다.

한백미는 잡물을 골라내는 공정이 없기 때문에 석발미보다 1석에 2원 정도 싸게 공급하였다. 일본인 소비자를 위한 정백미는 도정을 4회에 걸쳐 하고 싸래기의 선별과 석발 과정이 별도로 있는데 비해 조선인 소비자를 위한 한백미의 도정은 3회에 그치고 석발 과정이 없었다. 따라서 정백미의 조제에는 보감율(步減率)이 한백미보다 많아 자연히 생산비가 비쌌다.

(4) 석발 백미와 한백미: 소비자의 기호와 미곡 판매채널의 이원화

일본인 정미소가 생산한 백미(석발 백미)와 조선인 정미소가 가공한 한백미는 서로 수요자가 달랐다. 한백미는 거의 전부 조선인에게 판매되고 석발 백미를 소비하는 사람들은 일본인이었다. 일본인들은 10분도(10

---

3) 吸取器는 조선 특유의 발명품이었다. 흡취기는 20세기 초 경성에 거주하던 일본인 行猪太郎이 고안하였다. 粒選壇이라고 하는 布 벨트 위에 백미를 얇게 편 다음 벨트를 느린 속도로 움직이게 한다. 한 대의 입선단에 1명의 여공이 앉아서, 혹은 대형 입선단의 양쪽에 다수의 여공이 앉아서 흡취기를 이용하여 백미 가운데 섞여 있는 모래, 赤米, 黑米, 피 등의 夾雜物을 빨아 올렸다. 흡취를 통하여 선별작업이 끝난 쌀이 石拔 白米이다.(二甁精一, 『精米と精穀』, 地球出版社, 1941, p.210).

4) 朝鮮總督府, 『京城·仁川商工業調査』, 1939, p.27.

分搗)의 돌과 뉘가 섞이지 않은 백미를 먹었고 조선인들이 소비하는 한
백미는 백미보다 도정도가 낮은 7분도(7分搗) 정도의 쌀이었다.

조선인들은 전통적으로 주부가 밥을 짓기 위해 쌀을 씻을 때 모래나
돌을 걸러내는 조리질을 하였기 때문에 값이 비싼 백미를 사먹을 필요를
느끼지 않고 있었다. 이 때문에 경성의 미곡 유통채널은 처음부터 조선
인 소비자를 위하여 한백미를 조제하여 판매하는 곳과 일본인 소비자를
위하여 백미를 만들어 파는 곳으로 양분되었다. 경성 시내의 소매 쌀가
게도 일본인의 쌀집과 조선인의 쌀집으로 자연스럽게 양분되었다.

일본인 소비자를 상대로 판매하는 석발 백미는 특등, 1등, 2등의 3등
급으로 나누어 판매하였다. 조선인에게 판매할 한백미는 1등, 2등, 3등
의 3등급으로 나눈 다음 이것을 5두들이 가마니에 넣어 조선인 소매상
에게 보냈다. 1911년 현재 경성에는 일본인이 경영하는 소매 쌀집이 20
여 개가 있었고[5] 조선인 쌀가게는 이보다 훨씬 많은 수가 있었던 것으
로 보인다.

일본인 정미소는 일본인 소매상에게 월말 결제로 수금하기 때문에 약
30~40일간의 외상거래가 가능하였으나 조선인 소매상에 대해서는 신용
정도가 낮다는 이유로 현금거래를 하였다. 1910년 일본의 조선병합 당
시 경성의 인구는 약 21만이었다.

2) 원료미의 조달과 조선인과 일본인의 분업체계

(1) 경성 도착 미곡의 종류와 수량

일본의 조선병합 이듬 해인 1911년 철도와 선편으로 경성으로 반입
된 미곡은 현미로 환산하여 모두 47만 8천 608석이었다. 이 가운데 철도
편으로 이입된 양은 <표 2-2>에서 보는 것처럼 전체의 55%인 26만 2

---

5) 朝鮮總督府, 『京城·仁川商工業調査』, 1913, p.29.

천 682석이었다.[6] 철도편으로 들어온 미곡은 거의 대부분 경부선과 경의선 연변의 정미소에서 도정된 현미였고 약간의 중백미(한백미)가 포함되었다. 철도편으로 들어온 미곡은 97%가 일본인 정미소가 많은 남대문역(서울역)에 하역하였고 나머지 3%가 용산역에 내렸다.

반면에 선편으로 경강(京江)에 들어온 미곡은 <표 2-3>에서 보는 것처럼 벼가 30만 3천 44석이고 한백미로 들어온 것이 6만 4천 404석이었다. 벼를 현미로 환산하면 15만 1천 522석 이므로 모두 21만 5천 929석의 현미와 한백미가 선편으로 이입된 셈이다.

한강으로 수운된 미곡은 전체 경성 이입량의 45%였다. 벼의 형태로 한강으로 들어온 미곡의 양은 선편으로 이입된 미곡 총량의 70%에 해당하여 한강으로 수운(水運)되는 미곡의 대부분은 벼였다. 경강의 포구 가운데 마포(당시 龍山面)에 도착한 미곡이 경강의 다른 포구에 도착한 양에 비하여 훨씬 많았다. 이것은 마포, 서강 등 한강변에 있는 정미소 단지의 필요성 때문이었다.

〈표 2-2〉 1910년대 초 철도편으로 경성으로 이입된 미곡(현미)의 양

(단위: 石)

도착역	1911년	1912년	1913년
남대문역(서울역)	254,891	191,401	233,653
용산역	7,770	8,876	8,344
서대문역	21	84	70
합계	262,682	200,361	242,067

지료: 朝鮮總督府,『京城·仁川商工業調査』, 1913, p.126에서 정리. 원 자료는 톤으로 되어 있는 것을 石으로 환산함. 1톤은 7석.

---

6) 朝鮮總督府,『京城·仁川商工業調査』, 1913, pp.127-133. 총독부의 이 조사에는 육로를 통해 경성으로 들어온 미곡의 수량은 포함되지 않았다.

<표 2-3> 1911년 京江에 도착한 미곡의 종류와 수량

포구	벼(석)	玄米 환산 벼(석)	한백미(석)	현·백미합계(석)
西江面(현석리)	12,744	6,372	1,754	8,126
龍山面(마포)	245,300	122,650	11,650	134,300
漢芝面(서빙고)	45,000	22,500	22,000	44,500
豆毛面(뚝섬)	-	-	29,000	29,000
합계	303,044	151,522	64,404	215,926

자료: 朝鮮總督府, 『京城·仁川商工業調査』, 1913, p.127.

　　정미소에서 사용하는 원료미도 일본인 정미소와 조선인 정미소가 서로 달랐다. 일본인 정미소에서는 현미를 원료로 사용하는데 반해 조선인 정미소는 대부분 벼를 원료로 사용하였다. 일본인 정미소에서 사용하는 원료미인 현미는 경부선의 평택, 천안, 조치원, 대전, 옥천, 왜관, 김천, 경산 그리고 경의선 연변의 해주, 재령, 봉산, 선천, 곽산, 차연관(車輦館), 신의주 등지에서 철도편으로 조달하였다.

　　조선인 정미소는 해로와 한강 수로를 이용하여 원료미를 조달하였다. 경강으로 이입된 미곡은 대부분 벼로 충청남도의 덕산, 예산, 아산, 신창, 면천, 전라북도의 김제, 만경, 전주, 황해도의 배천, 연안, 평산 지방, 경기도의 여주, 이천, 양평, 충청북도의 충주 등지에서 오는 것이었다.

(2) 정미소의 입지에 따른 분업과 米種의 특화

　　경성에 일본인 인구가 증가하고 일본인 경영의 정미소가 늘어나면서 백미시장이 확대되었다. 경성역과 용산 일대에서 현미를 원료로 하여 정백미를 생산하는 일본인 정미소의 생산규모가 커지면서 조선인 경영의 정미소도 점차 생산 품목을 특화하게 되었다.

　　한백미를 생산하여 시내의 조선인 소비자에게 공급하던 마포의 조선 정미소들은 영업전략을 바꾸어 마포, 현석리, 동막 등지로 들어오는 벼를 전부 현미로 가공하여 경성역 부근의 일본인 정미소에게 판매하기 시작하였다.

경성역으로 들어오는 현미는 대부분 일본인 정미소에서 정백미로 조제되었다. 벼는 서대문 지역의 조선인 정미소로 옮겨져 현미나 한백미로 도정되었다. 서대문 지역의 조선인 정미소에서 가공된 현미는 일본인 정미소에 공급되고 한백미는 시내의 조선인 소매상에게 판매하였다.

3) 경성의 미곡 도매시장

1911년 경성에는 남대문시장과 동대문시장, 종로와 자암(柴岩, 봉래동 1가와 의주로 2가에 걸쳐 있던 마을)에 약 70명 가량의 미곡 도매업자 또는 미곡 객주가 있었다. 조선인 객주가 가장 많은 곳은 동대문시장과 남대문시장이었다. 동대문시장조합 소속 미곡 객주는 모두 31명이었는데 이 가운데는 마포, 동막, 뚝섬, 한강 등지의 미곡 객주도 회원으로 포함하고 있었다. 남대문시장 조합 소속은 28명이었다.

경성의 일본인 정미업자들은 경룡정미조합(京龍正米組合)을 만들어 운영하였다. 경성에는 미쓰이물산(三井物産)의 미곡위탁판매소도 들어와 있었다. 일본의 동경에 본점을 두고 있는 미쓰이물산은 1902년 부산과 인천에 들어와 출장소를 세우고 곡물의 수출입과 매매업을 시작하였다. 1904년에는 한성에 지점을 열고 곡물매매, 위탁 매매업, 창고업, 운송업을 개시하였다. 대판에 본점을 두고 있는 후지모토(藤本)합자회사도 1904년과 1905년에 군산과 인천에 지점을 개설하고 미곡 기타 곡물의 매매와 위탁판매업을 시작하였다. 합명회사 무라시키야마 구미(柴山組)도 1910년 경성에 진출하여 곡물의 위탁판매와 운송업에 참여하였다.

경룡정미조합은 당초 경성에 있는 일본인 정미업자들의 원료미를 매입하기 위한 기관으로 설립하였다. 미곡의 매입자는 조합원에 한하였으나 곧 영업방침을 변경하여 지방의 미곡 상인에게서 판매를 위탁받아 이를 경성의 정미소와 일반에게도 판매하는 일을 하였다.

경룡정미조합은 입찰 방식으로 미곡을 판매하였는데 매매가 성립하면 조합으로부터 대금을 입체하여 바로 다음 날 하주에게 송금하였다. 정미조합의 수수료는 1석당 5전을 받고 대량 거래를 하는 영업방침 때문에 철도편으로 경성으로 이입되는 미곡의 약 절반은 경룡정미조합에 의해 처리되었다.[7] 조선인 객주들은 위탁판매 수수료를 1석당 20전을 받았으나 정미조합과 같이 결제에 기민한 대응을 할 수 없어 철도를 이용한 영업에서 일본인에게 밀리기 시작하였다.

2. 1920~30년대 京城 소비지 시장의 미곡 유통

1) 1920~1930년대 경성의 미곡 소비량

1928년에 들어와 경성의 인구는 약 30만으로 증가하였다. 경성에서 소비되는 쌀(한백미와 석발미)은 대부분 경성에서 도정하였다. 연간 1~2만 석의 백미가 외부에서 반입되었으나 그 비율는 부내 생산량의 2~4%에 지나지 않았다. 경성 밖으로 반출된 쌀은 반입량의 2배 정도였다. 부외로 반출된 쌀은 대부분 경성과 인접한 고양군, 양주군 등지의 주민들이 소비하고 일부는 인천을 통해 일본으로 이출하였다.

<표 2-4>는 1928년부터 1932년까지의 경성 부내에서의 쌀 소비량이 약 31만 석에서 36만 석으로 증가하였음을 나타내고 있다. 1929년에 쌀 소비량이 갑자기 많아진 것은 그 해 경성에서 대규모의 박람회가 열린 탓으로 보인다.

---

7) 朝鮮總督府,『京城·仁川商工業調査』, 1913, p.133.

〈표 2-4〉 경성부의 쌀 생산량과 반입량 및 소비상황 1928~1932

(단위: 石, %)

연도	1928	1929	1930	1931	1932
반입량(D)	10,400	79,700	8,000	7,200	16,800
부내생산량(A)	318,700	360,800	379,800	391,600	400,600
반출량(B)	20,000	17,100	50,600	53,300	60,500
부내소비(C)	309,100	423,400	337,200	345,500	356,900
(식량용: C1)	272,800	389,100	302,100	310,700	320,200
(가공용: C2)	36,300	34,300	35,100	34,800	36,700
B/A	6.3	4.7	13.3	13.6	15.1
C/A	97.0	117.4	88.8	88.2	89.1
D/A	3.3	22.1	2.1	1.8	4.2

자료: 京城府 産業調査會報告, 『精米工業·ゴム工業ニ關スル調査』, 1935, p.9.

(1) 경성부내 정미업자의 소매상 겸업 추세

1910년 경성의 인구는 20만 정도였으나 꾸준히 인구가 늘어나 1932년에는 약 35만으로 증가하였다. 경성의 정미소는 1911년의 20개에서 1932년에는 71개소로 21년 동안 3.5배가 늘어나 인구증가보다 빠르게 증가하였다. 정미소의 증가에 특이한 측면은 영세규모의 정미소가 많이 늘어났다는 점이다.

직공 수 5인 이상의 공장은 1928년 이후 별 증감은 없지만 5인 미만의 영세 정미소는 매년 증가 경향을 보였다. 이들 소규모 정미소는 경쟁이 치열해지면서 정미공업으로서의 성격과 독자성을 잃고 점차 미곡 판매를 위한 부대시설화 되어 갔다.

다시 말하면 1930년 대에 들어와 정미소의 수가 증가한 것은 영세규모의 정미소와 규모가 큰 소매상이 정미기를 설치하고 영업하는 경우가 증가하였기 때문으로 보인다. 이에 따라 기존의 정미소도 도매상으로서의 상권을 확보할 수 없어 쌀 소매상을 겸하는 경향이 나타나기 시작하였다. 이 때문에 경성의 기존 정미업자는 정미소매상(精米小賣商·정미

시설을 갖춘 소매상)과 상권을 다투며 판로 획득에 부심하지 않으면 안
되는 상황이 되었다.

1930년대에 들어와서도 조선인 정미소는 조선인 소비자를 고객으로
한맥미를, 일본인 경영자는 일본인 소비자를 위하여 정백미(石拔米)를
생산하여 공급하였다. 미곡 소비에 대한 조선인과 일본인의 기호의 차이
는 1910년대와 다름없이 계속되었다. 그러나 1930년대에는 일부 조선인
들도 고소득층을 중심으로 석발미 수요자가 생기기 시작하였다.

이들은 생일이나 제삿날 등 특별한 날에 정백미를 사먹는 경우가 늘
었지만 여전히 한맥미가 주식이었다. 백미를 찾는 조선인 소비자들이 늘
어나자 조선인 정미소 가운데도 석발미와 한백미를 함께 생산하는 경우
가 생기기 시작하였다.8) 이 무렵에는 일부 조선 쌀집에서도 한백미와 함
께 소량의 석발미를 팔았다.9) 1935년의 통계를 보면 경성부의 백미 총
생산량 65만 석 중 84.6%가 한백미였고 석발 백미는 15.4%에 불과하였
다.10) 조선인의 대부분은 한백미를 소비하는 경향이 계속되었다.

경성부는 1940년 일본이 전시 통제경제로 들어가면서 배급체제를 갖
추기 위해 기초자료를 얻기 위한 조사를 실시하였는데 이 조사에 의하면
경성의 정미소는 177개로 늘어나 있었다. 당시 경성의 인구는 약 98만
이었는데 미곡 소매상도 600개 이상으로 증가해 있었다.11)

---

8) 京城府 産業調査會報告, 『精米工業·ゴム工業ニ關スル調査』, 1935, p.10.

9) 이 즈음 지방의 큰 도시의 조선 쌀집에서도 소수의 조선인을 상대로 석발 백미를
　판매한 것으로 보인다. 월급 56원을 받는 은행원 J씨는 매월 석발미 반가마니를
　구입하였다.(동아일보 1931. 1. 23). 1929년 광주에 있는 수피아여학교 기숙사에
　서 사생들을 위한 급식의 등급이 3가지가 있었는데 쌀밥은 4원, 잡곡을 섞으면
　3원, 2원이었다는 것이다. 여기에서의 쌀밥이란 석발미로 지은 밥으로 생각된다.
　기숙사의 쌀밥을 설명하기 위해 석발미와 보통쌀의 가격에 관한 설명이 나오기
　때문이다. 『수피아100년사』, 피아여자고등학교, 2008, p.278(광주수피아여자고등
　학교 홈페이지).

10) 경성부, 상게서, p.174.

11) 東亞日報, 1939. 7. 16.

(2) 경성 도착 벼의 반입량과 반입수단

조선미곡사무소의 조사에 따르면 1935년 경성으로의 벼(현미와 한백미의 수량은 조사에서 제외) 유입량은 160만 석 가량이었다. 이 벼는 경기도는 물론 충청남·북도, 황해도, 강원도지역에서 들어왔다. 쌀이 부족한 여름철에는 멀리 전라남·북도에서도 반입되었다.

경성에 도착한 벼의 수량은 운송수단으로 볼 때 철도편으로 약 60만 석, 선편으로 약 70만 석, 그리고 육로의 트럭과 우·마차 편으로 30만 석 합계 160만 석에 달하였다.[12] 이것을 비율로 보면 선편이 43%, 철도편이로 38%, 트럭 및 우마차편이 19%였다. 이 벼는 정미소를 경영하는 미곡 상인들이 지방에서 구입한 것과 판매를 위탁받은 것, 경성에 거주하는 지주의 소작미였다.

〈표 2-5〉 1935년 京城으로 반입된 벼의 수량과 도착지 및 수송수단

수송수단(반입량)	반입지	반출지역
철도(60만 석)	경성역, 용산역, 서빙고역, 왕십리역, 청량리역,	경기도, 황해도, 충·남북, 전남·북, 경남·북, 평남·북, 강원도 일부
선박(70만 석)	마포, 동막, 현석리, 서강, 한남동, 서빙고, 뚝섬, 광장리	충남 및 황해도 연해지역, 한강 연안의 경기·강원·충북 일부,
트럭·우마차 (30만 석)	왕십리, 청량리. 영등포, 서대문	광주군, 시흥군, 고양군, 양주군, 김포군, 파주군

자료: 朝鮮米穀事務所, 『京城に於ける米穀事情』, 1935에서 작성.

철도편으로 입하된 벼의 반출지는 경기도, 강원도 철원, 황해도, 충남, 전남·북, 경남·북, 평남·북 등 거의 조선 전역에 걸쳤다. 철도편의 도착지는 경성역, 용산역, 서빙고역, 왕십리역, 청량리역이었다. 경성시내로 직접 들여오는 벼의 약 50%는 철도편으로 경성역을 통해 들어왔다.

---

12) 朝鮮米穀事務所, 『京城に於ける米穀事情』(油印物), 1936.

과거에는 선편으로 들어오던 미곡의 양이 많았으나 상당한 양이 철도편에 잠식되었다. 그러나 1930년대 중반까지는 경성으로 반입되는 벼의 약 40% 가량은 여전히 선편을 이용하여 들여왔다.

예전부터 한강 하류에서 선편으로 한성으로 들어오는 미곡을 수하미(水下米)라고 불렀는데 추수기의 수하미는 주로 고양군, 김포군, 파주군 등 가까운 경기도에서 반출되었고 여름철에는 황해도 연백·해주, 경기도 개풍·장단·수원과 충남 연해의 각 군에서도 선적되었다. 수하미는 마포, 동막, 현석리, 서강에서 하역하였다.

한편 한강 상류에서 들어 오는 수상미(水上米)는 주로 여주, 이천, 양평, 원주, 음성, 제천, 충주군 등 한강 상류지방에서 선적하였는데 이 지방의 미곡은 주로 한강리(한남동), 서빙고, 뚝섬 등지에 부렸다.

트럭 또는 우마차를 이용하여 육로로 벼가 들어오는 곳은 왕십리와 청량리 그리고 서대문이었다. 왕십리는 육로뿐 아니라 철도와 선편을 통해 30만 석 가량의 벼가 들어왔다. 청량리도 육로와 철도, 선편을 통해 약 18만 석이 들어왔다. 한강 상류에서 선편으로 뚝섬과 광장리로 들어온 벼의 일부는 트럭 또는 우마차를 이용하여 왕십리와 청량리의 정미소로 옮겼다. 서대문에는 육로로 고양군 일대의 벼가 들어왔다.

2) 京城府 정미소의 입지와 특성

경성에 있는 정미소는 민족별로 입지가 달랐다. 1935년 경성의 정미소 지역적 분포상황을 보면 일본인 경영 정미소는 주로 일본인들이 많이 거주하는 경성역이 있는 남부 및 용산방면에, 조선인 정미소는 서대문지역의 서부와 동부지역에 많았다. 이러한 분포는 원료미의 수송 및 판로와 밀접한 관계를 가지고 있었다. 정미업자는 경성으로 반입되는 벼를 원료로 하여 한백미나 석발 백미를 만들어 경성부 내에 있는 약 200여 개의 조선 쌀가게와 70여 개의 일본인 소매상에게 넘겼다.

〈표 2-6〉 1935년 京城府 내의 정미소 분포상황

(단위: 개소, %)

지역	공장 수(개)			분포비율(%)			정미소 소재 동
	조선인	일본인	계	조선인	일본인	계	
東部	5	1	6	10	4	8	昌信洞, 禮智洞, 崇義洞 등
西部	24	2	26	50	9	37	義州通, 橋南洞, 和泉洞, 中林洞, 竹添町, 冷洞, 渼芹洞, 橋北洞
南部	10	9	19	21	40	27	林洞, 南米倉洞, 笠井洞, 櫻井洞 등
北部	4	-	4	9	-	6	齋洞, 通義洞 등
龍山部	5	11	16	10	47	22	元町,漢江町,岡崎町,靑葉町,古市町 등
합계	48	23	71	100	100	100	

자료: 京城府 産業調査會報告,『精米工業·ゴム工業ニ關スル調査』, 1935, p.3.

3) 경성부 精米商의 원료미 조달과 유통

(1) 원료미의 유통: 高陽郡의 경우

1930년대에 들어와 경성부내에서 정미업이 가장 번성하게 된 곳은 마포가 아닌 서대문이었다. 1935년 서대문 일대에는 정미소가 26개가 있었는데 경성에서 정미소가 가장 많은 곳이 되었다. 따라서 서대문지역의 정미소에서 경성부내에 가장 많은 쌀을 공급하였다. 서대문 일대의 정미소는 철도편으로 경성역으로 들어오는 벼를 비롯하여, 마포, 현석리, 왕십리와 경기도 고양군의 은평 방면에서 들어오는 현미를 원료로 사용하여 한백미를 만들었다.[13]

1920년대 후반부터 경성과 이웃하고 있는 고양군 은평면, 신도면, 벽제면에 소규모의 현미공장(籾摺공장)이 많이 생겼다. 경성으로 벼를 반

---

13) 朝鮮米穀事務所,『京城に於ける米穀事情』(油印物), 1936. p.171.

출하는 대신 현미로 가공하여 팔기 위해서였다. 고양군에서는 연간 약 20만 석의 벼가 생산되는데 이 가운데 절반이 군 외로 반출되었다. 군 외로 반출되는 미곡은 고양군 은평면·신도면·벽제면의 제현소에서 현미로 조제하여 경성으로 이출되었다.

고양군 은평면의 녹번리에서 벽제면의 나유리에 이르는 경파가도(京坂街道) 연선(沿線)에는 20여명의 제현(製玄)업자가 있었다. 이 가운데서도 은평면의 불광리에 현미공장이 가장 많았다. 이들은 거의 대부분 석유 발동기를 사용하는 현미기를 사용하였다. 또한 경파가도에 있는 파주군 봉일천·광탄면 부근의 제현소에서 가공한 현미도 모두 경성의 서대문으로 들어왔다. 이 현미는 서대문에 모여있는 정미소에서 구입하여 조선인을 위한 한백미의 원료로 사용하였다.

고양군 은평면에 현미가공업이 처음 생긴 것은 1920년경인데 경성시내에서 좋은 쌀로 알려진 고양미(高陽米)의 성가 때문이었다고 한다. 1910년대에는 많은 양의 한백미가 마포방면에서 경성시내로 들어왔는데 마포 쌀에는 벼가 반 정도 섞여있어 소비자들의 불만이 높았다. 당시 고양군의 쌀은 상당한 수준으로 정선(精選)되어 있어 소비자들은 고양미를 좋은 쌀로 평가하기 시작하였다는 것이다.

경성에 사는 조선인들은 대립종(大粒種)인 곡량도(穀良都) 쌀을 좋아했는데 고양군은 곡량도를 많이 재배하고 또 도정도 잘하였다. 반면 한강으로 들어오는 쌀은 제대로 정제되지 않아 수상미(水上米)나 수하미(水下米)와 구별하여 고양미를 높이 평가하였다는 것이다.[14]

(2) 京東線의 개통과 한강 객주의 몰락: 驪州郡의 경우

여주군(驪州郡)은 이천군(利川郡)과 더불어 예부터 유명한 쌀의 생산

---

14) 朝鮮米穀事務所, 상게서, p.76.

지로 도성이 가깝고 교통이 편리하였다. 특히 한강이 여주군과 이천군을 관통하여 수운이 좋았다. 한일합병 이후에도 여주군과 이천군에서 생산되는 미곡은 대부분 이포리(梨浦里)와 흔암리(欣岩里), 우만리(又晩里) 포구를 통하여 선편으로 경성으로 반출되었다.

1930년만 해도 여주군에서 생산된 벼 약 7만 석이 선편으로 한강을 통해 경성으로 반출되었다. 선편으로 경강으로 운송하는 여주군의 벼는 목적지 별로 볼 때 가장 많은 양이 도착하는 곳은 서빙고와 한강리로 각각 2만 석이었다. 서빙고로 가는 벼는 전부 상인들의 벼이고 한강리로 가는 것은 이 지역에 지주들이 많이 거주하는 관계로 1만 석 정도가 소작미이고 나머지 1만 석이 상인들이 구입한 벼였다. 이 밖에 마포로 가는 것이 1만 5천 석, 뚝섬으로 가는 벼가 약 7천 석, 토정리로 가는 것이 약 7~8천 석이었다.[15]

여주와 이천의 미곡 유통경로는 1930년 12월 수원과 여주를 잇는 경동선(京東線·水麗線, 수원-여주) 철도가 개통되면서 큰 변화가 생겼다. 철도가 개통된 후부터는 여주의 벼가 철도편으로 옮겨갔다. 또 한강변의 이포리 포구에서 거꾸로 이천(利川)시내로 벼가 들어왔다. 그 이유는 벼를 기차에 실으면 안전하고 빠르게 보낼 수 있지만 무엇보다도 즉시 인환증(引換證)을 받을 수 있고 이것을 은행에 가지고 가면 바로 돈을 빌릴 수 있는 길이 생겼기 때문이었다.

그러나 철도운임은 선편에 비해 상대적으로 비쌌다. 그 이유는 경성으로 보내는 벼의 경우 수원에서 화차를 바꾸어 다시 적재해야 하는데 그 비용이 추가로 들어가기 때문이었다. 경동선은 협궤(狹軌)열차이고 경부선은 광궤(廣軌)열차였으므로 수원역에서 환적(換積)하지 않으면 안되었다.

반면에 한강 수운을 이용하면 과거와 마찬가지로 수송 기일이 빨라도

---

15) 상게서, p.157.

4~5일, 늦으면 10여 일이 소요되고 비가 오면 벼가 물에 젖거나 강에 빠질 위험성이 있었다. 기차는 겨울철이나 장마철에도 화물을 운반할 수 있고 정시성과 안전성이 보장되는 이점이 있었다. 선편으로 보낼 때는 화물을 여각에 위탁하지 않으면 안 되는데 이 경우 대금의 지불이 늦어진다는 문제점이 있었다. 기차를 이용하면서 여주의 객주들은 직접 경성의 정미소와 전화와 전보로 거래하게 되었다.

우만리와 흔암리에 거주하던 상인들도 대부분 여주읍 또는 경성 등지로 이주하였다. 경동선이 개통된 후로는 우만리가 연간 약 2천 석, 흔암리가 약 3천 석의 벼를 선적하는 포구로 전락하였는데 이마저 대부분 경성에 거주하는 지주의 소작미였다. 이와 같은 사정은 이천의 벼를 선적하던 이포리(梨浦里)도 마찬가지였다. 이천 방면의 벼도 대부분 경동철도에 흡수되었다.

3. 경성시장의 미곡거래 방법

1) 벼의 거래

경성 정미소에서 원료 벼를 매입하는 경로는 네 가지가 있었다. 가을철 추수 후에 생산자가 벼를 트럭 또는 우마차로 싣고와 직접 정미소에 판매하는 경우, 산지의 중매인 또는 곡물상이 매집한 벼를 부(府)내의 중개인을 경유하여 정미업자에게 파는 경우, 정미업자가 산지에 출장 나가 산지의 지주 또는 상인으로부터 매입하거나, 혹은 지방상인이나 운송점에 매집을 위탁하는 경우가 그것이다.

경성에서 미곡 추수 철에 생산자가 우마차 편으로 반입한 벼를 정미소에서 직접 매입하는 경우에도 매매 당사자가 직접 상담하는 것은 드물고 통상은 매매 양자간에 중개인이 개재하였다. 그 방법은 벼의 생산기에 산지 중개인이 생산자의 의뢰를 받아 경성 시내의 여러 정미소를 방문하여 상담하는 방법, 시내의 중개인이 정미업자의 의뢰를 받아 각 군에 벼를 매집하기 위해 출장을 나가는 방법, 정미업자가 산지에 나가 지주 또는 벼 상인으로부터 매입하거나 중개인 또는 여각을 통해 매입하는 방법이 있었다.

경성부내에서 중개인을 통하는 방법은 경룡정미조합(京龍正米組合), 대남상회(大南商會), 경성상회, 상공상회(商工商會) 등의 상인조합을 통하여 산지에 전화 또는 전보를 통해 거래하는 것이 가장 흔한 방법이었다. 1935년 현재 경룡에는 4명의 중개인이 있고, 대남상회와 경성상회는 각각 3인, 상공상회는 2인의 중개인이 있었는데 주로 철도편으로 반입되는 벼를 취급하였다. 중개 수수료는 벼 1근에 4리(1가마니에 4전)로 사는 쪽에서 받았다.

마포와 뚝섬 등 한강변에서는 정미소가 객주업을 겸영하는 경우가 대부분이었다. 이 경우 뚝섬에서는 생산자 또는 지주가 위탁물을 자기의 정미소에서 판매할 때는 위탁 수수료를 받지 않고, 이것을 다른 정미소에 판매할 때는 위탁수수료를 받는다. 마포에서는 미곡 위탁매매업이 주이고 정미소는 부수적인 경우가 많아 자기 정미소에서 팔아도 위탁 수수료를 받았다.

경성에서는 정미업자가 지주로부터 벼를 위탁 받는 경우도 적지 않았다. 위탁시 계량과 관련하여 다음과 같은 관행이 있었다. 벼를 맡길 때 계량한 벼를 맡기는 경우, 예치 시 계량 없이 벼를 맡긴 후 하주가 대금을 요구하면 계량하는 방법이다.

벼를 맡길 때 계량하는 경우는 몇 개월 후 대금을 결제할 때 정미소가 하주에게 예치할 때의 근량에 따른 대금을 지불하는 대신 그 벼는 정미소가 소비한다. 따라서 정미소는 예치된 벼를 자기의 것인 양 사용할 수가 있으나 그 대금은 무이자였다.

벼를 정미소에 예치할 시 계량하지 않는 방법은 일정기간이 지난 후 하주가 팔아달라고 할 때 창고에서 벼를 꺼내 계량한 후 시가를 적용하여 거래하는 것이다. 이 방법은 정미소가 벼를 이용할 수 없고 그 대신 하주 쪽에서도 저장 중에 발생한 감모(減耗)에 대한 요구를 할 수 없으며 정미소 측에 보관료를 지불해야 한다. 하주가 벼 예치 중에 정미소에서 돈을 빌렸을 경우 금리를 물어야 하고 곡물의 매상대금에서 보관료와 금리를 제외한 후 돌려주었다.16)

1930년대 중반부터는 조선총독부가 미곡가격의 하락을 방지하기 위하여 추진한 농업창고계획이 성사되어 개인 정미소에 미곡을 예치하는 대신 농업창고나 벼 창고에 예치하는 방법이 급증하였다.17) 농업창고나 벼 창고 예치는 총독부가 정책적으로 장려하는 것이었기 때문에 장려금도 받을 수 있고 보관료도 싸기 때문이었다

벼의 매매계약이 성립하면 대체로 1주 이내에 현물을 수도(受渡)하였다. 인도장소는 산지역도(産地驛渡), 화차도착지(貨車到着地) 레일도(rail渡) 등 계약 내용에 따라 다르나 일반적으로 화차도착지 레일도 또는 선착지도(船着地渡)였다.

매매방법은 종래에는 주로 실견(實見)매매로 통상 연안 각지에 도착하는 벼를 직접 확인하거나 혹은 중개인이 가져온 견본을 보고 품질의 양부를 식별하여 결정하였다. 과거에는 사는 쪽(買主)이 현품을 실제로 본 후 거래하는 것이었으나 벼 검사제도가 실시된 후에는 검사등급에 따라 거래하는 것이 일반화되었다.18)

대금의 지불은 지방거래에는 현금매매가 주이고 화차(貨車)거래인 경

---

16) 조선미곡사무소, 상게서, p.194.
17) 미가 하락을 방지하기 위한 총독부의 각종 정책에 대한 설명은 제7장에서 다룬다.
18) 벼검사제도를 비롯한 미곡검사제도는 제4장에서 자세하게 다룬다.

우는 보통 계약의 성립과 동시에 계약금을 내고 잔금은 하위체(荷爲替)로 결제하였다. 배편을 이용하는 경우 벼는 연안의 객주 또는 여각에 위탁하여 판매하는 경우가 많은데 대금은 여각이 현물을 판매한 후에 결제하는 것이 보통이었다. 경성부내에 거주하는 중매인(仲買人) 또는 도매상(問屋)과 정미소와의 거래는 현장에서 결제하는 것이 보통이고 운반비는 사는 쪽(買主)이 부담하였다. 지불수단은 현금으로 하나 수표로 하는 경우도 적지 않았다.

2) 현미의 거래

경성시내의 정미소와 하는 현미거래의 수도 기일은 통상 2~3일 정도이고 수도 장소는 정미업자의 공장도(工場渡)가 보통이었다. 매매방법은 통상 전화로 하나 은평면 방면의 업자는 중개인이 소지하고 온 견본을 보고 거래하였다.

대금의 지불은 대부분은 2~3일 또는 1주일 후불로 하는 것이 보통이었다. 현미의 거래단위는 생산지인 농촌에서 간이 현미기를 이용하여 조제한 현미는 5두입(5斗入) 1가마니를 1석으로 하고 검사소에서 검사를 받은 현미는 4두입 반(半)을 1석으로 환산하여 거래하였다.

3) 백미와 한백미의 거래

경성부 내의 백미거래는 ①정미업자-소비자, ②정미업자-소매상, ③정미업자-타지의 소비지 상인의 세가지 경우로 나누어 볼 수 있다. 이 가운데 정미업자-소비자간의 백미거래가 가장 큰 비중을 차지하였다. 경성부내의 정미업자는 대부분 직접 소비자에게 백미를 소매하고 있기 때문이었다. 정미업자-소매상의 거래는 경성 시내의 규모가 큰 정미소와 소매상간의 거래이다. 정미업자-타지역 상인간의 거래는 시내의 2~3개의 큰 정미소가 백미를 생산하여 일부를 인천을 경유하여 일본으로 이출하고 불합격한 백미를 함경도 등의 타지로 반출하는 경우이다.

먼저 ①의 정미업자와 소비자간의 거래는 정미소가 일반 소매상까지 겸하는 것으로 정미소의 점두에서 백미를 한 가마니 또는 두 가마니씩 소매하는데 이 경우는 특별한 경우를 제외하고는 전부 현금거래를 하였다. 현물을 수도하는 장소는 정미소 공장도(工場渡)의 경우와 소비자의 가정까지 가져다 주는 경우의 두 가지가 존재하였다.

다음은 ②의 정미업자 대 소매상의 거래인데 이것은 석발미(石拔米)와 한백미의 거래방법이 다소 달랐다. 즉 석발미의 경우 소매상의 점포까지 배달해주는 경우가 많은데 한백미의 거래는 정미소 공장도가 일반적인 상관습이었다.

경성 백미거래의 특성은 외상판매가 많다는 것이었다. 일반적으로 경성에서는 한백미와 석발미 값을 타지방에 비하여 1석당 1원 정도 비싸게 받는데 이것의 가장 큰 원인은 정미소와 소매상간에 외상거래를 하고 있기 때문이었다. 대금의 결제는 빠르면 1주일 이내에 하나 1개월 이상도 걸렸다. 백미 판매대금은 결제가 늦어지므로 자금의 회전이 늦어지고 금리 기타의 관계로 1원 정도 더 비싸게 받았다. 그러나 1주일 이내에 대금을 결제하는 소매상은 가마니당 20~30전 싸게 살 수 있었다.

경성부내에서 정미소를 경영하는 업자는 대체로 자본의 절반에 해당하는 외상판매를 안고 있는 경우가 많았다. 정미소의 점원은 매일 자전거로 각 소매점을 돌며 제품을 판매하거나 이미 판매한 대금을 수금하였다.

4) 경성부내 쌀 소매상의 판매조직과 거래방법

(1) 일본인 소매상의 쌀 판매방법

경성부에 있는 쌀 소매상의 판매방법은 일본인과 조선인 소매상 사이에 다소 차이가 있었다. 일본인 소매상들은 정미조합(精米組合)이라는 곡물상조합이 있어 여기서 정백미의 소매가격을 정하여 각 소매상에게 통지하였다.

이 가격은 공설시장(公設市場)의 시가를 참고로 하여 다소 할인한 가격으로 하였다. 공설시장의 가격은 경성부의 인가를 받은 가격이다. 1930년대 경성에는 약 70여 개의 일본인 소매상이 있었다. 일본인 소매상은 소비자에게 쌀을 판매할 때 중량(重量, 킬로그램 단위)으로 판매하였다.

(2) 조선인 소매상의 쌀 판매방법

조선인 소매상도 일본인의 정미조합과 비슷한 조직인 정미협회(精米協會)가 있었다. 정미협회도 일본인의 정미조합과 마찬가지로 매일 표준시세를 정하여 각 소매상에게 통지하였다. 통지는 전화로 하며 매월 회비를 징수하였다.

정미협회가 매일 전 조합원에게 시세를 통지하기 어려우므로 조합은 미리 지정한 첫 번째 회원에게 통지하였다. 첫 번째 회원은 두 번째 회원에게 통지하고 두 번째 회원은 세 번째 회원에게 통지하였다. 모든 회원은 사전에 순번이 정해져 있으므로 마지막 순번의 회원에게 통지가 갈 때까지 연락은 계속 릴레이 되었다.

한백미의 소매는 용량(容量) 단위 즉 되와 말로 거래하였다. 1승(升)에 5홉(合)이 들어가는 소승(小升)으로 거래하는 것이 관습이었다. 말도 5두(斗)가 들어가는 소두(小斗)를 사용하였다. 되와 말로 계량할 때는 밀대를 사용하여 평승(平升)으로 재는 것이 원칙이었다.

4. 조선총독부의 市場規則과 신식시장의 출현

1) 場市와 公設市場

조선총독부는 조선 병합 후 조선의 전통시장을 일본식 공설시장으로 개편하려는 의도를 갖고 있었으나 조선의 재래시장은 계속 번성하여 그 숫자가 오히려 증가하였다. 5일장은 전국의 부(府)와 읍(邑) 같은 도시는 물론 군청 소재지와 대부분의 면사무소 소재지에도 개설되었다. 전통시장은 1935년 말 현재 전국을 통하여 구한말 때보다 약 400개가 늘어난 1,500개소가 있었는데 경남, 경북, 전남, 평남 등에 가장 많이 보급되어 있었다.

장시는 예전부터 설치, 이전, 과세, 폐지 등에 관한 행정적 절차와 권한 관계가 불분명한 점이 많았다. 조선시대 장시의 설치 등에 관한 권한은 지방의 수령에게 있었다. 그러나 장시의 운영은 지역 상인이나 보부상, 지방 관리 또는 지역 유지에게 맡겨져 이들이 장시의 운영 비용을 징수하는 등 지방에 따라 다양한 모습을 가지고 있었다.

조선총독부는 조선인의 생활과 깊숙이 연결되어 있는 장시를 행정적으로 관리·통제할 수 있는 길을 열기 위하여 병합 직후 도지사의 허가 없이 새로운 시장을 설치할 수 없도록 묶어 놓았다. 총독부는 조선의 시장에 대한 조사에 착수하는 한편 1914년 총독부의 제령(制令) 제136호로 시장규칙(市場規則)을 제정 공포하였다. 일제는 이 법령을 통하여 5일장의 허가와 변경을 도지사에게, 시장 내의 공안과 위생문제 등에 대한 단속 권한을 경찰서장에게 주는 등 시장 공영제(公營制)를 채택하였다.

　시장규칙은 시장을 제1호 시장과 제2호 시장 그리고 제3호 시장으로 구분하였다. 제1호 시장은 정기적으로 다수의 수요자와 공급자가 모여 상품을 매매하고 교환하는 장소로 조선의 전통적인 5일장을 여기에 포함시켰다. 제1호 시장은 재래시장을 말한다.

　제2호 시장은 1910년대부터 경성, 부산, 대구, 평양, 인천, 목포 등 대도시에서 일본인들을 중심으로 발달하였던 상설시장(常設市場)이 모델이 되었다. 이 시장은 일본인의 일상생활의 편의를 위해 만든 것으로 20인 이상의 상인이 특정 건물에 모여 쌀과 어채류(魚菜類)를 비롯한 식료품을 팔던 도시의 상설시장을 말한다.

　제2호 시장은 매일 개시하는 것이 특징이며 처음에는 사설시장으로 출발하였으나 시장규칙에 의해 공설시장으로 개편되었다. 경성에서의 제2호 시장은 1910년 대부터 명치정시장(明治町市場), 종로시장(鍾路市場)을 시작으로 화원정시장(花園町市場), 용산시장(龍山市場), 경정시장(京町市場), 마포시장, 서대문시장 등이 잇달아 개설되었다.

　제3호 시장은 위탁을 받아 경매로 화물을 판매하는 시장으로 어시장, 청과시장, 중앙도매시장 같은 경매시장을 의미한다. 총독부가 시장규칙을 실시한 이후 제1호 시장은 구식시장으로, 제2호 및 제3호 시장은 신식시장으로 통하였다.

　1941년까지 전국적으로 제1호 시장은 1,500개, 제2호 시장은 53개, 제3호 시장은 37개가 존재하였다.[19] 시장규칙에 따라 지방도시에서도 소비자를 위한 상설 미곡시장이 공식적으로 열릴 수 있는 길을 열어놓았다.

　1936년 현재 재래시장에서의 총 거래액은 3억1천4백만 원을 넘었다. 이 가운데 농산물의 매매량은 9천5백여만 원을 헤아리고 이 가운데 약

---

19) 朝鮮總督府 『朝鮮總督府 統計年鑑』, 1941年版.

30%가 쌀이었다. 쌀의 거래액은 약 2천8백50만 원으로 1石에 약 30원으로 본다면 거래 수량은 약 95만 석 내외로 추정되고 있다.[20]

조선에서의 미곡 상품화율(商品化率)은 1910년 대에는 생산량의 30% 전후였으나 계속 상승하여 1930년 대 중반에는 65%까지 증가하였다. 상품화된 쌀 가운데 일본으로의 이출량은 급격한 증가세를 나타낸 반면 조선 내의 유통미가 차지하는 비중은 1910년 대의 50% 전후에서 계속 감소하는 추세를 보였다. 조선미의 국내유통 비율이 가장 낮았던 1930년 대 중반에도 조선 내 유통은 여전히 20% 전후의 수준을 유지하였다.[21] 이 가운데 가장 큰 부분은 재래시장에서 거래된 쌀이었다.

2) 淸算市場과 현물도매시장

조선총독부는 1920년 회사령에 제4호 시장에 관한 규정을 추가로 설치하였다. 제4호 시장은 매일 또는 정기적으로 영업자들이 모여 견본이나 상표(商標)를 가지고 물품이나 유가증권을 매매하는 현물취인시장(現物取引市場)으로 정의하였다. 현물취인시장에는 유가증권현물취인시장(有價證券現物取引市場)과 곡물현물취인시장(穀物現物取引市場)의 두 종류가 있었다. 유가증권현물취인시장은 증권시장을 의미한다.

곡물현물시장은 개항기부터 인천에서 영업하여온 인천미두취인소(仁川米豆取引所)와 같은 청산시장(淸算市場)과 부산과 군산, 인천, 목포, 진남포 등지에서 미곡 도매상들이 운영하는 곡물현물취인시장(穀物現物取引市場)으로 나눌 수 있다. 곡물현물취인시장은 미곡도매시장 또는 정미시장(正米市場)으로 부르기도 하였다.

이들 특수시장은 그 동안 회사령(會社令)에 의해 감독을 받아왔으나 제

---

20) 菱本長次, 『朝鮮の硏究』, 千倉書房, 1938, p.465.
21) 李洪洛, "植民地期 朝鮮內 米穀流通"『經濟史學』 19, 1995, p.190.

1차 세계대전 이후 취인시장에서 투기가 만연하는 등 문제점이 들어났다. 총독부는 미곡현물거래시장이 투기장화 하는 것을 방지하기 위해 필요한 명령을 제때에 내릴 수 없다는 점 등 회사령에 의한 감독에 문제점이 많다고 보아 법을 개정하여 시장규칙에 의해 감독을 받도록 하였다.[22)]

조선총독부는 1931년에 제4호 시장규정을 폐지하고 새로 조선거래소령(朝鮮去來所令)과 정미시장규칙(正米市場規則)을 제정, 발포하였다. 조선거래소령은 유가증권거래소로 조선거래소를 운영하도록 하였고 조선미곡시장주식회사령(朝鮮米穀市場株式會社令)에 의해 설립되는 정미시장은 ①선물거래(先物去來), ②미착물거래(未着物去來), ③현물거래를 하는 것으로 규정하였다. 여기서 제4호 시장의 성격이 제1·2·3호 시장과는 완연히 다르기 때문에 청산시장과 현물거래시장(정미시장)은 제3장에서 상세하게 다룬다.

〈표 2-8〉 市場規則 제4호에 의한 穀物의 現物 및 先物去來市場

시장	허가 년월	개장 년월	조합원수	거래 종류
大邱穀物商組合市場	1920. 12.	1922. 4.	25	현물·선물
京城穀物商組合穀物市場	1921. 12.	1922. 3.	15	상동
新義州米穀商組合市場	1921. 10.	1922. 1.	14	상동
鎭南浦穀物商組合市場	1921.10.	1922. 5.	31	상동
木浦穀物商組合穀物市場	1921.12.	1922. 12.	29	상동
群山穀物市場	1922. 2.	1922. 3.	52	상동
釜山穀物商組合市場	1922. 3.	1922. 6.	77	상동
江景米穀商組合穀物市場	1924. 5.	1924. 7.	43	상동
元山米穀商組合市場	1922. 1.	1922. 2.	17	상동

자료: 四方 博, "市場を通じて見たる朝鮮の經濟", 『朝鮮經濟の硏究』, 京城帝大法文學會, 1938, p.64.

---

22) 善生永助, 『朝鮮の市場經濟』, 朝鮮總督府, 1929, p.391; 文定昌, 『朝鮮の市場』, 日本評論社, 1941, p.68.

5. 補論: 조선총독부의 官制와 法令체계

일본은 청일전쟁 이후 대만을 식민지로 영토에 편입한 후 노일전쟁 후에는 화태(樺太)를, 1910년에는 조선의 국권을 빼앗아 식민지로 삼고 각 식민지의 통치를 위하여 대만총독부·조선총독부·화태청을 설치하였다. 또한 러일전쟁 후 여순과 대련이 있는 중국의 요동반도 일부를 조차하여 관동주(關東州)를 설치하고 중일전쟁과 제2차세계대전 중의 점령지역에 남양청을 두었다.

일본제국주의자들은 1910년 9월 30일 조선총독부관제(朝鮮總督府官制) 및 소속관서관제(所屬官署官制)를 제정 공포함으로써 식민지 조선의 통치기구를 정비하였다. 이 법령에 따르면 조선총독은 일본 천황의 직속기관으로 육해군 대장 가운데 임명하도록 하였다. 친임관(親任官)인 조선총독은 조선을 통치하기 위해 행정·입법·사법권을 가짐은 물론 조선을 방비하고 관할 구역 내에서의 안녕 질서를 유지하기 위하여 조선주둔 육해군을 사용할 수 있는 군사통수권까지 장악하였다. 조선총독은 조선에 관하여 사실상 전권을 위임받은 전제적 통치자였다.

조선총독은 법제상 본국의 내각 총리대신을 거쳐 천황에게 상주(上奏)·재가(裁可)를 받도록 되어 있으나 실제로는 총리대신의 지휘 감독을 받지 않는 막강한 권한을 갖고 있었다.

대만총독은 육해군 대장 또는 중장으로 보임하게 되어 있어 대장만을 보임하는 조선총독에 비해 다소 격이 낮았다. 대만총독은 본국의 내각총리대신의 감독을 받아 제반 정무를 통리하였다.[23]

식민지의 총독 또는 식민지 장관의 권한은 식민지의 규모나 구성에 따라 약간씩 달랐다. 식민지 통치의 구조는 본국과는 달리 분리되어 있

---

23) 대만총독부관제, 1897(명치 30) 칙령 제362호 제3조.

지 않고 입법, 사법, 행정기구가 모두 총독의 관할 아래 있어 내지(內地·일본)와 별개의 체계를 형성하고 있었다.

내지의 행정은 천황 아래 각 성(省)의 대신이 분담하였는데 원칙적으로 각 대신의 권한이 식민지에 미치지 않았다. 내지의 각성 장관에게 속하는 권한은 외교 및 군사 문제를 제외하고 포괄적으로 외지(外地)의 행정장관에게 모두 위임하였다. 다시 말하면 식민지 총독에게 종합행정권을 위임하였다.

일본제국에 통용하는 입법권은 제국의회(帝國議會)의 권한으로 법률은 제국의회의 의결을 거쳐 제정되나 해당 법률이 식민지에서도 실시된다는 조항이 없는 한 일본 의회에서 제정한 법률은 반드시 식민지에도 적용되는 것은 아니었다.

식민지의 입법은 일반적으로 제국의회의 의결을 거쳐 제정하되 원칙적으로 입법된 법률은 총독의 명령을 가지고 시행하도록 하였다. 조선총독은 입법한 법률에 관하여 필요한 법률사항에 관한 명령으로 제령(制令)을 발할 권한과 행정상 필요한 조선총독부의 부령(府令)을 제정할 권한이 있었다.[24] 입법사항에 관한 총독의 명령을 조선에서는 제령(制令), 대만에서는 율령(律令)이라 하였고 관동주와 남양군도는 칙령(勅令)으로 시행하였다.

일본은 헌법상 3권 분립의 민주적 제도를 채택하였으나 제국의 주권이 미치는 식민지에서는 3권 분립이 통용되지 않았다. 식민지의 통치는 본국에 대하여 외견상 '독립적'인 형태를 취하였으나 사실상 권력은 본국 '집중적'인 통치체제를 유지하였다.

식민지 관제는 각 식민지의 장관이 결정하도록 되어 있으나 일본헌법에는 천황이 행정각부의 관제 및 문무관의 봉급을 정하고 문무관을 임명

---

24) 朝鮮總督府官制 및 同分掌規程, 1910年 9月 30日, 勅令 第354號; 岡本眞孝子, 『植民地官僚の政治史 朝鮮·臺灣總督府と帝國日本』, 三元社, 2008.

한다고 되어 있어 일본의 행정조직과 관리제도는 천황의 대권(大權)이며
천황의 명령인 칙령(勅令)으로서 정하도록 되어 있다. 따라서 식민지의
제 관청도 본국의 제 관청과 마찬가지로 천황의 명령인 칙령으로서 정하
는 형식을 취하고 있으므로 식민지의 관제도 칙령으로 정할 수 있었다.

　한일병합과 함께 조선이 일본의 영토에 편입됨에 따라 일본은 내지
로, 식민지인 조선·대만·화태는 외지로 불렀다. 또 내지와 외지 사이에
는 관세를 내지 않는다는 이유로 수입(輸入)은 이입(移入)으로, 수출(輸
出)은 이출(移出)로 명칭을 변경하였다.[25]

---

25) 朝鮮貿易協會, 『朝鮮貿易史』, 1943, pp.150-152.

제3장
미곡 선물시장과 청산거래

1. 미곡 선물시장과 청산거래의 개념

1) 先物市場과 淸算去來

일제시대 조선 미곡시장의 특색의 하나는 미곡을 매개로 하는 선물시장제도가 일찌감치 도입되어 조선을 투기의 광풍 속에 몰아넣어 큰 사회문제를 일으켰다는 점이다. 일제시대의 특수시장인 선물·청산시장은 몇 차례의 제도 개편을 통하여 성장, 한 때 동경과 대판의 선물시장보다 큰 규모로 발전하기도 하였다. 조선에서의 미곡 선물시장은 미곡의 수급과 가격의 안정화라는 본래의 목적보다는 투기적 거래가 시장을 지배하는 부작용을 초래한 측면이 컸다.

조선에서의 미곡 선물시장의 진전은 조선총독부의 정책에 따라 2기로 나누어 보는 것이 편리하다. 제1기는 구한말부터 영업해온 인천의 미두시장(米豆市場)과 주요 도시에 설립된 곡물상조합시장의 자유영업 시기이고 제2기는 1931년에 제정된 조선취인소령(朝鮮取引所令)에 따라 각종 거래소가 조선총독부의 구미에 맞도록 재편된 이후이다.

선물시장(先物市場·Futures Market)이란 규격·품질 등이 정해진 특정 상품의 매매 가격과 수량 등을 현재의 조건으로 정한 후 미래의 특정 시점에 인도·인수할 것을 약속하고 거래하는 시장으로 현재의 상품을 매매하는 현물시장(現物市場)에 상대되는 개념이다. 바꾸어 말하면 특정 상품을 현물없이 현재가격으로 매매 계약한 후 미래의 일정 시점에 그 상품을 인도하고 대금을 결제할 것을 약속하는 시장을 말한다.

선물시장에서는 거래되는 상품은 결제기간이 도래하기 전이라도 해

당 상품의 계속적인 전매(轉賣)와 환매(還買)가 가능하기 때문에 상품
자체가 거래된다기 보다는 선물이라는 특정 상품에 대한 장래에 있어서
의 인도·인수 계약이 체결되는 곳이라고 볼 수 있다. 선물거래는 취인소
(取引所)를 통하여 계약이 체결되는데 취인소는 그 계약의 이행을 보증
한다.

선물거래는 본래 가격이 급변하기 때문에 일어날지 모르는 손실을 막
기 위하여 발생하였다. 선물시장에서 거래되는 상품은 불특정 다수인들
이 사고 파는 품목으로서 거래량이 많아야 하고, 저장성과 내구성이 있
어야 하고, 생산과 소비의 규모가 영세해야 하며 지역적으로 분산되어
있어야 한다. 선물은 또 표준화나 등급화 등이 가능한 상품으로 연중 가
격 변동이 심한 특성을 가지고 있어야 한다.

선물시장에서 거래되는 품목은 쌀·밀·콩·밀가루·면화·석유·구리 등
상품과 주식·채권·국채등 유가증권이 있다. 19세기에 상품 선물시장은
시카고상품거래소(1848 창설), 런던금속거래소(1877), 암스텔담선물거래
소, 대판취인소 등이 있었는데 모두 자본주의가 발달한 나라에만 있었다.[1]

청산거래(淸算去來·Clearing Transaction)란 매매계약을 체결한 시점
과 그 계약을 결제하는 시점간에 상당한 시간적 간격이 있어 이 기간
동안에 매매한 물건의 매도자와 매수자는 물론 제3자도 환매와 전매를
계속할 수 있는데 결제일이 돌아오기 전이라도 차금결제(差金決濟)를
할 수 있는 거래방식을 말한다.

차금결제란 계약의 만기일 이전이라도 반대매매(산 것을 팔거나 판
것을 다시 되사는 것)한 경우 당초의 가격과 반대거래의 가격과의 차이
가 있으면 그 차액에 해당하는 금액의 수수만으로 결제가 끝나는 것을

---

1) 증권거래소의 기원은 1602년까지 거슬러 올라간다. 네델란드의 동인도회사가 발
행한 주식을 매매한 것이 암스텔담증권거래소의 시작이 되었다고 볼 수 있다. 런
던증권거래소는 1690년, 뉴욕은 1790년경에 시작되었다.

말한다. 선물청산시장에서는 상품을 매입 또는 매도할 때 현금의 준비 없이도 소액의 증거금(보증금)만으로 매매할 수 있도록 하고 있다.

선물시장의 중요한 기능은 가격 변동의 위험을 원하지 않는 사람 (Hedger·Risk Averter)들에게는 보험의 기능을 제공하고 반대로 가격 변동의 위험을 감수하는 투기적 거래자(Risk Taker)들에게는 보다 큰 이익의 기회를 마련해준다는 점이다.

선물시장은 현재의 선물가격이 미래의 현물가격을 예시하는 기능이 있기 때문에 미래의 가격 변화의 불확실성을 어느 정도 제거하여 주기도 한다. 또한 선물가격은 현물시장의 수요·공급에 영향을 미쳐 현물가격의 변동을 안정화시켜 주는 역할도 겸하고 있다. 선물시장에서 위험감수자들이 선물을 구입하는 것은 결과적으로 안정을 바라는 사람들에게 자금을 공급하는 역할을 하는 셈이다. 그러므로 선물거래 자체가 일종의 금융 역할을 한다고 볼 수 있다.[2]

선물시장은 보통 청산거래와 증거금 매매제도를 함께 채용하고 있는데 이 제도의 특성상 상품 수급의 안정화보다는 시세 조작을 통한 투기적 요소가 더 크게 작동할 수 있다. 즉 소액의 증거금을 가지고 많은 자금을 운용하여 얻는 성과와 같은 결과를 얻을 수 있기 때문이다. 청산거래는 레버리지(leverage)효과를 통해 자기자금보다 더 큰 투자를 할 수 있어 수익을 극대화할 수 있으나 반대로 실패할 경우 치명적 손실을 입을 수 있다.

예를 들어 한 투자가가 앞으로 미가가 상승할 것이라는 강한 예상을 하고 있다고 보자. 이 투자가는 가격이 오르기 전에 미리 쌀을 사두었다

---

2) 선물청산거래소는 그것이 가지고 있는 특성으로 인하여 몇 가지 경제적 기능과 사회적 역할을 인정받고 있다. 긍정적 기능으로는 ①가격 변동에 대한 보험 및 재고의 재분배 기능 ②상품의 수급 및 가격 안정화 기능 ③금융시장 기능을 들 수 있다. 부정적 기능으로 투기의 확산 가능성이 있다. 鈴木直二,『取引所總論』, 1971, pp.190-194.

가 3개월 후에 팔면 차액을 벌 수 있다고 생각하고 선물시장에서 일정량을 미리 사 둔다(買入약정). 투자자는 3개월 후의 결제 기일에 미곡을 실물(實物)로 받아올 수 있다. 반대로 3개월 후 미가의 하락을 예상하는 투자자는 미리 파는 계약을 체결한다(賣渡약정). 그러나 만약 2개월 후 약정 기일이 도래하지 않았는데도 미가가 예상보다 더 올랐다면 선물을 사둔 사람은 그 날자로 매입약정을 팔아버리고 차액을 취할 수 있다.

미곡 선물시장이 제공하는 보험기능의 예를 들어보자. 많은 양의 쌀을 수확하는 농장주는 수확한 쌀을 시장에 내다 판다. 농장주는 모내기 철에 비가 충분히 내려 그 해에는 풍년이 들 것으로 예상하고 있다고 보자. 그는 수확이 끝나면 쌀값이 폭락할 것을 우려한다. 농장주는 예상되는 손실을 줄이기 위해 선물시장에서 그가 생산하게 될 쌀을 현재 가격으로 3개월 후에 일정량을 매도한다는 계약을 한다(賣渡약정). 이때 쌀을 미리 판매하는 농장주는 가격 하락이 가져오는 위험을 회피하기 위해 보험에 가입하는 것과 마찬가지의 효과를 얻는다.

반면에 쌀 매매에 경험이 많은 위험 선호자(Risk Taker)들은 추수기에는 병충해의 만연으로 흉작이 될 가능성이 더 크다고 보고 대지주가 선물로 내놓은 쌀을 구입한다. 이런 사람은 흉작이 되어 쌀의 공급량이 줄어들면 쌀값이 올라 더욱 큰 이익을 볼 수 있다고 생각하기 때문에 선물시장에 나온 쌀을 구입한다.

이것은 농장주의 입장에서 볼 때 가격하락의 위험을 걱정하여 이를 해소하려는 반면에 상인의 입장에서는 쌀의 가격상승을 기대하여 위험을 취하는 것이다. 이 두 사람의 서로 다른 욕구는 선물시장에서의 거래를 통해 충족시킬 수 있다.

쌀과 같은 농산물의 경우 선물시장이 가져다 주는 부차적 효과로 쌀의 대량 공급자는 출하 시기를 적절히 조절할 수 있고 또 미리 쌀을 대량 구입하려는 수요자는 미래의 가격 폭등으로 인한 추가 부담을 막을 수 있는 기능을 가지고 있다. 현재 우리나라가 국제시장에서 석유나 곡물을 안정적으로 확보하기 위해서 선물시장을 통하여 일정량을 구매하는 것도 마찬가지 이유이다.

2) 곡물상조합시장의 直取引과 延取引

곡물상조합시장(穀物商組合市場)이란 미곡상들이 미곡의 대량 거래를 목적으로 만든 현물 도매시장을 말한다. 곡물상조합시장은 1906년 부산의 일본인 수출미곡상들이 조합을 만들어 미곡의 다량 거래를 시작한 것이 처음이었다. 현물도매시장제도도 일본에서 들어왔다. 일본에서는 현물도매시장을 한 때 취인소에서 운영하기도 하였는데 선물시장과 구별하여 정미시장(正米市場)이라고 하였다.

조선에서 현물 매매를 목적으로 전국 각지에 설립한 곡물상조합시장 또는 곡물 도매시장은 1917년까지 20여 개에 달하였다. 현물 도매시장은 직취인(直取引)과 연취인(延取引)의 두가지 거래방법을 통하여 미곡을 매매하였다. 직취인은 매매와 동시 또는 늦어도 2일 이내에 현품의 인도와 대금의 결제가 이루어지는 거래를 의미하고 연취인은 매매계약 후 3일 이상 2개월 이내의 기간을 두고 현품의 인도와 대금의 지불이 이루어지는 후불거래를 말한다.

미두시장(米豆市場·米豆)은 19세기 말 일본인들에 의해 개항지 인천에 처음 설립되었다. 미두는 미곡과 대두를 선물로 매매하면서 매매의 차액을 청산(淸算)으로 결제하는 선물·청산시장이었다. 미두에 뒤이어 수이출항을 중심으로 설립된 곡물상조합시장도 청산거래시장에 뛰어 들었다. 곡물상조합시장은 이곳에서의 거래방식의 하나인 연거래를 청산방식 형태로 운영하면서 생긴 유사 선물시장이기도 하였다.

이 시기의 인천미두시장과 곡물상조합의 청산거래식 운영은 법적 뒷

받침 없이 일본에서 발달한 제도를 그대로 수입한 것이었다. 당시 조선
은 자본주의가 크게 발달한 일본과 달리 자본주의 경제의 요람기에 지나
지 않았기 때문에 상대적으로 자유방임적 선물시장의 개설은 때 이른 감
이 있었다.

미두시장과 곡물상조합시장은 창설 이후 1910년까지 해당 법규가 없
어 사실상 당국의 통제 밖에 있었다. 총독부는 1910년 공포된 회사령(會
社令)[3]에 의해 선물시장을 감독하도록 하였으나 회사령에는 선물시장을
허가하고 투기를 규제할 수 있는 조항이 없어 사실상 법령 밖에 있는
상황이 계속되었다. 조선에서의 곡물상조합시장은 실질적인 청산거래소
로서 한일병합을 전후하여 각지에서 비교적 자유롭게 설립되었다. 곡물
상조합시장은 미곡의 현물거래보다는 청산거래의 형태를 띤 연취인에
치중함으로써 투기를 조장한다는 비난을 받았다.

3) 조선 선물시장과 곡물상조합시장의 略史

조선총독부는 제1차 세계대전 이후 호경기를 맞아 확산되어가는 미곡
선물시장의 투기장화를 저지하기 위해 노력하였으나 필요한 명령을 제
때에 내릴 수 없는 등 회사령(會社令)에 의한 감독에 문제점이 노출되었
다. 이 문제를 해결하기 위하여 총독부는 1920년 시장규칙(市場規則)을
개정하여 제4호 시장(第4號 市場)에 관한 규정을 추가로 설치하였다. 총
독부는 미두와 곡물상조합시장을 회사령이 아닌 시장규칙에 의해 감독

---

3) 會社令은 1910년 12월 29일 조선총독부의 制令 제13호로 공포되고 1911년 1월
   1일부터 시행된 법률로 조선에서 회사를 설립할 경우 총독부의 허가를 받도록 하
   고(제1조), 허가조건에 위배되거나 또는 공공의 질서, 선량한 풍속에 반하는 행위
   를 하였을 경우 조선총독은 사업의 정지·금지 또는 회사의 해산을 명할 수 있도
   록 한(제5조) 법률로 1920년 3월 31일 폐지하였다. 이후 조선에서의 회사의 설립
   은 허가제에서 신고제로 바뀌었다.

할 수 있도록 법을 개정하였다.[4]

개정된 시장규칙에 규정된 제4호 시장은 매일 또는 정기적으로 영업자들이 모여 견본이나 상표를 가지고 상품이나 유가증권을 매매하는 현물취인시장으로 정의하였다. 당시 현물취인시장에 포함시킬 수 있는 시장은 곡물현물취인시장(穀物現物取引市場)과 유가증권현물취인시장(有價證券現物取引市場)의 두 종류가 있었다.

곡물현물취인시장은 개항기부터 인천에서 영업하여온 인천미두취인소(仁川米豆取引所)와 경성·부산·대구·군산 등지에서 곡물상들이 운영하는 곡물상조합시장이 여기에 속하는 시장이었다. 유가증권현물취인시장은 증권시장을 의미하는 것으로 1920년부터 경성에 경성주식현물취인사장(京城株式現物取引市場)이란 이름으로 별도로 존재하고 있었다.[5]

총독부는 1920년의 시장규칙 개정을 통해 연취인을 청산거래 방식으로 운영하고 있는 곡물현물시장과 미두취인소를 별도로 분류·관장함으로써 연취인을 통제하고자 하였다. 총독부는 개정된 시장규칙의 규정에 따라 이미 허가된 시장을 다시 허가 받도록 하였다. 총독부는 곡물상조합시장은 1도(道)에 1개소를 설치한다는 원칙 아래 우선 경성을 포함하여 부산·대구·군산·목포·진남포·신의주·원산·강경의 9개소만 곡물상조합시장을 재허가하였다.

시장규칙의 개정으로 종전 회사령의 적용을 받아오던 인천미두취인

---

4) 善生永助, 『朝鮮の市場經濟』, 朝鮮總督府, 1929, p.391; 文定昌, 『朝鮮の市場』, 日本評論社, 1941, p.68.

5) 조선에서의 주식거래는 구한말 일본인들의 조선 거주가 본격화 하면서 시작되었다. 이들은 日本郵船, 大阪商船 등의 주식을 소지하고 중개업자들의 소개로 장외거래를 통해 매매하였다. 거래량이 점차 늘어나자 경성의 중개업자 20여 명이 1911년부터 조합을 결성하여 주식거래를 하면서 주식취인소의 설립 인가를 총독부에 청원하였다. 총독부는 이 요청을 불허하다가 1920년에 京城株式現物取引市場을 인가하였으나 청산거래는 인정하지 않았다. 이명휘, "조선거래소의 주식거래제도와 거래실태" 『경제사학』 31, 2001, pp.68-69.

소는 청산시장으로, 경성·부산·군산·목포·대구·진남포·신의주·원산·
강경의 곡물현물시장은 시장규칙의 규정에 따라 직취인(直取引)과 연취
인(延取引)을 모두 할 수 있는 시장으로 허가를 내주었다. 인천미두취인
소를 비롯한 9개의 곡물현물시장은 이 규정에 따라 1931년 조선취인소
령이 제정될 때까지 미곡의 직거래와 연거래에 합법적으로 종사할 수 있
게 되었다.

　1921년 이래 시장규칙에 의하여 인가된 9개의 현물시장은 연취인도
허가 받았다는 구실 아래 원래 총독부가 허가했던 규약과 매매규정을 무
시하고 청산거래에 몰두하였다.[6] 뿐만 아니라 각 지역 사회에서는 취인
소나 곡물현물시장을 지역경제를 활성화 시킬 수 있는 수단으로 보고 이
것을 설립하기 위한 운동이 무분별하게 일어났다.

　미두(米豆)의 청산거래와 곡물상조합시장의 연취인은 식민지 백성들
에게 투기의 열풍을 몰고 왔다. 미두를 통해 단숨에 100만원이 넘는 거
금을 모았다는 투자자들의 이야기가 신문과 잡지에 연이어 보도됨으로
써 조선에 투기바람이 불기 시작하였다.[7]

　선물시장과 청산거래가 무엇인지 알지도 못하는 조선의 백성들이 일
확천금의 꿈을 꾸면서 인천을 비롯한 9개 도시로 밀려 들었다. 이들 가
운데는 선물시장에서의 가격 결정의 원리에 대해서는 아무 것도 모르는
채 점쟁이의 조언에 따라 공매매를 하는 사람들이 많아 패가망신하는 사
람이 부지기수였다. 미두시장은 투기열풍에 휩싸이면서 큰 사회문제로
돌변하였다.[8]

---

　6) 井上新一郎, 『紊亂の極に在る朝鮮取引所界』, 1930, pp.1-2.

　7) 미두왕 반복창의 일확천금기는 당시 언론의 대표적 보도였다.

　8) 米豆시장의 투기열풍은 이 시대 문학작품의 주요 소재가 되었다. 대표적인 것으
　　로 蔡萬植의 『濁流』, 『螳螂의 전설』, 李箱의 『蜘蛛會豕』 등이 있다. 『탁류』는 군
　　산미곡거래소를, 『螳螂의 전설』은 인천미곡거래소를, 『蜘蛛會豕』은 경성에 있는
　　米俱樂部를 소재와 배경으로 하고 있다. 자세한 것은 李炯眞, "日帝강점기 米豆·

미두열풍이 불면서 거래소들도 고객 확보를 위한 경쟁에 뛰어 들었다. 인천의 미두취인소는 각지에 지점을 개설하여 장외(場外)거래를 하는가 하면 지방에 있는 현물시장도 경성을 비롯한 다른 도시에 지점을 설치하는 등 무질서하게 영업망을 확대하였다. 거래소의 거래원(去來員)들도 자기 구역 밖에 영업점의 지점과 출장소를 설치하여 투자자들을 유인하고 미구락부(米俱樂部)9) 등을 만들어 차금(差金)수수를 목적으로 하는 장외거래를 일삼았다.10)

총독부는 새로운 형태의 투기와 부정행위가 확산되어도 이것을 단속할 법규정이 없었다. 총독부는 선물시장에 부는 투기열풍과 무질서를 막을 수 있는 방법은 취인소법의 제정 뿐이라고 보았다. 총독부는 취인소법 제정의 일환으로 인천미두취인소와 경성주식현물취인시장을 합병하여 조선취인소(朝鮮取引所)를 설립하려는 계획을 세웠다. 총독부의 의도가 알려지자 인천 부민들은 인천경제의 활력소 역할을 해오던 미두시장이 경성으로 옮겨갈 것을 우려하여 맹렬한 반대운동을 벌였다.

조선총독부는 1931년 5월 20일 제령(制令) 제5호로 조선취인소령(朝鮮取引所令)을 공포하고 제4호 시장규정은 폐기하였다. 그리고 같은 해 9월 11일 부령(府令) 제110호로 조선정미시장규칙(朝鮮正米市場規則)을 제정, 발효시켰다.

총독부는 조선취인소령에 따라 인천의 미두취인소와 경성의 주식현물취인소를 합병하여 주식회사 조선취인소(朝鮮取引所)를 설립하였다. 총독부는 인천 부민들의 줄기찬 반대운동을 외면할 수 없어 조선취인소 경성 본점에는 증권부(證券部)를 두어 유가증권만 거래하도록 하고 인

證券 市場정책과 朝鮮取引所", 연세대 대학원 석사논문, 1992, pp.44-45.
  9) 미곡취인소의 거래원들이 일반인들로부터 場外주문을 受注하기 위하여 만든 불법적인 私組織.
10) 朝鮮總督府殖產局編, 『取引所關係事項の槪要』, 1930, pp.95-101.

천 지점에는 기미부(期米部)를 두어 미곡의 선물·청산거래를 계속할 수 있도록 정리하였다.

요약하면 총독부는 조선취인소령을 통하여 미곡의 청산거래는 조선취인소 인천 지점의 독점적 영업권으로 인정해주고 조선취인소 경성 본점은 증권시장으로서의 기능만 담당하도록 업무를 분장시켰다. 그리고 대구·부산·군산·목포·진남포의 5개 도시에 있던 곡물상조합시장은 정리하여 인천에 있는 조선취인소 기미부의 회원조직으로 개편하였다. 따라서 대구·부산 등지의 5개 곡물상조합시장은 인천취인소의 회원조직으로 변신하여 미곡의 청산거래를 계속할 수 있게 되었다.

조선총독부는 이어서 조선정미시장규칙(朝鮮正米市場規則)을 통하여 곡물상조합이 누려오던 현물시장과 청산시장의 병설적 관계는 단절시키고 오직 부산에만 정미시장 즉 현물시장을 설치하는 것으로 정리하였다. 그러나 총독부는 뒤이어 경성·군산·목포에도 정미시장의 개설을 인가하였다. 부산을 비롯하여 새로 생긴 정미시장에서는 연거래와 청산거래는 할 수 없고 오직 현물거래만 할 수 있도록 제도를 정비하였다.

4) 일본의 미곡 선물시장과 청산거래의 연혁

(1) 일본 선물시장과 청산거래의 기원

선물 청산시장은 일본에서 자생적으로 발전한 독특한 시장제도이다.[11] 일본은 19세기 말 그들의 선물시장제도를 그대로 조선으로 이식하였다. 자본주의 경제가 걸음마를 시작하던 개화기에 일본에서 들어온 선물시장은 부침을 거쳐 1930년 대에는 일본의 동경과 대판의 선물시장을 능가하는 최고의 활황을 누리기도 하였다.

---

11) 주식거래소는 歐美에서 먼저 발달하였으나 미곡을 매개로 한 상품거래소는 일본에서 가장 먼저 발달하였다.

이 현상의 배경에는 조선미의 품질 개선과 이출량 증가와 함께 제1차 세계대전 및 만주사변 후의 특수 경기에 힘입은 바 크다. 여기에 1920년대 말부터 일본시장에서의 지속적인 미가 하락과 이를 방지하기 위한 미곡통제법의 제정도 조선의 선물시장에 큰 영향을 미쳤다. 식민지 시대 조선의 미곡시장은 일본 미곡시장의 절대적인 영향 아래에 있었기 때문에 미곡을 대상으로 한 일본 선물청산시장 발전의 전말을 살펴보는 것이 필요하다고 판단되어 간단히 그 역사와 제도를 설명하고자 한다.[12]

일본에서 미곡이 조직적 투기거래의 목적물이 된 것은 도쿠가와(德川) 막부시대 초기의 일이었다. 토쿠가와 막부의 영주(領主·다이묘(大名))들은 백성들로부터 미곡을 조세로 받았다. 조세로 걷은 쌀의 일부는 막부의 장군에게 세금으로 바치고 나머지는 영주가 거느리는 가신들의 녹봉으로 지급되었고 또 화폐를 획득하기 위해 시장에 판매하였다.

영주들은 백성들로부터 징수한 미곡을 현금화하기 위하여 대판이나 에도(江戶)로 수송하여 자기들의 창고인 항창(藩倉·번창)에 수납하였다. 이 미곡은 적당한 시기에 매각하여 각 번(藩·領地)을 위한 비용으로 사용하였다. 쌀을 매각한 대금은 주로 영지에서 필요한 각종 비용과 영주들의 에도참근(江戶參勤)[13]을 위한 비용으로 지출하였다.

각지의 영주들은 세금으로 받은 쌀을 현금화하기 위해 당시 일본의 중심지에 위치해 있으며 경제적 수도의 역할을 하고 있는 오사카(大阪)에 수많은 쌀 창고(臟屋敷)를 짓고 이것을 관리하는 관리인(藏元)을 두었다.

---

12) 일본에서의 선물시장의 역사는 北崎 進, 『取引所槪論』, 明治大學出版部, 1935를 참고로 하였음.

13) 德川幕府의 3代 將軍 도쿠가와 이에미쓰(德川家光: 1604-1651)는 다이묘(大名)들이 반란을 일으키지 못하도록 하기 위하여 다이묘의 妻子들은 영지를 떠나 江戶에 거주하도록 하고 大名은 1년에 6개월씩 에도에 와서 지내도록 하였는데 이 제도를 參勤交代라고 한다.

각 영지로부터 수송되어 온 미곡은 창고에 수장하여 두고 관리인은 이것을 여러 차례로 나누어 입찰 방식으로 대판의 미곡상들에게 판매하였다. 시간이 흐르면서 영주들은 미곡의 관리를 장원 대신에 전문적인 미곡 상인들에게 맡기는 것이 유리하다고 보아 상인들을 관리인으로 고용하기 시작하였다. 상인으로 영주의 쌀 창고를 관리하는 사람을 괘옥(掛屋)이라고 불렀다.

대판에는 영주들의 미곡 매각으로 많은 상인들이 몰려 들었고 미곡 상인들은 장옥부에 출입하며 영주들의 미곡을 경매하는데 참여하면서 자연히 대판의 미곡시장은 번성하게 되었다. 대판은 다량의 미곡을 단시간 내에 현금화 할 수 있는 곳이 되었다. 당시 시중에 유통되는 쌀은 번미(藩米)와 납옥미(納屋米)의 두 종류가 있었는데 번미는 영주들이 판매한 쌀이고 납옥미는 생산자인 농민들이 환금을 위해 상인들에게 판매한 쌀이었다. 대판은 번미뿐만 아니라 납옥미의 집산지였다.

당시 번미(藩米)의 매매는 입찰 방법에 의하였는데 번미를 매입하려는 미곡 상인은 미리 증거금을 괘옥에 납부하고 괘옥은 이것을 담보로 하여 미절수14)(米切手·쌀 어음)를 발행하여 쌀 상인에게 건네주었다. 괘옥은 미곡 상인이 낙찰일로부터 30일 이내에 잔금을 가지고 와 어음을 제시하고 잔금을 내면 현물을 내주었다.

상인들은 현물결제를 위한 미곡이 도착하기 전이라도 필요에 따라 이 어음을 사고 팔았다. 영주들 가운데 급전이 필요한 경우 가을에 수확할 쌀을 미리 쌀어음을 발행하여 판매하기도 하였다. 이런 관행이 발달한 가운데 1720년대 중반에 대판의 미곡 상인들은 막부의 허가를 얻어 대판의 도지마(堂島)에 미좌어위체어용회소(米座御爲替御用會所)라는 이름의 미곡시장을 설립하였다. 당도미회소(堂島米會所)로 불리는 이 시

---

14) 소지자에게 일정 시기에 일정량의 쌀을 지급할 것을 약속하는 어음 또는 유가증권, 切手는 手票의 일본말이다.

장은 중매인을 500명으로 정하고 동서의 영주로부터 대판의 창고로 보내는 쌀을 미절수(米切手)로 매입하고 이것을 상인들 간에 매매하기 시작하였다. 미절수는 영주들이 발행하는 일종의 신용통화처럼 유통되기 시작하였다.

그러나 번미(藩米)의 매매는 현물거래이기 때문에 영지로부터 올라오는 쌀의 도착이 지연되는 경우에는 문제가 생겼다. 쌀 어음을 매입한 상인들은 쌀의 도착이 지연되는 사이에 쌀값이 내리면 큰 손해를 보고 오르면 예기하지 않았던 이익을 얻었다. 상인들은 이 문제를 해결하기 위해 선물거래의 방법을 고안해냈다. 즉 결제일을 미리 정해 놓고 선물(先物)을 매매하게 되었다. 이것이 일본에서 선물거래의 시초가 되었다.

처음에는 상대매매(相對賣買)에 의한 거래를 하였으나 차츰 전매(轉賣)와 환매(還買)를 허용하면서 매매에 참여하는 사람의 수가 늘어나자 보통 매매 방식으로 결제를 끝내기가 어려워졌다. 대판의 미상들은 유조양체옥(遺繰兩替屋)이라는 별도의 기구를 만들어 매매에 따른 정리와 청산(淸算) 및 차금(差金)의 결제 사무를 맡게 하였다. 결과적으로 영주들은 현물 없이도 미절수(米切手)의 발행으로 번의 재정을 꾸리고 상인들은 이 절수를 대표증권으로 매매하여 이익을 얻었다.

대판의 당도미회소는 1730년에 당도장합미회소(當島帳合米會所)로 개편되었는데 이것이 오사카에서의 미곡 선물시장의 효시였다. 당도장합미회소는 정미시장(正米市場)과 장합미시장(帳合米市場)을 함께 운영하였다. 정미는 현물을, 장합미는 선물을 의미한다. 장합미회소의 운영과 거래방식은 일본에서의 미곡취인소의 원형으로 지금까지 대부분이 유지되고 있다.

당시 장합미회소는 미곡 상인들의 조합이었다. 장합미회소는 조합원 가운데 일정한 수를 선거로 뽑아 시장의 관리와 경영을 담당하게 하였다. 미회소는 객장(寄場), 사무소(會所), 정산소(精算所·消合場)를 두고

거래소를 운영하였다. 미회소에서 매매를 담당할 수 있는 사람은 조합원
과 중매인(거래원)이었다. 일반인들은 직접 매매를 할 수 없고 중매인을
통해서만 거래를 할 수 있었다.

미회소에서의 거래는 미리 결제일을 정한 후 특정 표준미를 선물(先
物)로 지정하여 거래하였다. 쌀은 종류가 많아 품질과 가격이 제각각이
므로 종류마다 선물로 상장하기 어려웠다. 그러나 표준미를 정하여 이것
으로 매매계약을 체결한 후 결제시에 표준미와 수도에 제공하게 될 대용
미(代用米) 간의 품질이나 가격의 차이를 금액으로 환산하여 이것을 더
주거나 받으면 거래를 용이하게 할 수 있다. 표준미와 여러 종류의 대용
미의 품질을 비교하여 그 차이를 금액으로 나타낸 것을 격부표(格付表)
라고 하는데 이 표를 통해 결제하는 방법을 발전시켰다. 표준미는 주고
쿠(中國), 찌꾸젠(筑前), 히고(肥後), 히로시마(廣島)미 가운데 하나를 사
용하였다.

체결된 매매계약은 만기일 전이라도 전매매가 가능하였다. 이 경우에
는 실물이 수도되지 않고 반대매매로 인하여 생긴 차액만 결제하였다.
18세기 당도미회소는 1년을 3기로 나누어 영업하고 각 기의 말일을 현
물의 수도와 결산일로 하였다. 매매의 단위는 100石으로 하고 이것을 1
매(枚)로 불렀고 1매의 가격은 1石의 시가로 나타내었다.[15]

(2) 명치이후 미곡취인소의 부침

명치유신 초기 일본정부는 미상회소(米商會所)가 국민들의 사행심을
조장하며 투기를 확산시키는 것으로 여겨 서정쇄신 차원에서 이를 폐쇄
하였다. 그러나 일본정부는 명치 초기부터 경제개발에 총력을 집중함에
따라 국채의 발행이 급증하고 은행 및 각종 회사의 설립이 많아지게 되

---

15) 土肥鑑高, 『米の日本史』, 雄山閣出版, 2001, pp.171-176.

었다.

이에 따라 명치정부는 유가증권의 유통을 원활하게 하기 위해 1874년 주식취인소조례를 제정하고 동경과 대판에 주식취인소를 설립하였다. 대판과 동경의 미상회소도 이 조례에 의해 다시 업무를 개시할 수 있게 되었다. 명치정부는 주식취인소 산하에 있는 미상회소가 실정에 맞지 않자 1876년 주식취인소와 분리하여 별도로 미상회소조례를 제정하였다.

일본정부는 1893년 주식거래 및 미곡과 기타 상품도 함께 아우르는 취인소법(取引所法)을 제정함으로써 근대적 양식의 미곡거래소가 탄생하게 되었다. 이 법은 당도장합미회소(當島帳合米會所) 시대에 사용하던 선물 청산거래방법을 거의 수용한 것으로 이것이 조선에 들어온 제도의 기본이 되었다.

이 제도의 요점은 취인소는 회원조직 또는 주식회사 조직으로 하고, 취인소에서의 매매자는 회원 또는 중매인(거래원)에 한 하도록 하였다. 취인소는 정미시장도 함께 열 수 있도록 하였다. 거래원의 수는 한정되며 이들이 일반 투자자들의 매매주문을 받아 취인소에서 이를 성사시켜 주는 역할을 하였다.

매매의 종류는 정기취인(定期取引·선물청산거래), 직취인, 연취인의 3종으로 하였다. 일본은 취인소에서 정기취인은 표준미로 거래하며 1년을 4기(期)로 나누고 각 기는 3개월로 하되 매 월말을 수도일[16]로하여 운영하였다. 표준미의 수도는 대용미(代用米)로도 가능하게 하였다. 계약기간 동안에는 경매매(競賣買), 전매매(轉賣買), 증거금매매 등을 할 수 있으며 결산시에는 차금결제를 할 수 있도록 취인소법으로 법제화 하였다.

---

16) 受渡란 취인소에서 매매가 성립한 후에 결제 기한이 돌아와 代金을 받고 現品을 인도하여 거래를 완료하는 것을 말한다.

일본에서는 청일전쟁 직후의 호경기 때 전국 각지에서 취인소의 설립 신청이 쇄도하였다. 당시 일본정부는 자유주의 시장경제를 경제정책의 기조로 채택하고 있었으므로 이를 모두 허가하여 일시에 30여 개의 취인소가 새로 생겼다. 1898년부터 1904년 간에는 전국에 160여 개의 취인소가 존재하였는데 지방의 소도시에도 취인소가 있었다. 이 당시 취인소는 대부분이 미곡과 주식을 함께 거래하였다. 그 후 중소 취인소의 폐해가 극심해지자 일본정부는 1911년 칙령으로 취인소를 통폐합하여 43개로 정리하고 미곡취인소와 주식취인소를 분리하여 운영하기 시작하였다.[17]

일본의 미곡취인소는 노일전쟁과 제1차 세계대전이 가져온 호경기를 맞아 성장을 거듭하였다. 그러나 미곡취인소는 1920년대 말에 엄습한 일련의 불경기와 1930년에 밀어닥친 세계 대공황으로 거래량이 격감하는 등 상당한 어려움을 겪었다.

취인소 업계는 1931년 일제가 만주사변을 일으켜 군사비가 팽창하는 등 다시 호경기를 맞자 취인소업계는 명병(銘柄)[18]별 청산거래 같은 새로운 거래방법을 도입하는 등 활황을 되찾기 위하여 노력하였다. 그러나 일제는 중일전쟁을 확대하면서 1938년 국가총동원법을 선포하고 이어서 1939년 전시 통제경제를 실시하면서 미곡취인소와 미곡도매시장을 모두 폐쇄시켜 버렸다.

---

17) 鈴木直二, 『米穀流通經濟の硏究』, 成文堂, 1975 p.186.
18) 명병이란 프리미엄 브랜드를 뜻한다. 銘柄米에 대해서는 제4장에서 자세히 다룬다.

2. 인천미두취인소와 곡물상조합시장

1) 仁川米豆取引所

(1) 인천미두취인소의 연혁

조선에서의 미곡취인소의 역사는 인천미두취인소로부터 시작하였다. 주식회사 인천미두취인소(仁川米豆取引所)는 구한국시대인 1899년 6월 인천에 거류하던 일본인들에 의해 설립되었다.[19] 인천미두취인소는 당시 일본에서 유행하던 선물 청산거래제도를 조선으로 이식한 것으로 조선인들에게는 생소한 것이었다. 인천미두취인소는 쌀·대두·명태·석유·면사·금건(金巾) 및 목면(木綿)의 7개 품목에 대해 정기거래(定期去來·선물거래)를 할 목적으로 인천주재 일본영사의 인가를 얻어 설립하였다.[20]

인천미두취인소는 자본금 3만원으로 인천부 해안정(海岸町)에 시장을 설립하고 업무를 개시하였으나 실제로는 미곡의 정기(定期)거래만 하였다. 창설 초창기의 미두시장은 이용자가 적어 경영난에 허덕이다가 2년 만에 거래가 중단되었다.

인천미두는 1904년 6월 러일전쟁 시 자본금을 4만5천원으로 증가시켰으나 거래량이 크게 늘어나지는 않았다. 인천미두는 1908년 불황으로

---

19) 미두취인소를 설립한 사람을 일본 福岡縣출신의 기레이 에이타로(加未榮太郞)로 알려지고 있다. 그는 1884년까지 동경에서 학생생활을 하다가 1894년 조선으로 건너와 미두취인소의 설립을 준비하였다. (인천학연구원, 『인천향토자료조사사항』 下, 2007).

20) 인천미두의 설립취지는 "미두의 표준가격 및 품질의 확립을 통한 미두매매의 원활 도모, 미두의 표준품거래를 통한 품질개량 촉구, 동업자간의 표준가격 설정을 통한 미두 買集경쟁의 폐해 방지"를 표방하였다. 秋山滿夫, 『株式會社 仁川米豆取引所沿革』, 仁川米豆取引所, 1922, pp.2-4.

약 8개월간 휴장 후에 다시 개장하였으나 거래량은 많지 않았다. 인천미두취인소는 1910년 한일병합 후에도 존속을 인정받고 회사령의 적용하에 영업을 계속하였다. 1910년과 1911년에는 선물거래량이 1개월에 평균 20만 석을 넘지 못하였다.

그러나 1914년 제1차 세계대전이 시작되면서 일본의 재계는 미증유의 특수경기를 맞았고 조선도 그 영향을 받아 경제사정이 개선되면서 취인소는 활발하게 운영되기 시작하였다. 특히 세계대전이 끝난 다음 해인 1919년과 1920년은 인천미두의 연간 거래량이 6,300만 석과 9,600만 석으로 최대의 호황을 맞았다. 이 당시의 거래량은 일본의 동경과 대판 미곡취인소의 거래량을 능가하는 것이었다.

그러나 일본경제에 1920년 이후부터는 전후 불황으로 주가가 폭락하는 영향을 받아 선물시장도 거래량이 4~5천만 석으로 급감하였다. 이 때문에 인천미두취인소는 경영위기에 몰렸으나 1922년 자본금을 1백만 원으로 증자하고 1928년에는 300만 원으로 올렸으나 경제가 깊은 불황기에 빠지면서 상세(商勢)가 현저하게 쇠퇴하기 시작하였다.

미두취인소의 거래량은 1922년의 약 4~5천만 석으로부터 급속히 감소하여 1926년에는 1,200만 석대로 떨어졌고 1927년과 1931년에는 1천만 석대까지 주저앉았다. 인천미두취인소는 1931년 조선취인소로 개편하고 1931년 만주사변의 특수를 맞아 거래량이 다시 증가하기 시작하였다.

(2) 인천미두취인소의 운영방법

가. 開市 및 매매 증거금

인천미두취인소(仁取)는 미곡과 대두의 정기취인(定期取引)을 목적으로 하였다. 인천미두는 취인소 업무를 돕기 위하여 미두 창고를 설치하고 창고업도 겸영하였다.

인취(仁取)는 정기취인의 계약기한을 3개월 이내로 하되 당한(當限), 중한(中限), 선한(先限)의 3종으로 구별하였다. 선물시장에서의 매매는 1일을 전장(前場)과 후장(後場)으로 구분하고 전장은 10절(節)로 나누고 후장은 7절로 나누어 각 절 별로 거래하였다. 정기취인의 단위는 100석으로 하고 호가는 1석당 금액으로 하였다. 정기취인의 방법은 경매매(競賣買)에 의하였다. 그 구체적 절차는 다음과 같다.[21]

개시(開市)를 알리는 격탁(擊柝·딱딱이를 쳐 소리를 냄)과 동시에 객장의 거래원들은 절별로 표준미의 매매경합을 진행하였다. 경매인이 경매매(競賣買)가격이 적당하다고 인정하면 딱딱이를 두드리는데 이것으로 가격이 결정되고 동시매매가 성립한 것으로 보았다. 정기취인 계약이 성립하면 매매증거금을 납부해야 하는데 증거금은 매매가액의 100분의 20 이내에서 정하여 매매쌍방으로부터 받았다.

증거금은 인취(仁取)가 인정하는 유가증권으로 대납할 수 있는데 파는 쪽(賣方)은 인취에서 지정한 창고업자가 발행한 창하증권(倉荷證券)으로 그 건옥(建玉·매매계약)에 대한 증거금으로 납부할 수 있도록 하였다. 성립한 거래에 대해서는 일정한 액수의 매매 수수료를 징수하였다.

나. 商委員會와 去來員의 영업

인취의 상위원회(商委員會)는 역원 5인 이내, 거래원 5명 이내로 구성하였다. 상위원회는 영업세칙의 변경, 거래원의 가입 또는 제명, 표준미의 결정과 변경, 격부표의 결정, 매매 증거금 등의 결정권을 가졌다. 거래원은 인취가 지정한 구역 내에서 영업소를 설치하고 인취의 승인을 얻은 상호를 사용하고 인취에서 교부하는 간판을 걸고 영업할 수 있도록

---

21) 仁川米豆取引所, 定款と營業細則, 1928.

하였다.

다. 실물수도의 방법

수도는 증권수도(證券受渡)와 검사수도(檢查受渡)의 2종으로 하고 수도 장소는 인취가 지정한 인천부내의 창고로 하였다. 수도는 매 기월(期月)의 말일(12월은 21일) 오후 3시까지 인도하는 쪽(渡方)은 지정된 창고업자가 발행하는 창하증권에 내어 줄 미곡의 명병(銘柄), 등급, 석발(石拔) 또는 대·소립(大·小粒)의 구분, 생산 연도, 수량, 창고를 기재한 명세서를 첨부하고 또 이 미곡은 자기가 처분할 수 있는 물건이라는 것을 증명하는 서류를 첨부하여 인취에 제출하고 미곡을 받아가는 쪽(受方)은 수도 금액에 상당하는 대금을 납입하여야 하였다.

증권수도는 표준미와 동일 연산, 또는 다음 연산으로 격부표(格付表)에 기재된 명병과 등급 등에 한하도록 하였다. 증권수도에 제공되는 창하증권에는 명병, 등급, 석발 및 대소립의 구분, 생산 연도 및 수량, 입고월일, 화재보험의 유무를 기재하고 인취는 인도하는 쪽이 제공한 창하증권의 기록사항을 실제와 대조하여 검사하였다.

검사수도의 경우는 이를 하지 않으면 안 될 사정이 있을 시 그 사유와 창고의 소재지, 미두의 명병, 생산 연도, 수량 등을 기재한 서류를 수도일 전 전일 정오까지 제출하여 인취의 승인을 받도록 하였다. 수도는 미리 명병, 석수 및 출고 일시 등을 당사자에게 통지하고 본소의 지정시각에 이를 집행하였다. 수도시 당사자는 입회하여야 하나 대리인을 보낼수 있다. 품질검사는 견자법(見刺法)으로 1가마에 대해 세 군데를 검사침을 찔러 거기에서 나온 내용물의 품질, 색택(色澤), 형상, 건조도, 조제 등을 표준미와 대조하여 검사하였다.

인천 미두취인소의 1923년부터 1927년까지 5개년간의 거래실적을 보면 총매매 석(石)수는 연간 1,100만 석 내지 2,600만 석에 이르고 있다.

5개년을 평균하면 연평균 1,900만 석에 달하였다. 이들 거래량을 결제기의 시기별로 나누어 보면 선한(先限)이 가장 많아 전체 거래량의 약 90%를 점하고 중한(中限)과 당한(當限)은 모두 합처 10%정도에 그쳤다.

2) 穀物商組合市場

1906년 처음 설치된 곡물상조합시장은 제1차 세계대전의 호경기를 만나 1917년까지 전국에 20여 개소로 늘어났다.

각 지역에 있는 곡물상조합시장의 조직과 매매방법은 대동소이하였다. 곡물상조합시장에서의 거래품목은 미곡·대두·잡곡을 주로 하였으나 주 거래 품목은 미곡이었다. 조합시장에서 거래를 할 수 있는 사람은 조합원에 한하였으나 별도로 중개인을 두어 조합원 간의 거래를 알선할 수 있도록 하였다. 해당지역의 미곡상조합은 시장을 경영하고 조합원으로부터 신원보증금과 매매증거금을 받고 거래를 보증하도록 하여 상거래의 원활을 기하도록 하였다. 매매는 현물의 견본(見本) 또는 명병(銘柄)을 가지고 하였다.

곡물상조합시장은 일본에서와 마찬가지로 직취인(直取引)뿐만 아니라 연취인(延取引)시장도 함께 운영하였다. 직취인은 매매 성립일로부터 2일 이내, 연취인은 3일 이상 2개월 이내에 결제를 끝내도록 되어 있다. 곡물상조합시장에서는 연취인을 통하여 미곡을 거래하였으나 규정상 차금수수(差金授受)를 목적으로 하는 청산거래는 할 수 없게 되어 있었다.[22] 그러나 실제로는 이것이 지켜지지 않고 청산거래식으로 운영하여 정미시장이 투기장화 하는데 일조하였다.

---

22) 미곡상조합시장거래에 대한 대표적인 규약으로 볼 수 있는 群山米穀商組合規約은 제40조에서 "시장에서는 差金授受를 목적으로 하는 매매거래를 할 수 없다"고 규정하고 있다.

연취인시장에서의 거래와 수도는 2개월의 기간을 두고 당월중도(當月中渡), 당월말도(當月末渡), 익월중도(翌月中渡), 익월말도(翌月末渡)의 15일간씩 4기(期)로 나누어 각 수도기간 별로 거래를 하였다. 1일(日) 동안의 거래는 전장(前場), 후장(後場)으로 나누어 하는데 군산과 대구는 전장에서 6회, 후장에서 4회를 하였고 부산은 전장에 8회, 후장에 5회를 열었다.

연취인의 수도는 지정된 수도일에 결제하는 것이 통상이나 조수도(早受渡)도 가능하였다. 조수도는 기한이 도래하기 전이라도 매매쌍방의 합의 아래 결제를 끝내는 것을 말한다.

계약의 이행(受渡)은 직거래일 경우 만기일에 당사자가 입회한 가운데 계약시의 견본과 인도품과 대비하여 이상이 있는지 확인하고 그 수량을 검사하여 인도하도록 하였다. 연취인은 당사자의 입회하에 계약시의 견본과 대비하고 명병은 표준 견본품과 현품을 대비하고 수량을 확인하는 것으로 수도를 마쳤으나 대용품(代用品)의 수도도 인정하였다.

곡물상조합의 이름과 주소, 거래물품과 거래의 종류, 기타 시장상황은 다음 <표 3-1>과 같다.

〈표 3-1〉 市場規則 제4호에 의한 곡물상조합시장 개요(1921~1931)

市場이름	영업개시년·월	조합소재지	거래종류 및 주거래 품목		조합원수
			直취인	延취인	
京城穀物商組合市場	1922. 3.	경성부 봉래정	米,벼,콩,잡곡	좌동	15
群山穀物市場	1922. 3.	군산부 본정통	미,벼,콩,잡곡	좌동	51
木浦穀物商組合穀物市場	1922.12.	목포부 영정	미,벼,콩,잡곡	米.콩	29
大邱穀物商組合市場	1922. 1.	대구부 대화정	미,벼,콩,잡곡	미,벼,콩,밀	25
釜山穀物商組合市場	1922. 6.	부산부 대청정	미,벼,콩,잡곡	미,대두,밀	77
鎭南浦穀物商組合市場	1922. 5.	진남포부 삼화정	米,콩,잡곡	미,벼,콩,밀,조	31
元山穀物商組合穀物市場	1922. 1.	원산곡물상조합	미,콩,잡곡	미,콩,팥,조,피,수수	17
新義州米穀商組合市場	1922. 1.	신의주부 영정	미,콩,잡곡	미,콩,조,옥수수,수수	15
江景米穀商組合穀物市場	1924. 7.	충남 논산군강경면	현미,콩,조	현미,콩,조	43

자료: 鮮米協會, 『鮮米協會10年誌』, 1935, pp.222-223.

3. 朝鮮取引所令에 의한 조선취인소와
지방취인소 및 正米市場

1) 仁川의 朝鮮取引所

조선의 미곡취인소는 위에서 설명한 것처럼 취인소에 대한 법규가 없었기 때문에 취인소의 설립과 규제에 통일성이 없었다. 총독부는 각지에서 취인소 또는 미곡현물도매시장 설립운동이 무분별하게 일어나고 거래원들의 불법적인 장외거래 조장 등 투기 만연의 조짐이 있어도 이것을 단속할 수 있는 마땅한 규정이 없었다.

이 문제를 해결하기 위해 조선총독부는 1931년 5월 20일 제령(制令) 제5호로 조선취인소령을 공포하였다. 취인소 운영의 구체적 사항은 조선취인소령 시행규칙(府令 제108호)에 위임하였다.

조선취인소(朝鮮取引所)는 조선취인소령에 따라 주식회사 인천미두취인소와 경성주식현물취인시장을 합병하여 새로 발족한 기구였다. 조선취인소는 경성지점에 증권부를 두어 증권거래를 하도록 하고 인천지점에는 기미부(期米部)를 설치하여 미곡의 청산거래를 전담하게 하였다.

기미부가 경성으로 가지 않고 인천에 남게된 것은 인천 부민들의 줄기찬 미두취인소의 경성이전 반대운동 때문이었다. 조선취인소령의 입안 단계부터 근 10년 동안 인천 부민들은 취인소령이 제정되면 인천미두취인소는 경성현물취인소시장에 합병되어 경성으로 이전하게 될 것이라고 믿어 치열한 반대투쟁을 전개하였다.

총독부는 인천 부민들의 정서를 고려하여 조선취인소 인천지점이 미곡청산시장을 운영하고 경성지점은 증권거래를 전담하도록 정리하지 않을 수 없었다. 기미부(期米部)의 운영과 매매와 수도 등에 관련된 사항은 대부분 인천미두시장의 방법을 계승하였다.

조선취인소령에 나타난 가장 두드러진 특색은 취인소의 설립과 운영 및 해산에 조선총독의 권한을 확실하게 명문화 하였다는 점이다. 즉 거래소의 설치는 총독의 허가를 받아야 하고 역원의 선출도 총독의 인가를 받도록 하였다(취인소령 제24조). 취인소의 정관 또는 규약의 변경, 조합원의 이동, 시장의 개시 또는 폐지, 휴업 시에는 당국에 계출해야 하고 매일 표준가격표, 매매량표 그리고 매 기마다 수지결산서와 사업보고서 등을 제출하도록 히였다(제4조, 제8조, 제9조).

조선총독은 또 감독상 필요한 경우 업무규정의 변경, 기타 필요한 명령을 발할 수 있도록 하였다. 뿐만 아니라 조선총독은 취인소 또는 역원의 행위가 법령 또는 정관에 위배될 때 혹은 조선취인소령에 기초를 두고 발한 명령에 따른 처분에 위반할 때, 또는 공익을 해칠 우려가 있다고 인정할 시는 관리자의 해임을 명하거나 또는 취인소의 매매 중개를 금지, 정지를 명할 수 있다(제13조)고 규정하였다.

조선취인소령은 더 나아가 취인소가 심각한 법령 위반 행위를 했을 경우 취인소의 해산을 명령할 수 있도록 하였다. 뿐만 아니라 총독부는 취인소의 회원이 현저하게 감소한 경우, 1년 이상 취인소의 업무를 휴지한 경우, 기타 취인소를 존속시킬 필요가 없다고 인정되는 경우 이의 해산을 명할 수 있다고 규정하였다.

총독부는 또 매매를 담당하는 거래원의 중요성을 감안하여 거래원이 되기 위하여서도 총독의 인가를 받도록 규정하고(제60조) 거래원이 되기 위하여 신청한 자에게는 신용정도 및 재산상태를 인가 여부의 중요한 판단 자료로 사용하였다. 이처럼 조선총독부는 조선취인소령을 통하여 언제라도 취인소를 총독부의 뜻대로 운영하고 통제할 수 있는 길을 열어놓았다.

2) 지방의 米穀取引所

조선취인소령은 1도(道)에 1개의 취인소 설치를 원칙으로 하였다. 이에 따라 기존의 인천 외에 신규로 군산·목포·대구·부산과 진남포의 5개소에 인천 조선취인소의 회원조직 형태로 미곡취인소를 인가하였다. 지방의 미곡취인소도 인천의 조선취인소와 똑같이 조선취인소령의 적용을 받았다.

〈표 3-2〉 朝鮮取引所의 회원조직 지방미곡취인소 개황(1932)

취인소명	소재지	매매물건	설립일	회원수(인)	거래원신원보증금
군산미곡취인소	군산부 본정통 26	米	1932.1.1.	15	1만원
목포미곡취인소	목포부 영정 1-10	미	상동	14	상동
대구미곡취인소	대구부 대화정 65	미	상동	24	상동
부산미곡취인소	부산부 대청정 1-35	미	상동	17	상동
진남포미곡취인소	진남포부 삼화정 33	미	상동	12	상동

3) 正米市場

(1) 연취인과 청산거래의 금지

조선의 정미시장은 위에서 언급한 바와 같이 종래 특별 법규가 없었고 1920년 4월 시장규칙을 개정할 때 정미시장 또는 이와 유사한 것은 시장규칙을 적용 받는 것으로 하였다. 이에 따라 군산, 목포, 부산, 경성 등의 곡물현물시장에서 하고 있는 직취인과 함께 연취인도 함께 하는 것을 추인한 셈이 되었다.

그러나 곡물상조합이 청산거래를 하는 것은 법체계상 문제가 많다는 비판을 받아왔다. 총독부는 조선취인소령의 제정을 계기로 1931년 9월 부령(府令) 제110호로서 조선정미시장규칙(朝鮮正米市場規則)을 제정하였다. 종래 직거래와 함께 청산거래와 유사한 연취인을 행하고 있는 군산, 목포, 부산, 대구와 진남포의 각 곡물상조합시장은 앞에서 기술한 것처럼 조선취인소의 회원조직인 미곡취인소(米穀取引所)로 전환시키고 나머지 경성, 강경, 신의주, 원산 등지의 곡물상조합시장은 폐쇄하였다.

(2) 正米市場의 인가

총독부는 조선정미시장규칙에 따라 1932년 12월 부산곡물상조합만 부산정미시장(釜山正米市場)으로 다시 인가를 내주었다. 부산정미시장은 그동안 말썽 많던 연취인은 할 수 없게 되었고 오직 곡물의 현물거래만 할 수 있게 하였다. 총독부는 나중에 군산, 목포, 경성 등지에도 정미시장을 설립할 수 있도록 인가하였다.

조선정미시장규칙은 정미시장의 설치와 업무규정의 변경은 조선총독의 허가를 필요로 하고 그 경영 주체는 영리를 목적으로 하는 법인 또는 미곡의 매매자 혹은 중개를 목적으로 하는 상인의 조합으로 제한하였다. 정미시장은 미곡, 대두, 잡곡 또는 비료 등의 현물거래만 가능하고 곡물의 매매는 견본에 의하여 진행하고 성립된 매매계약은 5일 이내에 결제를 끝내도록 하였다. 정미시장에서는 차금의 수수를 중심으로 하는 청산거래는 일체할 수 없도록 금지하였다.

조선정미시장규칙은 또한 정미조합이 정관 또는 규약의 변경, 조합원의 이동, 시장의 개시 또는 폐지, 휴업 시에는 당국에 계출해야 하고 매일 표준가격표, 매매량표 그리고 매 기마다 수지결산서와 사업보고서 등을 제출하도록 하였다. 조선총독은 감독상 필요한 경우 업무규정의 변경, 기타 필요한 명령을 내릴 수 있도록 하였다. 또한 조합의 경영자, 관리자, 매매중개자의 행위가 법령을 위반하거나 공익을 해칠 우려가 있다고 인정 할 시는 관리자의 해임을 명하거나 매매 중개를 금지, 정지를 명할 수 있도록 하였다.

4. 조선취인소와 정미시장의 거래방법

1) 조선취인소의 공통적 거래과정

(1) 標準米의 매매

인천미두취인소, 조선취인소, 기타 곡물상조합시장에서의 선물거래와 연거래는 상품의 원활한 매매를 위하여 표준물을 정하여 이것을 대표적으로 매매하였다. 예를 들면 거래의 대상인 미곡만 보더라도 수많은 종류의 품종이 있고 같은 품종이라고 할지라도 생산 연도와 생산지에 따라 밥맛이 다르다. 또 건조와 조제의 방법에 따라 품질과 가격이 다르다. 품종과 품질이 제각각 다른 수십 종의 쌀을 그대로 선물시장에 상장하여 매매하고 청산방법으로 결제하는 것은 사실상 불가능하다.

오래전부터 상인들는 표준미를 정하여 이것을 매매함으로써 문제를 해결할 수 있는 방법을 발전시켜 왔다. 표준미는 전체 미곡 상품에 비하면 그 양이 매우 적다. 실제로 미곡을 거래하려는 사람들은 대부분 표준미 이외의 다른 미곡으로 결제할 수밖에 없는데 시장에서 표준미 대신에 수도에 사용할 수 있는 쌀을 대용미(代用米)23)라고 하였다. 즉 표준미로 매매계약을 체결한 후 결제시에 표준미와 대용미간의 품질이나 가격의 차이를 금액으로 환산하여 이것을 더 주거나 받음으로써 문제를 해결하였다.

---

23) 표준미 대신에 결제에 사용할 수 있도록 미리 정한 미곡을 代用米라고 한다.

(2) 格付表의 제정

취인소에서 매매의 성사를 위하여 수도(受渡)에 제공할 수 있는 여러 가지 대용미의 품위(품질)를 표준미와 비교하여 등급을 부여할 필요가 생긴다. 이것을 격부(格付)라고 하는데 표준미보다 상위인 것은 격상품(格上品)이라 하고 하위에 있는 것은 격하품(格下品)이라고 하였다. 특정의 대용미도 품질에 따라 여러 등급으로 나누어 지는데 각 등급에 대하여 표준미와 가격의 차등을 결정하지 않으면 안 되었다.

청산거래의 결제가 가능하도록 여러 종류의 미곡을 표준미와 비교하여 그 등급의 차이를 금액으로 환산하여 표준미의 가격과 대비한 표를 격부표(格付表)라고 한다. 격부표에 나오는 가격은 표준미의 가격과 대비하여 그 차이만을 나타내도록 되어 있다. 표준미보다 가격이 높은 것은 격상(格上), 가격이 낮은 것은 격하(格下)라고 부르는데 실제 격부표에서는 격상을 上(상)으로, 격하는 하(下)로 나타내며 격부금액 바로 밑에 표시하였다.

환언하면 격부표는 각 등급간의 가격차를 표준미를 기준으로 하여 시장의 성가(聲價)에 따라 사정한 결과를 말한다. 격부표는 매년 1월과 7월에 2회 제정하였다. 격부표는 취인소 내의 전문가들인 검사역이 만들어 이것을 격부조사회 및 상의원회에서 심의하고 이사회에서 결정하였다.

(3) 格付淸算거래

미곡의 정기취인(定期取引)은 격부청산(格付淸算) 거래를 통하여 실시하였다. 조선취인소와 지방의 회원 취인소의 격부청산거래는 1년을 4기(期)로 나누어 매매하고 각 기는 매월 말을 결제일로 하는 3개월 한월제도(限月制度)로 운영하였다.

한월제란 매매 성립일로부터 3개월 이내에 현물의 인도인수가 끝나야 하는 것을 말하는데 3개월은 다시 3기로 나누어 매월 1일에 발회(發會)하고 매월 말일에 결제를 하였다. 즉 각 기(期)의 말일은 결제일이 되는데 첫번째 달의 말일을 당한(當限), 두번째 달의 말일을 중한(中限), 마지막 세번째 달의 말을 선한(先限)이라고 하였다. 어떤 기에 시작한 매매는 계약에 따라 당한이면 그 달 말일에, 중한이면 다음 달 말일에, 선한이면 다음, 다음달 말일에 전매매(轉賣買)를 완료하고 수도(受渡)를 끝내야 하는 것을 의미한다.[24]

매월 말의 수도 시에 매매자간에 수수되는 실미(實米)는 미리 정해진 표준미와 비교하여 격상과 격하가 결정된 격부표에 따라 격차금액을 계산한 후에 이것을 먼저 주고 받은 다음 남은 것이 있으면 실미를 주고 받았다. 그러나 전매매를 하던 계약자들이 수도일 전이라도 결산을 합의하고 취인소가 승인할 경우 매입약정과 매도약정간에 대등(對等) 수량은 상쇄(相殺)하고 나머지는 차금(差金)을 계산하여 이것을 주고 받는 조수도(早受渡)도 가능하였다. 격부청산거래의 대부분은 계약월의 말일에 실물과 대금을 주고 받는 실물수도가 아니라 결제일 전에 차금을 산정하여 이것을 주고 받는 청산거래였다.

2) 조선취인소의 開會와 매매약정

(1) 開會와 매매

인천에 있는 조선취인소와 군산·목포·부산·대구·진남포에 있는 회원취인소의 개회는 1일(日)을 전장(前場)과 후장(後場)으로 분리하여 열었

---

24) 限月制度란 매월 말을 계약이행기로 하여 선물거래를 하는 것인데 예를 들어 8월에 거래가 있었다면 8월 말은 當限, 9월 말은 中限, 10월말은 先限이 된다. 當限계약을 하였다면 8월 말에 계약의 이행을 위한 대금의 결제와 현물의 수도를 하는 것을 의미한다.

다. 전장과 후장은 다시 여러 개의 절(節)로 구분하는데 조선취인소와 군산미곡취인소는 전장을 10절, 후장을 7절로 나누어 시장을 열었다. 목포·대구·부산미곡취인소는 전장을 10절, 후장은 6절로 구분하고, 진남포는 전장을 8절, 후장을 6절로 나누어 개장하였다.

취인소에서는 선물 표준미를 절 별로 매매하였다. 매매는 취인소에 소속된 거래원들 간에 이루어지는데 경매매(競賣買)[25]를 통하여 시세를 결정하였다. 취인소에서 각 절 별로 그리고 수도기 별로 체결된 시세는 전신·전화 등에 의하여 신문사 등 각 처에 보고되고 이 시세를 참고로 하여 거래원은 일반인들로부터 매매 주문을 받았다.

선물거래를 하려는 일반인들은 최근에 체결된 시세, 일본에서의 선물시세(특히 大阪의 선물시세), 현지의 현물시세 등을 참고하여 거래원에게 매입 또는 매도주문을 위탁하면 거래원은 이를 경매매를 통해 성립시켜주고 매매수수료를 받는 형식으로 운영되었다. 수수료중의 일부는 취인소에 납부하여 거래소의 운영비로 사용하였다.

선물을 사려는 일반 고객들은 매매시에 약정금액의 전부를 내는 것이 아니라 소액(약정금액의 20% 이하)의 증거금으로 대신할 수 있었다. 취인소에서 매매의 단위는 100석(石), 호가(呼價)는 1석당 가격으로 하였다. 매매는 각 취인소가 정한 표준미로 약정하였다. 1932년 이후 조선취인소의 표준미는 명병(銘柄) ㉢ 3등, 군산취인소는 ◇ 3등, 목포취인소는 ㉠ 3등, 대구취인소는 ⬭ 3등, 부산취인소도 ⬭ 3등, 진남포취인소는 ㉠ 육우(陸羽) 132호 3등으로 하였다.[26]

경매매의 방법은 매 기월(期月)의 매 절마다 순서에 따라 거래원들이

---

25) 경매의 한 방법으로 일정한 시간과 장소에 다수의 매매자가 집합하여 동일한 상품에 대하여 서로 경쟁하여 수요와 공급이 합치된 가격에 전부의 매매를 성립시킨다. 단일가격으로 가격의 평준화와 수급의 균형화를 이룩하는 효과가 있다.

26) 銘柄米의 표시 방법과 등급 부여에 대해서는 제4장의 조선총독부의 미곡검사제도에서 상세하게 다룬다. 1932년 이전에는 각 道별로 만든 명병으로 거래하였다.

가격을 경합하는데 매매에 참여하는 사람들은 자기의 기호와 가격, 수
량을 대장에 등록한다. 취인소는 호가가 적당하다고 인정할 시 딱딱이
(擊柝·격탁)를 때려 가격을 결정하는데 이와 동시에 매매가 성립하였
다. 격탁 후에 대장에 등록한 매매도 위와 같은 조건으로 성립한 것으로
간주하였다.

매매방법은 경매매 이외에 자라바(ザラバ)매매도 행해졌다. 자라바매
매는 그 수량, 가격을 서면 등으로 제출하고 취인소는 제출의 순서에 따
라서 신고 내용을 소형 칠판에 게시한다. 이와 같은 신고 제출에 대해서
응락하는 사람이 있을 때는 이 시점에서 매매가 성립한 것으로 보았다.
신고 제출이 다수인 경우 동일 호가의 것은 먼저 신고 제출한 것을 나중
에 제출한 것보다 우선하고, 호가가 다른 것은 판매하는 경우 싼 것을,
매입하는 경우에는 비싼 것이 타에 우선하였다. 조선취인소는 경매매를
통해서 거래하고, 기타의 취인소는 경매매와 자라바매매를 병용하였다.

(2) 조선취인소의 期米시세표

다음 <표 3-3>은 인천의 조선취인소에서 하루 동안의 전후장, 각 절
별, 각 수도기별로 결정된 선물 미곡의 시세표를 예시한 것이다. 1920~
1930년 대의 주요 일간지에는 주식시세와 함께 인천의 조선취인소 비롯
한 부산·군산등 각지의 기미(期米) 시세표, 정미(正米) 시세표, 동경·대
판·나고야·시모노세키 등지의 기미 시세표가 실렸다.

〈표 3-3〉 1938年 5月 11日 조선취인소의 期米 시세표(단위: 원,錢/石)

前場	當限	中限	先限	後場	當限	中限	先限
1 節	31.92	32.15	32.42	1 節	32.01	32.25	32.54
2 節	31.92	32.18	32.40	2 節	32.04	32.29	32.55
3 節	31.92	32.14	32.44	3 節	32.05	32.29	32.54
4 節	31.91	32.15	32.42	4 節	32.05	32.30	32.58

5 節	31.90	32.18	32.41	5 節	32.09	32.32	32.62
6 節	31.90	32.18	32.42	6 節	32.10	32.33	32.63
7 節	31.09	32.18	32.43	7 節	32.14	32.32	32.63
8 節	31.93	32.18	32.43.				
9 節	31.94	32.19	32.43				
10 節	31.98	32.25	32.50				

자료:『每日申報』, 1938. 5. 12. 6면

3) 청산거래의 수도

(1) 受渡의 절차

수도(受渡)는 계약의 만기일에 현물과 현금으로 결제가 이루어지는 것을 말한다. 실미(實米)의 수도장소는 대부분 취인소 소재지의 지정 창고로 하고 있다. 조선취인소는 京城에, 부산취인소는 마산에 지정 창고를 두었고, 대구취인소는 부산·김천·왜관·경산·청도·상주·포항에 있는 창고도 지정하였다.

수도에는 증권수도(證券受渡)와 검사수도(檢査受渡)의 두 가지가 있는데 증권수도란 취인소의 창고에 보관되어 있는 현물을 창하증권(倉荷證券)으로 인도하는 것을 말한다. 검사수도란 창고에 있는 미곡의 품질·용량·기타를 검사하여 현물을 인도하는 것을 뜻한다. 조선취인소와 진남포는 증권수도와 검사수도를 병용하고 나머지 취인소는 검사수도를 하였다.

(2) 증권수도

결제시에는 격부표를 이용하여 청산할 수 있고 현물로도 결제할 수 있었다. 격부 청산거래에 참여한 매매자는 결제시에 미리 정해진 표준미와 비교하여 격상(格上), 격하(格下)를 결정한 격부표에 의하여 격차금액을 수수함으로 결제가 끝난다. 현물수도가 필요한 경우 실미(実米)

를 수수한다.

표준미를 대신하여 수도에 제공할 수 있는 대용미는 그 품종이 미리 정해진 것으로 각 산지의 이출검사에 합격한 것으로 조선산 현미로 표준미와 동년산 및 그 다음 연도산(翌年度)미에 한하였다. 또 격부표에 의하여 당해 기월(期月)에 수도에 제공할 수 있는 명병 등급미에 한하였다.

1938년 1월에 제정된 조선취인소와 회원 취인소의 격부표는 다음 <표 3-4>와 같다. 진남포는 영업 부진으로 1935년 이래 휴장 상태에 있었으므로 격부표에서 제외하였다.

〈표 3-4〉 朝鮮取引所 및 4개 회원 취인소 格付表(1938년 1월 제정)

銘炳	朝取(인천)	群山	木浦	大邱	釜山
㉡米, ㉗米, ㉓米, ☑米, ㉗米, ㊌米	표준 ㉡米, 각재래종 제외	표준 ㉗米, ㊌㊄제외	표준 ㉓米, ㊌㊄제외 ㉗10 下 ㉡☑20 下	표준 ☑米, ㉡재래 ㊌㊄제외	표준 ☑米, ㉡재래 ㊌㊄제외
多摩錦	60 上	㉗40 上 ㉓50 上 ㉡40 上	㉓70 上 ㉗10 上 ㉡10 上		
銀坊主	㉡㉓20 上 ㉗☑10 上	㉗㉓20 上 ☑㉡20 上	㉓30 上 ㉗동격 ㉡10 下	☑㉓10 上 ㉗㉡10 上	☑㉓10 上 ㉗㉡10 上
陸羽132號	50 上				

비고: ①각 格付는 3等 임, 격부 금액은 錢임. ㉡목포에서 赤神力 4등은 60전 下, ㉓中生神力 3등은 50 上으로 취급함. ㉗ ③부산·대구는 ☑靑丸 3등은 10 上, ㉡赤神力 3등은 20 下로 취급함.
자료: 菱本長次, 『朝鮮米の研究』 千倉書房, 1938, p.508.

격부청산거래의 수도는 증권수도와 검사수도의 2단계로 나누어 실시하였다. 증권수도란 수도미에 대하여 창하증권(倉荷證券)과 대금을 받는 것을 말한다. 쌀을 판매한 사람(賣方)은 수도 기일인 매월 말일 오후

1시까지 창하증권과 함께 창고에 보관된 쌀이 자기가 처분할 수 있는 것이라는 것을 증명하는 도미조서(渡米調書)를 첨부하여 취인소에 제출한다. 반면에 사겠다고 한 사람(買方)은 대금을 취인소에 납부하여야 한다. 창하증권과 도미조서는 생산 연도, 명병 및 등급의 구별과 함께 매구별마다의 수량(石數)에 대한 사항이 기재되어야 한다.

수도에 제공할 수 있는 창하증권은 100석을 1통(通)으로 하되 동일 개소(個所), 동일 연도, 동일 명병의 것이어야 한다. 수도에 제공되는 쌀은 모두 화재보험에 든 것이 아니면 안 되었다. 창하증권에 기재되는 현미 4두입(4斗入) 가마니에 포장된 것으로 100석씩 매매단위를 채운 것이라야 된다. 결제시 취인소는 사는 쪽에게 창하증권을 교부하고 파는 쪽에 대해서는 수도대금의 90%이내의 견적금(見積金)을 지불하였다.

(3) 검사수도

증권수도를 종료한 후 수도미(受渡米)에 대한 검사를 시행하였다. 검사방법은 첫째, 수도미의 품위가 기준품에 해당하는지 아닌지를 심사하고, 둘째 용량(容量)검사는 현미 1가마를 4斗로 간주하여 수도하였다. 용량에 대한 검사는 사는 쪽으로부터 청구가 있을 시에는 계량하였다.

검사품의 내용물은 표본검사를 통해 확인하였다. 먼저 취인소의 지정 창고에 보관하고 있는 쌀가마니 가운데 일부분을 추출하는데 이를 검사표(檢査俵)라고 하였다. 표본으로 뽑힌 쌀 가마니는 두 군데에 쇠파이프로 만든 검사침을 찔러 여기에서 나온 쌀을 검사의 표본으로 하였다. 표본미는 쟁반에 쏟아 각종 조건을 종합하여 검사하고 격부를 결정하였다.

4) 銘柄別 청산거래

표준물 격부거래의 문제점은 대용미를 결제에 사용할 수 있도록 하기 때문에 상품의 대체성이 커지므로 투기성거래가 개재할 가능성이 크다는 점이었다. 또다른 문제점은 특정한 상표(銘柄)의 미곡을 대량 거래하는 데는 적합하지 않다는 점이다. 만약 동종(同種) 동일 상품의 수량이 많다면 명병별 거래를 하는 것이 대량거래를 쉽게 하고 투기화도 최소화하는 데 유리한 방법이었다.

일본의 대판취인소는 1931년부터 미곡에 대한 명병거래를 시작하였다. 동경미곡취인소도 1932년부터 쌀의 명병별 청산거래를 실시하였다. 동경취인소에서 거래되는 표준미의 명병(銘柄)은 일본미, 조선미, 대만미를 망라하여 모두 30여 종에 이르렀다. 동경시장에서 가장 환영을 받는 일본 명병미는 야마가타현(山形縣) 庄內, 山居 4等米와 여木縣 4等米 그리고 조선 명병미는 평안북도 가메노오(龜の尾) 4等米, 대만 명병미는 제1기 봉래(蓬萊) 3等米였다.

명병미의 거래방법은 대체로 일반 표준미의 거래방법과 같다. 매매방법은 상대매매(相對賣買)로 진행하는데 경매에 참여한 거래원이 매매가격을 서로 올리다가 최고가에서 매매가 선립하는 방법으로 일종의 경매매에 의하였다. 결제와 수도방법은 격부 청산거래의 방식을 참작하여 동일 명병은 같은 期에 거래하고 매입약정과 매도약정은 일정한 범위를 초과하지 않는 한도 안에서 대등수량의 상쇄(相殺)를 허용하고 약정 금액은 차금(差金)을 산출하여 수도일에 이것을 수수하였다. 명병 등급 간에 일정한 차이를 인정하여 대용미를 이용하는 것도 가능하였다.

5) 正米市場의 거래방법

정미시장은 미곡, 대두, 잡곡 또는 비료 등의 현물만 가능하고 곡물의 매매는 견본에 의하여 진행하였다. 정미시장에서 미곡 등을 매매하기 위해서는 사는 쪽(買方)은 조합원자격이 있어야 하나 파는사람(賣方)은 누구라도 상관 없었다.

조합원이 아닌 자는 미리 관리자의 승인을 받아 보증인 2명을 세워야 했다. 보증인의 보증 한도는 2천원이었다. 성립된 매매계약은 5일 이내에 결제를 끝내도록 하였다. 정미시장에서는 차금을 주고 받는 청산거래는 일체 금지하였다.(제6조, 제7조) 견본은 물건의 종류, 연산, 명병, 등급, 수량, 현품의 소재지, 및 수도장소 등을 명시하여 이를 시장에 진열하여 사는 사람(買方)이 볼 수 있도록 하였다.

매매는 거래원들이 경매매로 하는데 진행자가 손뼉을 치면 매매가 성립한 것으로 간주하였다. 현품의 수도는 매매성립 후 3일 이내에 완료하지 않으면 안 되었다. 매매 수수료는 1가마니에 1전 이내로 사는 쪽(買方)으로부터 징수하였다.

5. 조선내 미곡취인소의 거래실적

1) 미곡취인소의 매매실적

<표 3-5>는 1919년부터 1939년 사이에 인천미두, 조선취인소, 그리고 조선취인소의 회원조직인 주요 도시의 미곡취인소의 연간 미곡 선물 거래량을 보여주고 있다.

<표 3-5>에서 보듯이 제1차 세계대전 종전 이후 인천의 미두취인소의 선물거래량은 급증하였다. 1920년의 미곡거래량은 9,630만 석으로 사상 최고치를 이루었다. 그러나 1921년부터는 거래량이 급격히 감소 1931년까지 하락 추세를 나타냈다.

일본은 제1차 세계대전의 참전으로 미증유의 호경기를 누리다가 세계대전의 종결과 함께 1920년대에 들어와 일련의 장기불황에 빠지게 되었

〈표 3-5〉 朝鮮內 米穀取引所의 연간 매매량(1919~1939)

(단위: 千石)

연도	인천米豆	朝取	群山	木浦	大邱	釜山	鎭南浦	合計
1919	63,191.4							
1920	96,289.6							
1921	47,411.8							
1922	39,617.2							
1923	31,409.9							
1924	26,172.6							
1925	17,554.0							
1926	12,014.0							
1927	11,151.0							
1928	12,709.1							
1929	12,921.4							
1930	12,361.4							
1931	11,434.8							
1932		17,974.6	11,291.8	2,809.4	13,711.2	5,932.1	2,117.1	53,836.2
1933		12,282.1	6,287.1	2,173.3	10,039.4	5,599.4	1,587.3	37,968.6
1934		13,685.1	5,921.5	2,997.2	10,928.2	4,489.1	705.6	38,727.3
1935		17,754.6	7,984.2	1,727.0	10,894.1	2,123.2	186.0	40,669.1
1936		30,936.9	11,110.4	3,055.2	11,339.8	1,019.8	21.2	57,483.9
1937		39,161.6	15,225.7	5,511.4	15,244.0	868.8		76,011.5
1938		20,958.3	8,557.1	3,069.0	6,809.8	240.3		37,634.5
1939		4,943,4						

자료: 1919~1931까지는 鮮米協會,『朝鮮米の進展』, 1935, 1932년부터는 朝鮮總督府
　　 殖産局 商工課『朝鮮取引所一覽』, 1938에서 작성.

다. 그 가운데서도 1923년 관동대지진으로 인한 불황, 1927년 소화 금융
공황에 이어 1929년 뉴욕에서 시작된 세계공황의 여파가 1930년 일본에
상륙하면서 일본자본주의는 큰 타격을 입게 되었다.

　일본은 1931년 만주사변을 일으킨 후 괴뢰정권인 만주국(滿洲國)을
설립하면서 만주 특수가 일어났다. 조선의 경제도 지리적 이점을 이용하
여 만주 특수의 혜택을 입으면서 다시 호경기로 돌아섰다. 이와 같은 상
황을 반영하여 1932년의 조선취인소의 미곡 선물거래량은 전년도의
1,144만 석으로부터 1,798만 석으로 크게 증가하였다.

　<표 3-5>에서 보듯이 조선취인소의 거래량은 1936년에는 3,094만
석, 1937년에는 최고치인 3,916만 석을 나타냈다. 이 해에 조선 전체의

거래량은 7,601만 석을 기록하여 조선취인소 창설 이래 최고의 실적을 시현하였다.

1937년의 조선취인소의 선물매매량은 일본 최대의 미곡거래소인 대판당도취인소(大阪當島取引所)와 동경미곡취인소(東京米穀取引所)의 거래량보다 약 40%가 많은 양이었다. 조선취인소의 선물거래량은 전년도와 마찬가지로 일본과 조선을 통하여 제1위를 점하였다. 1935년 이후 미곡 선물시장에서의 매매량 증가는 조선취인소 뿐만 아니라 전국의 주요 도시에 설치된 미곡취인소의 경우도 마찬가지였다. 대구·군산의 양 취인소도 1937년 1,500만 석을 돌파하여 대판과 동경에 이어 4, 5위로 올라섰다. 이는 일본의 고베(新戶)와 나고야(名古屋) 취인소의 실적을 능가하는 것이었다.[27]

이 시기 조선취인소의 미곡 선물거래량이 일본취인소의 거래량을 능가하게 된 원인은 무엇보다도 1933년 미곡통제법(米穀統制法)의 제정을 전후로 한 일본의 미곡·미가정책이 큰 영향을 미쳤기 때문이었다. 일본의 미가는 1920년대 말에 들어와 식민지 조선과 대만으로부터의 이입량 증가로 급락하였다. 일본의 경제는 1920년대 초부터 시작된 불황이 해소되지 않는 가운데 세계공황의 여파까지 밀려와 미가는 폭락세를 계속하였다.[28]

미곡통제법(米穀統制法)의 주요 내용은 미곡의 수출입허가제, 식민지미의 매입과 매도, 미곡의 최고·최저가의 지정과 유지 등이었다. 미가의 유지를 위한 이상과 같은 일련의 정책은 일본 내의 미곡취인소에 큰 타격을 주었다. 특히 미곡통제법의 발효 이후 일본의 미곡취인소의 매매는 정부가 정한 최고·최저가의 범위 안에서만 존재할 수 있게 되었다.

---

27) 菱本長次, 『朝鮮米の硏究』 千倉書房, 1938, pp.510-512.
28) 일본은 불경기로 인한 지속적 미가 하락에 대한 대책으로 미곡법의 개정을 비롯하여 미곡통제법의 제정 등 여러가지 대책을 내놓았다. 이 문제에 대한 설명은 제7장에서 자세하게 다룬다.

이것은 큰 폭의 미곡가격 등락의 여지를 없앤 결과가 되어 투기시장으로서의 선물시장의 매력을 상실하게 만든 원인이 되었다.[29]

반면에 미곡통제법의 최고·최저가격은 조선에는 적용되지 않는 법이었으므로 조선의 미곡취인소에 별 영향을 주지 못하여 상대적으로 조선의 취인소는 활황을 유지할 수 있었다. 그러나 중일전쟁의 격화로 전시체제에 돌입한 조선총독부가 조선취인소의 선물거래를 정지시키는 1939년에는 494만 석으로 급락하였다.

2) 취인소별 거래상황과 실물 수도량

(1) 인천미두취인소의 거래량

다음 <표 3-6>은 1919년부터 1931년까지 인천미두취인소의 연간 거래량과 실물 수도량 및 연간 거래량에 대한 실물 수도량의 비율을 나타낸 것이다. 인천미두가 최고의 활황을 보이던 1919년과 1920년의 선물거래량은 6,320만 석과 9,630만 석이었으나 이 해의 실물 수도량은 각각 4만 석과 5만 석에 불과하였다. 인천미두가 심각한 불황에 빠졌을 때인 1930년과 1931년의 선물 거래량은 각각 1,236만 석과 1,143만 석이었으나 현물 수도량은 10만 석~8만 석에 지나지 않았다.

인천미두취인시장에서의 거래량은 대단히 많았으나 수도 상황으로 볼 때 전매매(轉賣買)의 결제는 차금(差金)의 수수로 이루어지는 것이 보통이었다. 이 때문에 실제로 쌀의 수도로 이루어지는 실물(實物)결제는 대단히 적은 수량에 불과하였다. 이는 퍼센트로 보았을 때 현물수도량은 거래량의 1%도 미치지 않을 정도로 미미한 양에 불과하여 인천미두는 시종 청산거래가 시장을 압도하였음을 의미한다. 미두의 시황이 불

---

29) 菱本長次, 『朝鮮米の研究』, 千倉書房, 1938, pp.510-512; 藤田國之助, 『日本取引所解説』, 1942, p.512.

황일 때는 현물수도가 증가하는 경향을 보였으나 이는 절대량으로 볼 때 무시할 만한 양이었다.

〈표 3-6〉 인천미두취인소의 거래량과 실물 수도량, 1919-1931

(단위: 100石)

연도	1919	1920	1922	1924	1926	1928	1930	1931
거래량	631,914	962,896	396,172	261,796	120,140	127,091	123,614	114,348
수도량	400	497	711	458	506	60	1,076	680
수도비율(%)	0.063	0.052	0.179	0.175	0.421	0.047	0.870	0.595

자료: 鮮米協會, 『鮮米協會10年誌』, 1935, p.218.

(2) 곡물상조합시장의 거래량

인천미두와 함께 곡물상조합시장이 활동하던 시절 경성·군산·목포·대구·부산·진남포·신의주·원산·강경의 9개 곡물상조합 가운데 거래가 가장 활발하였던 곳은 군산, 대구, 부산 등이었다. 이 곳에서는 모두 직취인(直取引)과 함께 연취인(延取引)도 이루어졌으나 연취인이 거래량의 거의 대부분을 차지하였다. 현물거래의 수량은 매우 낮은 비율을 차지하였으나 인천미두의 현물 결제량보다는 그 비율이 조금 높았다.

예를 들면 1927년의 경우 이들 9개 곡물상조합시장의 현미 매매량 2,321만 석 가운데 연취인이 2,209만 석으로 95%의 비율을 차지하였다. 직취인은 113만여 석에 불과하였다. 연취인 가운데 실제 실물수도가 이루어진 것은 불과 25.6만여 석에 불과 연취인 전체 거래량의 약 1.2%에 지나지 않았다.[30] 곡물상조합시장의 운영도 사실상 청산거래에 의존하였음을 보여주는 증거라고 할 수 있다.

---

30) 朝鮮殖産銀行調査課, 『朝鮮の米』, 1928, p.71.

(3) 조선취인소와 지방취인소의 거래량

<표 3-7>은 조선취인소령에 의해 1932년에 발족한 인천의 조선취인소와 지방의 5개 회원 미곡취인사의 1932년도의 거래량과 월별 매매량 실적을 보여주고 있다.

〈표 3-7〉 1932년 미곡의 각 취인소별 월별 매매량과 수도량

(단위: 100石)

월별	朝取(인천)	群山	木浦	大邱	釜山	鎭南浦
1월	13,531	7,758	1,963	10,492	6,076	2,626
2월	12,085	7,312	1,678	10,890	6,899	1,964
3월	13,541	7,913	2,464	11,090	6,611	1,781
4월	6,559	3,524	993	5,752	3,970	801
5월	8.476	4,258	1,461	8,062	4,520	1,035
6월	7,497	3,526	1,368	6,982	3,267	1,018
7월	10,744	5,201	2,637	9,659	4,354	1,250
8월	13,764	5,976	2,568	11,552	6,072	1,345
9월	12,497	4,870	1,961	8,979	5,942	1,340
10월	7,142	2,306	856	4,017	2,105	763
11월	8,408	4,191	1,597	5,396	2,403	886
12월	8,577	6,021	209	7,408	3,569	1,026
합계	122,821	62,856	19,755	100,279	55,788	15,835
受渡量	234	438	383	1,536	2,780	1,380
受渡率(%)	0.19	0.77	1.94	1.53	4.98	8.71

자료: 鮮米協會, 『鮮米協會10年誌』, 1935, p.215.

취인소의 거래 규모는 인천의 조선취인소가 가장 컸으며 그 다음이 대구미곡취인소, 그리고 군산과 부산취인소의 거래가 활발하였음을 나타내고 있다. 월별로 거래량을 보면 단경기인 7, 8, 9월에 거래가 집중되고 추수가 완전히 끝나고 난 후인 1, 2, 3월에 거래가 가장 활발하였다. 연간 거래량에 대한 실물 수도량은 0.2~5% 정도로 매우 낮았으며 지방취인소보다 인천의 조선취인소가 0,19%로 훨씬 낮은 것으로 나타났다.

<표 3-8>은 1926년부터 1931년 사이의 인천미두취인소의 실물 수

도량 가운데 명병미의 수도량을 보여주고 있다. 이 기간 동안의 명병은 도영(道營)검사가 실시되던 기간이므로 명병은 각 도의 미곡검사소에 의해 도 별로 부여되었다. 도 별로 부여되던 11개의 명병은 1932년부터 조선총독부 직할의 조선곡물검사소에 국영검사를 실시하게 됨에 따라 폐지되고 새로 벼의 생육 환경과 마케팅 경로 등을 참작하여 도의 경계와 관계없이 6개의 명병으로 통폐합하였다.

<표 3-8> 1926~1931 仁川米豆取引所의 명병별 수도량

(단위: 石)

명병	1926	1927	1928	1929	1930	1931
㉗ 경기	17,249	11,645	5,292	69	990	5,754
㉡ 충북	7,753	26,911	5,459	3,956	8,171	9,910
㉢ 충남	15,359	8,076	8,626	6,112	4,424	5,804
㉣ 전북			3,461	4,717	6,255	11,994
㉤ 전남	288		1,628	2,532	4,087	
㉥ 경북	4,060			4,421	3,707	
㉦ 경남						
㉢ 황해	3,646	2,164	11,238		2,338	
◯ 평북	399	110			1,400	
◺ 평남					500	
㉢ 강원			17,662	2,368		200
기타	1,846	4,694	2,634	21,907	75,728	34,338
합계	50,600	53,600	56,000	46,100	107,600	68,000

비고: 기타는 銘柄 불명이나 합의 수도된 것임.
자료: 자료: 鮮米協會, 『鮮米協會10年誌』, 1935, p.219.

<표 3-8>과 <표 3-9>는 취인소에서 거래되는 미곡 가운데 명병미의 수도량도 매우 적었다는 것을 보여주고 있다. 그나마 해당 이출지역과 가까운 곳의 명병미만 취급하였다. 지리적으로 먼 곳의 명병은 취급하지 않았다. 취인소의 거래는 선물 중심으로 운영되었고 명병미도 선물 거래를 활성화하는 데 주로 이용되었음을 나타내고 있다.

〈표 3-9〉 1933년도 銘柄別 취인소별 수도량

(단위: 石)

銘柄	朝取(인천)	군산	목포	대구	부산	진남포
ⓒ米	17,419.2	4,100	500	27,694.8	8,276.8	-
◈米	2,068.4	35,544.8	2,371.2	3,503.2	4,143.2	-
㉗米	312.4	2,955.2	33,728.8	5,500	4,634.8	-
㉝米	-	-	-	126,500.0	10,743.2	-
㉧米	-	-	-	-	-	13,800
銘柄불명	3,600	-	-	-	-	-
합계	23,400	42,600	36,600	163,200	27,800	13,800

자료: 鮮米協會, 『鮮米協會10年誌』, 1935, pp.216-217.

6. 미곡상과 생산자의 선물청산시장 이용

조선의 미곡취인소를 이용하는 사람은 대부분 투기적 거래를 목적으로 하는 경우가 많았지만 조선미의 실제 매매를 위해 취인소를 이용하는 케이스도 없지 않았다. 미곡취인소를 이용하는 사람들 가운데 취인소를 투기목적으로 이용하지 않고 미곡 수급의 안정과 위험 분산 또는 거래의 안전과 실물 확보를 목적으로 이용하는 사람은 어떤 사람들이며 어떤 상황에서 어떤 방식으로 거래하는가. 먼저 소유하고 있는 미곡을 파는 사람들의 경우를 보자.

조선 내의 대농장, 대지주, 오지 상인 등은 보유하고 있는 미곡의 가격이 미래의 시점에 더 하락할 것을 염려하면 보험과 연계하기 위하여 보유미를 취인소에 판매한다. 또 조선미의 이출상도 보유미가 많은 경우 혹은 오지에서 사들인 미곡의 수송이 길어져 그동안 가격이 하락할 염려가 있다고 예상될 경우 보험과 연계하여 파는 수가 있다.

반대로 선물시장에서 미곡을 사들이는 사람은 일본에 미곡을 팔겠다고 미리 약속(先約 賣)을 한 생산자나 미곡상들은 나중에 쌀값이 오를 경우의 위험을 줄이기 위하여 청산시장에서 보험 삼아 쌀을 사들였다. 미곡의 이출상과 정미소도 미곡을 확보하기 위하여 취인소에서 미곡을 사는 것(買約)도 적지 않았다. 일본 내의 미곡상도 똑같이 판매할 미곡을 확보하기 위하여 조선의 취인소에 구입 주문을 내기도 하였다.

1930년 대에는 일본에 있는 미곡 이입상이 조선의 인천, 군산, 부산 등지에 있는 이출상을 제치고 조선의 지방 미곡상과 직거래하는 경우가 늘어났다. 이 경우는 상품의 인도가 1~3개월 후가 되는 것이 보통이었다. 수도 기간이 3개월에 이르는 선약(先約)거래는 미가의 등락에 따라 큰 위험을 수반하였다. 미가가 크게 변동하면 매매계약이 불이행되는 경우가 잦았다.

이 때문에 조선의 지방 미곡상은 일정량을 취인소에 현재가격으로 미리 사두는 매입약정을 하기도 하였다. 뿐만 아니라 큰 공장이나 학교의 구내식당을 운영하는 대 소비자들처럼 미래의 특정 시점에도 안정된 가격으로 쌀을 확보할 필요가 있는 경우 선물시장에서 쌀을 구입하기도 하였다.

일본인, 조선인 대지주도 미곡취인소를 이용하는 경우가 있었다. 이들 대지주는 12월에 대량의 소작미(벼)를 수납하여 그 대부분을 봄부터 여름 동안 저장하는데 그 사이에 미가가 폭락하면 예측하지 못한 손해를 입기 때문에 소작미의 일부를 청산시장에 보험 삼아 상장하기도 하였다. 이때 농사회사 등은 조선내 취인소의 정기매(定期賣)에 연계하는 이외에도 大阪, 新戸, 東京 등의 취인소를 이용하기도 하였다. 그러나 실물 미가가 폭락하여 수도미로 사용하는 방법이 채산상 유리한 경우에는 수도미(受渡米)로 내놓는 경우도 있었다.

제4장
조선총독부의 미곡증산과 상품화정책

1. 조선산미증식계획

1) 일본의 미곡증산계획 수립의 전말

(1) 쌀 폭동의 발생

일본경제는 제1차 세계대전(1914~1918)을 계기로 비약적인 성장을 이룩하였다. 유럽의 참전국들이 전화에 휘말려 생산시설이 파괴되는 등 어려움을 겪는 틈을 타 일본은 연합국에 다량의 군수품을 수출하였다. 유럽제국이 전후 복구에 여념이 없는 동안 일본은 이들의 식민지인 아시아 아프리카 시장에도 진출하여 괄목할 만한 수출증가를 이룩하였다. 이 때문에 일본경제는 제1차 세계대전 기간과 종전 직후에 과거에 볼 수 없었던 특수를 누렸다. 일본은 일거에 만성적인 수입 초과국에서 수출 초과국으로 전환되었고 채무국에서 채권국으로 바뀌었다.

일본은 제1차 대전을 통하여 중화학공업을 중심으로 자본의 집중과 집적이 진행되면서 지주회사를 정점으로 산하 기업을 계열화하는 재벌 구조를 완성시켰다. 다른 한편으로는 산업구조의 고도화가 진행되면서 동경과 대판 등 대도시에 거대한 공장지대가 생겨나면서 인구와 노동력이 집중되었다. 도시 인구의 증가와 소득 증가는 일본인의 주식인 쌀의 수요 증가를 초래하였고 육류와 과실, 채소의 소비 증가는 농업부문의 생산구조를 변화시켰다.

젊은 세대의 도시 이출로 노동력이 부족하게 된 농업부문은 상대적으로 가격이 싼 곡물류의 증산보다는 수요가 빠르게 증가하는 과실·채소·

낙농·육류 제품의 생산에 집중하였다. 이와 함께 해외 수출수요가 급증
하는 생사(生絲)와 잠견(蠶絹)의 생산에 주력하였다. 일본정부는 쌀의 국
내 증산을 위해 노력하였으나 인구와 소득증가 효과를 따라잡지 못하였
다. 쌀 생산의 정체는 제1차 세계대전 후 일본의 식량과 미가 문제를 어
렵게 만드는 한 원인이 되었다.

　제1차 세계대전 기를 포함한 1910년대는 일본에서 유난히 미가의 변
동이 심한 시기였다. 미가는 1913년부터 하락하기 시작하여 1914년부터
1916년에는 연이은 풍작으로 저미가 상태가 계속되었다. 그러나 1916년
제1차 세계대전이 중반기에 들어서면서 미가는 큰 폭으로 상승하기 시
작하였다.

　미가는 전쟁 특수로 인한 호경기와 그에 따른 소득 증가의 영향으로
폭등하기 시작하였는데 종전(終戰) 후에도 이 기세는 꺾이지 않았다. 일
본의 미가는 1915년 9월 석당 11원으로부터 지속적으로 상승하기 시작
하여 4년 후인 1920년 1월에는 다섯 배인 55원까지 폭등하였다.

　당시 데라우치(寺內正毅) 내각은 쌀값의 오름세를 막기 위해 폭리취
체령의 제정, 쌀의 수출제한, 취인소 수도 대용미 범위의 확대, 취인소의
영업정지, 조선미·대만미·외국미의 수이입 확대 등의 대책을 동원하였
다. 그러나 미가는 잡히지 않고 폭등세는 계속되었다.

　결국 1918년 8월에 전국 각지에서 노동자와 빈민층이 주도한 '미
소동'(米騷動) 이라는 폭동이 일어났다. 쌀 폭동의 진압 과정에서 약
58,000명의 군이 출동하였고, 군대의 발포로 30여 명이 사망하였다.[1] 데
라우치 내각은 곡류 수용령(收用令)을 내려 농민과 상인들로부터 쌀을
강제로 매수하는 대책을 내놓았으나 미가를 잡을 수 없었다.

　쌀 폭동으로 데라우치 내각은 무너지고 하라 다케시(原 敬) 내각이 들
어섰다. 하라 내각은 미가를 진정시키기 위해 외국미의 수입관세를 철폐

---

1) 藤原 彰(嚴秀鉉 역), 『日本軍事史』, 時事日本語社, 1994, p.179.

하고 미곡의 수송을 원활히 하기 위해 철도 운임의 30%를 인하하였다.
1918년에는 조선미 170만 석, 대만미 110만 석, 외국미 360만 석 등 도
합 650만 석을 들여 왔고 1919년에는 조선미 280만 석, 대만미 120만
석, 외국미500만 석 등 합계 950만 석을 들여왔으나 별 효과를 보지 못
하였다.

(2) 조선총독부의 미곡증산계획

한일병합 직후 조선총독부는 경제정책의 중점을 미곡 증산에 두었다.
미곡증산정책의 핵심은 황폐한 제언(堤堰)과 보(洑)의 수축과 일본에서
가져온 우량품종의 보급이었다. 수리시설의 수축은 지방청에서 설계와
감독을 하고 몽리자들은 노력을 무상으로 제공하고 공사비용은 국고에
서 보조를 받아 실시하였다. 수축이 완료된 수리시설은 몽리자들이 수리
계(水利契)를 조직하여 유지 관리를 담당하였다. 거액의 자금이 소요되
는 대규모 수리시설의 건설은 거의 없었다. 총독부는 대규모 수리사업을
추진할 수 있는 재정적 기반을 갖고 있지 않았기 때문에 처음부터 그
한계가 분명하였다.

총독부는 1909년부터 1918년 사이에 1,937개의 재래 제언과 보를 수
축하였는데 이로 인해 증가한 관개면적은 50,413정보, 수축 후 반당 평
균 쌀 생산량 증가는 0.3석에 불과하였다.[2] 총독부는 1909~1918년간
총 150만 정보의 답 면적 가운데 겨우 5만 정보의 관개면적을 증가시켰
는데 이런 형태로는 획기적인 미곡 증산이 어렵다고 보았다.

총독부 관리들은 1914년 사업비 2,000만원을 들여 11만8천 정보의
토지개량사업을 한다는 계획을 세웠고, 1918년에는 2,000만원의 사업비
를 투자하여 12년 동안 10만6천여 정보의 토지개량을 실시한다는 총독

---

2) 朝鮮總督府 殖産局, 『朝鮮の灌漑及開墾事業』, 1922, pp.7-8.

부안을 만들었으나 재정의 뒷받침이 없어 포기하고 말았다.[3]

1918년 조선총독부의 관리들은 한계점을 들어낸 미곡 증산사업의 새로운 대안을 찾아야 하는 과제를 가지고 고심하였다. 총독부의 관리들은 동경대학(東京大學) 농학부의 농업토목 전문가였던 우에노(上野英三郎) 교수의 자문을 얻어 미곡 증산을 위한 계획안을 작성하였다. 조선총독부가 독자적으로 만든 이 미곡증산계획은 일본에서 쌀 폭동이 일어나기 직전에 완성되었다. 이 계획은 당시 하세가와(長谷川好道) 조선총독의 긍정적인 평가를 받았다. 그러나 이것을 시행할 재원을 마련할 방안이 없어 난감하던 차에 일본에서 미소동(米騷動)이 일어났다.

일본의 하라(原) 내각은 쌀 폭동으로 불이 붙은 식량·미가문제의 해결책을 수립하기 위해 1918년 9월에 임시국민경제조사회(臨時國民經濟調査會)라는 자문기구를 만들었다. 조선총독부는 이 자문기구에 총독부가 만든 미곡증산계획안을 가지고 가서 설명하였다.[4] 조선총독부는 미곡증산안을 실천에 옮기기 위해 거액의 재정자금이 필요하였고 이를 위해서는 일본정부와 의회(議會)의 협조가 절대적으로 필요하였다. 그러나 하라 내각은 식민지에서의 미곡증산에 대해서는 회의적이었으며 일본 내에서의 공급 확대에 주력하기로 하였다

하라 내각은 임시국민경제조사회의 논의에 기초하여 1918년 12월 개간조성법안(開墾助成法案)을 제국의회(帝國議會)에 제출하였다. 이 안은 의회의 의결을 거쳐 1919년 4월 법률 제42호로 공포되었다. 개간조성법은 향후 15년 동안에 일본에 25만 정보의 논을 개간하여 연간 500만 석의 미곡을 증산한다는 계획이었다.

일본정부는 이 계획을 실현하기 위해 5정보 이상을 개간·간척 등으로

3) 池田泰治郎, "土地改良事業に對する本部施設の經過"『朝鮮農會報』20(1), 1926年 第11號, p.72.

4) 참고자료 제29호로 알려진 이 안은 「조선산미증식계획」의 기초가 된 것으로 보인다. 河合和男, 『朝鮮における産米增殖計劃』, 未來社, 1986, pp.29-31.

개답을 하면 공사비의 6%를 조성금으로 주고, 대규모 사업은 별도로 설립하는 제국개간주식회사(帝國開墾株式會社)에 청부를 주어 개간하도록 하고 개간된 토지는 자작농에게 매각한다는 것이었다. 하라 내각의 미곡대책은 유통정책을 중시하던 과거의 정권과는 달리 적극적인 공급 중시정책으로의 전환이라는 점에서 새로운 접근이었다.

(3) 임시재정경제조사회의 답신

일본 중의원은 제1차 세계대전 이후의 복잡해진 재정·경제 문제와 식량·미가 문제를 다루기 위한 자문기구를 설립할 것을 내각에 요청하였다. 하라 내각은 1919년 7월 중의원(衆議院)의 건의를 수용하여 내각 수상이 의장이 되고 농림상, 기타 유관 부서의 장관, 관련 학자와 전문가들이 위원이 되는 자문기구 임시재정경제조사회(臨時財政經濟調査會)를 설치하였다. 하라 내각이 1년 전에 만든 임시국민경제조사회는 새로 발족한 임시재정경제조사회에 흡수되었다. 재정경제조사회가 정부로부터 받은 자문 제1호는 "식량의 충실에 대한 근본방책은 무엇인가"였다.

> 임시재정경제조사회는 다음과 같은 내용의 답신(答申)을 정부에 제출하였다.[5]
>
> ① 개간 조성금(助成金) 예산을 확보하여 개간조성계획을 확장할 것.
> ② 북해도의 경지 개간을 촉진할 것.
> ③ 대규모 개간사업 가운데 민간이 실행하는 것은 국고에서 상당한 보조를 하고 필요한 경우 국영공사도 할 것, 개간지는 자작농에게 분양할 것.
> ④ 토지이용법을 제정하여 토지 소유자에게 개간을 권고하고 이에 따르지 않을 경우 정부는 상당한 가격으로 토지를 수용(收用)하여 이 토지를 적당한 기업자로 하여금 개간토록 할 것.

---

5) 太田嘉作 『明治大正昭和米價政策史』, 1950, pp.311-320.

⑤ 경지에 개량 수리시설을 하는 경우에는 국고 보조금을 교부할 것,
⑥ 우량품종을 육성·보급하며 비료를 증시(增施)하고 병해충을 구제하는 등 경작 방법을 개량할 것, 이를 위해 시(市)·정(町)·촌(村)에 농업기술자를 배치할 것.
⑦ 개간, 경지정리, 경지의 개량, 비료와 농기구의 구입 등을 지원할 수 있는 저리자금의 공급을 증가하기 위해 농업금융에 관한 방책을 세울 것.
⑧ 미가의 안정을 위해 상평창(常平倉)제도를 실시할 것.
⑨ 이상의 방책을 실시하기 위해 농무성(農務省)은 북해도의 척식제도(拓殖制度)를 혁신하고 이와 함께 조선(朝鮮)과 대만(臺灣)의 미곡증산을 위하여 수리사업의 진흥, 개간 및 경작 방법의 개량 등 근본방침을 수립할 것.
⑩ 산업정책의 실행에 관한 내지(內地)와 식민지 간의 조화를 이루기 위하여 관계 관청 간의 협력을 밀접하게 할 것.

조사회의 답신은 생산 면에서 개간조성법의 확대와 조성금 예산의 확보, 북해도와 조선·대만에서의 산미증식계획(産米增殖計劃)의 실시를 주요 내용으로 하는 것이었다. 경작방법에 대한 개선책으로는 우량품종의 육성과 보급, 비료의 증투, 병충해의 구제와 예방이 필요하며 농사개량을 보급하고 농민을 지도하기 위해 시·정·촌에 농업기술 요원을 배치하자는 요지로 되어 있다.

유통 면에서는 국가가 가격이 낮을 때 쌀을 매입하고 가격이 오를 때 매각하여 미가를 조절하는 상평창(常平倉)제도를 설치하는 것을 주요 내용으로 하는 미곡법(米穀法)을 제정하고 산업정책은 일본과 식민지 간에 조화를 이루도록 관계기관은 긴밀한 협력을 해야 한다는 것이었다.

(4) 조선에서의 미곡증산의 유리성

조선에서도 산미증식계획을 실시해야 하는 이유는 증산의 경제성이 일본에 비해서 월등하게 높다는 점이었다. 당시 조선에서의 토지개량 사업비는 일본에 비하여 17~40%에 불과하였으나 사업에 따른 단위 면적

당 미곡의 증수량은 일본과 비슷하였다. 조선에서의 사업비용이 훨씬 저렴한 것은 사업비의 가장 큰 항목인 토지 매입비와 노임이 싸기 때문이었다. 반면에 일본 내지의 미작농업은 이미 기술적으로 집약화의 한도에 접근해 있어서 대대적인 증산정책의 대상이 되기 어려운 상황에 있었다.

<표 4-1>의 자료는 당시의 사정을 잘 나타내고 있다. 즉 조선에서의 개간·간척은 반보(反步)당 66원, 밭을 논으로 만드는 지목변경(地目變更)은 44원, 관개개선은 대 지구 33원 소 지구는 39원으로 견적되어 일본에서의 사업비의 17~40%에 불과하였다. 그 결과 쌀 1석의 증산에 필요한 개간비용은 일본의 37%, 간척은 21%, 지목변환 32%, 관개개선은 대 지구의 경우 24%, 소 지구 28%에 불과하여 사업상 조선에서의 산미증식계획은 일본에 비하여 매우 유리한 경제성을 갖고 있었다. 이런 사정 때문에 조선총독부가 만든 계획은 타당성을 인정받아 조선에서도 산미증식계획을 실시하게 되는 배경이 되었다.

〈표 4-1〉 일본과 조선의 토지개량 사업비 및 미곡 증수량 비교

사업종류	1反당 사업비(원)			1反당 쌀 증수량(石)			1石당 쌀 증산비용(원)		
	일본(A)	조선(B)	(B)/(A) (%)	일본(C)	조선(D)	(C)/(D) (%)	일본(E)	조선(F)	(E)/(F) (%)
개간	200	66	33	2.3	2.1	91	87	32	37
간척	400	66	17	2.3	1.8	78	174	37	21
지목변경	150	44	29	2.3	2.1	91	65	21	32
기성답 개량	97	33	34	0.9	1.3	144	108	26	24
(소지구)		(39)	(40)					30	28

자료: 日本拓殖局, 『朝鮮產米增殖すに關する意見』, 1921, pp.11-12; 河合和男, 前揭書 p.101. 1反步는 1段步와 같은 넓이로 1/10町步임.

임시재정경제조사회의 답신은 1930년대 초반까지 일본정부의 식량·미가정책의 기조가 되었다. 미곡 증산정책 가운데 조선에서의 산미증식

계획에 대해 처음에는 일본의 하라 내각과 농림성은 소극적 내지 부정적인 생각을 가졌었다. 조선에서의 미곡 증산과 이입은 결국 일본 내지의 농업과 농민을 압박하게 될 것이라는 생각 때문이었다. 그러나 육군성과 해군성은 일조유사시(一朝有事時) 해상수송로가 막히는 경우 최단거리에 있는 조선으로부터의 식량 이입이 절대로 필요하다는 논리로 조선미의 증산을 지지하였다.6)

2) 제1기 朝鮮産米增殖計劃

(1) 제1기 산미증식계획의 개요

조선산미증식계획은 1920년부터 시작하여 1934년까지 15년간 계속되었다. 이 계획은 실시 도중에 계획 내용을 일부 변경함으로써 산미증식계획은 2차에 걸쳐 실시한 셈이 되었다. 먼저 실시한 계획을 제1기 계획, 나중에 갱신(更新)하여 실시한 계획을 제2기 계획으로 부른다.

조선총독부는 1920년에 시작한 제1기 조선산미증식계획의 목적을 ① 조선 내에서의 미곡의 수요증가에 대비하고, ②농가경제와 조선반도의 경제를 향상시키며, ③제국(帝國)의 식량문제를 해결하기 위한 것이라고 내세웠다.7) 조선총독부는 이를 위한 사업으로 앞으로 30년 동안 토지개량사업을 통해 논 80만 정보를 개발한다는 장기계획을 세웠다. 토지개량사업 80만 정보의 내역은 관개개선 40만 정보, 지목변경(地目變更) 20만 정보, 개간·간척 20만 정보를 실시하여 80만 정보를 수리가 가능한 관개답으로 만들겠다는 것이었다.

조선총독부는 위 30년 장기계획의 일환으로 먼저 1920년부터 1935년

---

6) 渡邊豊彦, "朝鮮米の增殖と改良" 『朝鮮土地改良事業史』, 友邦協會, 1960, pp.99-102. 臺灣에서의 산미증식계획은 議會의 논의과정에서 제외되었다.

7) 朝鮮總督府, 『朝鮮産米增殖計劃要領』, 1922, p.5.

까지 15개년 동안의 제1기 산미증식계획을 수립하였다. 조선산미증식계획으로 알려진 15년 계획의 기본은 ①토지개량사업을 위한 기본조사, ②수리관개사업을 중심으로 하는 토지개량사업, ③경종법의 개선을 중심으로 하는 농사개량사업의 세가지 사업으로 꾸며졌다.

여기서 토지개량사업이란 기존의 전답에 수리시설을 설치하여 인공으로 관개할 수 있는 논을 만드는 수리관개사업과 밭을 논으로 만드는 지목변경, 황무지를 개간하여 논으로 만드는 개간, 간석지(干潟地)를 매립하여 논으로 만드는 간척을 말하는데 모두 쌀을 증산하기 위해 필요한 수리답을 만드는 사업을 의미한다.

제1기 산미증식계획의 요점은 1920년부터 15년 동안 약 2억3천621만 원의 경비를 투입하여 42만7,500정보의 토지개량사업을 완성하는 한편 토지개량지역과 기타 지역에서의 농사개량사업을 통해 매년 약 900만 석의 미곡을 증산한다는 것이었다. 여기에 소요되는 예산은 전액 일본으로부터 들여오고 증산된 쌀의 약 50%는 조선의 미곡수요 증가에 대비하고 나머지 50%는 일본의 소비자를 위해 내지로 이출한다고 계획하였다.

총독부는 이 계획을 실현시키기 위한 수단으로 농지개량과 농사개량에 보조금의 지급과 장기 저리자금의 알선, 토지개량사업을 청부받아 공사를 진행하는 농지개량특수회사의 설립 및 총독부 내에 농지개량계획의 추진을 전담할 토지개량과(土地改良課)의 창설, 수도(水稻) 종자의 갱신을 위한 5개년 계획의 수립 등 몇 가지 방안을 내세웠다.

제1기 조선산미증식계획의 내용은 다음과 같다.[8]

---

8) 朝鮮農會(小早川九郎 編),『朝鮮農業發達史』政策篇, 1944, pp.422-424; 西村 拓殖局長, "朝鮮産米增殖計劃의槪要"『朝鮮』, 1920, 10; 한국농촌경제연구원,『한국농업100년사』, 2003 p.463.

① 경지의 확장과 개량에 관한 기본조사

총독부는 장차 토지개량사업을 할 수 있는 경지 또는 미간지(未墾地)를 수계(水系) 별, 지구 별로 소재지와 면적, 용수(用水) 관계, 예상 공사비 등을 조사하되 1926년까지 완료한다.

② 토지개량사업

○ 기성답(畓)의 관개개선: 225,000정보

○ 지목변경(地目變更)(田을 畓으로): 112,500정보

○ 개간·간척: 90,000정보

　합계: 427,500정보

③ 농사개량사업

○ 벼 우량품종의 보급

○ 비료의 증시(增施)

○ 건조·조제의 개선

④ 제1기 산미증식계획을 위한 총 사업비

○ 토지개량 사업비: 181,750,000원

○ 농사개량 사업비: 37,460,000원

○ 조사비 및 기타 경비: 17,000,000원

　합계: 236,210,000원

⑤ 토지개량사업에 대한 정부 보조금과 저리자금의 융자 알선

토지개량 보조규칙을 제정하여 토지개량사업의 공사비에 대한 보조금을 준다. 보조율은 기성답의 관개개선 20%, 개답을 목적으로 하는 지목변경 25%, 개답을 목적으로 하는 개간·간척 30% 이내로 한다. 또한 총독부는 토지개량 사업자에게 저리자금의 융자를 알선한다.

⑥ 농사개량사업에 대한 국고 부담금 및 저리자금의 융자 알선

우량 벼의 보급을 위한 채종답(採種畓)의 설치, 지방에 농사지도원의 배치, 기타 농사개량사업을 위해 국고에서 지방에 교부금을 지급하고 저리자금의 융자를 알선한다.

⑦ 토지개량대행회사의 설립

대규모 토지개량사업의 청부와 개간·간척사업, 기술과 자금의 조달 알선을 담당하는 특수회사를 설립한다.

⑧ 사업의 지도 및 감독을 위한 총독부내 기구의 신설 및 전문직 직원의 채용.

⑨ 산미증식계획의 결과

○ 연간 증산량: 8,995,000석

○ 조선 내 소비량: 4,412,000석
○ 일본 이출량: 4,583,000석과 기존의 공급량을 합쳐서 매년 7,000,000
   석 공급.

(2) 제1기 조선산미증식계획의 실적과 문제점

제1기 계획의 요점은 수리조합의 설립을 통한 토지개량사업의 촉진과
농사개량 등에 의해 매년 약 900만 석의 미곡을 증산하여 이 가운데 약
460만 석을 일본으로 이출한다는 것이었다.

제1기 산미증식계획이 1910년대 총독부가 추진하던 미곡증산정책과
다른 점은 전자가 일본으로부터 들여온 막대한 자금을 통해 대규모적이
고 현대적인 수리시설의 건설에 역점을 둔 반면 후자는 총독부의 자금으
로 우량품종의 보급과 자급비료의 증투, 기존 소규모 수리시설의 개·보
수에 중점을 두었다는 점이다.

조선에서의 제1기 산미증식계획은 의욕적인 출발에도 불구하고 1920
년부터 1925년까지 6개년 밖에 실시하지 못하였다. 이 기간 동안 토지
개량사업의 착수실적은 목표의 59%, 준공면적은 계획대비 62% 밖에 달
성하지 못하였다. 그러나 국고 보조금과 투입한 공사비는 계획을 초과하
여 지출하였다. <표 4-2>에서 보는 것처럼 1920년부터 1925년까지 6
년간 토지개량사업의 실적은 예정 면적 16만5천 정보의 59%인 9만
7,500정보에 불과하였다. 국고 보조금은 5년간 누계 계획액수가 1천2백
98만7천 원이었으나 집행액수는 1천3백65만5천 원으로 7%가 초과되
었다.

제1기 산미증식계획은 원래의 토지개량사업이 차질을 빚음으로써 여
기에 부수적으로 수반해야 하는 경종법의 개선, 시비의 증가가 따르지
못하였다. 따라서 공사 완성 후의 수확량이 예정에 미달하는 등 사업의
진전이 예상대로 되지 않았다.

조선총독부는 제1기 산미증식계획을 예정대로 추진하지 못한 이유를 계획기간 동안 미가는 하락하고 물가는 오르고 금리가 높아져 공사비의 20~30%의 보조금 만으로는 토지개량투자를 할 수 없을 만큼 투자수익률이 악화되었기 때문이라고 평가하였다. 일본정부가 공급한 보조금과 정부가 알선하는 저리자금의 조달에 차질이 생겼던 것도 중요한 원인이었다고 보았다.

〈표 4-2〉 제1기 산미증식계획의 실적

(단위: 정보, 천원, %)

연도	착수면적			준공면적			소요공사비			보조금		
	계획	실적	달성율	계획	실적	달성율	계획	실적	달성율	계획	실적	달성율
1920	11,000	5,700	52	-	-	-	2,200	2,140	97	500	500	100
1921	23,110	22,590	98	9,200	4,500	49	6,770	9,780	144	1,577	2,260	143
1922	28,400	16,450	58	21,200	20,750	98	9,770	12,208	125	2,251	2,900	129
1923	33,700	15,150	45	26,600	16,690	63	11,770	9,036	77	2,671	2,200	82
1924	33,700	19,810	59	32,400	14,650	45	12,890	11,283	88	2,926	2,700	92
1925	35,100	17,800	51	33,700	19,450	58	13,430	13,502	101	3,062	3.305	108
합계	165,000	97,000	59	123,100	76,040	62	56,830	57,947	102	12,987	13,865	107

자료: 朝鮮總督府 殖産局, 『朝鮮の土地改良事業』, 1927, pp.8-9.

일본정부는 제1차 대전 특수가 끝나면서 시작된 불황으로 인한 수많은 기업의 도산, 1923년 관동대지진의 여파로 인한 경기하강으로 정부재정이 축소되어 약속했던 자금을 제대로 공급하지 못하였다. 이 때문에 조선총독부도 연간 200만원 이상의 사업 조성비를 총독부 예산에서 지불하지 않으면 안 되었는데 재정이 빈약한 조선총독부는 보조금과 저리자금을 더 이상 공급할 수가 없었다.

또 다른 이유로는 계속되는 불경기로 인한 미가의 하락으로 개발사업의 수익률이 낮아져 사업 참가자들의 투자의욕이 저하되었다는 점이었다. 당초 계획하였던 토지개량사업을 맡아서 설계하고 감독할 민간 특수

전문회사도 창설하지 못하였다.

총독부는 자체 평가를 통해 "산미증식계획의 진전이 늦어진 이유는 계획수립 당시에 비하여 물가가 올라 공사비가 비교적 다액을 요하게 된 점과 사업자금의 금리가 연 9.5% 내지 10.1%이므로 이와 같은 고율의 자금을 쓰면서 사업을 경영하는 것은 채산상 기업가들에게 고통을 줄 뿐 아니라 시비(施肥)의 증가에 따른 비용상승에 비해 증수가 예상보다 낮아 기업가의 의욕을 저하시킨 데 기인하는 바 크다"[9]고 지적하였다

그러나 도바타·오가와(東畑精一·大川一司)는 조선에서 농지개량투자사업의 경제성이 낮은 원인을 영세소작농이 방대하게 존재하는 조선의 지주-소작제에서 찾았다.[10] 즉 지주들이 농지개량 투자를 통해 얻을 수 있는 추가적 수입이 지주들이 농지구입 투자를 통해 얻는 소작료 수입이 보다 낮기 때문이라고 보았다.

이들은 지주들이 아무 것도 하는 것 없이 50%에 가까운 소작료 수입을 얻고 있는데 지주가 관개·배수 등 수리시설의 건설을 통해 얻게 되는 투자수익률이 기존의 토지구입 투자에 따른 소작료 수입을 능가한다는 전망이 없다면 농지개발투자는 기대할 수 없기 때문이라는 것이다.

3) 제2기 朝鮮産米增殖計劃

(1) 1920년대 중반 일본의 국내사정

일본과 식민지 조선에서의 제1기 산미증식계획은 의욕적인 출발에도 불구하고 1923년부터 예정대로 진척되지 않았다. 이 때문에 쌀 공급의 차질이 생기고 이것은 다시 일본에서 미가 상승이라는 결과로 나타났다. 동남아와 영령인도 등 외국으로부터의 미곡 수입량이 다시 증가하기 시

---

9) 朝鮮總督府「朝鮮米增殖計劃要綱」, 1922; 朝鮮殖産銀行『朝鮮の米』, 1926, p.175.
10) 東畑精一·大川一司, "朝鮮米穀經濟論"『米穀經濟の硏究』(1), 有斐閣, 1939, p.310.

작하였다.

동남아산 외국미 수입량은 1920년대 초 연간 약 300만 석 내외였으나 1925년에는 500만 석으로 급증하였다. 외국미 수입량의 증가는 당시 일본정부가 당면하고 있던 국제수지문제를 더욱 악화시켰다. 일본은 1923년의 관동대지진 등으로 인한 복구 자재의 수입수요 증가로 무역수지의 적자폭이 크게 확대되고 있었는데 외국미의 수입량 증가도 국제수지 악화의 큰 요인이었다.

한편 조선미는 식민지 초기부터의 품질개선 노력이 어느 정도 성과를 거두어 일본시장에서 일본미에 대한 대체기능이 향상되었다. 일본의 소비자들은 인디카 종(種)의 맛없는 외국미보다 일본 품종으로 재배한 조선미의 품질이 개선되자 조선미에 대한 선호가 증가하고 있었다. 일본의 미곡상과 정부의 입장에서 볼 때 조선미 증산의 필요성은 더욱 증가하였다.

일본정부와 조선총독부는 산미증식계획을 다시 본궤도에 올려 놓기 위하여 1926년 제1기 계획을 수정하여 조선산미증식갱신계획(朝鮮産米增殖更新計劃)을 만들었다. 조선산미증식갱신계획은 편의상 제2기 계획 또는 갱신계획으로 부를 수 있는데 이것은 제1기 계획과 별도의 것이 아니라 제1기 사업의 시행과정에 나타났던 문제점을 수정하여 종전보다 일층 유리한 조건 아래 다시 출발한다는 뜻이다. 갱신계획은 일본의 제51회 제국의회의 의결을 거쳐 1926년부터 실시하게 되었다.

조선총독부는 제2기 산미증식계획의 목적을 제국의 식량문제를 해결하는 데 기여하고, 국제대차(國際貸借)결제상 중요한 영향을 미치는 외국미의 수입을 억제하고, 조선에서의 식량수요의 증대에 대비하며, 농가경제를 향상시켜 농민생활의 안정을 기하여 조선 전체의 경제력을 신장시키는 것이라고 선언하였다.[11]

---

11) 朝鮮總督府, 『朝鮮産米增殖計劃要領』, 1926, p.5.

제2기 계획의 목적이 제1기 계획과 다른 점은 국제수지 대책으로서 외국미 수입의 억제라는 목적이 추가되고 제국의 식량문제 해결이라는 목적이 맨 앞에 나타났다는 점이다. 갱신계획은 제1기 계획과 대비할 때 적극적 내용을 갖고 있는 것은 일본이 식량과 미가문제의 해결을 더욱 식민지에 의존하지 않으면 안 되는 상황에 처하였기 때문이었다고 볼 수 있다.

(2) 제2기 산미증식계획의 개요

일본정부와 의회의 대폭적인 재정지원을 받아 만든 제2기 산미증식계획의 내용은 1926년 이후 1937년까지 12개년 동안 35만 정보의 토지개량을 실시하고 농사개량을 통하여 연간 약 472만 석을 증산한다는 것이었다. 그리고 토지개량을 실시하지 않은 기존 답 139만 정보에는 시비의 증가와 경종법의 개량 등을 통해 약 344만 석을 증수하여 합계 약 820만 석의 미곡을 증산한다는 것을 목표로 하였다.[12]

조선총독부는 제2기 산미증식계획의 추진을 위하여 일본정부와 교섭한 결과 사업의 실시에 필요한 보조금 6,500만 원, 장기저리자금 2억4천만 원을 확보하여 종래의 자금난을 완화할 수 있게 되었다. 동시에 거액의 저리 농사개량자금을 확보하여 증산효과가 좋은 화학비료도 사용할 수 있게 되었다. 사업대행기관을 신설하여 이 기구로 하여금 대규모 사업의 조사·설계와 공사감독, 시설물의 유지관리 등의 대행도 추진할 수 있게 되었다.

제2기 산미증식계획의 내용은 다음과 같다.[13]

---

12) 朝鮮總督府, 『朝鮮産米增殖計劃要領』, 1926, p.13.
13) 朝鮮總督府, 『朝鮮産米增殖計劃要領』, 1926, pp.13-15.

① 토지개량사업
  ○ 관개개선:　　　　　　　　195,000정보
  ○ 지목변경(田을 畓으로):　　90,000정보
  ○ 개간·간척:　　　　　　　　65,000정보
  　합계:　　　　　　　　　　350,000정보
② 토지개량사업답 35만 정보에 대한 농사개량사업
  ○ 우량종자의 보급
  ○ 판매비료(화학비료)의 증투
  ○ 자급비료(녹비와 퇴비)의 증산과 증투
  ○ 건조·조제의 개선 및 검사의 강화
③ 기성답 1백 39만 정보에 대한 농사개량사업
  ○ 우량종자의 보급
  ○ 판매비료(화학비료)의 증투
  ○ 자급비료(綠肥와 堆肥)의 증산과 증투
  ○ 건조·조제의 개선 및 검사의 강화
④ 사업비
  총독부는 제2기 산미증식계획을 위해 필요한 사업비로 3억 2천 533만
  4천원을 편성
  사업별 소요자금
  ○ 토지개량사업 자금:　　　285,334,000원
  ○ 농사개량사업 자금:　　　 40,000,000원
  　합계:　　　　　　　　　325,334,000원
  사업자금의 조달
  ○ 정부 보조금: 65,070,000원(총 사업자금의 20%)
  ○ 조달 소요금: 260,264,000원(총 사업자금의 80%)
    a. 정부알선 저리자금:238,197,000원(조달 소요금의 92%)
    b. 기업자 조달금: 22,067,000원(조달 소요금의 8%)
⑤ 토지개량사업 공사비에 대한 보조금의 지급비율
  ○ 관개개선: 20%
  ○ 지목변경: 25%
  ○ 개간·간척: 30%
  ○ 간척: 50%(1927년부터)
⑥ 토지개량 및 농사개량을 위한 저리자금의 공급
  일본 대장성(大藏省) 예금부에서 저리자금을 차입하고 부족분은 동양

척식주식회사 토지개량부와 조선식산은행이 사채(社債)를 발행하여
조달.

논 100만 정보에 우량종자를 보급할 수 있도록 계통적 채종답(採種
畓)을 설치하고 각 도(道)에 농사지도원을 배치, 이를 위해 국고에서
교부금을 지급.

⑦ 토지개량 대행회사의 설립

대규모의 토지개량사업을 대행시키기 위해 동양척식주식회사에 토지
개량부(土地改良部)를 신설하고 반관반민(半官半民)의 조선토지개량
주식회사(朝鮮土地改良株式會社)를 설립.

⑧ 계획의 원활한 추진을 위해 조선총독부 내에 토지개량부(土地改良部)
를 신설하고 산하에 3과(課)를 신설 또는 이전 배치.

⑨ 제2기 산미증식계획에 따른 예상효과

ㅇ 35만 정보의 토지개량사업 완성에 따른 증수량:

2,800,000석

ㅇ 위 토지개량사업 답에 대한 농사개량에 따른 증수량:

1,920,000석

ㅇ 기존 답에 대한 농사개량에 의한 증수량:

3,440,000석

증수량 합계: 8,160,000석

⑩ 연간 약 816만 석의 증수량 가운데 300만 석은 조선 내의 인구증가와
수요증가에 대비하여 사용하고, 나머지 500만 석은 일본으로 이출, 종
전의 이출량 약 500만 석을 더하여 매년 약 1천만 석을 일본으로 이출
할 수 있을 것으로 예상.

2. 산미증식계획의 추진을 위한 경제적 수단

1) 일본자금의 조달

1926년부터 실시한 제2기 산미증식계획은 제1기 계획과 달리 출발부
터 일본정부와 조선총독부 간의 이해가 완전히 일치된 가운데 추진하게

되었다. 일본정부는 공업부문의 경쟁력 유지를 위해 한편으로는 저임금
의 유지와 미가의 안정이 필요하였고 다른 한편으로는 만성적인 국제수
지의 적자문제를 해결하기 위해 외국미의 수입을 억제하지 않으면 안 되
는 상황에 처해 있었다.

일본정부는 외화(外貨)의 투입 없이 식량문제를 해결할 수 있는 식민
지 조선에서의 미곡 증산이 매력적인 대안이었다. 즉 조선에서의 미곡증
산은 식량자급과 외화절약이라는 2개의 목적을 동시에 해결할 수 있는
묘안이었다.

조선총독부도 계획의 달성에 필요한 자금의 거의 전부를 일본에서 들
여올 뿐 아니라 전체 인구의 80%를 점하고 있는 농업부문의 경제력 향
상이 조선경제의 발전에 기여한다는 점에서 그리고 3·1운동 이후 이반
된 민심을 수습하면서 식민지 조선의 통치상 적지 않은 도움을 준다는
판단 아래 산미증식계획의 수정 추진에 적극 동참하였다.

2) 경제적 誘因

조선총독부는 조선산미증식계획을 성공적으로 추진하기 위해서는 제
1차 계획의 경험으로 볼 때 사업 참여자들의 경제적 채산성을 올려주는
것이 가장 중요한 일이라고 보았다. 이를 위해 총독부는 일본정부와 교
섭하여 필요한 자금을 확보하여 사업에 참여하는 기업자(지주, 농업회
사, 수리조합, 개발대행회사), 개간·간척을 하는 개인 및 회사 등에게 더
많은 보조금을 주고 더 좋은 조건으로 저리자금을 알선하는 것을 사업의
추진 동력으로 삼았다.

반면에 사업참여자가 스스로 조달해야 하는 기업자 조달자금은 대폭
줄였다. 일본정부와 제국의회도 제1기 때보다 훨씬 적극적 자세로 조선
총독부의 제2기 산미증식계획의 소요자금 마련에 협조하였다.

제2기 계획을 제1기 계획과 비교하여 보면 증산계획의 규모가 대차없음에도 불구하고 그 성질에 큰 차이가 있었다. 새 계획은 물가의 인상등을 고려하고 사업 시행자에 대한 채산성을 고려하여 공사단가를 거의 배로 증가시키고 보조금의 액수도 늘렸다.

뿐만 아니라 농사개량을 위하여 막대한 저리자금을 일본 대장성(大藏省)으로부터 대여받아 공사 시행자와 농민들에게 빌려주었다. 부족한 저리자금은 조선식산은행과 동양척식주식회사 토지개량부가 사채(社債)를 발행하여 조달하였다. 이 두 기관이 조달한 자금은 전체 소요자금의 8%에 불과하여 제1기 계획 때보다 공사참여 기관의 금융부담을 크게 줄여주었다.

제1기 계획에서는 총 사업비의 26.7%가 국고보조금, 31.8%가 정부알선 저리자금, 46.1%가 기업자 조달자금이었으나 제2기 계획에서는 국고보조금 20.9%, 정부알선 저리자금 67.9%, 기업자 조달자금 11.2%로 변경하였다. 이에 따라 정부알선 저리자금의 비중이 증가하고 기업자의 자체 조달금은 줄어 제2기 계획의 경제성은 제1기에 비하여 크게 개선되었다.[14]

부언하면 조선총독부는 제2기 계획에서 경제적 유인수단의 강화에 더 많은 비중을 두었다. 토지개량사업의 공사단가를 현실화하여 사업규모는 줄이고 정부보조금과 저리자금의 액수는 증가시켰다.

---

14) 경제성의 개선을 사업별 예산액의 변화를 보면 다음과 같다. 제2기 계획의 계획상 토지개량 시행면적은 35만 정보이다. 제2기 계획의 시행면적이 제1기 계획보다 7만7,500정보가 줄어 들었으나 총 사업비는 2억3천621만 원에서 3억2천533만 원으로 37%나 증가하였다. 이 가운데 토지개량사업비는 1억8천750만 원에서 2억8천5백 33.4만 원으로 56%가 늘어났다. 토지개량사업비 가운데 국고 보조금은 3천8백55만 원으로부터 6천5백7만 원으로 68%나 신장하였다. 정부알선 저리자금도 4천500만 원에서 1억9천819만 원으로 340%가 늘어났다. 반면에 기업자의 자체 조달금은 제1차 계획의 9천820만 원에서 제2차에는 2천207만 원으로 345%가 감소하였다.

토지개량사업 답이 아닌 기존 답의 농사개량사업에 대해서도 화학비료의 구입을 지원하기 위해 저리자금을 알선하였다. 토지개량 대행회사를 설립하고 기업자 부담금을 축소하여 대행회사의 채산성을 강화시키고 간척을 하는 개인에게도 보조율을 50%로 인상하였다. 이것은 사업시행자와 증산을 담당하는 농민들에게도 경제적 동기를 자극하여 이들의 사업 참여를 적극적으로 이끌어 내려는 것이었다.

3. 산미증식계획의 추진을 위한 人的, 制度的 수단

1) 총독부의 관계部署 신설

조선총독부는 1920년 제1차 산미증식계획을 실시하게 됨에 따라 이 계획의 중심 사업인 토지개량사업의 추진을 지원하기 위한 주무과(主務課)의 신설이 필요하다고 보았다. 원래 농업수리 관계의 업무는 총독부 관방토목부(官房土木部)의 소관이었으나 이것을 식산국의 관할로 변경시키고 주무과로 토지개량과(土地改良課)를 신설하였다. 토지개량과는 토지개량사업계획에 관한 정책만을 전담하였다. 수리조합에 관한 사무는 내무국 사회과가 담당하였다.[15]

조선총독부는 1926년 제2기 산미증식계획을 적극적으로 추진하기 위하여 내무국 사회과에서 담당하던 수리조합(水利組合)에 관한 사무를 식산국으로 이관하면서 수리과(水利課)와 개간과(開墾課)를 신설하였다. 식산국은 기존의 토지개량과와 함께 3과(課) 체제를 갖추게 되었다. 조선총독부는 산미증식계획의 추진체계를 더욱 강화하기 위하여 1927년

---

15) 김진수, "일제수리사(2)-수리행정기관 및 대행기관-"『한국관개배수』15(2), 2008. p.209.

에 토지개량부(土地改良部)를 신설하고 식산국에 있던 토지개량, 수리, 개간 3과를 토지개량부로 이속시켰다.

이로써 총독부는 토지개량업무의 추진체계를 승격 강화하고 업무는 보다 전문화·세분화 하였다. 또한 이례적으로 수리과장과 개간과장은 기술직으로 보임하고 전문인력과 예산을 보강하면서 제2기 산미증식계획의 실천을 더욱 적극적으로 지원할 수 있는 체제를 갖추었다.

토지개량부 소속 3과의 업무분장 내용은 다음과 같다.[16]

① 토지개량과
　○토지개량 기본조사에 관한 사항
　○토지개량사업의 감독에 관한 사항
　○수리조합 및 토지개량사업을 행하는 회사에 관한 사항
　○기타 수리과 및 개간과의 주관에 속하지 않는 토지개량사업에 관한 사항
② 수리과
　○수리조합 설치 및 사업계획변경의 인가에 관한 사항
　○수리조합에서 행하는 토지개량사업의 조성에 관한 사항
③ 개간과
　○국유 미간지에 관한 사항
　○농업을 목적으로 하는 공유수면(公有水面)중 소택(沼澤) 및 간석지(干潟地)의 매립에 관한 사항
　○수리조합 이외의 토지개량사업의 조성에 관한 사항

2) 地方農政의 강화와 기술직 공무원의 증원

조선총독부는 제2기 산미증식계획의 실시를 계기로 지역당 200정보 미만의 소규모 토지개량사업은 개인사업이나 수리조합사업에 관계없이 지방청(13도청) 소관으로 이관하여 각 지방의 실정에 따른 시설을 하도

---

16) 朝鮮總督府 殖産局, 『朝鮮の土地改良事業』, 1927, pp.11-13.

록 방침을 세웠다. 이를 위하여 각 도에 기사(技士) 1명, 기수(技手) 2명, 고원(雇員) 2명씩을 추가 배치하였다.[17]

지방 농업행정기관은 업무의 증가와 복잡성 때문에 이것을 통일할 필요가 급박하여지자 1921년부터 각 도에 농무과(農務課)를 설치하여 지방 농무행정의 중추로서 역할을 하도록 하였다. 또한 농업관계 기술공무원의 수를 점차 증가하여 중앙과 지방을 통하여 국비에 속하는 기술직 106인, 지방비로 고용한 기술직 1,037명 등 합계 1,430명을 헤아리게 되었다. 총독부는 제1기 계획 가운데 경종법의 개선책으로 종자의 경신, 비료의 증시, 건조·조제 개선 등을 지도하기 위해서는 1922년부터 도 기수(技手) 13인, 군 기수 188인을 연차적으로 채용하여 배치하였다.

그러나 산미증식계획의 갱신을 기하여 1927년에 새로 토지개량사업 지역의 농사개량 지도를 담당하는 기수와 기술직의 정원을 증가하였다. 즉 1929년까지 10인의 도 기수를 배치하여 비료 증시 및 농사개량 저리 자금의 대출사무를 담당하도록 하고 각 도에 1명씩 산업기사를 배치하였다. 1932년까지 국비지출 기술직 318명, 지방비 1,195명 합계 1,513인으로 증가하였다.[18]

3) 朝鮮農會의 농사개량 지도

농회(農會)는 원래 민간 영농단체였다. 1902년 목포에서 발족한 목포흥농협회가 그 효시였다. 이어 1904년 군산농사조합, 1905년 부산농업조합 등이 결성되어 농사개량과 농산물판매 등을 목적으로 활동하였다. 한국정부는 1906년에 임의단체로 한국중앙농회를 설립하고 이 단체에게 농사개량을 지도하는 역할을 부여하였다.

---

17) 朝鮮總督府 殖産局, 상게서.
18) 조선농회, 『조선농업발달사』, 정책편, pp.372-373.

한일병합 이후 농업정책이 미곡 증산, 면화와 잠견의 증산, 한우 증식 등에 중점을 두자 해당 품목의 조합이 잇달아 생겨 농민단체가 난립하게 되었다. 조선총독부는 제2기 산미증식계획의 실시를 계기로 1926년 1월 25일 조선농회령을 제정·공포하고 각종 농촌단체를 병합하여 중앙기관으로서 조선농회를 설립하였다.

농회는 부(府)·군(郡)·도(島)를 구역으로 하는 부·군·도농회, 도(道)를 구역으로 하는 도농회, 전국을 관할하는 조선농회로 구성되는 계통농회 (系統農會) 체제를 완성하였다. 일선의 회원은 해당 구역에 경지나 목장을 소유하거나 경영하는 자로 하였으나 초기에는 소작농은 제외하였기 때문에 농회는 지주단체로 볼 수 있다. 조선농회와 도농회의 회장과 부회장은 조선총독이 임명하고 부·군·도의 회장과 부회장은 도지사가 임명하였다.

농회는 설립에서부터 각종 활동, 해산에 이르기까지 행정 관청의 감독을 받도록 되어 실제적인 농회의 운영은 도지사와 군수 등 일제의 관료와 지주들이 장악하였다. 따라서 농회는 총독부가 계획·시행하는 농정을 지원하는 정부의 대행기관으로서의 역할을 하였다.

전국에 걸쳐 약 340만 명의 회원을 거느린 조선농회는 계통적 권농기관으로서의 조직을 갖추고 1926년부터 실시된 제2기 산미증식계획 가운데 농사개량사업의 실질적인 수행기관으로서 참여하였다. 조선농회의 주요사업은 농사개량 지도 이외에도 자급비료의 증산, 농기구의 개량, 유축농업의 촉진, 비료와 농산물 등의 공동구입과 공동판매, 농산가공의 확충, 소작쟁의에 대한 조정 및 중재 등이었다.

4) 水利組合의 토지개량사업

조선총독부는 수리조합(水利組合)을 토지개량사업 추진의 중요한 파

트너로 보았다. 미곡증산정책과 토지개량사업, 수리조합사업은 함께 추
진하는 경향이 있었고 실제로 그 구분이 모호할 정도였다.

조선총독부는 1920년 조선산미증식계획을 실시하면서 수리조합을 토
지개량사업의 주력 시행기관으로 삼았다. 이것은 1919년 제정한 수리조
합보조규정을 1920년에 개정하여 토지개량사업보조규칙을 제정한 데서
비롯되었다. 토지개량사업보조규칙은 산미증식계획에 따라 실시하는 토
지개량사업에 대해서는 관개개선사업에 20%, 지목변경 25%, 개간·간척
사업에 30%의 보조금을 줄 수 있게 하였다. 이것은 기존의 수리조합보
조규정의 수익면적 200정보 이상, 공사비 4만원 이상의 조합에 대해 공
사비의 15%를 주는 조건보다 유리한 것이었다. 토지개량사업보조규칙
을 수리조합에도 적용하는 것이 계기가 되어 수리조합의 창설과 토지개
량사업이 활기를 띠게 되었다.[19]

1926년 제2기 산미증식계획의 시작과 함께 토지개량에 관한 여러 가
지 법규가 통합되어 조선토지개량령이 제정되었다. 이에 따라 1927년
조선수리조합령도 개정하여 개답과 경지정리사업도 수리조합의 사업목
적으로 추가하고 조합구역 내 토지의 농업적 이용을 증진하기 위하여 필
요한 시설을 할 수 있다는 조항도 추가하였다.

1928년에는 조선수리조합령시행규칙을 개정하여 수리조합에 농업지
도원의 배치, 채종답, 모범답의 설치, 자급비료, 못자리 개량의 장려, 시
비, 농구와 종묘 등의 공동구입과 알선을 할 수 있도록 하였다. 이는 총
독부가 산미증식계획의 성공적인 추진을 위해 수리조합도 토지개량 뿐
아니라 농사개량사업에도 적극적으로 참여하도록 요구한 결과였다.

수리조합은 소작농이 아닌 지주를 조합원으로 구성하고 있다. 총독부
는 토지개량과 농사개량을 하는데 소작농보다는 토지를 소유하고 있는
지주 내지 자작농 층의 이윤동기를 자극하는 것이 사업의 수행상 유리하

---

19) 松本武祝, 『植民地朝鮮の水利組合事業』, 未來社, 1991, p.65.

다고 판단하였다. 수리조합을 조직하여 수리관개시설을 만들고 이를 경
영하는 데 소요되는 비용을 감당할 수 있는 것은 지주이며 지주가 받는
소작미의 대부분이 유통미(流通米)가 되기 때문이었다.

　총독부의 토지개량사업은 결과적으로 볼 때 1934년까지 사업면적 24
만 4,300정보 가운데 수리조합에 의한 사업면적은 86%에 해당하는 21
만 600정보를 점하였다.[20] 조선산미증식사업의 주역은 수리조합이었다
고 해도 과언이 아니다.

5) 토지개량사업 대행기관의 설립

(1) 朝鮮土地改良株式會社

　산미증식계획의 핵심이 되는 대형 저수지의 건설과 같은 토지개량사
업은 고도의 전문지식과 함께 장기간 많은 자금이 투입되는 공사였다.
이런 사업을 감당하기 위해서는 사업적 수완을 갖고 있는 기업가나 회사
가 담당하지 않으면 성공하기 어려웠다. 그러므로 일반 기업가를 대신하
여 사업을 수행하는 일을 맡을 특수한 기관을 설립하여 이 기관으로 하
여금 공사의 조사, 측량과 설계, 자금의 조달과 알선, 공사의 시행과 감
독, 사업의 유지 관리 등 장기에 걸쳐 수미일관(首尾一貫)하게 토지개량
사업을 담당하게 할 필요성이 있었다.

　조선토지개량주식회사(朝鮮土地改良株式會社)와 동양척식주식회사
토지개량부(東洋拓殖株式會社 土地改良部)는 이와 같은 목적 달성을
위해 만든 기구였다. 토지개량사업을 위하여 총독부가 알선하는 저리자
금의 융통은 동양척식주식회사와 조선식산은행(朝鮮殖産銀行)이 절반씩
이를 집행하였다. 동척를 통하여 저리자금을 융자하는 토지개량사업은
대체로 동사의 토지개량부가 이의 대행기관이 되고 조선식산은행을 통해

---

20) 朝鮮總督府 農林局, 『朝鮮土地改良事業要覽』, 1935, pp.2-3.

융통한 것은 대체로 조선토지개량주식회사가 이의 대행기관이 되었다.

조선토지개량주식회사는 제2기 산미증식경신계획의 실시에 맞추어 1926년 7월 7일에 창립되었다. 이 회사의 자본금총액은 500만원으로 1주당 금액을 50원으로 하여 10만 주를 발행하였다. 회사의 임원은 회장, 전무 취체역, 상무 취체역, 취체역과 감사로 구성되었다. 회사의 임원은 8명 이내이며 이사회의 호선(互選)으로 회장 1명, 전무 2명, 상무 1명을 선출하고 감사는 4명 이내로 하였다.

초대 회장은 아라이(荒井賢太郞). 2대 회장은 이마이(今井五介·귀족원 의원), 전무 취체역에는 후지이(藤井寬太朗·不二興業 전무, 益沃水利組合長), 마쓰야마(松山常次郞·부평수리조합장), 조선인은 이사로 박영효와 민대식이, 감사로 이병학이 참여하였다. 그밖에 총독부의 기술관리들이 고문과 기술책임자로 임명되었다.

〈표 4-3〉 조선토지개량주식회사의 공사실적

구분	사업종류	공사감독 대행계약		내역			
				공사 완성한 것		대행계약 중의 것	
		개소	면적(정보)	개소	면적(정보)	개소	면적(정보)
수리조합	조합설치공사	35	63,091	34	59,114	1	3,977
	조합구역확장 및 개량공사	6	7,007	6	7,007	-	
	소계	41	70,098	40	66.121	1	3,977
개인	공유수면 간척	2	547	2	547		
합계		43	70.645	42	66,668	1	3,977

자료: 朝鮮土地改良株式會社, 『朝鮮土地改良株式會社誌』, 1936, pp.53-54.

대행업무는 수리조합의 경우에는 ①창립사무, ②측량설계, ③공사감독, ④기타 조합사무 등이고, 개인사업의 경우에는 ①측량설계, ②공사감독, ③기타 사업시행에 부대하는 사업 등이었다. 조선토지개량주식회사는 대행업무의 종류에 따라 일정률의 수수료를 받고 수탁사업을 처리하며 공사 완료 후 3년 이내 시설물 유지관리의 위탁을 받았다. 1935년 6월 말 현재 조선토지개량회사가 대행하여 실시한 공사의 종류와 면적은 다음 <표 4-3>과 같다.

(2) 동양척식주식회사 토지개량부

동양척식주식회사는 조선에서의 식민지사업을 추진하기 위하여 1908년 설립한 국책회사였다. 동척의 주요 업무는 초기에는 이민사업 이외에 대규모의 농장을 경영하는 것이었으나 나중에는 정책금융기관, 전력투자회사 등으로 업무 분야를 계속 확장하였다. 동척은 1917년 본점을 경성으로부터 동경으로 옮긴 후 업무지역을 중국, 동남아로 넓혔다.

〈표 4-4〉 농지개량 대행회사의 개발실적(1926~1933)

(단위: 정보)

| 연도 | 산미증식계획 농지개량면적 (A) | 대행기관에 의한 준공면적(B) | | | B/A(%) |
		조선토지개량 주식회사	동양척식 토지개량부	합계	
1926	1,896	-	-	-	-
1927	6,299	1,398	508	1,897	30
1928	13,233	3,109	1,075	4,194	32
1929	26,507	7,200	3,524	10,733	41
1930	48,099	28,671	6,224	34,895	73
1931	18,888	3,111	14,092	18,013	95
1932	8,518	2,530	2,684	5,214	61
1933	18,657	14,195		1,4159	76
합계	142,095	60,178	28,915	89,059	63

자료: 김진수, "일제수리사(2)-수리행정기관 및 대행기관"『한국관배수』, 15(2), 2008, p.214.

동척의 토지개량부는 1926년 제2기 산미증식계획을 지원하기 위하여 창설하였다. 토지개량부의 업무는 토지개량사업을 대행하여 수리시설을 건설하고 개간·간척을 하는 것이었다. 동척의 토지개량부는 대공황 이후 쌀값 하락과 함께 더 이상의 미곡 증산이 필요 없게 되자 1931년 8월 15일 부로 폐지되었다.

동척의 토지개량부는 주로 안녕수리조합, 소화수리조합 등의 비교적 대규모사업을 대행하였다. 토지개량부는 대행회사의 총 개발실적 14만 2천 정보 가운데 63%인 8만 9천 정보를 개발하였다. 동척 토지개량부의 기사장(技士長) 겸 사업과장은 총독부의 개간·간척 주임관이었던 하시다 도요(綾田豊)가 담당하였다.

6) 朝鮮産米增殖計劃의 중지와 실적

(1) 제2기 산미증식계획의 중지

제2기 산미증식계획은 1920년대 말까지는 순조롭게 추진되었다. 그러나 1929년 12월 미국의 증권시장에서 시작된 세계 대공황의 여파가 일본에 밀어닥치면서 일본과 조선의 농업무문도 큰 타격을 받게 되었다. 계속되는 공장의 파산으로 인한 실업자의 증가, 일본의 생사를 비롯한 농산물의 수출수요의 급감 등으로 인한 미곡 수요의 후퇴는 쌀값의 폭락을 가져왔다. 또 공급측면에서는 조선과 대만으로부터 이입미의 지속적인 증가로 인하여 일본의 미곡시장은 포화상태에 이르게 된 것도 미가 폭락의 원인으로 작용하였다.

일본에서 미곡가격이 폭락하자 일본 농민들은 조선산 미곡의 과다 공급 때문에 일본의 미가가 폭락하였다고 보고 조선미 배척운동에 나서게 되었다.[21] 일본정부도 1933년 미곡통제법을 제정하여 조선미의 이입통제에 나섰다. 조선총독부로서도 더 이상 대규모적인 농업투자를 통한 미

---

21) 일본에서의 미가 하락과 조선미 배척 문제는 제7장에서 상세하게 다룬다.

곡증산의 명분을 상실하게 되었고 결국 1934년 5월에 산미증식계획의 중단을 선언하게 되었다.[22]

(2) 제2기 산미증식계획의 실적

산미증식계획의 중단으로 조선총독부가 그 동안 전력을 기울여 추진하던 미곡증산정책은 끝이 났다. 제2기 산미증식계획은 투자는 계획의 66%만 집행되고 토지개량은 시행 예정면적 35만 정보의 47%인 16만5천 정보만을 개발하는 실적을 거두었을 뿐이었다. 1935년까지 이루어진 간척면적은 모두 32,900정보였다. 이 가운데 수리조합에 의한 간척이 전체면적의 29%인 9,500정보 나머지 71% 23,400정보는 개인사업에 의한 것이었다. 1926년부터 1933년까지 1억원 이상의 자금이 제2기 조선산미증식계획을 위하여 투입되었다.

4. 조선미의 商品化과정과 米穀檢査制度

1) 조선미의 문제점

1910년 일본으로 이출된 쌀은 50만 석에 불과하였다. 당시 조선에서 이출되는 쌀은 적미(赤米)·청미(靑米)·토사·피·뉘 등의 협잡물의 혼입이 많았다. 뿐만 아니라 건조가 잘 되지 않고 포장이 불실하며 용량도

---

22) 산미증식계획의 중단 선언은 1934년 5월 조선총독부 政務總監의 담화문 형식으로 발표되었다. 이 담화문의 주요 내용은 ①산미증식계획의 근간을 이루는 토지개량사업은 당분간 중지한다, ②기존 사업은 완성시킨다, ③추가 개량공사와 재해 복구공사는 인정하고 기설(旣設)사업의 개선과 충실에 주력한다, ④재정곤란에 빠진 수리조합은 정리한다는 등으로 되어 있다.

일정하지 않아 일본 미곡상과의 거래에 문제가 많았다.

일본의 조선병합(1910) 직후 초대 총독으로 부임한 데라우치(寺內)는 미곡의 조제개선, 개량 가마니의 보급과 미곡의 포장개선, 관개용수의 개발, 자급비료의 증산 등을 총독부의 중점시책으로 하달하였다. 조선 농민들은 벼의 생육과정 중에 논에서 피를 뽑아내지 않고 수확 후 땅바닥에서 조잡하게 조제하기 때문에 쌀에 토사와 기타 잡물이 많이 섞이고 건조 역시 불량하여 조선 쌀의 성가를 떨어뜨린다는 것이었다.

총독부는 각 도(道)를 통하여 탈곡과 건조·조제에 필요한 탈곡기, 가마니 짜는 연직기(筵織機) 등의 농기구를 구입하여 농가에 배부하고 탈곡과 가마니 짜기 강습회 등을 개최하였다. 특히 이출미 생산지 및 우량 벼 재배지에서는 탈곡장에 점토를 깔아 다진 조제장을 보급하였다.

1910년대 초기까지 조선미의 가장 큰 결점 가운데 하나는 쌀 가운데 적미(赤米)가 대단히 많이 섞여있다는 것이었다. 심한 것은 1홉(合) 가운데 1,200입(粒) 정도가 섞여있는 상황이었다. 쌀 1홉에는 보통 6,000립 정도가 들어가는데 1,220립이 적미라면 20%의 적미가 섞여있는 셈이었다. 적미는 맛이 없고 적미가 많은 현미를 백미로 만들 경우 백미의 수량(收量)이 줄어든다는 문제점이 있었다.

총독부는 관리들을 동원하여 피 뽑기와 함께 다른 품종 특히 적미의 혼효(混淆) 방지에 노력하였다. 적미는 재래종에 가장 많이 섞여있고 그리고 당시 시장에 가장 많이 출하되는 쌀의 대부분이 재래종인 관계상 조선미의 성가를 실추시키는 가장 큰 문제로 보았다.

2) 玄米에 포함된 불순물의 양이 米價에 미치는 영향

현미에 포함된 협잡물의 양이 어느 정도이며 이것이 일본시장에서 어느 정도 미가에 영향을 미치는 가를 총독부 기관이 조사한 것은 1915년

의 일이었다. 이 조사는 일본으로 이출되는 조선산 미의 품질과 일본에
서의 시장가치가 어느 정도인가를 평가하기 위한 것이었다.

전라북도 미곡검사소는 1915년 10월부터 동년 12월에 걸쳐서 군산으
로부터 일본으로 이출되는 조선산 현미 1가마에 혼입되어 있는 각종 불순
물의 양에 대하여 조사한 결과는 <표 4-5>와 같다.[23] 불순물의 용량은
작(勺)이다. 당시 군산에서 이출되는 현미는 가마니 당 5두(斗)를 담았다.

〈표 4-5〉 1915년 朝鮮産 玄米 1가마 당 포함된 불순물의 양

(단위: 勺)

구분	石(모래)	피	벼	碎米	死米	赤米	靑米	蝦米	합계
제1류	1.8	3.4	15.8	98.0	89.2	62.0	125.6	103.0	498.8
제2류	1.8	7.8	41.3	226.1	128.7	92.8	251.1	54.0	803.6
제3류	2.8	11.2	74.5	420.3	203.3	104.7	286.9	86.5	1,189.8

자료: 山本尋己, "朝鮮産玄米中の不純物調査"『朝鮮農會報』12(5), 1917. 勺은 升의
10분의 1.

전라북도 미곡검사소가 불순물의 함량이 미가에 미치는 영향을 알아
보기 위해 각종 협잡물이 다르게 혼입된 현미의 견본미(見本米)를 만들
어 군산, 오사카(大阪), 고베(新戸), 도쿄의 미곡상에게 평가를 의뢰한 결
과는 다음 표와 같다. 아래 표의 숫자는 석당 평가액이다.

〈표 4-6〉 挾雜物의 혼입 정도가 米價에 미치는 영향

(평가액: 円/石)

협잡물 비율	群山	新戸	大阪	東京
4.50%	12.50	14.10	15.50	15.50
15.35%	11.90	13.80	14.50	14.20
24.03%	11.80	13.10	14.50	13.60

자료: 상게서

---

23) 山本尋己, "朝鮮産玄米中の不純物調査"『朝鮮農會報』, 12(5), 1917.

〈표 4-7〉 검사 표준미와 등급별 가격과의 관계

(평가액: 円/石)

등급별	群山	新戸	大阪	東京
우등미	13.00	14.30	15.40	15.60
상격미	12.15	13.95	14.90	14.70
하격미	11.95	13.50	14.40	13.60

자료: 상게서

〈표 4-8〉 靑米의 혼입 비율이 미가에 미치는 영향

(평가액: 円/석)

靑米 혼입비율	群山	新戸	大阪	東京
0.0%	12.20	13.70	14.40	15.00
8.0%	11.95	13.60	14.20	14.00
12.0%	11.85	13.50	13.90	14.10
16.0%	11.80	13.35	13.50	13.60

자료: 상게서

〈표 4-9〉 赤米의 혼입 비율이 미가에 미치는 영향

(평가액: 円/석)

赤米 혼입비율	群山	新戸	大阪	東京
0.0%	12.15	13.80	14.60	14.70
4.0%	12.00	13.50	14.40	14.20
8.0%	11.90	13.30	14.20	14.00
12.0%	11.70	12.80	14.00	13.60

자료: 상게서

불순물이 많이 들어 있는 쌀은 조선에서도 값이 쌌지만 이것이 일본에 가면 값 차이가 더욱 많이 났다. 즉 <표 4-6>이 보여주는 것처럼 협잡물이 24% 포함된 현미와 4.5% 포함된 현미의 가격차가 군산에서는 70전인데 비하여 대판과 동경에서는 각각 1원과 1원 90전이었다. 적미 (赤米)의 경우에는 적미의 혼입비율이 0%인 현미와 12%인 현미를 비교

하면 군산에서는 가격차가 40전인데 비하여 대판과 동경에서는 각각 60
전과 1원 10전으로 나타나 협잡물의 혼입에 대하여서는 동경시장이 더
민감한 반응을 나타냈다.

3) 미곡상단체의 자체검사

수출미곡에 대한 품질검사는 1907년 군산일본인상업회의소가 실시한
것이 처음으로 보인다. 군산일본인상업회의소는 수출미곡의 수분 함량
이 과도하여 유통과정에서 변질되는 것을 방지하고자 1907년 자체적으
로 미질검사규칙을 마련하여 조선 각지에서 군산항에 도착하는 수출미
곡에 대하여 검사를 실시하였다. 당시의 곡물검사는 총독부는 관여하지
않고 모두 곡물 무역상들이 자체적으로 실시하였다.

군산일본인상업회의소는 수출미곡의 수분 함량을 육안으로 판별하여
충분히 건조되지 않은 미곡은 수습미(水濕米)로 판정하고 수출을 금지
하고 검사에 합격한 것만 수출이 가능하도록 자체적으로 규제하였다. 검
사원은 검사에 합격한 것은 가마니에 군검(群檢)이라는 검정색 스탬프를
찍었다. 제대로 건조하지 않아 수분이 많은 것은 붉은색 群檢 스탬프를
찍어 불합격품임을 나타냈다. 검사원은 또 하주(荷主)들의 요청에 따라
서 스탬프 대신에 합격증명서를 교부하기도 하였다.[24]

1909년 목포와 인천의 일본인상업회의소도 자체적으로 수출 현미에
대한 검사를 실시하였다. 木浦의 현미검사규칙은 목포에서 도정한 현미
는 모두 검사를 받아야 하고, 검사 현미는 건조의 양부(良否), 탈각 되지
않은 벼(뉘)의 포함 정도를 검사하며 광택을 잃지 않게 잘 도정된 것만
합격시키는 것이었다. 검사에 합격한 현미는 검(檢)자 도장을 찍고, 불합
격한 것은 수출할 수 없다고 규정하였다.

---

24) 群山府(保高正記), 『群山開港史』, 1925.

이것은 수출할 수 있는 상품과 없는 상품을 구분하는 단순한 것이었는데 검사의 기준은 검사원의 주관적 판단에 따르는 것으로 일정한 표준은 없었다. 군산에서의 검사는 단순히 수습미를 가려내기 위한 건조도(乾燥度) 검사였으나 목포와 인천에서 실시한 현미검사는 미곡의 품질을 구별하기 위한 것으로 한걸음 발전된 것이었다.

미곡의 품질검사를 하게 된 이유는 목포의 미곡 수출상들이 구입한 원료미가 일본으로 수출되어 저질미로 평가되어 싼 값에 거래되는 것을 방지하기 위한 자기 보호적 동기에서 출발한 것이었다. 검사규칙은 일종의 매상검사(買上檢査)제도에 속하는 것이었다. 이 제도의 실시로 어느 정도 상거래를 원활하게 하여 수출상들의 자체적 미곡검사제도는 점차 그 유용성을 평가를 받게 되었다.

5. 조선총독부의 미곡검사제도와 조선미의 차별화

1) 道營검사

(1) 도영검사의 배경

조선총독부는 수출미곡상단체가 자체적으로 실시하는 미곡검사가 수이출 미곡의 상품성 제고와 산미개량에 유용하다는 점을 인식하고 미곡검사제도를 개선하여 적극적으로 보급하기로 결정하였다. 총독부는 1913년 6월 각 도 장관(도지사)에게 통첩을 보내 도청의 감독 아래 상업회의소 또는 곡물동업조합으로 하여금 수이출미를 검사하도록 시달하였다.[25] 그 결과 먼저 인천·부산·진남포의 세 상업회의소와 경기도 평택

---

25) 『朝鮮總督府施政年報』, 1914, p.250; 朝鮮農會, 『朝鮮農業發達史』 政策篇, 1944,

곡물동업조합과 경상북도의 대구·김천·왜관·경산·청도의 곡물개량조합
이 총독부의 방침에 순응하여 수이출미의 검사를 시작하게 되었다.

당시 인천상업회의소는 인천 부윤(府尹)의 인가를 받아 현미검사규칙
을 제정하고 이것의 실시는 인천곡물협회가 담당하도록 하였다. 인천상
업회의소의 검사규칙은 인천항에 집산되는 현미에 대해서는 건조의 양
부(良否)와 함께 뉘·모래·피·싸래기 등의 협잡물(挾雜物)의 혼합 정도
를 검사하는 것에 중점을 두었다. 건조(乾燥)는 광택을 잃지 않고 습기
가 없는 것, 현미의 품질은 각종 협잡물의 혼입 정도가 100분의 5 이내
인 것을 합격으로 하였다.

검사에 합격한 현미는 합격증을 교부하고, 수이출을 할 때는 합격증
과 교환하여 매 가마니에 검사필 스탬프를 찍었다. 검사증이 없는 현미
는 수이출을 할 수 없도록 규정하였으나 지방시장에 내다 파는 것에 대
해서는 회의소의 승인을 얻어 처분할 수 있도록 하였다.[26]

총독부의 권고에 의한 미곡상 단체와 상업회의소 등에 의한 현미검사
는 법규에 의하지 않은 임의검사였다. 각기 다른 지방의 미곡상 단체 또
는 상업회의소가 실시하는 검사는 강제성이 없고 지역에 따라 검사기준
이 다르다는 문제점이 들어났다.

뿐만 아니라 현미검사가 총독부의 산미개량정책과 관련성이 없어 생
산농민들은 여전히 수확 후의 건조와 조제 개선에 관심이 없었다. 또한
소규모의 현미업자(製玄업자)들에 의한 현미조제는 여전히 불충분하여
이품종(異品種)·토사(土砂)·기타 협잡물의 혼입이 많았고 포장의 불완
전 등의 문제점이 거의 개선되지 않았다. 이 때문에 과거와 마찬가지로
이출 현미를 이출상인이 다시 조제하고 가공 및 개장(改裝)을 거치지 않
으면 안 되는 경우가 여전히 발생하였다.

---

p.202.

26) 朝鮮農會, p.202.

(2) 도영검사의 성립

가. 현미와 백미의 검사 등급과 표준

조선총독부는 법령에 의한 검사의 필요성을 인정하고 1915년 2월 총독부의 부령(府令)으로 미곡검사규칙(米穀檢査規則)을 제정하여 공포하였다. 이 규칙은 미곡검사를 도 장관의 권한으로 도청(道廳)이 검사를 주관하여 실시하되 각 도는 각자의 실정에 맞는 검사규정을 만들어 사용할 수 있도록 하였다. 미곡검사는 지방청 스스로가 이를 담당하거나 관내의 상업회의소 또는 곡물동업협동조합 등의 단체로 하여금 대행할 수 있도록 하였다.

총독부의 부령에 따른 미곡검사는 1916년까지 전국의 모든 도에서 실시하였는데 충남, 전북 및 전남만 도에서 검사소를 설치하여 직접 실시하고 나머지 도는 해당 지역의 상업회의소나 곡물동업조합이 대행하였다. 그러나 부령에 따른 검사는 검사기관이 도, 상업회의소, 또는 곡물업자 단체 등으로 나뉘어져 있고 검사의 방법과 정도(精度)도 다르기 때문에 검사기준의 통일을 위하여 검사제도를 개선할 필요성이 생겼다.

조선총독부는 검사기준을 통일하기 위하여 1917년 9월 미곡검사규칙을 개정, 종래 도령으로 규정하였던 사항을 조선총독부의 부령에 의한 것으로 바꾸고 검사는 모두 도의 지방비 사업으로 하도록 개정하였다. 미곡검사 내용은 새로 품질검사를 추가하고 건조의 정도, 잡물의 혼입 정도 등 등급 감별의 기준을 높이고 동시에 검사등급을 세분하였다.

미곡검사의 등급기준은 도(道)가 다르더라도 모두 같은 기준에 의해 실시하기 위한 것이었다. 미곡검사는 도지사가 지정한 장소에서 수이출하거나 또는 타 도로 반출하려는 조선산 현미에 대해서 실시하되 검사에 합격한 것만 이동할 수 있도록 하였다(미곡검사규칙 제1조).

1920년대에 들어와 조선에서 산미증식계획이 추진되고 백미의 이출

수량이 크게 증가하기 시작하였다. 그러나 당시 백미는 현미와 같은 검사제도가 없었기 때문에 일본으로 이출되는 백미의 품질과 용량, 포장 등에 문제가 자주 발생하였다. 총독부는 백미도 검사에 포함하기 위해 1922년 7월 부령 제104호로 검사규칙을 개정하였다. 이리하여 미곡검사의 대상은 현미 이외에 백미도 추가되었다. 총독부령 제104호에 의한 미곡검사규칙의 요지는 다음과 같다.[27)]

〈표 4-10〉 玄米의 검사 등급과 기준

등급	품질	건조	挾雜物 기타
特等	우량한 것	충분히 건조한 것	石, 蝦米, 異年度産 米가 없고 赤米의 혼입이 1슴에 5粒 이내의 것으로 土, 피, 뉘, 靑米, 死米, 碎米 기타 협잡물의 혼입이 100분의 2 이내인 것.
1등	특등 다음 것	특등 다음 것	蝦米, 異年度産 米가 없고 돌의 혼입은 1升에 10립 이내, 赤米의 혼입이 1슴에 30粒 이내의 것으로 돌, 흙, 피,뉘, 靑米, 死米, 碎米 기타 협잡물의 혼입이 100분의 3 이내인 것.
2등	1등 다음 것	1등 다음 것	蝦米, 異年度産 米가 없고 赤米의 혼입이 1슴에 80粒 이내의 것으로 돌, 흙, 피, 벼, 靑米, 死米, 碎米 기타 협잡물의 혼입이 100분의 5 이내인 것.
3등	2등 다음 것	2등 다음 것	蝦米, 異年度産 米가 없고 赤米의 혼입이 1슴에 180粒 이내의 것으로 돌, 흙, 피, 벼, 靑米, 死米, 碎米 기타 협잡물의 혼입이 100분의 6 이내의 것.
4등	3등 다음 것	3등 다음 것	蝦米, 異年度産 米가 없고 赤米의 혼입이 1슴에 180粒 이내의 것으로 돌, 흙, 피, 벼, 靑米, 死米, 碎米 기타 협잡물의 혼입이 100분의 6 이내의 것.
等外	4등 다음 것	4등 다음 것	異年度産 米가 없고 蝦米의 혼입이 적은 것으로 赤米의 혼입이 1슴에 300粒 이내의 것으로 돌, 흙, 피, 벼, 靑米, 死米 기타 협잡물의 혼입이 100분의 12 이내의 것.

자료: 朝鮮總督府令 第104號(1922년 7월 11일)에 의한 米穀檢査規則(1922년 8월 1일 실시). 단 玄米 等外는 1925년 12월 검사규칙의 일부 개정에 의함.

---

27) 조선총독부령 제104호(1922년 7월 11일)에 의한 미곡검사규칙(1922년 8월 1일 실시). 단 玄米 等外는 1925년 12월 검사규칙의 일부 개정에 의함.

<표 4-11> 백미의 검사 등급과 기준

등급	품질	搗製	乾燥	협잡물 기타
特等	우량한 것	우량한 것으로 겨와 搗粉의 제거가 충분한 것	충분한 것	石의 제거가 충분한 것으로 蝦米, 피, 벼 기타 협잡물이 없고 碎米의 혼입이 적은 것
1등	특등 다음 것	특등 다음 것	특등 다음 것	돌의 혼입이 1升에 3粒 이내로 하미가 없고, 피, 벼 기타 협잡물의 제거가 충분한 것으로 쇄미의 혼입이 적은 것
2등	1등 다음 것	1등 다음 것	1등 다음 것	돌의 혼입이 1升에 7粒 이내로 하미, 피, 벼, 기타 협잡물의 제거가 충분한 것으로 쇄미의 혼입이 적은 것
等外	2등 다음 것	2등 다음 것	2등 다음 것	돌, 피, 벼, 기타의 협잡물의 혼입이 적은 것

자료: 朝鮮總督府令 第104號에 의한 米穀檢査規則.

검사는 수도와 육도를 구분하여 품질의 양부, 건조의 정도, 돌(石), 흙(土), 피(稗), 뉘(籾), 하미(蝦米)[28], 청미(靑米), 적미(赤米·앵미), 死米(쭉정이), 碎米(싸래기) 기타 협잡물의 다소, 다른 연도 산(異年度産) 쌀의 혼입 유무, 용량과 중량 및 포장의 적부 등을 판단하여 등급을 결정하는 것이었다. 품질검사는 주로 어떤 품종이 섞여있는지, 낱알의 크기는 큰지 작은지, 낱알의 모양, 색과 윤택, 쌀의 배색(腹白), 쌀 표면의 줄(縱筋) 및 벌레 먹은 쌀의 정도를 살피며, 건조의 정도는 표준미로 가늠하되 일정할 것을 기준으로 하였다. 백미에 대해서는 현미의 검사 항목 이외에 도정의 양부(良否)를 추가하였다. 등급의 종류와 해당 등급의 검사기준은 다음 표와 같다(제3조, 제4조).

---

28) 하미(蝦米)란 건조 불량으로 인하여 생긴 황적색 변색미를 말한다. 건조가 불량한 벼를 오래 저장하면 여름철 기온이 높을 때 변질한다. 이 벼를 도정하면 새우와 같이 가늘고 흰 모양의 蝦米가 된다. 하미는 냄새가 나고 식미가 좋지 않다.

나. 포장 및 용량검사

현미는 가마니로 포장하되 가마니 당 용량은 4두(斗)로 하였다. 조선의 현미 1가마니의 용량은 원래 5두로 되어 있었다. 1가마의 용량을 5두로 하는 것은 무거워서 운반과 취급이 불편한데다가 일본의 표(俵·가마니)도 4두짜리가 많기 때문에 1917년 10월 이후부터 4두로 개정하였다.

포장은 구조가 완전한 신품 가마니를 사용하되 1매의 중량은 600돈(匁) 이상의 것을 사용하는 것으로 규정하였다. 가마니를 묶는 새끼줄은 1심(尋)에 11돈 이상의 것을 사용하되 2줄을 사용하여 가로 묶기(橫繩)는 4개소를 하고, 세로 묶기(縱繩)는 2개소를 묶는다. 세로로 묶는 새끼줄의 양 끝은 가로줄에 연결하여 묶는다. 백미는 중량제(重量制)를 따르되 포장은 가마니 또는 포대(布袋)를 사용한다. 가마니에 넣는 백미의 중량은 60kg이고 포대를 사용할 경우 30kg, 소 포대는 15kg을 넣는다. 현미와 백미를 담는 가마니와 포대의 포장방법은 다음 <표 4-12>와 같다(제5조).

〈표 4-12〉 현미와 백미의 중량·용량 및 포장 기준

구분	중량제	용량제	포장 규격			
			포장 용기	새끼줄 무게	세로 묶기	가로 묶기
玄米		4斗/가마	1매 600돈 이상의 가마니 신품	1尋당 11돈 이상	2개소	4개소
白米	60kg/가마		상동	상동	상동	상동
白米	30kg/포대 15kg/포대		35돈 이상/布袋 25돈 이상/포대	상동	1개소	2개소

자료: 朝鮮總督府令 第104號에 의한 米穀檢査規則.

다. 검사 합격품에 대한 인증

검사는 수도(水稻)와 육도(陸稻)로 구분하여 실시하였다. 육도는 포장

의 표면에 적색으로 육도임을 나타내는 스탬프를 찍었다. 수도로 검사받은 현미와 백미는 각기 합격 등급을 가마니 혹은 포대의 표면에 찍었다. 현미의 등급은 특등, 1등, 2등, 3등, 4등, 등외(等外) 또는 불합격의 6등급으로, 백미는 특등, 1등, 2등, 등외 또는 불합격의 5등급으로 나누어 검사증인(檢査證印)을 찍었다. 또 검사를 실시한 道를 나타내는 기호를 찍고 검사를 집행한 검사소의 봉전지(封箋紙, 꼬리표)를 세로 묶기를 한 새끼줄에 매달고 일부인(日附印)을 찍었다(제11조).

검사합격 현미와 백미에 돌이 없는 것에 대해서는 수검인의 청구에 따라 가마니에 타원형 안에 ヌキ(네기)라고 쓴 석발증인(石拔證印)을 찍어주었다. 현미와 백미의 증인은 쉽게 식별할 수 있도록 현미는 흑색 잉크를 사용하고 백미는 감청색 스탬프를 찍었다.

라. 불합격미와 재검사를 받아야 하는 미곡 및 검사장소 및 검사비

미곡검사 표준과 미곡의 포장 및 용량검사 표준에 해당되지 않는 것은 불합격한 것으로 처리하였다. 불합격 미는 수이출 및 도외(道外) 또는 도내(道內) 개항지에 반출할 수 없게 하였다.

검사필 미곡이라 할지라도 ①포장을 다시 한 것 ②검사증인 또는 도명 기호가 마멸 또는 오손되어 식별하기 어려운 것 ③봉함지가 훼손된 것 ④변질 기타 이상이 생긴 것 ⑤검사 후 90일이 경과한 것은 재검사를 받도록 하였다. 그렇지 않으면 수·이출 및 도외 또는 도내 개항지에 반출할 수 없었다(제13조).

검사는 각 도별로 도의 미곡검사소에서 행하였다. 수검물(受檢物)은 검사를 받기 위해 검사소로 운반하였다. 특별한 사유가 있을 때는 검사원이 미곡이 적치된 장소로 출장하여 검사할 수도 있었다. 가마니에 든 현미와 백미의 품질검사는 견자법(見刺法)으로 하였다.

견자법이란 얇은 쇠 파이프의 반을 갈라내고 끝을 뾰족하게 만든 검

사침으로 가마니를 찔렀다가 빼면 파이프에 현미가 담겨 나오는데 이것을 표본으로 보고 내용물의 등급을 판단하는 방법을 말한다. 포대에 넣은 백미는 입구의 실을 뜯어 해장(解裝)한 후에 실시하였다.

각 도는 모두 지방비(道費)로서 현미와 백미검사를 시행하였으나 수검에 따른 수수료는 수검자가 부담하였다. 수검자가 부담하는 비용은 평균적으로 1가마에 13전이었다. 그 내역은 대체로 검사장까지의 운반비 5전, 검사 수수료 4전, 검사장의 보조인부 임금 4전이었다.

2) 國營檢査

(1) 道營檢査의 문제점

도영 미곡검사는 도비(道費)로 행하는 지방검사였다. 따라서 행정구역인 도 단위로 검사를 한 결과 동일 또는 유사한 상태의 미곡일지라도 행정구역이 다르면 다른 표준규정에 의해 검사를 받았다. 그 결과 등급에 차이가 발생하고 거래 가격에 차이가 생기는 등 불합리가 따랐다. 이것은 행정구역에 따른 검사를 하는 경우 피할 수 없는 결점이었다.

뿐만 아니라 검사수수료는 각 도 지방비의 중요한 재원(財源)이 되므로 각 도는 조금이라도 검사 수량을 늘려 수수료를 많이 받으려는 욕심으로 인접 도간에 수검자를 유인하여 검사를 받도록 하는 소위 '객인검사'(客引檢査)라는 폐풍이 생겼다. 이 때문에 검사의 정도(精度)와 통일성이 저해되고 각 도 또는 거래업자들 사이에 분쟁이 일어나는 경우도 적지 않았다.

조선총독부는 이와 같은 문제점을 해결하기 위하여 같은 기준을 전조선에 통일적으로 적용할 수 있는 국영검사제도를 도입하기로 하였다. 총독부는 1932년 9월 24일 칙령(勅令) 제264호로 조선곡물검사소령(朝鮮穀物檢査所令)을 공포하고 같은 날에 조선총독부 부령 제91호로 조선곡물검사소령 시행규칙(施行規則)을 발표하였다.[29] 이 법령에 따라 총독부는 기존의 도 곡물검사소를 해산하는 한편 총독부 직할의 조선곡물검사소를 설치하였다.

조선총독부는 조선곡물검사소의 본소를 경성에 두고 미곡 등의 생산상태와 거래계통에 따라 전 조선을 6개 지구로 나누어 각 지구의 집산지인 부산, 목포, 군산, 인천, 진남포와 원산에 지소를 설치하였다. 조선곡물검사소의 업무는 본소의 경우 ①곡물과 가마니의 검사에 관한 사항 ②곡물과 가마니의 검사·저장과 조제의 연구와 조사에 관한 사항 ③곡물과 가마니의 가격, 조사에 관한 사항을 관장하고, 지소는 일선에서 곡물과 가마니의 검사를 담당한다고 규정하였다.

조선곡물검사소의 각 지소는 검사업무의 편의를 위해 출장소를 설치하였는데 1936년 현재 출장소의 총수는 전국에 걸쳐 229개소에 달하였다. 검사소 직원의 정원은 1936년 1월 현재 기사(技師) 10명, 촉탁 23명, 기수(技手) 688명 그밖에 고원(雇員)과 조수가 291명이었다.

조선곡물검사소는 나중에 벼(正租) 검사를 추가로 실시하게 되면서 검사 인원을 더 늘려 정원이 1천 명을 넘는 방대한 조직을 거느리게 되었다. 검사소의 소장과 각 지소장은 기사(技師)이상으로 충원하도록 하였다. 조선곡물검사소의 지소와 그 관할구역과 및 산하의 출장소는 다음 <표 4-13> 및 <그림 4-1>과 같다.

---

29) 조선곡물검사령 시행규칙은 검사의 대상 곡물을 현미와 백미 뿐만 아니라 大豆, 大麥, 小豆, 菉豆, 豌豆에 대해서도 검사 수 있도록 규정하였다(시행규칙 제1조).

(2) 조선총독부 곡물검사소의 지소와 출장소

〈표 4-13〉 조선총독부 곡물검사소의 지소, 관할구역, 출장소 및 銘柄기호

지소명	관할구역	출장소명	銘柄기호
仁川 支所	경기도 충청북도(보은군,옥천군,영동군은 제외) 충청남도 연기군,천안군,아산군 둔포 및 배방면 강원도(통천군,고성군,양양군,강릉군,삼척군,울진군은 제외) 황해도 해주군,연백군,평산군,김천군,신계군,옹진군,수안군,곡산군,장연군 속달면, 후남면,서흥군(목감면 제외)	경기: 경성,수원,오산,남양,평택,안성, 장호원,문산,고랑포,연천, 서빙고,강화,김포 충북: 청주,단양,청안,충주,진천, 대소원,음성,제천 충남: 조치원,전의,천안,성환 강원: 춘천,철원,원주,횡성,홍성,복계 황해: 해주,취야,연안,청단,백천,금교, 남천,신막,태탄,소강포	仁
群山 支所	전라북도 충청북도 보은군,옥천군,영동군 충청남도(연기군,천안군, 아산군 둔포 및 배방면제외)	전북: 전주,동산,삼례정주,신태인, 김제,부용,만경,이리,함열,백산, 고창,부안,줄포,흥덕,금산,남원, 순창, 무주,지경,망성 충북: 보은,옥천,이원,영동,황간 충남: 공주,대전,강경,논산,합덕,예산, 삽교,광천,대천,길산,장항,입포, 서산,선장	群
木浦 支所	전라남도	전남: 영산포,나주,송정리,광주,장성, 법성포,벌교,여수,순천,강진,영암,담양, 함평,해남,장흥,광양	木
釜山 支所	경상북도 경상남도	경북: 대구,상주,김천,구미,왜관,경산, 청도,하양,영천,경주,포항,안강, 영해,안동,함창,예천,영주 경남: 진주,마산,의령,함안,밀양,남지, 물금,낙동강,수산,동래,진영,김해, 창원,통영,구포,고성,사천,삼천포, 하동,함양,거창,진교,울산,문산	釜
鎭南浦 支所	평안북도 평안남도 황해도 해주군,연백군,김천군,평산군,옹진군,신계군,장연군 속달면,후남면, 서흥군(목감면 제외)(수안군과 고산군은 제외)	평북: 신의주,남시,차연관,선천,곽산, 정주,부라,운전,영미,박천,구장, 고읍, 평남: 평양,중화,순안,숙천,만성, 신안주,개천,순용,기양 황해: 사리원,황주,북육,재령,신천, 안악,장연,풍천,신환포	鎭
元山 支所	함경북도 함경남도 강원도 고성군,통천군,양양군,강릉군,삼척군,울진군	함북: 청진,명천,길주,성진,회령,경성, 웅기,온성,사포 함남: 함흥,영흥,북청,단천,웅기, 강원: 통천,강릉	元

자료: 朝鮮總督府 穀物檢査所官制(1932년 칙령 제264호) 朝鮮穀物檢查令 施行規則
　　　(朝鮮總督府令 제91호, 1932. 9. 24).

(3) 국영검사의 내용과 기준

가. 검사대상과 검사구역

조선총독부는 총독이 지정한 곳 또는 지정하는 지역을 경유하여 미곡을 반출할 때는 곡물검사소의 검사를 받은 것만 할 수 있도록 하였다(곡물검사령 시행규칙 제1조). 검사에 불합격한 미곡은 수출 또는 이출을 할 수 없을 뿐만 아니라 같은 도내에서의 이동도 금지시켰다.[30] 총독의 지정지는 전 조선의 중요한 철도역 소재지, 개항지, 도읍으로 곡물의 집산지를 망라하였다. 즉 국영검사는 불합격품에 대한 미곡의 이동 규제를 도영검사보다 강화하였다.

총독부는 미곡검사의 구역을 도 단위에서 탈피하여 광역화하였다. 도영검사의 가장 큰 문제점을 해결하기 위하여 총독부는 미곡 생산의 지역적 특성과 경제적 유통권에 알맞도록 전 조선을 6개로 나누어 검사구역을 정하고 각 구역마다 1개씩의 검사소 지소를 설치하였다. 지소의 소재지는 각 권역의 대표적 수이출 항으로 정하였다. 이에 따라 각 지소의 관할구역은 도영검사 때보다 훨씬 넓어졌다. 예를 들면 인천지소는 경기도의 전부와 충청북도와 충청남도 그리고 강원도와 황해도의 일부 군을 포함하는 관할구역을 갖게 되었다.

총독부는 곡물검사소의 지소에게 관할구역 내의 모든 미곡에 대해 독점 검사권을 주고 각 지소마다 고유의 명병(銘柄)기호를 부여하였다(곡물검사령 시행규칙 제13조). 즉 <그림 4-1>과 같이 仁川지소는 ㉡, 群山은 ㉗, 木浦는 ㉠, 釜山은 ㉣, 鎭南浦는 ㉠, 元山은 ㉧이라는 기호를

---

30) 검사를 받을 필요가 없는 예외는 ①상품의 견본으로 1두 이내의 물건 ②자가용품으로서 1인당 4두 이내의 물건 ③軍소유 곡물로 그 증명이 있는 경우, 초물 또는 쇄미 등으로 검사소의 증명이 있는 경우 ④시험·조사용 또는 박람회, 공진회, 품평회 용으로 제공되는 물건으로서 관공서의 증명을 갖고 있는 것은 검사 필요가 없다.

〈그림 4-1〉 곡물검사소의 지소별 명병기호와 관할구역 배치도

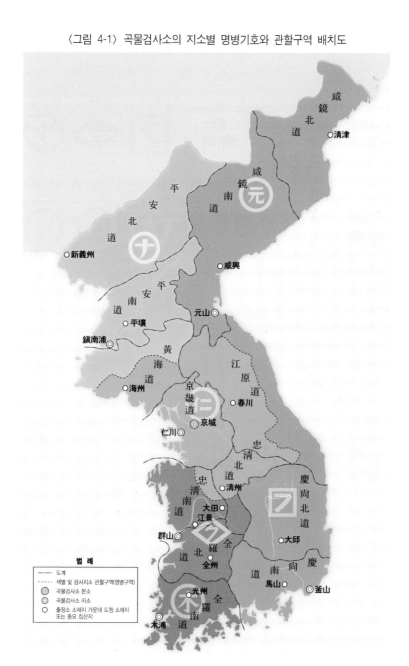

〈그림 4-2〉 검사등급, 명병기호 및 품종기호

검사등급증인				명병 기호(검사소기호)		

검사등급증인

특등	1등	2등	3등

特

4등	5등	불합격	불합격 하등품

명병 기호(검사소기호)

釜山	群山	鎭南浦

木浦	仁川	元山

품종기호

龜の尾	陸羽132號	雄町	中生神力

多摩錦	福坊主	銀坊主	畿內

육도 재래종품종기호와
검사일부인·꼬리표

육도

陸

재래종

在

검사일부인

○
檢査地名
住　所
受檢者氏名
皆掛重量　斤

朝鮮總督府穀物檢査所封箋

길이 3촌　길이 7촌
폭 1촌3분　폭 1촌

정하였다.(시행규칙 제7호 양식) 이로써 각 지소는 검사에 합격한 미곡의 포장에 고유의 검사소 기호를 찍음으로써 관내에서 생산한 미곡의 품질 상태와 거래계통을 동시에 나타내도록 하였다.(1934년 府令 제3호, 제101호, 1935년 부령 제116호)

곡물검사소는 미곡의 품종(品種)에 대해서도 고유의 기호를 부여(附則 제15호 양식)하고 검사소 기호와 품종기호를 함께 사용할 수 있게 하여 특정 지역의 특정 품종에 대한 차별화를 가능하게 하였다. 품종기호를 사용하게 된 대표적인 품종은 곡량도(穀良都), 은방주(銀坊主), 육우132호(陸羽 132號), 다마금(多摩錦), 구노미(龜の尾·거북이꼬리) 등이었다. 따라서 곡물검사소의 기호와 품종 기호가 결합하여 미곡 품질의 우수성을 나타내는 명병(銘柄·프리미엄 브랜드)으로서의 기능을 할 수 있도록 하였다. 명병기호와 품종기호, 검사등급기호 등은 <그림 4-2>와 같다.

종전의 도영검사 시에는 각 도별로 12개의 기호를 부여하였으나 이것에서 탈피하여 행정구역이 다르더라도 유사한 생산조건과 상권이 같은 것은 같은 명병을 부여한다는 점이 특색이었다. 이것은 똑 같은 품질임에도 불구하고 행정구역이 다르다는 이유로 검사등급이 달라지는 모순을 최대한 피하고 검사에 합격한 미곡의 품질을 보증하는 브랜드의 역할을 하기 위한 조처였다.

나. 품질과 건조의 정도

각 등급에서의 품질과 건조의 정도는 정해진 등급의 표준치 이상으로 정하였다. 지소는 매년 신곡이 출회할 때 각 등급의 표준미의 참고품을 만들어 이것을 본소에 가지고 온다. 본소에서는 표준미 사정회를 열고 각 등급의 표준미 기준을 결정하였다. 과거에는 지방과 품종에 따라, 그리고 기후 기타 사정에 따라 다소 품질에서 차이가 있는 것을 피할 수 없었다.

예를 들면 과거에는 함경도, 강원도, 충청북도 등의 표준미는 평안북도, 전라도, 경상도 등의 표준미에 비해 품질이 낮았다. 그 결과 가격에도 차이가 있었다. 그러나 국영검사 실시 후에는 각 지소의 표준미의 품질을 서로 근접하게 하여 뚜렷한 차이가 없게 되었다.

건조의 정도는 여름철 미곡의 저장력과 도정 등에 큰 영향을 주므로 종전부터 검사상 특히 중요한 문제였다. 도 검사시대에도 현미의 건조검사는 엄격하게 하여 백분(百分) 가운데 수분 15.5% 이내를 표준으로 정하였다. 그러나 전북을 비롯한 몇 지역의 현미는 지세, 토질 기타 건조를 어렵게 하는 자연적 요인 때문에 건조 상태가 표준을 따라오지 못하는 문제점이 있었다. 총독부는 이 문제를 해결하기 위해 군산지소의 관내 도정업자에게 고가의 화력건조기 70여 대의 설치를 지원하였다.

수이출미의 건조도의 제고는 조선 내의 실정으로 보아 달성하기 쉽지 않은 목표였으나 조선총독부는 1930년대 전반 조선미의 과잉 이출이 일본의회에서 문제가 되자 조선미의 대일본 이출을 자발적으로 억제하기 위한 수단의 하나로서도 건조도를 상향 조정한 것으로 보인다.

총독부는 조선미 이출상들의 불만에도 불구하고 1932산 미의 건조도를 16.5% 이내로 하였고 1933산 미부터 건조도를 더 올려 16% 이내로 하였다. 검사소는 1934년 산부터 건조도를 다시 올려 15.8% 이내로 강화하였다. 이렇게 하여 조선미는 일본에서 하절기에 장시일 저장하여도 변질의 염려가 없을 정도가 되었다.

다. 현미의 등급과 조제기준

전반적인 미질의 개선에 따라 국영검사의 기준은 과거 도영검사의 기준보다 훨씬 강화하고 현미와 백미의 등급은 도영검사 때보다 단순화하였다.

품질 및 건조가 불량한 것, 현미와 백미에 하미(蝦米)와 다른 연도산 (異年度産) 미가 한 알이라도 섞여 있는 것, 그리고 돌(石)의 혼입이 1승 (升)에 2립(粒) 이상의 것은 모두 불합격시켰고(시행규칙 제12조), 적미, 흙, 피, 뉘, 청미(靑米), 사미(死米), 쇄미(碎米) 등 협잡물의 혼입 비율도 강화시켰다.

도영검사에 있었던 현미의 특등과 등외, 백미도 특등과 등외의 구분을 없앴다.[31] 국영검사 현미의 등급은 1등, 2등, 3등, 4등 및 5등으로 구분하고, 백미는 1등, 2등으로 구분하고 나머지는 양자 모두 불합격으로 하였다.

총독부의 농림 관리들은 총독부의 설치 이래 적미를 제거하기 위해 많은 노력을 경주하였다. 종자의 갱신, 적미 립의 제거를 장려한 결과 상당한 성과를 거두었다. 1922년 도영검사에는 1등 미의 적미 혼입 허용 정도는 30립 이내였으나 1932년 국영검사에는 5립으로 줄어들었다. 등급에 따른 적미의 혼입 한도는 <표 4-14>와 같다.

조제상 두 번째 요건은 흙, 피, 뉘, 청미, 사미, 쇄미 기타 협잡물의 혼입인데 그 비율은 1등이 100분의 3 이내, 2등은 100분의 5 이내, 3등은 100분의 5 이내, 4등은 100분의 6 이내, 5등도 100분의 6 이내로 규정하였다. 흙은 모래, 돌 등은 돗자리 위에서의 탈곡, 탈곡기의 사용을 장려하거나 또는 당기(唐箕)[32]와 만석(萬石)[33]과 같은 잡물을 거르는 장치로 이를 제거한 결과 그 혼입의 정도가 크게 감소하였다.

---

31) <그림 4-2>의 특등기호와 불합격 하등품 기호는 도영검사시대의 것을 예시한 것임.

32) 벼의 낟알과 왕겨, 겨, 먼지 등을 분리하는 대형 풍구 장치, 큰 바람개비를 내장한 4각형 모양의 나무로 만든 농기구로 깔때기 모양의 투입구에 곡물을 흘려넣고 바람개비를 돌려 바람의 힘으로 흘러내리는 낟알과 쭉정이, 잡물, 겨 등을 가려내는 장치이다.

33) 개량 체(篩).

〈표 4-14〉 玄米검사의 등급과 조제기준

등급	품질 및 건조	조제기준
1等	1등표준품 이상의 것	赤米의 혼입이 1合에 5粒 이내의 것으로 ±, 피, 뉘, 靑米, 死米, 碎米 기타 협잡물의 혼입이 100분의 3 이내인 것.
2등	2등표준품 이상의 것	赤米의 혼입이 1合에 15粒 이내의 것으로 흙, 피, 뉘, 靑米, 死米, 碎米 기타 협잡물의 혼입이 100분의 5 이내인 것.
3등	3등표준품 이상의 것	赤米의 혼입이 1合에 40粒 이내의 것으로 흙, 피, 뉘, 靑米, 死米, 碎米 기타 협잡물의 혼입이 100분의 5 이내인 것.
4등	4등표준품 이상의 것	赤米의 혼입이 1合에 80粒 이내의 것으로 흙, 피, 뉘, 靑米, 死米, 碎米 기타 협잡물의 혼입이 100분의 6 이내의 것.
5등	5등표준품 이상의 것	赤米의 혼입이 1合에 120粒 이내의 것으로 흙, 피, 뉘, 靑米, 死米, 碎米 기타 협잡물의 혼입이 100분의 6 이내의 것.

자료: 朝鮮總督府令 제91호, 朝鮮穀物檢査令 施行規則 제11조(1932년 9월 24일).

조선미의 기장 큰 문제점이라고 지적 받던 돌(石)의 혼입은 그 동안의 엄격한 관리로 거의 해결되었다. 1되에 돌이 2알 이상 있는 것만 검사에서 불합격시키고 2알 이내는 사실상 돌이 없는 것으로 보아 석발미(石拔米)로 간주하였다. 도영검사 시절에는 석발미는 타원에 ㅈキ(네기)라는 인증을 찍어 불발미(不拔米)와 구별하여 이출하였다.

(4) 白米의 등급과 조제기준

과거 도영검사규칙은 백미 2등은 1승 가운데 7알(粒)까지 돌의 혼입을 인정하였다.(1922년 부령 제104호, 미곡검사규칙 제4조) 그러나 신규칙에서는 1승 가운데 2알 이상이 있는 것은 불합격 시키기로 개정하여 돌이 섞이지 않은 백미의 조제에 큰 성과가 있었음을 나타내었다. 이에 따라 국영검사에서는 불발미는 수이출을 금지하고 오직 석발미만 수이출 할 수 있도록 강화하였다. 백미의 조제에도 피, 벼 기타 잡물의 제거를 충분히 한 것으로 쇄미의 혼입 비율이 1등은 100분의 12 이내, 2등은 100분의 15 이내로 규정하였다.

〈표 4-15〉 白米검사의 등급과 조제기준

등급	품질 및 乾燥	조제기준
1등	1등 표준품 이상의 것	피, 뉘 기타 협잡물의 제거가 충분한 것으로 碎米의 혼입이 100분의 12 이내의 것
2등	2등 표준품 이상의 것	피, 뉘 기타 협잡물의 제거가 충분한 것으로 碎米의 혼입이 100분의 15 이내의 것

자료: 조선총독부령 제91호, 조선곡물검사령 시행규칙 제11조(1932년 9월 24일).

백미의 도정 정도는 표준미에 의하여 정하는 것으로 되어 있는데 이전에는 탄산석회를 대량으로 사용하여 정백(精白)하고 또 마지막 끝내기 도정 시에 쌀을 희게 하기 위해 탄산석회(寒水紛)을 첨가하여 백미의 표면에 부착하도록 하던 때도 있었다. 탄산석회는 인체에 해가 없다고 알려져 있었으나 이를 많이 사용하면 백미의 중량을 증가시키기 때문에 이를 사용하는 경향이 있었다. 검사소에서는 1933산 미부터 탄산석회의 사용을 제한하여 도정 마찰 1, 2회시 사용하되 그 이후에는 이것을 사용하지 않고 무사(無沙)상태로 도정하도록 하여 백미를 손에 쥐어도 손바닥에 탄산석회분이 묻지 않을 정도가 되어야 합격시켰다.

(5) 容量과 重量

현미와 백미의 용량과 중량, 포장은 과거의 규정과 별 차이가 없다. 그러나 국영검사에는 첨가미(添加米 또는 補充米)를 추가로 넣는 규정을 새로 만들었다. 현미는 가마니에 포장을 하고 백미는 가마니와 함께 포대를 이용하여 포장을 할 수 있었다. 현미는 과거와 마찬가지로 용량제(容量制)를 택하였는데 현미는 가마니에 담되 가마니당 4두를 넣고 그 외에 첨가미를 5홉 내지 8홉을 더 추가하기로 하였다.

백미는 현미와 달리 중량제(重量制)를 채택하였는데 백미를 가마니에 넣을 때는 1가마 당 60kg 넣고 그 외에 첨가미 400g을 더 넣었다. 백미는 포대(包袋)에도 넣을 수 있는데 이 경우에는 대당 30kg을 넣고 첨가미 200g 더 보충하였다. 작은 포대도 사용할 수 있는데 작은 포대에 15kg을 넣고 첨가미는 100g을 추가하도록 하였다(시행규칙 제10조).

첨가미란 미곡의 이동 또는 저장 시에 포장이 새거나 쥐나 새가 먹어 소량의 부족분이 생기는 것에 대비하기 위해 약간의 여분을 더 넣는 조선의 오랜 관행에서 유래한 것이다.[34] 과거 조선에서 일본으로 쌀을 운반할 때 도중에 포장이 파손되거나 건조가 충분하지 않아 감량이 생긴 것을 일본 상인들이 문제 삼아 거래상 분쟁이 발생하는 경우가 많았다.

따라서 부족분을 더 넣으라는 일본 미곡상의 요구가 있었다. 1915년 2월 미곡검사규칙을 제정할 당시 첨가미에 대하여 별도의 규정이 없었으므로 1가마당 1승 내외를 더 넣었다. 이런 일이 있은 후에 포장용 가마니의 제작기술이 진보하고 포장방법도 개선되어 운반 중 품질이 변하거나 감량이 발생하는 일이 적어지면서 보충미를 줄이거나 전폐하자는 소리가 조선의 미곡업자와 지주로부터 나오게 되었다.

그러나 첨가미는 일본에서 조선미의 마케팅과 수요 개발에 적지 않은 역할을 하여 왔다. 조선의 중·남부지방의 농장미·지주미 등에는 자진해서 한 가마당 1되 내지 1되 2~3홉의 보충미를 넣어 오는 경우가 많았다. 첨가미는 일견 바보 같은 짓이나 실제로는 거래상 장점으로 작용하였다. 즉 첨가미가 있는 현미는 정백(精白) 도정(搗精)을 할 때 백미가 많이 나오므로 많은 상인들이 조선미를 구입하려고 한다는 것이다.

1933년과 1934년도의 예를 들면 일본미는 1가마로부터 53~54kg 백미를 얻는데 불과하나 조선미는 1가마로부터 56~58kg의 백미를 얻을 수 있어 그만큼 이익을 더 얻을 수 있다는 것이다. 조선에서도 점차 이

---

34) 조선시대에는 정부에서 田稅를 받을 때 보관·수송시 감축되는 쌀을 보충하기 위해 더 받는 쌀을 斛上米라고 하였다. 곡상미에 대한 조선시대의 관행에 대해서는 吳浩成, 『朝鮮時代의 米穀流通시스템』 국학자료원, 2007을 참고할 것.

의 필요성을 인정하게 되어 조선곡물검사소령 시행규칙을 만들 때 첨가
미를 넣도록 공식화 하였다. 첨가미는 조선미의 특징으로 나중에는 마케
팅에 이용하게 되었다.[35]

(6) 包裝검사

포장은 완전하지 않으면 운반도중 또는 저장 중에 파손이 일어나 내
용물이 누출되거나 변질되어 뜻하지 않은 손실을 입게 된다. 특히 조선
으로부터 수이출되는 미곡은 일본 또는 중국 등 원격지에 수송되는 도중
에 이것을 전적(轉積)할 필요가 생길 수 있다. 혹은 창고를 이동하는 일
도 적지 않게 일어나므로 견고하게 포장하지 않으면 파손 또는 하붕(荷
崩)이 일어나기 쉬웠다.

〈표 4-16〉 현미와 백미의 가마니 또는 포대 당 중량·용량 및 포장 규격

구분	중량제		용량제		포장규격과 포장방법			
	실중량	첨가량	용량	첨가량	가마니 또는 포대	새끼줄 굵기	세로 묶기	가로 묶기
玄米			4斗	5~8合	天位, 地位 등급 신품	4~4.5分	3개소	2개소
가마니入 白米	60kg	400g			상동	상동	상동	상동
포대入 白米	30kg 15kg	200g 100kg			신품 포대	3.5~4分	1개소	2개소

비고: 종전에는 백미도 용량제를 실시하고 현미와 똑같이 4두를 넣고 첨가미는 3~5홉
    을 더 넣었으나 1931년 3월부터 백미는 일본에서 많이 사용하고 있는 중량제로
    개정하였다.
자료: 조선곡물검사소령(1932년 9월 24일 제령 제2호) 및 조선곡물검사소령시행규칙
    (1932년 9월 24일 조선총독부 부령 제91호).

가마니에 넣은 가마니 쌀(백미)은 일본의 대량 수요자들로부터 환영
을 받았다. 즉 백미 도매상, 소매상, 소비조합, 공장, 기숙사, 여관 기타

---

35) 持田惠三, 『米穀市場の展開過程』, 東京大出版會, 1970, p.41.

소비가 많은 곳에서 선호하고 포대 쌀은 소비량이 적은 가정에서 주로 구입하였다.

과거 포장에 문제가 있었던 것은 대부분이 가마니의 품질에 기인한 것이었다. 총독부령 제100호(1932년)는 가마니 검사규칙을 통하여 규격 표준을 정하였다. 검사소장은 정한 표준 가마니에 천위(天位), 지위(地位), 인위(人位)의 등급을 부여하고 곡용 검사에는 천위 또는 지위의 결정을 받은 새 가마니를 사용하도록 규정하고 인위 등급을 받은 것이나 헌 가마니는 사용하지 못하도록 하였다.

가마니를 묶는 새끼줄도 규격품만 사용하도록 하였다. 새끼줄은 직경 4분(分) 내지 4분 5리(厘)의 새 것을 사용하도록 하였다. 가마니를 묶는 방법도 규정이 있는데 다음과 같다. 세로 묶기(縱繩)는 2줄의 새끼를 사용하여 3개소를 묶는다. 가로 묶기(橫繩)는 2줄의 새끼를 사용하여 2개소를 묶되 중앙의 종승에 돌려 묶는다. 가마니의 입구는 빈 부분이 없게 눌러 막고 입구를 막는 새끼는 중앙의 종승에 걸어서 묶는다.

백미를 포장하기 위한 포대도 구조가 완전한 것으로 새 포대를 사용하도록 하였다. 포대를 묶는 새끼줄은 직경 3분 5리 내지 4분의 새것을 사용한다. 가로 묶기(橫繩)는 2개소를 묶되 2겹으로 한다. 세로 묶기(縱繩)는 1개소에 하되 2겹으로 하여 횡승에 걸어 돌려 묶는다. 포대의 입구는 강인한 면사(綿絲)를 사용하여 조밀하게 봉하도록 하였다.

(7) 再檢査

검사에 합격한 미곡이라도 검사 후 장시일을 경과하거나 혹은 변질, 이상을 보이거나, 포장이 손상된 경우에는 재검사를 받도록 하였다. 특히 현미와 백미는 여름철 더위에 의해 쉽게 변하기 때문에 이전에 한 번 검사를 받았다고 할지라도 오랜 기간 저장하면 재검사를 할 수 있도록 하였다.

국영검사는 검사유효기간 규정을 새로 정하였다. 즉 현미는 90일, 백미는 40일을 유효기간으로 정하였다. 그러나 현미를 여름철 7, 8, 9, 10월의 4개월 동안에 수이출 할 때는 유효기간을 60일로 축소하고 재검사를 받도록 하였다.

3) 벼(正租) 검사

(1) 벼 검사의 배경

조선총독부에 의한 미곡검사는 현미와 백미에 한하였다. 개항 이후 조선 농민들의 미곡의 생산 단계는 벼의 생산에서 끝났다. 생산을 담당한 농민들은 벼를 소작료로 납입하고 또 자가 식량이나 지역의 5일장에 내기 위한 소규모의 자가 도정 이외에는 벼의 형태로 판매하는 관습이 생겼다. 조선에서 현미의 조제는 제현업자 또는 정미업자들의 몫이 되었다.

벼는 껍질에 둘러 싸여 있기 때문에 육안으로 그 품질을 판별하기가 어려웠다. 벼는 상거래의 대상물로서 중요시되나 벼에 대한 검사가 없었기 때문에 벼의 품질, 건조, 조제 등이 천차만별이었다. 농민들은 벼를 사들이는 중간상인들의 농간으로 좋은 벼의 품질을 제대로 평가받지 못해 시세보다 싼 값으로 판매하는 경우가 많았다. 벼는 상품으로서의 기준이 없었기 때문에 거래상 또는 소작료 수납상 불편과 불만이 많았다. 현미와 백미의 검사가 농가의 손에서 떠난 후 실시하기 때문에 중·소농들의 벼 건조와 조제 및 생산개량을 촉진하기 어렵다는 문제점도 있었다.

벼 검사의 실시를 둘러싸고 오래 전부터 관계자들 사이에 논의가 많았다. 벼 검사를 실시해야 한다는 측은 농민이 산미개량의 주역이므로 산미개량의 이익이 농민에게 돌아가야 하며 동시에 상거래의 원활을 도모할 수 있다고 주장하였다. 즉 농민과 직접 관련된 벼 거래의 개선을

통해 농가판매시세, 산지시세의 합리성을 증가시켜 조선미 유통의 합리
화를 촉진하자는 것이었다. 조선미곡상연합회 같은 이출상단체는 농가
수준에서 벼의 건조도(乾燥度)를 높여 이출상(移出商)의 현·백미의 조
제비용을 절약하려는 목적도 있었다.

벼를 대량으로 취급하는 대지주 및 대농장주는 정확한 등급으로 벼를
판매할 수 있으므로 그 이익이 큰데 비하여 중·소농은 종전처럼 벼를
자유롭게 처분할 수 없고 벼를 수검(受檢) 장소로 옮겨 수검해야 하는
등 불편과 비용이 발생하므로 반대하였다. 조선곡물협회연합회 같은 미
곡의 도·소매상단체도 벼 검사가 미곡의 품질향상과 상거래의 원활화에
는 거의 효과가 없고 농가의 부담만 증가시킨다며 검사를 반대하였다.

(2) 벼 검사제도의 개요

조선총독부는 1934년 10월 조선총독부령 제114호로 조선인검사규칙
(朝鮮籾檢査規則)을 제정하여 처음으로 희망자에 한하여 벼 검사(正租
檢査)를 실시하고 1935년 10월부터 정식으로 벼의 반출검사를 강제적으
로 시행하였다.

벼 검사제도의 개요는 다음과 같다. 먼저 지정지로부터 반출되는 벼
는 소작료 벼를 제외한 모든 벼를 검사 받아야 하고 벼의 등급은 1, 2,
3등이 있고 불합격은 등외로 하였다. 포장은 가마니에 넣는 것을 원칙으
로 하고 새끼줄로 묶는 규정은 현미 및 백미와 같으나 재래식 섬과 마대
도 인정하였다. 검사수수료는 가마니 1개당 3전이고, 재래 섬 90근 짜리,
마대 100근 짜리는 4전, 재래 섬 120근 입은 5전, 동 150근은 6전, 180
근은 7전이었다. 벼를 공동판매하는 장소와 벼의 집산 장소에서 실시하
는 출장검사에 들어가는 비용은 면제하였다.

벼 검사는 일본과 대만에서도 하지 않는데 조선에서만 실시하였다.
논란이 많았던 벼 검사의 숨겨진 목적은 조선미의 유통비용을 증가시켜

일본으로의 이출량을 줄여보자는 속셈도 있었던 것으로 보인다. 당시 일본에서는 미곡의 과잉공급과 1930년 이래의 장기적 불경기로 미가 하락하여 일본 농민들이 곤경에 처해 있었다. 일본 의회와 농림성은 물밀듯이 들어오는 조선미와 대만미의 이입을 막기 위하여 미곡법의 개정 등 각종 통제수단을 마련하기 위하여 고심하고 있었다.36)

---

36) 조선미와 대만미의 일본 이입 통제문제는 제7장에서 자세히 다룬다.

제5장
조선미의 수이출과 일본시장

1. 조선미의 증산과 수이출시장의 확대

1) 조선의 미곡 총공급량 추이

(1) 총공급량

일제시대 조선의 미곡 총공급량은 생산량과 수입량, 이입량 그리고 전년도의 이월량으로 구성된다. 1912년부터 1939년까지 28년간 미곡연도[1]로 본 총공급량은 <표 5-1>과 같다. 조선에서 미곡의 이월량 조사는 1931년에 처음으로 실시되었다. 그 이전은 알 수 없다. 총공급량은 1912년의 11,568만 석으로부터 꾸준히 증가하여 1939년에는 24,139만 석으로 확대되었다. 28년간 약 108%가 증가하였다.

1938년부터는 중일전쟁이 확전됨에 따라 일본은 국가총동원법을 제정하고 한동안 중지하였던 미곡증산계획을 다시 수립하는 등 본격적인 전쟁준비에 나섰다. 일본은 미곡시장에서 투기를 막고 전시 쌀의 공출과 배급을 위한 근거를 마련하기 위하여 1939년에 미곡배급통제법을 제정하였다. 일본은 이 법령에 근거하여 일본과 조선의 미곡취인소와 정미시장을 모두 폐쇄하였다. 자유거래를 원칙으로 하던 자본주의 미곡시장이 사라지고 전시 통제경제계획에 따라 공출과 배급체제로 전환하였기 때문에 1939년 이후의 미곡시장과 유통은 제8장에서 별도로 다루고 여기에서는 포함하지 않았다.

---

1) 미곡연도는 전년 11월 1일부터 해당년 10월 31일까지의 1년을 의미한다. 전년 가을에 생산된 미곡은 생산 연도에 조제와 판매를 거치면서 대부분 다음 해에 소비되므로 해당년의 생산량으로 간주하였다. 수이입량, 이월량은 당년의 통계이다.

다음은 총공급량을 구성하는 생산량과 이입량, 수입량에 대한 설명이다. 이월량에 대한 구체적인 설명은 생략하였다.

⟨표 5-1⟩ 조선의 미곡 총공급량 추이: 생산량, 수입량 및 이입량

(단위: 石)

연도	생산량	전년으로부터 이월량	수·이입량			총공급량
			수입량	이입량	합계	
1912	11,568,362	-	6,700	4,930	11,630	11,579,992
1913	10,865,051	-	217,611	2,627	220,258	11,085,289
1914	12,109,840	-	298,830	1,979	300,809	12,410,649
1915	14,130,578	-	34,341	1,229	35,570	14,166,148
1916	12,846,085	-	4,960	12,336	17,296	12,863,381
1917	13,933,009	-	53,555	10,842	64,397	13,997,406
1918	13,687,895	-	62,679	2,816	65,495	13,753,390
1919	15,294,109	-	47,911	3,265	51,174	15,345,283
1920	12,708,208	-	48,515	11,899	60,414	12,768,622
1921	14,882,352	-	4,328	13,602	17,930	14,900,282
1922	14,324,352	-	5,675	161,945	167,818	14,491,970
1923	15,014,292	-	25,080	89,211	114,291	15,128,583
1924	15,174,645	-	11,903	391,861	403,764	15,578,409
1925	13,219,322	-	117,023	832,375	949,398	14,168,720
1926	14,773,102	-	615,357	192,346	807,703	15,580,805
1927	15,300,707	-	79,601	843,192	922,793	16,224,500
1928	17,298,887	-	376,225	93,154	469,379	17,768,266
1929	13,511,725	-	444,826	245,500	690,326	14,202,051
1930	13,701,746	-	397,961	187,126	583,087	14,286,833
1931	19,180,677	321,531	18,317	48,255	66,572	19,568,780
1932	15,872,999	619,834	24,240	81,335	105,575	16,598,408
1933	16,345,825	620,356	28,547	82,370	110,917	17,077,098
1934	18,192,720	494,586	368	123,638	124,006	18,811,312
1935	16,717,238	600,523	378	292,188	292,566	17,610,327
1936	17,884,669	475,503	918	155,645	156,563	18,516,735
1937	19,410,763	495,350	303	199,566	199,869	19,096,113
1938	26,796,950	325,033	-	616	44,233	27,166,216
1939	24,138,874	-	-	3,583	3,583	24,142,475

비고: 생산량은 미곡연도(전년 11월 1일~해당년 10월 31일까지의 1년)임. 기타 항목은 당년도 수치임.

자료: 『朝鮮總督府統計年報』, 각 연도, 農林局, 『朝鮮米穀要覽』, 1940.

(2) 조선미의 생산량

조선의 미곡 생산량은 한일합병 이후 기상조건에 따라 다소 기복이 있으나 꾸준한 상승세를 유지하였다. 1912년의 약 1,100만 석에서 1939년에는 2,400만 석대로 약 1,300만 석이 증가하였다. 특히 1920년 조선산미증식계획이 시작된 이래 생산량이 지속적으로 증가하는 경향을 보였다.

미곡의 증산속도는 1930년 이후부터 더욱 빨라졌다. 미곡의 생산량 통계가 잡히기 시작한 1912년을 시작으로 1912~1915년의 4개년 평균 생산량 지수를 100으로 볼 때 1916~1920년의 5개년 평균생산량은 113, 제1기 산미증식계획이 착수된 1921~1925년의 5개년 평균은 119, 1926~1930년은 123, 1931~1935년은 142, 1936~1939의 4개년 평균지수는 181로 올라섰다. 1930년대 후반의 연간 미곡생산량은 1910년대 전반에 비하여 약 1.8배로 늘어났다. 특히 제2기 산미증식계획이 종료된 1934년부터 미곡생산량이 크게 증가하였다. 1938년에는 기록적인 대풍년을 맞아 생산량이 2,680만 석으로 격증하였으나 1940년에는 대흉년을 맞아 미곡생산량이 1,400만 석으로 급락하였다.

(3) 수입량

조선은 흉년이 들어 미곡의 공급량이 부족할 때는 일본과 대만으로부터 쌀을 이입하거나 또는 외국으로부터 수입하였다. 흉년이 아니더라도 조선미를 일본 등지에 너무 많이 이출하여 국내 공급량이 부족하여 미가가 상승할 때도 쌀을 수이입하였다. 이밖에 외국미나 일본미 또는 대만미의 가격이 아주 저렴할 때도 해외로부터 쌀을 사들였다. 조선이 외국과 일본 및 대만으로부터 수입하거나 이입한 미곡의 양은 조선이 일본 또는 외국으로의 수이출량보다는 훨씬 적지만 연도에 따라 큰 증감을 보여왔다.

먼저 외국으로부터의 쌀 수입량을 보면 1914년은 약 27만 석을 들여
왔다. 그 이후 1921년까지는 10만 석 이하로 감소하였다. 1922년에 다
시 17만 석대로 증가하고 다음 해인 1924년에는 일약 50만 석 이상으로
격증하였다. 1928년~1930년에는 계속 40만 석을 수입하다가 1931년 이
후에는 다시 감소하여 2만 석대에 머무르다가 1934년 이후에는 격감하
여 1천 석 미만이 되었다.

〈표 5-2〉 輸移入國別로 본 미곡의 수이입량

(단위: 石, 현미환산)

연도	일본	中國	英領印度	佛領印度지나	暹羅(섬라·태국)	기타국	합계
1910	1,439	137	-	-	-	0.4	1,576
1911	5,526	1,603	4,943	-	1,027	653	13,751
1913	3,291	980	5,370	283	1,077	22	11,023
1914	1,438	2,795	40,319	38,010	183,704	1,488	267,754
1915	1,915	924	1,626	4,086	22,542	-	31,093
1916	12,795	717	1,316	536	2,890	-	18,254
1917	10,515	2,212	566	22,156	29,937	-	65,385
1918	2,962	1,355	139	50,379	20,260	-	75,095
1919	3,827	21,086	-	14,960	4,457	-	44,440
1920	12,391	43,941	-	384	205	-	56,921
1921	13,819	4,115	182	272	452	-	18,840
1922	167,835	5,072	67	-	-	13	172,992
1923	99,738	6,156	17,519	1,314	-	2	124,729
1924	429,872	32,488	-	-	-	-	463,560
1925	819,028	77,695	7,900	18,599	2,905	17	926,244
1926	169,451	119,003	296,245	164,235	55,655	-	804,589
1927	840,264	28,130	5,784	10,164	8,244	9	892,595
1928	919	322	-	2,272	-	1,899	5,412
1929	2,673	554	1,726	1,933	270	3	7,159
1930	1,799	210	1,160	1.855	635	-	5,659

비고: 일본에서 들어온 이입미 가운데는 대만미와 외국미도 일부 포함되어 있음. 현미
　　230근을 1석으로 환산함.
자료:『朝鮮總督府統計年鑑』, 각 연도, 朝鮮殖産銀行 調査課,『朝鮮の米』, 1928, pp.213-
　　214.

1931년 이후 사실상 외국미의 수입이 중단된 것은 일본 의회가 미곡법(米穀法)을 개정하여 외국미에 대한 수입허가제를 실시하였기 때문이었다.

세계 대공황 이후 미가가 지속적으로 하락하자 일본은 미가를 안정시키기 위하여 1921년에 제정한 미곡법을 개정하였다. 개정 내용은 미가 하락을 막기 위하여 외국미를 수입할 때는 정부의 허가를 받도록 하는 것이었다. 일본은 개정 미곡법 제3조를 조선에서도 실시하도록 하였다. 이에 따라 조선총독부도 1931년 10월 이후 외국미의 수입허가제를 실시하자 외국미의 수입량이 현저하게 줄었다.

당시 조선의 외국미 수입선은 불령(佛領)인도지나(베트남·캄보디아·라오스)와 섬라(暹羅·태국의 옛이름), 영령인도(英領印度)[2] 등이었으나 1931년 이후에는 대부분 단절되고 영령인도에 속하였던 버마의 랑군미(蘭貢米)는 1933년 이래 두절되었다. 중국 또는 만주로부터의 수입도 있었으나 그 양은 미미하였다. 수입미는 대부분 백미이나 싸래기(碎米)도 소량 있었다.

(4) 이입량

일본과 대만으로부터 조선으로 들여오는 이입미(移入米)의 수량은 1912년부터 1921년경까지는 연간 1만 석 미만이었다. 이입량은 1922년부터 급증하여 16만 석을 초과하였고, 1924년에는 39만 석, 1925년에는 83만 석, 1927년에도 84만 석으로 증가하였다. 그 이후는 감소로 돌아서 1931년에는 4만 석대로 떨어졌다가 1934년에는 이입량이 다시 증가하

---

2) 당시 버마(미얀마)는 英領印度의 일부로 세계 최대의 쌀 수출국이었다. 버마는 1886년 영국과의 전쟁에서 패하고 영령인도의 한 洲로 편입되었다가 제2차 세계대전이 끝나고 1948년 버마로 독립하였다. 버마에서 수입하는 쌀은 랑군미(蘭貢米)로 불렸다.

여 30만 석에 가깝게 되었다.

1910년 대 중반부터 1920년 대 중반에 들어온 이입미 가운데는 일본으로 들어왔던 외국미 가운데 일부를 조선으로 이출시키는 경우가 포함되어 있었다. 1922년 일본으로부터 이입량이 격증한 것은 일본이 미가를 안정시키기 위하여 다량의 정부미를 싸게 불하하였기 때문인데 이때 조선으로 많은 양이 이입되었다.

1923년 이후의 이입미 가운데는 소량의 일본미가 포함되어 있는 것 이외에, 일본에 일단 이출되었던 조선미가 조선의 미가(米價)가 비싸지는 바람에 조선으로 다시 팔려온 것도 다소 포함되어 있었다. <표 5-3>에 나타나 있는 것처럼 1929년, 1930년과 1935년부터 1937년 동안은 10만 석 내지 15만 석의 대만미가 조선으로 들어왔다.

<표 5-3> 연도별 종류별 미곡의 수이입량

(단위: 현미환산 石)

연도	이입미				수입미	합계
	대만미	일본미 기타	외국미	계		
1928	16,630	7,854	68,697	93,154	376,225	409,379
1929	152,998	56,050	36,452	245,500	444,826	690,325
1930	115,059	38,273	33,794	187,126	397,961	585,087
1931	20,578	7,430	20,247	48,255	18,317	66,572
1932	39,182	7,389	34,764	81,335	24,240	105,575
1933	40,535	10,167	31,668	82,370	28,547	110,917
1934	85,450	30,211	7,977	123,638	368	124,006
1935	118,512	172,511	1,165	292,188	378	292,566
1936	113,006	29,638	13,001	155,645	918	156,563
1937	154,663	13,133	9,772	177,568	308	199,876

비고: 일본미·기타에는 조선에서 일본으로 이출되었다가 다시 이입된 쌀도 포함하고 있음.
자료: 『朝鮮經濟統計年鑑』, 1939년 판, p.147.

1934년 이후 미곡의 이입량이 갑자기 늘어난 것은 조선미의 일본 이

출량이 급증하여 조선 내에서 미곡이 부족하였기 때문이었다. 이 무렵에
는 조선미의 이출량이 연간 800~900만 석에 달하였고 1938년에는 조선
미의 일본 이출량이 1천만 석을 넘는 기록을 세웠다. 이 때문에 조선에
서는 미곡의 부족이 심각할 정도였다.

조선미의 과다 이출로 국내에 쌀 부족이 생기자 조선인들 사이에는
값싼 이입미에 대한 수요가 증가하였는데 이입미는 대부분 대만미로
1935년 이후부터는 매년 10만 석이 넘게 들어왔다. 대만미는 거의가 봉
래미(蓬萊米)였다.

봉래미는 일본인들이 대만의 풍토에 맞도록 개발한 자포니카 종으로
일본 이출을 위한 품종이었으나 조선인들의 구미에도 맞아 상당히 인기
가 있었다.[3] 대만 사람들은 인디카 종인 남경미(南京米) 계통의 재래미
를 상식하고 봉래미는 거의 일본으로 이출하고 조선으로도 이출하였다.

조선의 대만미의 수요는 두 가지 목적을 위한 것이 대부분이었다. 하
나는 환금을 위해 자가 생산한 미곡을 방매한 경작 농가가 춘궁기 혹은
단경기의 쌀 부족을 보충하기 위한 것이고 또 다른 용도는 조선 내 각지
의 정미소와 소매상이 조선미에 대만미를 섞어서 값이 싼 혼합미를 만들
어 서민들에게 판매하기 위한 용도였다.[4]

조선의 미곡 무역상들은 상대적으로 고가인 조선미는 일본으로 이출
시키고 그 대신 값이 싼 대만미를 대량으로 들여왔다. 일본의 미곡상들
도 동남아로부터 값싼 쌀을 수입하여 이것을 조선으로 이출시켰다. 조선
의 미곡 수이입 무역의 특징은 값비싼 조선 쌀을 일본으로 이출하고 값
싼 외국미 또는 대만미를 들여와 조선 내의 소비를 보충한다는 점에 있

---

3) 조선일보, 1939. 8. 5; 1939. 8. 18.
4) 조선미에 대만미를 섞어서 판매한다는 기사가 처음 보도된 것은 1921년이었다.
  그 이후 조선미와 외국미 또는 대만미를 섞는 혼합미 제조는 빠르게 증가한 것으
  로 보이는데 혼합미는 서민들의 식량난 해소에 기여한 것으로 보인다. 朝鮮日報,
  1921. 9. 8.

었다.

2) 조선의 미곡 총수요량 추이

(1) 조선내 미곡 소비량의 감소

총수요량은 조선 내의 미곡 소비량에 이출과 수출량을 합친 양으로 파악한다. 1912~1938년간 조선미의 총수요량은 총공급량이 빠르게 증가한 것과는 달리 점차 감소하는 추세를 나타냈다. 조선미의 국내 수요량은 총생산량과 조선 이외로의 수이출량에 영향을 받는데 <표 5-4>가 보여주는 것처럼 1924년까지는 대체로 연간 소비량이 1,000~1,100만석대를 유지하다가 1925년부터는 900만 석 내외로 감소하였다.

조선미의 소비량은 1932년부터는 800만대로 더욱 하락하다가 1937년에는 720만 석으로 최저점을 나타냈다. 산미증식계획 기간 내내 조선에서의 미곡 총소비량은 계속 감소하였다. 1938년에는 유례없는 대풍작으로 공급량이 크게 증가하는 바람에 국내소비량이 증가하였다.

(2) 조선미 이출량의 급증

조선의 미곡 소비량이 감소한 것은 이출량이 급증한 탓이었다. 조선 내의 미곡 총수요량은 총공급량에서 수이출량 그리고 다음 해로의 이월량을 공제하여 산출한다.

일본으로의 이출량은 1912년부터 1920년경까지는 100만 석대가 많았고 생산량에 대한 이출량의 비율도 14~15% 정도에 지나지 않았다. 1921년부터 3년간은 3백만 석대로 진입, 이출 비율도 20~25%로 늘어났다. 1924년과 1925년에는 400만 석대로 증가하여 31~35%에 달하였다. 1926년부터 1930까지 5개년간은 평균 600만 석으로 비율은 40%로 격증하였고 1931년부터 1936년까지 6개년간은 평균 860만 석으로 뛰어

오르고 그 비율도 49.7%가 되었다. 1937년은 720만 석으로 줄어들었다
가 1938년은 1천만 석을 돌파하는 전무후무한 기록을 세웠다.

〈표 5-4〉 연도별 총수요량: 이출량, 수출량, 조선 내 소비량 및 소비량 비율

(단위: 石)

연도	총공급량	이출량	수출량	수이출량 합계	다음해 이월량	조선내 소비량 (총수요량)	조선내 소비량 비율(%)
1912	11,579,992	291,022	234,299	525,321	-	11,054,671	95.5
1913	11,085,289	393,277	183,381	576,658	-	10,508,631	94.7
1914	12,410,649	1,099,197	192,293	1,291,490	-	11,119,159	89.3
1915	14,166,148	2,058,385	272,738	2,331,123	-	11,835,025	83.5
1916	12,863,381	1,439,382	384,080	1,823,462	-	11,059,919	85.8
1917	13,997,406	1,296,514	637,048	1,933,562	-	12,063,844	86.1
1918	13,753,390	1,979,645	212,872	2,192,517	-	11,560,873	84.0
1919	15,345,283	2,874,855	84,034	2,958,889	-	12,586,394	84.8
1920	12,768,622	1,750,588	111,602	1,862,190	-	10,906,432	85.4
1921	14,900,282	3,080,662	189,389	3,270,051	-	11,630,231	78.0
1922	14,491,970	3,316,245	73,130	3,389,375	-	11,102,595	76.3
1923	15,128,583	3,624,348	38,647	3,662,995	-	11,465,588	75.6
1924	15,578,409	4,722,541	30,778	4,753,319	-	10,825,090	68.7
1925	14,168,720	4,619,504	14,986	4,634,490	-	9,534,250	64.9
1926	15,580,805	5,429,735	9,003	5,438,738	-	10,142,067	63.2
1927	16,224,500	6,186,925	10,343	6,197.268	-	10,026,326	59.5
1928	17,768,266	7,405,477	15,703	7,421,180	-	10,347,086	57.1
1929	14,202,051	5,609,018	9,862	5,618,880	-	8,383,171	58.4
1930	14,286,833	5,426,476	6,846	5,433,322	321,531	8,853,511	60.3
1931	19,568,780	8,409,005	3,409	8,412,414	619,834	10,536,532	56.0
1932	16,598,408	7,569,937	16,130	7,585,967	620,596	8,392,083	52.2
1933	17,077,098	7,972,219	102,199	8,074,418	494,588	8,508,094	50.6
1934	18,811,312	9,425,836	75,386	9,501,222	600,523	8,709,567	47.8
1935	17,610,327	8,856,722	144,509	9,001,231	475,503	8,133,593	46.2
1936	18,516,735	9,460,421	52,991	9,515,412	495,350	8,507,973	46.8
1937	19,096,113	7,161,311	40,035	7,201,346	325,033	12,579,363	63.1
1938	27,166,216	10,703,000	293,704	10,996,704	385,668	15,784,600	58.1

비고: 총공급량은 생산량에 수이입량과 전년도로부터의 이월량을 합친 것임, 총소비량
　　은 총공급량에서 수이출량과 다음 해로의 이월량을 제외한 것임. 다음 해로의 이
　　월량은 1929년 이전에는 조사하지 않았음.
자료: 〈표 5-1〉과 『朝鮮總督府統計年報』, 각 연도 및 菱本長次, 『朝鮮米の研究』,
　　千倉書房, 1938, 678-679를 참고하여 재작성함.

1912년 이후 조선미의 생산량에 대한 수이출량의 비율을 보면 <표 5-4>와 <표 5-5>에서 보는 것처럼 매년 빠른 속도로 증가하여 1934년 이후에는 50% 이상으로 상승하였다. 1937년은 갑자기 37% 대로 내려 갔는데 이것은 통계적으로 설명하기 어려운 점이 있으나 이 해부터 생산 량에 대한 조사방법이 개정되었다.[5]

〈표 5-5〉 5개년 평균으로 본 조선미의 생산량과 수이출량 및 소비량 추이

(단위: 千石)

기간	생산량	수이출량	이출량	수이출량 비율(%)	이출량 비율(%)	총소비량
1912-1915	12,168(100)	1,181(100)	950(100)	9.7	7.9	11,129
1916-1920	13,698(113)	2,154(182)	1,868(197)	15.7	13.6	11,591
1921-1925	14,523(119)	3,942(234)	3,873(308)	27.1	26.7	10,911
1926-1930	14,917(123)	6,021(410)	6,011(533)	40.4	40.3	9,390
1931-1935	17,261(142)	8,515(621)	8,447(789)	49.3	48.9	8,836
1936-1939	22,057(181)	8,651(633)	8,344(778)	39.2	37.8	13,629

비고: 괄호안의 숫자는 1912~1915년의 평균값을 100으로 한 지수임.

조선미는 인천, 부산, 군산, 진남포, 목포의 5항을 통하여 90%이상을 이출하였다. 일본으로 이출된 조선미의 약 3분의 2가 오사카(大阪)-고 베(神戶)와 도쿄(東京)-요코하마(橫濱)에서 하역되었다. 특히 오사카-고 베 지역은 조선미의 가장 큰 수요지로 이출량의 약 50%가 집중되었다. 이 지역 이외에 조선미를 대량 이입하는 지역은 히로시마(廣島), 야마구 치(山口), 아이치(愛知), 후쿠오카(福岡), 나가사키(長崎), 교토(京都), 홋

---

5) 미곡 생산량 조사방법이 1936년에 개정되어 통계상 불연속성 문제가 발생하였다. 신 조사방법에 의하면 1936년 이전의 통계는 과소평가된 것으로 나타난다. 과소 평가 문제를 해결하기 위하여 도바다와 오가와는 1920년부터 매년 1.5%씩의 오 차가 발생하였다고 보고 매년 이 만큼씩을 추가할 것을 제안하였다. 통계를 수정 하여도 추세에 미치는 영향은 매우 적다. 자세한 내용은 東畑精一·大川一司,「朝鮮 米穀經濟論」『米穀經濟の硏究』1, 有斐閣, 1939, pp.425-429 참조.

가이도(北海道) 등이었다. 조선미는 일본미의 최대 산지인 니가타(新潟)
에서도 상당량이 소비되어 사실상 전국적으로 수요가 있었다.

(3) 조선미의 수출량

조선미의 수출국은 중국, 홍콩, 영국, 러시아 등지였다. 수출량의 대부
분은 국경을 접하고 있는 중국과 노령(露領)아시아, 그리고 노일전쟁
이후 일본의 조차지가 된 중국의 요동반도에 있는 관동주(關東州)가
대상국이었다. 중국행 조선미를 지역별로 보면 대부분 안동(安東), 대
련(大連), 청도(靑島)로 갔고 노령아시아는 불라디보스토크로 가는 것
이 많았다.

조선미가 만주방면으로 수출되기 시작한 것은 일본의 전쟁과 관련된
수요 때문이었다. 조선은 1894~1895년의 청일전쟁 때 조선미를 일본군
의 군량미로 수출한 일이 있고 1904~1905년 노일전쟁 시 전장이 만주
로 확대되자 조선미의 수출이 대량으로 이루어졌다.

조선미의 만주, 시베리아 지역으로 수출은 러일전쟁 이후 크게 증가
하였다. 노일전쟁 이후 불라디보스토크를 중심으로 한 극동 러시아의 발
전에 수반하여 쌀의 수요가 커졌기 때문이었다. 제1차 세계대전에 참전
한 일본은 당시 동맹국이었던 러시아에 군수품과 식량을 수출하였는데
이 기간 동안 조선미를 매년 10만 석 가량을 수출하였다.

특히 1917년에는 수출량이 만주와 노령아시아를 합하여 58만 석에
달하였다. 이것은 제1차 세계대전 당시 중국과 노령 아시아에 조선미가
군용미로 수출되었기 때문이었다. 노령 아시아로의 수출은 1918년 1차
대전의 종전과 함께 감소하였고 북중국과 만주에 논농사가 증가하면서
1926년 이후에는 1만 석에도 미치지 못하는 해가 많았다.

조선미를 수입하는 중국의 화북(華北)지방과 산동(山東)지방은 전작
지대로 일반 백성들은 예부터 조, 밀, 콩, 옥수수 등을 상식하고 쌀은 소

수 상류층 인사들만 식용으로 하고 있었다. 이 지역 사람들은 쌀이 필요하면 양자강 연안의 수전(水田)지역에서 미곡을 반입하거나 혹은 저렴한 외국미(태국미, 랑군미)를 수입하여 먹었다.

이 지방에서 조선미의 수요가 증가한 것은 노일전쟁에서 승리한 일본이 1905년 요동반도를 조차(租借)하여 이곳에 관동주(關東州)를 설치한 후 이주한 일본인의 숫자가 증가하였기 때문이다. 그러다가 1931년 일본이 만주사변을 일으키고 1933년 만주국을 건국하자 다시 11만 4천 석으로 올라갔다. 이 이후에는 상당량이 증가하였는데 이는 만주국의 건설과 함께 관동주와 만주국으로의 수출이 늘어났기 때문이다. 수출량은 만주국이 가장 많았고 그 다음이 관동주였다.

1937년 중일전쟁의 발발 이후 조선미에 대한 수요가 다시 증가하였다. 일본군이 북중국을 점령하여 군량미의 수요가 생기고 일반 수요도 증가하여 2만 석 이상을 수출하였다. 그러나 만주에는 조선인 이주자들이 벼농사를 개척하여 미곡의 수입수요가 많이 감소하였다. 일본인들은 만주국에 진출하여 수많은 양조장(釀造場)을 세웠는데 양조량이 연간 2~3만 석에 달하였다. 일본 술의 원료는 만주미와 중국미는 부적당하여 조선미를 사용하는 것이 일반적이었다.

조선미의 중국과 만주 방면으로의 수출은 인천에서 출항하는 것이 제일 많았고 그 다음은 신의주와 진남포 순이었다. 인천에서의 수출량이 많은 것은 백미의 공급능력이 크기 때문이었고 신의주는 만주국과 근접하여 철도편으로 만주국의 봉천, 신경, 대련, 하얼빈까지 바로 연결되기 때문이었다.

〈표 5-6〉 조선미의 수출국 별 수출량 추이

(단위: 石, 현미환산)

연도	관동주	만주(국)	중화민국	노령아시아	기타 국	합계
1910	-	165,536	-	118,169	-	283,705
1913	-	124,592	-	51,736	-	176,328
1915	-	222,615	-	78,756	660	302,031
1916	-	292,666	-	117,311	2,212	412,189
1917	-	261,008	-	186,711	133,747	581,466
1918	-	189,159	-	5,905	3,607	198,671
1920	-	91,963	-	11,916	-	103,879
1923	-	28,960	-	772	-	29,732
1925	-	11,920	-	1,223	-	13,143
1928	-	10,308	-	1,717	-	12,025
1930	-	6,533	-	-	-	6,553
1932	5,478	31,690	810	-	54	38,032
1933	18,029	91,349	6,908	-	538	116.887
1934	9,953	74,732	1,230	-	100	86,014
1936	5,609	42,015	832	-	77	48,533
1937	3,487	35,296	4,692	-	65	43,540
1938	78,798	130,776	119,535	-	-	329,109
1939	93,337	241,635	364.162	-	-	699.704

비고: 1913~1930년의 만주통계는 만주뿐만 아니라 중국, 관동주를 합한 숫자임. 당시 만주는 중국의 일부였음.
자료: 『朝鮮經濟統計年鑑』, 각 연도, 1910~1925년까지의 통계는 朝鮮農會, 『朝鮮農業發達史』 發達篇, 1944, 부록 pp.370~372 근거로 하였음.

2. 조선미의 생산량과 이출량 증가의 불균형

1) 생산량 증가보다 빠른 이출량 증가

조선미의 이출량은 생산량보다 훨씬 빠른 속도로 증가하였다. 조선미의 일본으로의 이출량은 <표 5-4>에서 보는 것처럼 1912년의 29만 석

에서 1914년 110만 석으로 급증한 후 1921년에 308만 석으로 증가하였
다. 이후 1926년에 543만 석에서 1928년 740만 석으로 2년 만에 200만
석이 늘어났다. 1929년과 1930년은 일본의 불경기와 세계 대공황의 여
파로 550만 석 전후에 그쳤으나 1931년부터 다시 급증세로 돌아서 1934
년에 946만 석, 1938년에는 기록적인 1,070만 석에 달하였다.

〈표 5-7〉 조선미의 생산량에 대한 수이출량의 비율

연도	생산량에 대한 비율			연도	생산량에 대한 비율		
	이출량(%)	수출량(%)	합계(%)		이출량(%)	수출량(%)	합계(%)
1912	2.52	2.02	4.54	1926	36.85	0.06	36.91
1913	3.61	1.70	5.31	1927	40.43	0.07	40.50
1914	9.08	1.58	10.66	1928	42.81	0.09	42.90
1915	14.57	1.93	16.50	1929	41.51	0.07	41.58
1916	11.20	2.99	14.19	1930	39.60	0.05	39.65
1917	9.31	4.57	13.88	1931	43.84	0.02	43.86
1918	14.46	1.56	16.02	1932	47.69	0.10	47.79
1919	18.80	0.55	19.35	1933	48.77	0.63	49.40
1920	13.76	0.89	14.65	1934	51.81	0.42	52.23
1921	20.70	1.27	21.97	1935	52.98	0.86	53.84
1922	23.15	0.51	23.66	1936	52.90	0.29	53.19
1923	24.14	0.26	24.40	1937	36.86	0.21	37.07
1924	31.12	0.20	31.32	1938	39.94	0.11	40.05
1925	34.95	0.11	35.06				

자료: <표 5-1>과 <표 5-4>에서 계산.

　　조선미의 이출량 증가를 연평균지수로 보면 1912~1915년의 이출량을
100으로 했을 때 1921~1925년의 5개년 연평균 이출량은 197, 1921~
1925년의 5개년 연평균은 308, 1926~1930년은 533, 1931~1935년은
789, 1936~1939년에는 778로 늘어나 거의 기하학적 증가세를 보였다.
미곡 생산량에서 이출량이 차지하는 비율도 1912년의 2.5%에서 1915~
1920년에는 평균 14%, 1921~1923년에 23%, 1924~1926년에 35%, 1927~
1930년에는 40%, 1931~1933년에는 47%, 1934~1936년에는 52%로 계

속 높아져 1930년대 중·후반에는 조선미 생산량의 절반 이상을 일본으로 이출하였다.

2) 1인당 쌀 소비량의 감소

조선에서의 미곡 총 소비량은 <표 5-4>에서 보는 바와 같이 1912년의 1,100만 석으로부터 조금씩 증가하여 1919년에 1,230만 석으로 최고점에 이른 후 점차 감소하는 경향을 나타내었다. 즉 1920년부터 1928년까지 1,100만 석대를 유지하다가 1929년 이후 1936년까지는 8백만 석대로 더 하락하였다. 반면 이 기간 동안 조선의 인구는 1,480만에서 2,138만으로 약 44.5%가 증가하였다.

조선의 연도별 미곡 소비량을 인구 수로 나눈 1인당 연평균 소비량은 더 빠른 속도로 줄어들었다. <표 5-8>에서 보는 것처럼 1인당 미곡 소비량은 1912년부터 1919년까지 대략 7.1두(斗) 수준을 유지하였으나 조선산미증식계획이 착수된 해인 1920년부터 1924년까지는 6.4두 대로 감소하였고 1925년부터 1928년까지는 5.1두 대로 급감하였다,

1인당 연평균 쌀 소비량은 다시 1929년 이후에는 4.4두 대로 더 떨어졌고 1935년과 1936년에는 3.8두로 주저 앉자 최저의 소비량을 보였다. 즉 조선의 연간 쌀 소비량은 1912년의 1인당 7.7두에서 33년 동안 계속 감소하여 1935년에 3.8두로 반감하였다. 소비량 감소는 1937년 이후 미가 유지정책과 효과가 나타나면서 5두, 최고의 대풍년을 기록하였던 1938년에는 다시 7두로 회복되었다.

조선인들의 연간 쌀 소비량이 1912년의 1인당 7.7두에서 1935년에 3.8두로 반감한 것은 일본의 농정 관계자들에도 처음 보는 현상으로 충격적인 것이었다. 같은 기간 동안 일본인들의 연평균 쌀 소비량은 1.1석으로 변동이 없었다.

〈표 5-8〉 연간 미곡 공급량, 소비량, 인구 1인당 미곡 소비량 추이

연도	총공급량(석)	총소비량(석)	조선내 소비량 비율(%)	인구(천명)	1인당소비량 (석)
1912	11,579,992	11,054,671	95.5	14,827	0.77
1913	11,085,289	10,508,631	94.8	15,454	0.70
1914	12,410,649	11,119,159	89.6	15,930	0.71
1915	14,166,148	11,835,025	83.5	16,278	0.74
1916	12,863,381	11,059,919	86.0	16,648	0.67
1917	13,997,406	12,063,844	86.2	16,979	0.72
1918	13,753,390	11,560,873	84.1	17,057	0.68
1919	15,345,283	12,586,394	82.0	17,150	0.72
1920	12,768,622	10,906,432	85.4	17,286	0.63
1921	14,900,282	11,630,231	78.1	17,453	0.67
1922	14,491,970	11,102,595	76.6	17,626	0.63
1923	15,128,583	11,465,588	75.8	17,885	0.65
1924	15,578,409	10,825,090	69.5	18,098	0.60
1925	14,168,720	9,534,250	67.3	19,045	0.52
1926	15,580,805	10,142,067	65.1	19,104	0.52
1927	16,224,500	10,026,326	61.8	19,138	0.45
1928	17,768,266	10,347,086	58.2	19,187	0.54
1929	14,202,051	8,383,171	59.0	19,331	0.45
1930	14,286,833	8,853,511	61.9	19,427	0.45
1931	19,568,780	10,536,532	53.8	19,640	0.52
1932	16,598,408	8,392,083	50.6	20,259	0.41
1933	17,077,098	8,508,094	49.8	20,379	0.41
1934	18,811,312	8,709,567	46.3	20,664	0.42
1935	17,610,327	8,133,593	46.2	20,903	0.38
1936	18,516,735	8,507,973	45.9	21,381	0.39
1937	19,096,113	12,579,363	65.9	21,934	0.57
1938	27,166,216	15,784,600	58.1	22,174	0.70

자료: 총공급량과 총수요량은 <표 5-1>과 <표 5-3>을 근거로 작성, 인구통계는 1930년까지 朝鮮總督府, 『朝鮮總督府統計年報』, 각 년도 및 『朝鮮經濟統計年鑑』, 1939년 판.

조선의 1인당 쌀 소비량 감소는 조선미 이출의 격증의 원인을 생산량의 증가로만 보기 어렵고 조선인들의 쌀 소비량의 감축이 상당한 역할을

하였다는 것을 시사(示唆)하고 있다. 동시에 이것은 소규모 경작을 특징으로 하는 조선 농가가 미곡증산의 주역이었으나 증산은 오히려 조선 농가의 경제적 처지를 어렵게 만들었다는 의미를 내포하고 있는 문제였다.

원래부터 쌀의 소비량이 적은 조선인들이 쌀의 소비량을 절반으로 줄이고 나머지를 판매하는 것이 가능한지, 그렇다면 쌀 대신 무엇을 먹고 사는지 하는 문제는 당시 일본정부의 관리와 일본에 거주하고 있는 농정 전문가들도 분명하게 설명하기 어려운 일종의 불가사의(不可思議)였다.

일본인들은 쌀을 상식하고 극히 일부 계층을 제외하고 잡곡을 섞어 혼식하는 관습이 없기 때문에 조선 농민들이 춘궁기가 되면 거의 잡곡으로 살아간다는 것, 그리고 춘궁기에도 왜 쌀을 더 팔아야 하는지를 잘 이해할 수 없었다. 총독부 관계자들에게는 산미증식계획의 추진과 이로 인한 증산, 이출의 증가가 조선 농민의 생활수준을 하락시키는 결과를 가져오지 않았는지 하는 의문은 답변하기 곤혹스러운 문제였다.

3) 쌀 소비량의 감소와 잡곡 대체

(1) 쌀 소비량의 감소와 만주 조(粟)의 수입량 증가

조선에서는 미곡연도의 전반기(전년 11월부터 당년 4월말까지)에 미곡 총 소비량의 70%가 소비되었다. 나머지 30%가 후반기에 소비되었다. 이 시기에 농민들의 생활은 지극히 어려워지며 소위 보리고개 또는 춘궁기(春窮期)가 시작된다. 1930년만 하더라도 전체 농가호수의 약 절반이 춘궁민이었다.[6] 조선인은 전통적으로 쌀밥을 좋아하나 쌀밥만 먹고 살 수는 없었다.

---

6) 조선총독부는 南鮮 7道 농가의 약 51%(89만호) 北鮮 6道 농가의 약 38%(36만호)를 춘궁 농가로 파악하였다. 朝鮮總督府, 『朝鮮における小作に關する參考事項摘要』, 1934, p.69.

조선 농민들은 대부분 가난하기 때문에 고가인 쌀을 매각하고 조와 보리 등 잡곡을 섞어 혼식하거나 또는 값싼 외국미, 대만미를 섞어 먹었다. 혼식에 사용되는 잡곡 및 대체 식량은 조와 보리가 가장 많고 그밖에 기장, 콩, 옥수수, 고구마, 감자 등이었다.

조선의 북부지방에서는 논이 적고 밭이 많기 때문에 조를 많이 재배하여 이것으로 주식을 삼거나 혹은 쌀 또는 다른 잡곡과 섞어 먹었다. 반면 남부지방은 논이 많은데다가 이모작이 가능하기 때문에 보리를 많이 심고 이 것으로 혼식하는 것이 일반적이었다. 전답의 규모가 작은 영세 소작농은 춘궁기에 식량이 떨어지면 거의 초근목피(草根木皮)로 연명하는 실정이었다.

일제시대 조선의 조(粟) 재배면적은 약 70만 정보에 달하였다. 조 생산량은 1918~1937년 기간 동안 예외적인 흉년을 제외하고 해마다 500만 석 내외를 생산하였다. 이 기간 동안 뚜렷한 증산이나 감산의 추세는 보이지 않았다. 예부터 조선은 조를 자급자족하였는데 조가 흉년일 때에 한하여 국경지방에서 만주 조를 약간 수입하는 정도였다.

만주 조는 1912년에는 약 1만5천여 석이 수입되고 이후 1918년까지는 연간 10~20만 석 정도를 수입하였다. 조선미의 일본 이출이 증가하기 시작한 1923년부터 만주 조의 수입량이 급증하기 시작하였다.

조의 수입량은 <표 5-9>에서 보는 것처럼 1918~1922년 기간 동안 연평균 50만 석에 불과하였으나 1923년 이후 해마다 100만 석 이상을 수입하였다. 1926년부터 1928년까지 3년간은 연평균 225만 석을 수입하여 최고치를 나타냈다. 이후에는 다소 감소하는 경향을 보였으나 1935년까지 해마다 100만 석 이상을 수입하였다.

조의 소비량도 1923년부터 크게 증가하여 연간 650만 석 내외를 소비하였다. 조의 수입량 증가는 쌀 소비량의 감소를 대체하기 위한 것으로 볼 수 있으나 1912년 이후의 미곡 소비의 감소량을 모두 대체하였다고 볼 수 없다. 조의 1인당 연간 소비량은 대체로 3두(斗) 5승(升)정도로 쌀 소비량 감소의 절반에 해당하였다. 나머지는 다른 요인으로 설명하지 않을 수 없다.

〈표 5-9〉 조의 생산량·수입량·1인당 쌀소비량·1인당 조소비량

연도	조의 공급량(千石)			1인당 소비량(石)		
	조선의 조 생산량	만주 조 수입량	합계	1인당 쌀 소비량	1인당 조 소비량	1인당 소비량 합계
1918	5,182	206	5,388	0.68	0.32	1.00
1919	5,663	833	6,496	0.72	0.38	1.10
1920	3,816	683	4,499	0.63	0.26	0.89
1921	6,036	63	6,099	0.67	0.35	1.02
1922	5,863	694	6,557	0.63	0.37	1.00
1923	5,183	1,706	6,889	0.65	0.39	1.04
1924	5,298	1,270	6,568	0.60	0.36	0.96
1925	5,078	1,635	6,713	0.52	0.35	0.87
1926	4,757	2,167	6,924	0.52	0.36	0.88
1927	4,777	2,643	7,420	0.45	0.39	0.84
1928	4,994	1,935	6,929	0.54	0.36	0.90
1929	5,233	1,547	6,780	0.45	0.35	0.80
1930	5,244	1,718	6,962	0.45	0.35	0.80
1931	5,573	1,015	6,588	0.52	0.33	0.85
1932	4,590	1,584	6,174	0.41	0.30	0.71
1933	5,539	1,047	6,586	0.41	0.32	0.73
1934	5,145	1,361	6,506	0.42	0.31	0.73
1935	3,772	1,092	4,864	0.38	0.23	0.61
1936	4,861	1,327	6,188	0.39	0.28	0.67
1937	5,065	852	5,917	0.57	0.27	0.84

비고: 조 240근을 1石으로 환산함. 만주 조 수입량에는 약간의 일본 조 이입량이 포함 되어 있음.

자료: 조선의 조 생산량은 朝鮮農會, 『朝鮮農業發達史』 發達篇, 부록 통계, 만주 조의 수입량 자료는 菱本長次, 前揭書, pp.688-689, 1934-1936년 자료는 『朝鮮經濟 統計年鑑』, 1939年版에서 작성함.

(2) 기타 잡곡 대체

쌀의 소비량 감소를 보리와 기타 잡곡 및 서류(薯類)의 대체로 어느 정도 설명이 가능한가. 조를 제외한 보리, 밀, 기장, 수수, 옥수수 등 기타 잡곡의 소비량은 1915~1919의 5개년간 연평균 1,702만 석으로부터 1930~1936년간의 7개년 연평균 1,892만 석으로 증가하였다. 생산량은 같은 기간 동안 약 11%가 증가하였으나 이 기간 동안의 인구 증가를 고려하면 잡곡의 1인당 소비량은 정체하거나 오히려 소량 하락하였다고 볼 수 있다.

<표 5-10> 1인당 연평균 쌀 및 주요 잡곡 소비량의 변화

(단위: 석)

연평균 기간	쌀	조	맥류	대두	기타	합계
1915-1918(A)	0.707	0.303	0.430	0.190	0.402	2.032
1930-1933(B)	0.449	0.325	0.411	0.142	0.343	1.670
(A) 비율(%)	34.8	14.9	31.2	9.3	19.8	100
(B) 비율(%)	27.0	19.0	24.7	8.6	20.7	100

자료: 東畑精一·大川一司, 「朝鮮米穀經濟論」『米穀經濟の硏究』 1, 有斐閣, 1939, p.382.

<표 5-10>은 1915~1918년 4개년의 연평균 1인당 미곡 및 주요 잡곡의 소비량과 1930~1933의 4개년 연평균 1인당 미곡 및 주요 잡곡의 소비량 구성과 소비량의 변화를 보여주고 있다. 먼저 품목별 소비량 구성을 보면 조선인의 가장 중요한 식량은 쌀과 보리인데 쌀을 약간 더 많이 소비하는 것으로 나타났다. 평균적으로 볼 때 쌀과 보리를 반반씩 섞어 먹는 것으로 나타났다.

이 표는 또 같은 기간 동안 조선인의 연평균 1인당 식량 총 소비량이 2.03석에서 1.67석으로 감소한 것을 보여주고 있다. 품목별로 소비량의 변화를 보면 쌀의 소비량이 가장 많이 감소하였으나 그 대신 조의 소비

량이 늘었다. 보리는 거의 같은 수준이라고 볼 수 있으나 나머지 잡곡의 소비량은 약간 줄었다.

<표 5-10>을 관찰하면 조선에 있어서 쌀의 1인당 소비량 감소로 생기는 식량의 부족분은 상당 부분을 조의 소비 증가로 대체한 것으로 볼 수 있는데 이것으로 설명되지 않는 부분은 종전보다 먹는 양을 줄였다는 것을 뜻한다고 판단할 수 있다. 따라서 조선에서의 미곡이출 증가의 상당 부분은 조선인들이 배를 주리며 절약한 미곡을 이출하는 공복이출(空腹移出) 또는 기아이출(饑餓移出)로 해석할 수 있다.

(3) 空腹移出과 사회적 덤핑론

그렇다면 조선인들은 배를 굶주리며 해마다 얼마 만큼의 쌀을 일본으로 이출하고 있는가. 도바타·오가와(東畑精一·大川一司)는 연간 약 700만 석의 이출량 가운데 약 400만 석의 쌀을 조선사람이 먹어야 할 양을 줄여서 내보낸 이출량이라고 보았다.[7]

이들의 추산방법은 일종의 기회비용을 구하는 단순한 것인데 먼저 조선의 산미증식계획 직전 5개년(1915~1919) 동안의 1인당 연평균 쌀 소비량이 0.71석이라는 점에서 출발하였다. 이들은 1인당 쌀 소비량이 이후에도 계속 유지되었다고 가정하고 여기에 증가한 인구를 곱하여 매년의 가상적 총 소비량을 구하였다. 그 다음 연도별로 실제의 이출량에서 해당 연의 가상적 소비량을 차감하고 남는 부분을 소비를 줄여서 이출한 양으로 추정하였다.

이들은 위의 계산을 통해 1920~1924년 5년간의 연평균 기아 이출량은 120만 석, 1925~1933년 9년간의 연평균 기아 이출량은 420만 석을 초과한다는 계산 결과를 얻었다. 실제의 이출량은 1925~1933 기간 동

---

7) 東畑精一·大川一司,「朝鮮米穀經濟論」『米穀經濟の研究』有斐閣, 1939, p.392.

안 매년 600~700만 석을 넘었다.

따라서 조선의 미곡 이출량의 지속적 증대는 쌀의 증산에 의한 부분
보다는 쌀의 소비절약을 통한 공복이출(空腹移出)의 성격이 더 크다는
추론을 내렸다. 이 분석을 통해 도바타와 오가와는 조선의 미곡 이출량
가운데 매년 약 400만 석이 소비절약에 의한 이출이며 이것은 사회적으
로 정당화하기 어려운 일종의 Social Dumping이라고 규정하였다.[8]

생산된 조선미는 농가 계층별로 어떻게 분배되며 어느 계층이 가지고
있는 쌀이 일본으로 어느 정도 이출되는가. 도바타와 오가와는 이 문제
를 알아보기 위해 생산된 미곡이 계층간에 어떻게 분배되고 있는가를 분
석하였다. 이들은 먼저 총독부 통계에 의하여 1932년의 총 논 면적을 지
주, 자작농, 자작 겸 소작농, 소작농 별로 파악하여 논 면적의 계층별 백
분 비율을 구하였다.

다음으로 수확량에 대한 소작료의 비율을 일률적으로 55%, 농가 호
당 인구는 5.45인으로 가정하고[9] <표 5-11>과 같은 분배계수를 구하
였다. 분배계수는 분배비율을 의미하는데 미곡의 생산량을 100으로 하
였을 때 이것이 지주, 자작농, 자작 겸 소작농, 소작농에게 귀속되는 비
율을 뜻한다. 농가의 계층별로 평균적인 미곡 분배량을 알아보기 위하여
1930년부터 1933년까지의 4개년간의 평균생산량에 분배계수를 적용하
면 계층별 취득량을 구할 수 있다. 여기서 자가 소비량을 제하면 <표
5-11>의 계층별 상품화량을 얻을 수 있다.

<표 5-11>에 따르면 총 농가호수의 약 3.5%인 10만 호의 지주(소
지주 포함)가 미곡 총 생산량의 약 37%를 소작미로 가져가는데 비하여

---

8) 上揭書. p.392.

9) 수확량에 대한 소작료의 비율을 55%로 한 것은 朝鮮總督府, 『朝鮮の小作慣行』
上, 1929, p.172에 근거를 두었다. 보통의 평균 소작료 50%에 비해 다소 많은 것
은 소작료 이외의 생산물이나 노역을 지주 또는 마름에게 바치는 사정을 감안한
것이다.

총농가호수의 53%를 점하는 150만 호의 소작농이 취득하는 쌀의 양은
생산량의 20%에 미치지 못하는 것으로 나타났다.[10] 이 가운데 자가 소
비량을 제외하고 남는 부분이 상품화되는 양으로 볼 수 있는데 지주계층
이 총 1천만 석의 상품화량 가운데 60%인 약 620만 석을 상품화하는
것으로 추계되었다. 반면에 소작농은 자신들이 소비해야 할 쌀 가운데
약 34만 석의 쌀을 판매하는 것으로 나타났다.[11] 이상의 분석을 통하여
미루어 볼 때 상품화된 미곡 가운데 약 60%가 지주미라고 추정할 수
있는데 이 가운데 대부분이 일본으로 이출되었다고 보아도 무리가 없을
것 같다.

〈표 5-11〉 조선미의 각 계층간 분배 및 상품화량

	농가호수 (千호)	경작면적			생산량 (千石)	취득량 (千石)	취득량 분배비 율(%)	자가소 비량 (千石)	상품화 량 (千石)	상품화량 의분배 비율(%)
		자작지 (千町)	소작지 (千町)	계 (千町)						
지주	105	-	-	-	-	6,446	37.1	256	6,190	59.6
자작농	476	248	-	248	2,586	2,586	14.9	1,165	1,422	13.7
자소작	743	297	391	688	7,165	4,925	28.3	1,816	3,108	29.9
소작농	1,546	-	734	734	7,647	3,441	19.8	3,781	-340	-3.3
계	2,870	545	1,125	1,670	17,398	17,398	100.0	7,018	10,380	100.0

자료: 東畑精一·大川一司,「朝鮮米穀經濟論」『米穀經濟の硏究』, 有斐閣, 1939, pp.353-
375; 金洛年, "植民地朝鮮の産米增殖計劃と工業化"『土地制度史學』146, 1995,
p.4.

일제시대의 미곡생산량 분배는 농가의 계층에 따라 또 호당 및 1인당
을 포함하여 심하게 불평등한 것으로 나타났다. 조선총독부 농림국이

---

10) 총생산량에 대한 취득량을 1인당으로 계산하면 지주는 1인당 11.4石을 취득하는
데 비하여 자작농, 자소작농은 1인당 1石 정도, 소작농은 겨우 1인당 4斗에 불과
하였다.

11) <표 5-11>에서 소작농의 상품화율이 마이너스로 나타난 것은 자료상 계층간의
격차를 고려하지 않은 비현실적 가정에 기인하는 것으로 실제로 소량의 쌀을 상
품화할 수 있을 뿐이다.

1932년과 1937년의 2개년에 걸쳐 농가경제개황조사를 하였는데 이 조사는 자소작농의 미곡 생산량 가운데 소작료를 제외하고 남는 부분의 약 45%를 상품화하고, 소작농들도 소작료를 제외한 미곡의 40%를 판매하는 것으로 추계하였는데 1932년과 1937년에 거의 변화가 없었다.[12]

이것으로 볼 때 조선의 소농들과 소작농들은 흰 쌀밥을 거의 먹지 못하고 잡곡을 섞어 혼식하고 있다는 것이 입증된다고 할 수 있다. 영세농에 의해 상품화되는 쌀은 대체로 전통적인 5일장을 통해 유통되는데 이 쌀의 대부분은 조선 내에서 소비되었다고 볼 수 있다. 1931~1937년 동안 조선의 연평균 쌀 생산량은 약 1,766만 석이었다. 이 가운데 이출미는 약 840만 석이었다. 이출미의 대부분은 대농장과 지주의 소작미이고 영세 자작농과 소작농이 판매한 쌀은 그리 많지 않았다.

3. 조선미의 이출량 증가 원인

1) 공급측면의 원인(1인당 쌀 소비량 감소의 원인)

조선미의 이출량 증가는 생산량 증가율보다 훨씬 빠른 속도로 증가하였다는 것은 위에서 관찰한 바와 같다. 조선미의 지속적인 이출량 증가는 조선 내에서 식량 부족을 일으킬 정도가 되었다. 1930년대 중반부터는 조선미 생산량의 거의 절반이 일본으로 나갔다. 이 때문에 조선의 농민들은 노동력의 재생산을 위해 먹어야 할 쌀을 팔고 그 대신 해마다 1~2백만 석의 만주 조를 수입하고 또 상당량의 대만미와 외국미를 수입

---

12) 이 조사에서는 자가 소비량을 어떻게 처리하였는지 분명하지 않다. 松本武祝, "1930년대 朝鮮의 農家經濟"(安秉直·李大根 외 編)『近代朝鮮의 經濟構造』비봉출판사, 1989, p.116.

하여 먹지 않으면 안 되었다. 그 결과 조선에서는 1인당 쌀 소비량이 지속적으로 하락하였다.

일본에서 한동안 열등미로 취급 받던 조선미가 어떤 이유로 일본시장에서 잘 팔리게 되었는가. 이 질문은 조선에서 1인당 쌀 소비량이 감소하게 된 원인과 또 조선미가 일본시장에서 경쟁력을 확보하게 된 이유와 상통한다.

조선미의 이출량 증가에 대한 원인을 수요측면과 공급측면 그리고 유통 및 사회간접자본 측면으로 나누어 분석하고자 한다. 여기에서 수요와 공급은 기능적 파악으로 현해탄을 기준으로 쌀을 사들이는 쪽을 수요로, 생산하는 쪽을 공급으로 취급하였다. 수요와 공급의 중간지대에 있는 부분을 유통으로 보았다. 조선미가 일본시장에 진출한 이후 소비자의 호응을 얻기까지의 기간이 길기 때문에 상당 부분 역사적 고찰이 불가피하였다.

(1) 화폐경제의 침투

조선 전체로서 미곡의 생산량 증가보다 이출량의 증가가 빠르다면 이것은 조선의 농민과 지주가 시장에 판매하는 쌀의 양이 크게 증가한 것을 의미한다. 다시 말하면 공급측면에서 볼 때 단위 면적당 증산 속도가 비슷하다면 지주의 논 소유면적이 늘어나 소작미가 증가하거나 생산자의 절대 다수를 차지하고 있는 개별 농가의 상품화 양이 늘어나야 설명이 가능하다.

일제시대 조선에서는 지주의 농지 소유면적이 증가하고 개별 농가의 쌀 상품화 양이 늘어나는 두 가지 현상이 동시에 진행되었다. 개별 농가의 쌀 판매량의 증가는 농촌에서 1인당 쌀 소비량이 감소하는 결과로 나타난다. 1인당 쌀 소비량의 감소를 통해 시장에 출하된 미곡은 상인들의 손을 거쳐 일부는 조선내의 소비자가 소비하고 나머지는 일본으로 이출되었다고 볼 수 있다.

농촌에서 1인당 미곡 소비량의 감축은 조선미의 일본 이출량을 증가시킨 원인의 하나이기도 하다. 그렇다면 왜 조선의 농민들은 배를 곯아가며 쌀의 판매량을 증가시키지 않으면 안 되었는가.

가장 중요한 원인의 하나는 조선경제의 화폐경제화 현상이다. 물물교환경제에 가깝던 조선의 전근대적 농업경제가 한일합병 이후 일본의 자본주의 경제에 편입되면서 화폐수요가 급증하였기 때문이다. 특히 산미증식계획의 실행을 통하여 농가는 자급자족적 조방경영(粗放經營)으로부터 상품생산을 위한 집약적 경영으로 변화하는 과정에서 종자와 금비(金肥), 기타 영농 자재와 농기구를 현금으로 구매하지 않을 수 없게 되었다.

〈표 5-12〉 농가지출 가운데 현금비율(%), 1931~1933

구분	지역	자작농	자·소작농	소작농	평균
농업경영비	경상남도	61.02	38.68	20.37	39.43
	전라남도	43.87	-	-	-
	평안남도	34.21	24.43	12.06	20.98
가계비	경상남도	50.80	39.40	40.43	45.21
	전라남도	29.30	26.28	23.88	25.55
	평안남도	27.05	30.40	26.41	26.09

자료: 朝鮮農會,「農家經濟調査」(慶南 1931年, 全南 1932年, 平南 1933年), 金俊輔,『韓國資本主義史研究』(2), 一潮閣, 1974, p.121에서 재인용.

예를 들어 1931년 조선농회(朝鮮農會)가 실시한 농가경제조사를 통해 분석한 결과는 <표 5-12>와 같다. 경상남도의 경우 농업경영비 가운데 현금지출이 차지하는 비율은 자작농이 61%, 자·소작농이 39%, 소작농이 약 20%로 나타나 자작농의 현금지출비용이 소작농에 비해 3배나 많았다.[13] 반면에 가계비 가운데 현금지출이 차지하는 비용은 자작농이 51%, 자·소작농이 39%, 소작농이 40%로 계층간에 큰 차이가 없었다. 이것은 1910년대 농가의 자급자족적 경영과 비교해볼 때 1930년대의 경영에는 현금 비중이 크게 증가하였다는 것을 의미한다.

농가의 가계비 지출 가운데 조세(租稅)와 수세(水稅·수리조합비)를 비롯한 각종 공과금, 자녀들의 학비를 비롯하여 의료비, 피복비, 교통비, 기타 생활 편의품 구입비 등은 현금지출이 필요하였다. 담배와 술도 전매화(專賣化)하였기 때문에 담배 값, 술값도 현금으로 내지 않을 수 없었다. 농가경제에서 큰 비중을 차지하는 관혼상제비(冠婚喪祭費)도 점차 현금으로 해결하는 비율이 높아졌다.

자급자족 경제로부터 교환경제로의 이행과정에 현금의 필요성은 계속 증가하기 때문에 농가는 해가 갈수록 더 많은 현금을 획득하지 않을 수 없었다. 당시 조선의 평야지대에서는 쌀농사가 거의 유일한 현금 소스였다. 이와 같은 사정은 농가에서 현금이 필요한 경우 쌀을 판매하지 않으면 안 된다는 것을 의미한다.

(2) 土地兼倂의 진전과 소작농의 증가

노일전쟁과 한일합병을 전후하여 일본에서는 조선행(行) 농업 이민과 농지 투자 붐이 일어났다. 당시 조선의 농지가격은 일본에 비하여 대체로 10% 정도에 불과하였다.[14] 일본인들은 땅값과 인건비가 싼 조선에 들어와 농사를 짓고 그 생산물을 일본에 내다 팔면 막대한 수익을 올릴

---

13) 농업경영비 가운데 소작농의 현금지출비용이 자작농에 비해 월등히 적은 것은 소작농의 경우 지주가 금비와 종자 등을 현물로 빌려주는 관행때문으로 보이는데 지주들은 이 비용을 추수 후에 현물로 회수하는 것이 보통이었다.

14) 德永勳美, 『韓國總覽』, 1907, p.472; 淺田喬二, 『日本帝國主義下の民族運動』, 未來社, 1973, p.224; S씨는 1917년 일본에서 20정보의 농지를 처분하여 그 돈으로 조선에서 200정보의 농지를 구입하였다. 蘇淳烈, "植民地後期朝鮮地主制の硏究", 京都大學博士學位論文, 1994, p.135.

것으로 생각하였다. 이들은 회사의 형태로 혹은 대농장의 형태로 조선에 들어와 토지를 사들였고 개인 자격으로 조선에 들어온 사람들도 평야지대의 좋은 농지를 다투어 구입하였다.[15]

토지겸병(土地兼倂)이 빠르게 증가하기 시작한 것은 1920년 조선산미증식계획이 실시된 다음부터였다.[16] 산미증식계획의 추진을 위한 총독부의 대규모 투자는 수리시설의 설치로 인한 농업수익성의 증가와 개간·간척을 통한 값싼 농지의 공급을 예견할 수 있도록 하였다. 자본가와 상인들은 산미증식계획의 착수를 토지투자를 위한 절호의 기회로 생각하였다. 이 때문에 일본으로부터 신규 자본이 들어와 토지를 매입하거나 개간·간척에 참여하는 투자가들도 적지 않았으나 조선에 거주하고 있던 자본가나 상인, 지주들이 토지매입에 나선 경우도 많았다.

<표 5-13> 총경지면적과 논(畓) 자소작지 면적 및 비율의 변화

연도	총경지면적 (千정보)	총경지면적중 자소작지비율(%)		논 면적 (千정보)		논 면적중 자소작지비율(%)	
		자작지	소작지	자작지	소작지	자작지	소작지
1915	3,424	47.6	52.4	407	770	34.6	65.4
1920	4,322	49.2	50.8	551	993	35.7	64.3
1925	4,349	49.4	50.6	548	1.016	35.1	64.9
1930	4,469	41.5	55.5	550	1,094	33.4	66.6
1936	4,504	42.6	57.4	543	1,171	31.9	68.1

자료: 朝鮮總督府, 『農業統計年表』, 1936에서 작성.

또 다른 경로로는 미곡의 이출로 많은 부를 축적한 지주와 미곡 상인

---

15) 예를 들면 일본의 대자본의 하나인 三菱은 니가타(新潟)에 있던 수천 정보의 토지를 처분하여 東山農事會社를 만들어 조선에 진출하였다. 한일합방 전인 1908년 현재 일본의 자본이 조선에 진출하여 만든 회사 형태의 농사회사만도 20여 개에 달하였다.

16) 金俊輔, 『韓國資本主義史研究』(2), 一潮閣, 1974, p.143.

들이 농지에 재투자하여 소유면적을 확대해나가는 과정을 들 수 있다.
이 결과 조선농업은 급속도로 토지겸병이 증가하고 농가구조가 변화하
여 자작농이 줄고 소작농이 늘어났다.

<표 5-13>에서 보는 바와 같이 1915년의 소작답의 면적은 77만 정
보로 총 답면적의 약 65%에 달하였다. 그 후 1936년에는 171만4천 정
보로 총 답면적의 68%로 증가하였다. 그러나 소작지 면적의 증가가 비
교적 완만하였던 것에 비하여 소작 농가수의 증가는 급격한 것이었다.

<표 5-14>는 1913년과 1936년 사이에 자작농과 자소작농은 줄고
소작농이 크게 늘어났다는 것을 보여주고 있다. 이 기간 동안 소작농가
는 51만 호가 격증하고 총농가호수에 대한 비율도 41.7%로부터 51.8%
로 증가하였다. 이것은 절대수로 보아도 상대수로 보아도 경이적인 증
가였다.

〈표 5-14〉 연도별 계층별 농가호수의 변화

(단위: 千戶)

연도	지주 甲	지주 乙	자작농	자소작농	소작농	총농가수
1913(%)		81 (3.1)	586 (22.8)	834 (32.4)	1,072 (41.7)	2,573 (100.0)
1920(%)	16 (0.5)	75 (2.8)	529 (19.5)	1,018 (37.4)	1,083 (39.8)	2,721 (100.0)
1930(%)	21 (0.7)	83 (2.9)	504 (17.8)	890 (31.0)	1,334 (46.5)	2,870 (100.0)
1936(%)	-	-	548 (17.9)	738 (24.1)	1,584 (51.8)	3,062 (100.0)
증감	5	2	-38	-96	512	489

비고: 지주 甲은 농사를 전혀 짓지 않는 순수한 지주이고 지주 乙은 자기 토지의 일부
는 소작을 주고 일부는 손수 경작하는 지주를 말한다. 1913년에는 지주 갑에 대
한 조사는 없었고 1936년에는 조사표가 변경되어 지주 갑은 없애고 지주 을은
자작농에 포함시켰다. 그리고 농업노동자와 화전민을 별도로 조사하여 총 농가수
에 포함시켰다, 화전민은 75천명(2.5%), 농업노동자인 被傭者 117천명(3.8%)은
표에 포함시키지 않았다.
자료: 朝鮮農會, 『朝鮮農業發達史』(發達篇), 附錄 統計에서 작성.

여기에서 주목해야 할 것은 순수한 의미의 지주(甲)만 증가하고 地主
乙과 자작농, 자소작농도 모두 감소하였다는 점이다. 이 가운데 자소작
농가의 감소는 현저하였다. (지주 1호당 경영 면적은 확실하게 증가하였
으나 반면에 소작농 1호당 경영 면적은 현저하게 축소되었다.) 소작농
1호당 경영면적이 이처럼 감소한 중요한 원인은 식민지 기간동안 큰 폭
의 인구의 증가가 경지의 세분화를 촉진하였다는 점[17]과 또 다른 원인
은 토지의 겸병에 의한 농지소유의 집중을 들 수 있다. 특히 일본인에
의한 경지의 집중은 빠른 속도로 전개되었다.

〈표 5-15〉 10町步 이상 地主의 규모별 민족별 분포

(단위: 명)

연도	민족구분	10-19 정보	20-49 정보	50-100 정보	100-199 정보	200정보 이상	계
1921	조선인	29,646	14.433	1,650	360	66	46,155
	일본인	1,544	1,420	519	321	169	3,983
1929	조선인	32,572	14,152	1,572	340	40	48,676
	일본인	2,677	2,274	679	361	172	6,163
1936	조선인	30,332	12,701	1,571	336	49	44,989
	일본인	3,504	2,958	749	380	181	7,772

자료: 朝鮮農會,『朝鮮農業發達史』(發達篇), 附錄 統計의 地稅納稅의무자 면적별 인
      원표에서 작성.

<표 5-15> 는 1921년부터 1936년 사이에 조선인 지주의 수는 20정
보 이상 모든 계층에서 감소한 반면 일본인 지주의 수는 전 계층에 걸쳐
증가하였다는 것을 보여주고 있다. 특히 200정보 이상의 대지주 수는 일
본인이 조선인을 압도한 반면 조선인은 20정보 미만의 규모를 소유하고
있는 사람이 전체 지주의 53%를 차지하여 일본인에 비하면 그 규모가

---

17) 조선의 인구는 1912년 14,827천명으로부터 1938년 22,174천명으로 약 49%가 증
   가하였다.

영세하였다.

일본인의 토지 집적(集積)은 노일전쟁 직후부터 시작되었는데 1927년 말 현재 논 2,000정보 이상을 소유하고 있는 대지주만 하더라도 東洋拓殖의 5만 정보를 비롯하여 불이흥업회사(不二興業會社)의 4,500정보, 不二興業주식회사의 4,127정보, 선만개척(鮮滿開拓)의 3,946정보, 동산농사회사(東山農事會社)의 4,100정보, 가토(加藤)농장의 3,240정보, 조선실업(朝鮮實業)의 3,214정보, 다목(多木)농장의 2,455정보, 우곤상사(右近商事)의 2,013정보 등이 있었다.[18]

벼농사를 위주로 하는 일본인 농사회사와 대농장의 특징은 농업노동자를 고용하여 직접 농사를 짓는 것이 아니라 영세농에게 소작을 주어 농장을 경영하였다. 그러나 일인 대지주들은 조선인 소작농을 조직화하고 집단적 계약을 통하여 개량농법을 사용하도록 하는 등 생산성을 제고하기 위해 영농 활동에 직간접으로 간여한 점이 특색이었다.

이들의 농장경영은 한반도의 남부 평야지대에 집중되었고 일본자본의 조선 진출로 인한 토지겸병(土地兼倂)의 확대와 조선 농촌의 인구증가는 결과적으로 소작농과 소작답의 증가로 나타났다. 1936년까지 전체답 면적 가운데 소작지의 면적이 약 68%에 이르렀다. 이중에서도 일본인 대농장이 집중되었던 전라북도와 전라남도, 경기도, 충청남도는 소작율이 다른 지역에 비하여 높았다. 지주의 소유면적이 늘어난다는 것은 소작료의 집중을 통하여 미곡의 출하량이 증가한다는 것을 의미한다.

(3) 高利貸와 농가부채의 증가 및 궁박판매

화폐경제의 농촌 침투는 농업과 농촌에 기식(寄食)하는 고리대금업자를 출현시켰다. 조선에서는 자본의 축적이 부족하여 시중 이자율이 대단

---

18) 澤村 康, 『農業政策: 總論及農業土地制度』上, 弘造社, 1932, p.282.

히 높았다. 춘궁기에 성행하는 장리(長利)쌀의 이자율은 5~6개월에 50%의 고율이 일반적이었다. 노일전쟁 직전 조선에서의 투자사업을 소개하는 일본의 한 책자는 "이자율이 높은 조선에서는 저당사업(抵當事業)과 함께 식산사업(殖產事業)은 가장 유리한 사업이며 위험이 가장 적은 안전한 사업으로 자본에 여유가 있는 사람은 이 방법으로 돈을 버는 것이 좋다"[19]고 소개할 정도였다.

조선에서 장리곡(長利穀) 문제는 역사가 오래다. 춘궁기에 종자, 농량(農糧)을 대여하고 대부기간에 관계없이 50%의 이자를 더하여 추수기에 현물로 회수하는 것이 보통이었다. 이 때문에 조선에서 고리대금업은 재산을 증식할 수 있는 가장 손쉬운 수단이었다.

대다수의 지주, 비료상과 미곡상, 일반 상인, 정미업자, 기타 재력이 있는 부자들은 貸金業(대금업)을 겸영하며 현금이 없는 농가에게 농사자금이나 비료를 전대(前貸)하거나 관혼상제비, 의료비 등을 빌려주고 그 반환은 미곡 등 현물로 결제하도록 하였다. 더욱 심한 것은 빚을 제때에 갚지 못할 경우 논에서 자라고 있는 벼를 차압하는 고리대금업자들도 나타났다.

총독부 조사에 의하면 1930년 벼의 입모차압(入毛差押)은 약 8천 건이고 1932년에도 벼의 차압이 7천 2백 건이 있었다. 입모차압은 1929년 경 까지는 희귀한 것이었으나 대공황의 내습으로 농촌의 불황이 심해지면서 증가하였다. 이와 같은 차압의 원인은 주로 일반 채무에 기인하는 것으로 체납 소작료도 그 가운데 20%내외를 차지하였다.[20]

일부 고리대금업자들은 미리 토지문서와 인감증명, 백지 위임장을 담

---

19) 회사형태로 만든 대규모 농사회사만도 20여 개에 달하였는데 이 가운데 대금업(貸金業)을 겸영하는 회사만도 7개에 이르렀다. 東洋拓殖株式會社, 韓國興業株式會社, 大韓勸農株式會社과 같이 자본금이 100만원이 되는 대규모 농사회사도 貸金業을 함께 운영하였다.
20) 朝鮮總督府, 『朝鮮の小作慣行』(下), p.127.

보로 받아 놓고 채무를 변제하지 못할 경우는 채무자의 토지를 자기소유로 등기하는 경우도 적지 않아 사회문제가 되기도 하였다. 공황기 농가 부채의 누증은 비합리적 담보와 차압제도를 통해 농가의 파산을 유도하여 지주와 상인에게 벼가 집중되는데 박차를 가하였다.

1929년 말부터 시작된 세계 대공황은 농산물가격을 크게 하락시켰다. 일본도 대공황의 직격탄을 맞아 미가가 폭락하였다. 일본의 미가 하락은 식민지 조선에도 전가되어 조선의 미가도 1930년에 약 50%가량이 하락하였다. 농가의 가장 중요한 현금 소스인 미가는 1936년까지 회복되지 못하였다. 농가는 농산물가격이 공산물가격보다 더 빨리 떨어지는 쎄레현상(schere現象)까지 겹쳐 적자 함정에 빠지게 되었다.

미가가 하락하면 공급자는 시장 공급량을 줄이는 것이 경제원칙이다. 그러나 조선에서는 1929년 대공황의 여파로 미가가 평년 수준의 절반 이하로 폭락하였음에도 불구하고 미곡 이출량은 감소하지 않고 오히려 더욱 증가하였다.

농민들은 빚을 갚기 위해서는 더 많은 미곡을 판매하지 않으면 안 되고 경영을 계속하기 위해 또다시 빚을 얻지 않으면 안 되는 악순환이 계속되었다. 조선의 대부분의 농가는 소위 궁박판매(窮迫販賣)를 통하여 생존하기 위한 노력을 계속하지 않을 수 없었으며 이는 쌀의 1인당 소비량 감소와 미곡의 이출량 증가로 이어졌다.

(4) 품종개량·경종법의 개선과 조선산미증식계획

조선은 1920년부터 일본의 쌀소동 대책으로 수립한 조선산미증식계획에 따라 미곡증산에 본격적으로 돌입하였다. 조선총독부는 일본으로부터 거액의 자금을 들여와 수리시설을 건설하고 개간·간척으로 논 면적을 확대하는 등 토지개량사업을 하였다. 여기에 곡량도(穀良都), 다마금(多摩錦), 은방주(銀坊主), 육우 132호(陸羽 132號), 가메노오(龜の尾)

등 일본인들의 입맛에 맞는 수리(水利)·다비형(多肥型)의 신품종을 들여
와 보급하고 화학비료의 투입, 못자리의 개선, 정조식(正條植)의 도입 등
농사개량을 통하여 증산을 추진하였다.

조선총독부는 수도의 품종교체와 새로운 경종법의 보급을 위해 관헌
과 지주를 통한 강압적 농사지도도 불사하였다. 조선총독부는 전력을 동
원한 산미증식계획의 추진으로 1920년대 중반부터 증식계획의 효과가
서서히 나타났다. 조선산미증식계획의 효과는 1930년대에 들어와 본격
적으로 발현되기 시작하였다. 이때부터 조선미의 일본 이출량이 급증하
기 시작하였다.

조선에서의 미곡증산은 조선산미증식계획의 추진 때문만은 아니었다.
조선총독부는 한일병합 직후부터 총독부의 농정방침으로 미곡과 기타
농산물의 공급량 확대를 내세우고 여러 가지 증산정책을 추진하였다. 그
가운데 중요한 것은 일본인의 구미에 맞는 일본 품종의 보급과 경종 방
법의 개선, 소규모 수리시설의 수축과 개발이었다. 이 때문에 산미증식
계획의 추진 구역이 아닌 곳에서도 미곡의 생산량이 증가하였다.

2) 수요측면의 원인

(1) 일본의 경제성장과 인구증가

일본은 명치 초기 쌀의 수출국이었으나 1897년 이후 상시 수입국으
로 반전하였다. 그 배경은 명치유신 이후 공업화와 경제성장에 성공하면
서 쌀에 대한 수요가 증가하였기 때문이었다.

일본은 명치 초기 나가사키(長崎)를 중심으로 영국의 면직물을 수입
하여 중국과 조선 등지에 판매하는 중계무역에 종사하였다. 청일전쟁 이
후 공업화에 나선 일본은 판신(大阪-神戶)지역에 면직물 제조업을 육성
하면서 이 지역은 일본의 신흥공업지대로 성장하였다. 이 때문에 오사카

지역에는 수많은 노동자가 모여들었고 이들을 중심으로 값싼 외국미에 대한 수요가 증가하였다.

이즈음 일본은 인구가 해마다 약 50만 명씩 늘고 소득이 올라가면서 미가가 상승하기 시작하였다. 일본은 자본주의 대열에 합류한 후 국제시장에서 자국상품의 국제경쟁력을 유지하기 위하여 임금 상승을 억제할 필요가 있었고 이를 위해 국내 증산과 함께 값싼 동남아시아의 미곡을 수입하여 수요를 충당하기 시작하였다. 조선미를 매년 수입하게 된 것은 1890년 경부터인데 청일전쟁 이후 한일합병 때까지 연간 20~40만 석 정도를 수입하였다.[21]

(2) 조선미의 移出稅와 일본의 조선미 移入稅 철폐

조선은 1876년 일본의 강요로 조일수호통상조약(강화도조약)을 맺고 쇄국의 빗장을 풀었다. 조선은 강화도조약 제12조의 규정에 따라 일본과 조일수호조규(朝日修好條規) 부록 및 조일무역규칙을 제정하였다. 수호조규의 부록에 일본 선박의 항세(港稅)는 물론 수출입 화물에 대해서도 관세를 면세해 준다는 불평등 조항을 넣었다. 이 때문에 한 동안 조선과 일본은 상대국의 수출입 상품에 대해서 관세를 부과하지 않았다.

조선은 관세자주권을 회복하기 위해 1883년 맺은 조일통상장정에 따라 수입품에는 종가(從價) 10%의 수입세, 수출품에는 5%의 수출세를 부과하기로 하였다. 조선은 일본으로 수출하는 미곡에 대해서도 종가 5%의 수출세를 부과하였다.

일본도 조선에서 들여오는 물품에 대하여 수입세를 부과하기로 하였으나 당시 조선미는 면세하였다. 일본은 1899년 관세정률법(關稅定率法)을 제정하였으나 이 때도 조선미는 면세되었다. 그러나 일본은 1905

---

21) 水野秀雄, "朝鮮米輸移出入消長"朝鮮米肥日報, 1937. 12. 10; 조선농회, 『조선농업발달사』(발달편), 1944, p.377.

년 러일전쟁의 전비조달을 위하여 특별세제를 도입하고 조선미에 대해
서는 종가(從價) 15%의 수입세를 부과하기 시작하였다. 일본은 러일전
쟁이 끝나고 1906년에 조선미에 대한 세율을 개정하여 100근에 대하여
1원으로 변경하였다가 1912년 매 100근 당 64전으로 인하하였다.[22]

당시 조선의 개항장에서 일본으로 미곡을 수출하던 일본인 미곡상들
은 이들이 수출하는 조선미에 대해 일본이 수입세를 부과하는 것이 부당
하다며 1906년 러일전쟁의 종전과 함께 일본 의회(議會)에 수입세의 철
폐를 청원하였다. 이들은 인천, 부산, 군산, 원산에 거주하는 미곡상 대
표를 선발, 동경으로 파견하여 의회를 상대로 로비를 했으나 농촌 출신
정우회(政友會) 의원들의 반대로 뜻을 이루지 못하였다.[23] 정우회 의원
들은 일본 농민을 보호하기 위해서는 조선미에 대한 이입세의 존속이 필
요하다고 주장하였다.

1910년 한일병합 후 일본은 한국정부가 외국과 맺은 최혜국관세조약
을 존중한다는 의미에서 향후 10년간 조선이 외국과 맺은 관세를 인정
한다는 관세거치선언(關稅据置宣言)을 하였다.[24] 관세거치선언은 조선
과 일본에도 똑같이 적용되었다. 따라서 조선이 미곡을 일본으로 이출할
때 부과하는 이출세와 일본이 조선으로부터 이입하는 조선미에 대한 이
입세도 존속하게 되었다.[25]

---

22) 朝鮮總督府 殖産局, 『朝鮮の米』, 1920, p.50.
23) 橫山要次郞, 『朝鮮米輸移出の飛躍的發展とその特異性』 朝鮮穀物協會, 1938, p.8.
24) 1910년 한일합병 시 일본은 대한제국이 각국과 맺은 통상조약을 존중한다는 명목
으로 향후 10년 동안 일본 관세법의 조선 적용을 유예하고 대한제국의 관세를 그
대로 유지한다는 대외선언을 하였다. 이에 따라 조선총독부는 일본으로 이출·이
입하는 상품에도 대한제국 시대에 하던 것과 마찬가지로 이출세와 이입세를 부과
하였다. 그러나 종래의 구 관세제도가 불문률적 관습에 의존하는 경우가 많아 과
세의 공평성을 기하기 어렵다는 이유로 당초의 선언에 저촉되지 않는 범위 내에
서 1912년 3월 조선관세정률령을 제정 공포하였다. 조선관세정률령은 여러 차례
의 개정을 거쳤으나 1920년 8월 28일 관세거치기간이 만료될 때까지 존속되었다.
이후 조선에는 일본의 관세법과 관세정률령이 적용되었다.

조선 주재 일본인 미곡상들은 1910년 한일합병 후 다시 일본에 가서
이입세 철폐운동을 벌였으나 이입세를 철폐하려면 먼저 조선의 이출세
를 철폐하라는 일본정부의 반론을 받고 한때 곤경에 처하였다.[26] 조선
에서 영업하고 있는 일본 미곡상들은 방향을 돌려 데라우치(寺內) 조선
총독에게 조선미의 이출세를 철폐해 줄 것을 청원하였다. 조선총독부는
1912년 조선관세정률령(朝鮮關稅定率令)을 제정할 때 미곡상들의 청원
을 받아들여 조선미의 이출세를 폐지하였다.

그러나 노일전쟁 때 도입된 일본측의 이입세는 그대로 유지되다가
1913년 3월 가쓰라(桂) 내각이 쓰러지고 새로 들어선 야마모토(山本)내
각이 이들의 청원을 받아들였다. 조선미에 대한 이입세 철폐는 1913년
3월 27일 일본 의회의 승인을 얻어 동년 7월부터 실시되었다.[27]

당시 일본은 미가가 속등하여 큰 사회문제가 되어 있었고 조선미의
면세 이입을 통하여 미가를 안정시키고자 하는 의도가 다분히 작용한 것
으로 보인다. 조선미에 대한 조선측의 이출세와 일본의 이입세가 폐지됨
으로써 조선과 일본의 미곡 무역업자는 큰 혜택을 보게 되었고 이를 계
기로 조선미는 일본시장에서 비약적인 성장을 이룰 수 있게 되었다.

1912년 석당 평균 21원 하던 일본의 미가는 조선미의 이출세가 폐지
되고 이어 일본의 이입세가 없어지자 조선미의 일본 이입량이 크게 증가
하여 1914년에는 석당 13원으로 약 40%가량이 하락하였다. 조선미의
일본 이입량은 조선이 일본과 제물포조약을 맺은 1882년부터 1913년까

---

25) 한일병합과 함께 조선이 일본의 영토에 편입됨에 따라 관세를 내지 않는다는 이
   유로 輸入稅는 移入稅, 輸出稅는 移出稅로 명칭을 변경하였다. 그리고 일본은 칙
   령 제331호로 조선으로부터 內地, 대만, 樺太에 화물을 이입할 때는 수입세와 동
   률의 이입세를 부과하고 조선에서 입항하는 선박에 대해서는 勅令으로 噸稅를 부
   과하게 되었다. 이에 대응하여 조선총독부도 制令 제4호로 같은 내용의 법령을 공
   포하였다. 朝鮮貿易協會編, 『朝鮮貿易史』, 1943, pp.150-152.
26) 橫山要次郎, 전게서, p.8.
27) 「朝鮮二產スル米及籾二ハ移入稅ヲ課セズ」 1913年 4月 法律 第17號.

지는 연간 25~29만 석 수준이었으나 이출세와 이입세를 철폐한 직후인 1914년에는 약 103만 석으로 급증하였다.

조선미의 이출량은 이후 큰 폭으로 늘어나 4년 후에는 약 187만 석으로 팽창하였다. 1915년에는 260만 석으로 비약적인 증가세를 보였다. 이출세와 이입세가 폐지되자 조선미의 이출은 3~4년 만에 약 5배가 증가하였다. 이 후 조선미의 거래는 조선과 일본에서 활발하게 일어났다.

(3) 米穀取引所의 조선미 受渡代用과 조선과 일본시장의 연결

일본은 한일합병 직후 연이은 흉작으로 1911년에 이어 1912년에도 미가가 크게 상승하였다. 일본정부는 미가 상승을 억제하기 위하여 1912년 쌀의 수입세를 100근(60kg)당 1원에서 40전으로 내리고 정미시장(正米市場)에서 연취인(延取引)을 일시 중지시키는 한편 미곡취인소에서 선물거래의 기준이 되는 표준미(建米)를 2등에서 3등으로 내리도록 조치하였다. 동시에 미곡취인소 정기미(定期米)의 결제 시 조선미와 대만미의 대용(代用)을 허가하였다.

다음 해인 1913년에도 미곡의 상승세가 꺾이지 않자 일본정부는 미곡취인소에서 조선미와 대만미의 상시(常時) 대용(代用)을 인정하는 조처를 취하였다. 일본정부는 이어 1914년 전국의 미곡취인소에 대하여 조선미의 참고 표준제를 폐지하고 조선미의 수도가격을 자율적으로 결정하도록 하였다.[28]

조선미를 일본 미곡취인소의 수도미로 상시 대용하도록 허가하고 조

---

28) 일본은 그 전에도 미가가 상승할 때는 외국으로부터 수입을 증가시키고 미곡취인소의 定期米의 결제기에 受渡하는 미곡을 조선 및 대만미로도 代用할 수 있도록 하는 조치를 가끔 내렸다. 미곡취인소에서 선물거래의 기준이 되는 표준미(建米)를 2등에서 3등으로 내려 수도미를 품질이 낮은 식민지미로도 가능하게 하면 시세가 낮게 형성되었다. 선물시장의 시세는 현물시장 가격을 선도하는 기능이 있기 때문에 이것은 미가를 억제하는 효과를 나타내는 것으로 볼 수 있었다.

선미의 수도가격을 자율적으로 결정할 수 있도록 하는 것은 형식상 조선
미와 일본미를 동등하게 대우하는 것으로 조선미에 대한 일본인의 인식
에 변화를 가져오는 하나의 계기가 되었다.

동시에 이출세와 이입세의 폐지는 조선의 미곡시장과 일본 미곡시장
을 통합하는 공식적 조치였다. 이로 인해 조선의 미곡 시세는 일본의 미
곡 시세에 의해 직접적으로 영향을 받고 반대로 조선의 미곡 사정이 일
본의 미곡 시세에 영향을 미치는 관계가 되었다. 그러나 시장규모가 작
은 조선의 미곡시장은 규모가 큰 일본의 미곡시장에 의해 더 많은 영향
을 받는 종속관계를 심화시켰다고 볼 수 있다. 과거에는 일본미와 조선
미 사이에 거래상 격차는 상당히 컸고 현격하였지만 조선미는 이렇게 하
여 일본시장으로 본격적으로 진출할 수 있게 되었다.

(4) 일본의 쌀 폭동과 미곡자급정책으로의 전환

일본은 1914년에 일어난 제1차 세계대전에 참전하면서 유례없는 전
쟁 특수를 누렸다. 전쟁터는 구라파에 있었고 일본은 연합국의 일원으로
참전하여 연합국에 무기와 식량, 각종 군수물자를 판매함으로써 대 호황
을 맞았다. 이 때문에 쌀에 대한 수요가 증가하면서 미가가 크게 올랐다.
전쟁이 끝난 후 인프레를 수습하지 못하고 쌀의 공급이 여의치 않자 미
가가 폭등세를 보여 결국은 쌀폭동(米騷動)이 일어나 전국으로 확산되
었다.

일본에서의 쌀소동은 일본의 식량정책과 농업정책을 재검토하는 계
기가 되었다. 일본은 명치 이후 값싼 외국미를 다량으로 수입하여 쌀 부
족을 해결하는 정책을 써왔으나 당시 동남아의 흉작으로 외국미의 수입
이 여의치 않자 미곡자급으로 정책기조를 전환하였다.

일본인들의 일본미에 대한 집착, 주곡을 해외에 의존할 경우의 식량
안보의 불안, 그리고 부족한 외화를 절약하기 위해서 일본은 증산을 통

해 쌀을 자급하는 것이 최선의 정책이라고 판단하였다. 일본의 재계(財界)도 값싼 외국미 도입으로 식량문제를 해결해야 한다는 그 동안 주장을 철회하고 미곡자급정책에 동의하였다.[29] 식량자급의 수단은 북해도와 식민지 조선·대만에서의 개간·간척, 수리시설의 건설과 토지개량을 통하여 증산을 추진하는 것으로 하였다.

3) 유통측면의 원인

(1) 철도·해운업의 발달과 미곡의 연계수송

일본은 1894년 8월에 체결된 일한잠정합동조관(日韓暫定合同條款)을 통하여 조선에서 경인선(京仁線)과 경부선(京釜線) 철도를 부설하는 권리를 인정받게 되었다. 조선의 철도개통은 1899년 인천-노량진 간의 영업개시를 효시로 1905년 1월 京釜線, 1905년 10월에 마산선(馬山線)을 완성하였다. 일본은 러일전쟁 중에 병력과 군수품의 원활한 수송을 위해 경의선(京義線)의 부설도 서둘렀는데 전쟁이 끝나는 1906년 4월에 완성되었다.

그 후 조선총독부는 트럭과 우마차가 다닐 수 있는 신작로(新作路)를 건설하는 한편 만주방면으로 진출하기 위한 군사상 필요와 각 지방의 자원개발과 경제발전을 촉진하기 위하여 철도의 건설에 노력한 결과 한일합방 당시 1,030km에 불과하였던 선로가 1925년에는 4,418km로 연장되고, 私設철도 1,510km를 포함하여 6,000km에 이르게 되었다.

철도망의 건설과 전신·전화의 발달은 조선의 전통적인 미곡 유통체

---

29) 일본은 명치유신 이래 식량수입론과 식량자급론이 대립하여 왔다. 財界는 식량자급론에 비판적이었고 농업계는 소농보호와 식량자급을 주장하여 왔다. 식량수입론을 주장한 대표적 인사는 후쿠자와 유키치(福澤瑜吉)이었고 식량자급론을 펴는 인사는 사고우 쓰네아키(酒勾常明)이었다. 財界는 쌀소동을 겪고나서 태도를 바꾸어 미곡자급계획을 찬성하였다.(『日本農林水産省百年史』上, 1979, p.28).

계를 빠른 속도로 변모시켰다. 1천년 이상 수운(水運)에 의존하던 조선
의 미곡 유통체계는 짧은 기간 내에 철도중심으로 재편되었다. 항·포구
(港·浦口)를 거점으로 영업하던 조선의 객주들은 몰락하고 철도의 이점
을 아는 신진 상인들이 미곡 유통의 주도권을 쥐게 되었다.

이들 가운데는 조선인도 적지 않았으나 대부분은 일본인들이었다. 이
들은 철도 연변의 교통의 요지에 현대식 정미소를 차리고 미곡의 위탁
매매와 도매업에 종사하였다. 내륙지에서의 정미소는 기존의 포구 중심
의 전통적 객주나 여각을 구축하고 미곡 유통의 새로운 거점이 되었다.

조선에서 외국항로가 열린 것은 일본의 미쓰이(三菱)상사가 1877년
나가사키(長崎), 쓰시마(對馬), 釜山線에 취항한 것이 처음이었다. 1885
년에 日本郵船회사가 고베(神戶), 시모노세키(下關), 나가사키(長崎), 釜
山, 元山을 경유하여 불라디보스토크에 이르는 선과 新戶, 下關, 長崎,
釜山, 仁川을 경유하여 중국의 지부(芝罘), 천진(天津)에 이르는 항로를
개설하였다.

1905년 경부선이 개통되면서 조선의 철도는 관부연락선(關釜連絡
船)에 의해 일본의 구주 및 동해도(東海道)의 각 역으로 여객과 화물을
수송할 수 있게 되었다. 관부연락선은 일본의 산요철도(山陽鐵道)가 영
업허가를 받아 1905년 9월부터 壹岐丸(1,687톤)으로 격일 항해, 동년
11월에는 자매선 對馬丸(1,692톤)을 추가 투입하여 매일 항해하였다.

관부연락선을 이용하여 1912년부터 조선의 경부·경의선의 각 역과
일본의 오사카, 고베, 효고(兵庫), 니가와(新川), 모지(門司) 및 시모노세
키의 각 역으로 조선에서 보내는 화물을 연계수송을 할 수 있게 되었다.
또 조선의 연안항로와 일본 철도의 연대수송도 가능하게 되었다. 조선의
철도는 관부연락선과 선박회사의 해운 네트워크에 의해 일본의 철도와
연결되고 또 大阪·神戶와 요코하마·東京과 같은 대 소비지와도 직접
연결되었다.

조선에 취항하는 선박회사도 크게 증가하였다. 북일본기선(北日本汽船), 북구주상선, 아파국공동기선회사, 사와야마기선(澤山汽船), 신바기선(辰馬汽船), 야마시다(山下), 가와사키(川崎), 나카무라(中村) 10여 개의 대형 기선회사가 조선에 취항하였다. 조선의 해운은 일본선박회사 간의 경쟁시대에 접어 들었다. 해상운임은 1935년 4월 이후 14개 회사가 가입한 선항동맹회(鮮航同盟會)의 협정요금 붕괴로 선박회사 간의 경쟁으로 해상운임이 대폭 낮아졌다.

이후에는 기술진보로 미곡수송 전용의 소형화물선을 이용하는 것이 대형 기선보다 더 경제적인 수송수단이 되었다. 이 결과 조선미의 운송비용이 더 내려가 경쟁 상대인 일본미의 철도 운송비용보다 낮은 경우가 많게 되었다.

(2) 조선미의 품질개선과 브랜드를 통한 차별화

돌과 뉘가 많아 열등미로 취급 받던 조선미를 일본미와 동일한 상품으로 만들기 위해서는 우량품종의 보급, 조제법의 개량만으로도 불충분하였다. 상품으로서 미곡의 품위를 향상시키고 거래의 계속성과 편의성을 추구하기 위하여 품질을 규격화하고 브랜드화할 필요가 있었다.

조선총독부는 수이출미에 대한 검사제도를 통하여 조선미의 품질개선을 자극하고 조선미의 품질을 보증하여 상거래를 편리하게 만들기 위하여 지방단위로 실시하던 미곡검사를 1932년부터 전국적으로 총독부가 실시하는 국영 미곡검사제도로 통일하였다.[30] 총독부는 벼의 생육조건과 미곡의 유통경로를 참작하여 검사소를 6개 구역으로 개편하면서 전 조선에 걸쳐 검사의 기준을 통일하게 되었다. 이를 계기로 품질기준이 강화된 명병미(銘柄米)가 탄생되었다.[31]

---

30) 미곡검사제도의 자세한 내용에 대해서는 제4장 참조.
31) 銘柄이란 비싼 값을 받는 명품 브랜드를 뜻한다. 銘柄米는 일본의 德川막부 시대

명병미는 프리미엄 가격을 받는 브랜드 미를 의미한다. 조선총독부는 미곡검사소를 통하여 조선의 이출미를 6명병, 5등급으로 단순화하였다. 이 점은 일본이 동경구역 27, 대판구역 45, 합계 72개의 명병으로 나누고 도부현(都府縣)의 검사를 또 6등급으로 나누어 명병을 통제하기 어려울 정도로 많이 만든 것과는 달랐다. 일본에서는 일시에 동일 명병의 동일 등급의 쌀 5천 석을 매입하려 하면 그 지방의 가격이 폭등하였으나 조선에서는 이와 같은 일이 없었다.

일본의 미곡상은 조선의 특정 명병미를 전보 한 통으로 대량으로 구입할 수 있었다. 미곡검사제도는 산미개량과 결합하여 조선미의 차별화를 완성하고 이는 판매경쟁의 중요한 기술적 수단이 되었다. 조선미는 유통과정에서 품질 차별화와 대량거래를 앞세워 일본미와 동등한 수준에 오르게 되었다.

(3) 정미업자의 유통망 장악과 유통의 규모화

조선의 정미공업의 급격한 발전은 러일전쟁 전후 철도망의 건설과 함께 시작되었다. 정미공업의 발전은 일본인 미곡상들에 의해 주도되었다. 조선미의 유통에서 중심적 역할을 하는 사람은 철도 연선에 위치한 집산지 또는 도회지에 도정공장을 갖고 있는 미곡상이었다. 이들 미곡상은 재래시장 및 곡물상조합시장에서 중매인을 통해 산지의 미곡을 매입하

에 처음 생겼다. 당시에는 미곡 상인들이 특정지역에서 재배하는 특정 품종의 쌀을 명병이라 부르며 차별가격을 받았다. 초기에는 생산지의 지명이나 품종명을 명품의 이름으로 사용하였다. 명병미는 쌀의 산지에 따라 막부의 지역미의 이름으로 구분하였으나 명치 말부터 새로운 품종들이 보급됨에 따라 지역의 토질·기후 이외에도 품종이 밥맛에 영향을 주고 또 미질은 건조와 조제, 도정 및 보관방법에도 영향을 받는다는 것이 알려지면서 명병이 다양화되기 시작하였다. 현대적 명병은 명치말 대정 사이에 성립하였다. 미곡검사제도는 쌀의 銘柄 거래를 성립시키는 중요한 요인이 되었다. (守田志良, 『米の百年』御茶の水書房, 1966, pp.170-174; 特田惠三, 『米穀市場の展開過程』, 東京大出版會, 1970, pp.119-124)

여 일부는 자기의 정미소에서 도정하여 지방수요에 응하고 나머지는 개항지의 이출 미곡상에게 매각하였다. 이출 무역상들도 대부분 대형 정미소를 겸영하였다.

러일전쟁 직후 인천에 20여 개의 정미공장이 들어섰고 한일합방 전후에는 철도연변을 따라 주요 미곡의 집산지에 정미소가 들어서기 시작하였다. 1920년에는 정미공장의 수가 427개로 늘어났다. 1926년에는 종업원 5인 이상, 동력기관을 사용하는 정미공장이 1,189개소나 되었다. 이 가운데 연산 5,000석 이상의 생산능력을 가진 공장은 264개소였다.[32]

1931년에는 정미소의 총수가 2,137개로 조사되었는데 이 가운데 현미공장은 1,408개소에 연간 270만 석의 가공능력을 가지고 있었고 정미공장은 729개소에 연간 260만 7천석의 생산능력을 가지고 있어 모두 5백30만 석을 처리할 수 있게 되었다. 1933년에는 연간 생산량이 1만석이 넘는 대형정미소가 146개로 늘어났다.

<표 5-20> 연간 생산능력으로 본 玄米工場과 精米工場의 수

(1935년 말 현재)

도정공장의 종류	1,000석 미만	1,000석 이상	5,000석 이상	10,000석 이상	50,000석 이상	100,000석 이상	150,000석 이상	200,000석 이상	합계
현미공장	396	653	151	64	-	-	-	-	1,264
정미공장	68	83	30	50	12	3	3	1	250
현미+정미	105	220	77	71	2	-	-	-	475
합계	569	956	258	185	14	3	3	1	1,989

자료: 朝鮮總督府 農林局조사; 木村和三郎, 『米穀流通費用の硏究』(日本學術振興會 第6小委員會報告 8), 有斐閣, 1936, p.137.

총독부의 조사에 따르면 1935년 말 현재 직공 5인 이상을 고용하는 정미소는 모두 1,989개로 규모별 분포는 <표 5-20>과 같다. 현미와 정

---

32) 朝鮮殖産銀行 調査課, 『朝鮮の米』, 1928, pp.41-58. 각 道 및 府郡 별로 연산 5,000석 이상 정미소의 명단과 소재지, 공장주, 창립연월 등이 실려있다.

미공장의 규모는 작은 것은 연산 1,000석 미만부터 큰 것은 20만 석 이상의 것도 있는데 보통은 연산 1,000석~5,000석 미만이 가장 많았다. 정미공장은 규모가 작은 것은 3~5천원의 투자로 경영이 가능하여 다른 공업에 비하여 비용이 덜 소요되는 업종이었다. 조선 도정공장의 소유자를 민족 별로 구분하여 보면 <표 5-21>이 보여주는 것처럼 1931년 현재 2,011개의 공장 가운데 조선인이 경영하는 공장은 1,398개, 일본인 소유는 586개, 조선인과 일본인이 공동 경영하는 곳이 27개소였다. 공장의 수를 보면 조선인 경영이 전체의 69.5%로 단연코 많았으나 투자액으로 본 공장의 생산규모는 일본인의 것이 훨씬 큰 것으로 나타났다. 일본인들은 수는 적지만 조선인에 비해 대규모의 도정시설을 가지고 정미 또는 제현을 하여 유통과정에서 규모의 경제를 누릴 수 있었다.

〈표 5-21〉 민족별 로 본 도정공장의 수와 투자규모

민족별 구분	공장 수	비율(%)	투자액(원)	비율(%)
조선인 경영	1,398	69.5	8,186,401	34.9
일본인 경영	586	29.1	15,207,761	64.8
조선인+일본인 공동경영	27	0.4	69,998	0.3
합계	2,011	100	23,464,160	100

자료: 1929년 朝鮮總督府 農林局 조사.

조선에서는 농가가 미곡을 중매인에게 판매할 때와 지주에게 소작료를 납부할 때 대부분 벼의 형태로 유통하였다. 조선의 농민은 씨를 뿌리는 단계부터 예취, 탈곡의 단계까지 생산과정을 운영하는 데 불과하고 백미나 현미를 만들어 팔지 않았다.[33] 지주도 소작미를 벼로 판

---

[33] 조선에서 판매되는 미곡은 모두 벼가 아니다. 농가의 식용 및 5일장에 내다 팔아 지방의 주민들의 소비에 제공되는 쌀은 대부분 농민들이 방아를 찧어 만든 韓白米였다. 농가에서 판매하는 미곡 가운데 벼로 판매하는 비율은 약 70%, 한백미로 만들어 파는 비율은 30%가량이었다. 朝鮮殖産銀行 調査課, 『朝鮮の米』, 1928, p.40.

매하였다.

미곡의 집산지에 있는 정미소는 소농과 중소지주의 소량의 벼를 사들여 집적(集積)시킨 후 대규모로 유통시켰다. 벼는 집산지를 배후에 두고 있는 큰 도시나 수이출항에서 전문적인 도정업자에 의하여 현미 또는 백미 형태로 가공하여 이출업자에게 판매하였다.

조선의 정미업은 일본이나 대만에 비해 특이한 측면이 있었다. 일본과 대만에서는 현미와 백미를 제조하는 과정이 농민이나 토착 소규모 정미소에서 운영되나 조선에서는 독립적 상인들에 의하여 자본주의적 공업경영 형태로 운영되었다.

조선에서 정미소를 운영하는 사람들은 대부분 미곡 유통을 통하여 부를 축적한 미곡 상인이거나 지주였다. 조선에서의 정미업은 상당한 자본의 투자가 필요하며 공업으로서의 성격이 뚜렷하였다. 석발 백미를 생산하는 정미소는 석발을 위한 여공을 수십 명 내지 수백 명씩 채용하여 많은 종업원을 고용하는 대규모 공업의 특성을 갖고 있었다. 조선에서는 미곡의 생산이 수많은 영세농에 의해 이루어지지만 미곡의 조제와 유통은 정미상에 의하여 대규모로 이루어져 규모의 경제를 누리게 되었다.

(4) 금융·보험·창고업의 유통 지원

조선에 근대적 금융기관이 생긴 것은 1878년 일본의 제일은행이 부산에 지점을 설치한 것이 처음이었다. 그 후 1890년에 18은행이 인천과 원산에 지점을 개설하고 1892년에 58국립은행(안택은행의 전신)이 조선에 진출하여 주로 일본 상인들의 무역금융과 송금업무를 취급하였다.

한일병합 당시 조선에는 8개의 은행이 있었다. 이들 은행은 모두 상업금융을 취급하였는데 특히 일본계 은행들은 대 일본 무역금융에 종사하고 그 거래액은 매년 증가하였다. 중앙은행인 조선은행, 특수은행인 조선식산은행도 고유의 업무 이외에도 상업금융도 함께 취급하였다. 상업금융에서 중요한 부분을 차지하는 것은 미곡자금(米穀資金)이었다.

조선의 전통적인 객주들은 미곡 매매의 대금을 결제할 때 개인 어음을 이용하거나 아니면 위탁받은 미곡을 다 판매하고 난 다음 대금을 결제하는 것이 관행이었다. 따라서 대금의 결제가 제때에 이루어지지 않는 것이 다반사였다. 경우에 따라서는 대금의 결제가 계속 미루어지거나 결제 불능이 되어 영업을 계속하는데 지장이 많았다.

일본 상인들은 개항기에 조선에 진출하여 미곡을 사들일 때 현금을 지급하는 방식을 애용하였다. 중매인을 통해 미곡을 수집할 때 선대(先貸)를 주고 추수철에 미곡을 매입하기로 약속하는 청전매매(靑田賣買) 또는 입도선매(入稻先賣)의 방식도 많이 사용하였다. 일본 상인들은 미곡거래의 규모가 커질수록 많은 자금이 필요하였고 이들은 조선에 진출한 일본은행을 통하여 거액의 미곡자금(米穀資金)을 융통하였다.

은행의 미곡자금은 조선 상인들이 이용하는 개인적 차금(借金)의 금리에 비해 월등히 유리한 저리(低利)였다. 일본의 미곡상들은 금융권을 통해 저리자금을 사용할 수 있어 조선상인들과의 경쟁에서 유리한 입장에 설 수 있었다.

미곡을 이출할 때나 원격지에 있는 상인과 거래할 때 조선의 미곡상은 하환위체(荷換爲替)[34] 제도를 이용하는 데 익숙하지 않았다. 반면에

---

34) 荷換爲替(貨換어음, Documentary Bill of Exchange)란 매도인이 외국 또는 먼 곳에 있는 매수인에게 상품 등을 보내면서 그것을 담보로 하여 대금의 일부 또는 전부를 은행에서 미리 받고 은행은 매수인 소재지의 지점 또는 거래은행에 의뢰하여 그 대금을 추심하는 어음을 말한다. 하환위체를 就結하는 절차는 먼저 판매인인 의뢰자가 수송 중인 화물에 대한 船荷證券 또는 화물상환증을 담보로 하고 거기에 수취인(매수인)을 支拂人, 은행을 受取人, 매도인을 발행인으로 하는 환어음을 첨부하여 부속서류와 함께 은행에 제출하고 어음 대금의 일부 또는 전부를 미리 융통한다. 은행은 이 서류를 수취인 소재지의 은행에 의뢰하여 수취인으로부터 대금을 추심한다. 수취인은 대금을 지불하고 은행으로부터 받은 일건 서류를 가지고 구입한 화물을 인도받는다. 거래은행에서 미리 수출대금을 받을 수 있는 어음을 荷爲替 또는 貨換어음이라고 한다. 예를 들면 仁川에 있는 미곡상 甲이 大阪

일본의 무역상들은 은행을 통하여 무역자금을 사용할 수 있을 뿐 아니라 하환위체를 할인 받을 수 있어 미곡거래를 위한 자금의 조기 확보와 판매대금의 빠른 회전과 안전성의 확보가 가능하였다.

미곡을 창고에 저장하면 창하증권(倉荷證券)을 받을 수 있는데 이것을 담보로 금융기관에서 대출을 받을 수 있었다. 또 이출 미곡이나 장거리 수송에 대해서는 손해보험에 가입하여 불의의 손실에도 대비하였다.

조선상인들에게 보험이란 생소한 제도였다. 일본 미곡상들은 은행과 보험회사 및 창고회사를 적절히 이용하여 조선의 미곡상에 비하여 자금이용상 유리한 위치와 신용(信用)을 확보할 수 있었다. 이것이 조선인 객주가 무역상으로 성장하지 못하고 일본인들이 무역업계를 석권하게 된 중요한 이유의 하나였다.

(5) 미곡 수이출업의 경쟁체제

조선의 미곡 수이출업자 수가 얼마인지 정확한 자료가 발견되지 않고 있다. 한 연구는 그 숫자를 7천 명 이상으로 보고 있으나 과장된 것으로 보인다.[35] 그러나 1930년대 조선미의 수이출업자가 상당히 많아 경쟁체제 아래서 영업을 한 것은 분명하다. 그러나 그 가운데서도 중요한 수이출 미곡상의 수는 313인으로 사실상 이들의 손에 의하여 조선 미곡의 수이출이 좌지우지 되었으며 이들 가운데 특히 11인의 대무역상의 영향

에 있는 미곡상 乙에게 미곡을 판매할 때 甲은 미곡을 선적함과 동시 하환어음을 꾸며 인천에 있는 은행에 제시하고 대금을 미리 받는다. 은행은 하환어음과 선적서류 등을 매수인이 있는 大阪의 지점이나 또는 거래가 있는 은행에 보내어 乙에게 이를 제시하고 乙이 대금을 결제하면 이와 상환하여 선하증권을 내준다. 대판의 미곡상 乙은 이 증서를 가지고 선박회사에 가면 仁川에서 보낸 미곡을 찾을 수 있게 된다.(權五翼, 『商業經濟學』, 一潮閣, 1957, p.237).

35) 林炳潤은 1932년의 미곡 수이출업자수를 전업과 겸업을 합하여 모두 7,170명으로 보았다. 林炳潤, 『植民地における商業的營農の展開』, 東京大學出版會, 1971, p.253.

력이 컸다는 보고도 있다.[36]

1930년대에는 해마다 800~900만 석을 넘는 조선미가 이출되었는데 이출미의 90%이상을 인천, 부산, 군산, 진남포, 목포의 5항을 통해 일본 으로 선적하였고 이출량의 약 절반은 11개의 대무역상에 의해 과점되었 다는 것이다. 반면에 대만은 조선과 달리 미쓰이물산(三井物産)·미쓰비 시상사(三菱商事)·가토상회(加藤商會)·스기하라산업(杉原産業)의 재벌 급 4대 회사가 대만 미곡 이출량의 90% 이상을 담당하였다.[37]

조선에서 영업하는 미곡 이출상은 대부분 일본인이었다. 일본인 미곡 상과 지주 가운데에는 정미소를 경영하면서 미곡의 이출무역에도 관여 하는 사람이 상당수 있었다. 조선인 지주 가운데는 정미소를 겸영하는 사람은 많았지만 일본인 지주와 달리 이출무역 과정에서는 거의 배제되 어 있었다.

일본인 무역상들은 제현·정미·수이출을 겸영함으로써 유통과정을 단 축하고 규모화하여 미곡의 유통비용을 줄이고 조선미의 상품화를 유리 하게 전개하였다. 이들은 동업자들 간의 무한경쟁을 방지하기 위하여 미 곡상협회를 만들어 일본의 이입상과 교섭하고 선박회사와 우대요금을 협정하여 운송비를 낮추는데 성공하였다.

(6) 조선미의 마케팅과 수요개발

조선미는 전통적으로 대판이 중심지인 일본의 관서(關西)지방에서 많 이 소비되었다. 동경과 요코하마가 있는 관동(關東)지방은 거리가 멀어 초기에는 조선미의 수요가 그리 많지 않았다. 조선총독부의 농업 담당 퇴직 관료들은 미곡상단체와 협력하여 이곳에 조선미의 판로를 개척할

---

36) 木村和三郞, 『米穀流通費用の研究』, 有斐閣, 1936. p.173.

37) 橋谷 弘, "兩大戰間期の日本帝國主義と朝鮮經濟" 『朝鮮史研究會論文集』 20, 1983, p.37.

목적으로 1924년 사단법인 동경선미협회(東京鮮米協會)를 설립하였다.

동경선미협회는 조선미의 상품가치를 홍보하고 그 판로를 확장하기 위하여 총독부와 각 도(道)의 지원 아래 미곡무역상, 대지주들이 출연하여 만든 단체였다. 선미협회는 1923년 관동대지진으로 동경지역의 미곡 유통망이 붕괴된 틈을 이용하여 이 지역에 조선미의 판로를 개척하였다.

관동대지진은 동경지역의 쌀 유통을 장악해오던 문옥(問屋·일본의 도매상 겸 위탁상)을 대부분 파산시켜 미곡 유통망이 혼란에 빠졌다. 동경선미협회는 문옥과 소매상 사이에 개재하여 조선미의 품질을 홍보하고 조선미를 구입할 경우 수송, 하역, 창고, 금융 등 매매와 관련된 일체의 서비스를 알선하였다. 또 양조장과 학교, 공장, 군대 등 대량 급식소에 조선미의 납품을 주선하여 상당한 성과를 거두었다.

동경선미협회는 선미협회로 이름을 바꾸고 일본 각지의 미곡취인소에 대하여 조선미의 격부(格付) 상향 운동을 일으키는 한편 각지에서 조선미의 시식회를 열어 조선미의 품질을 선전하였다. 선미협회는 조선미를 선전하기 위한 영화를 제작하고 조선미 선전 포스터를 만들어 배포하였다. 선미협회는 또 조선미 검사의 국영화를 홍보하고 조선미에는 규정된 용량 이외에도 첨가미(添加米)가 덤으로 더 들어간다는 점을 강조하며 조선미의 명병을 소개하고 동북·북해도 지방의 판로개척에도 기여하였다.

1924년 동경-요코하마의 조선미 이입량은 17만 석에 지나지 않았는데 1927년에는 75만 석으로 증가하였다. 이후 조선미는 관동지역에 급속도로 판매량이 증가하였다. 선미협회의 설립 목적과 조직, 자본금 기타 주요 회원사는 다음과 같다.[38]

---

38) 鮮米協會, 『鮮米協會10年誌』, 1935, pp.17-21.

사단법인 鮮米協會

동경선미협회는 1923년 12월 조선미의 이출 증진, 판로 확장, 홍보, 판매 알선, 매매 시 발생하는 분쟁의 조정 등을 목적으로 조선총독부의 퇴직 관리들이 앞장서서 만든 단체였다, 선미협회는 조선총독부와 각 도(道)로부터 매년 15,000~20,000원의 보조금을 받고 동양척식, 조선흥업 등의 제 회사와 조선내 각지의 곡물상조합, 무역업자, 정미소, 기타 개인 지주를 회원으로 가입하도록 한 조직으로서 출자총액은 20,650원이었다. 선미협회는 전성기에는 1년 동안 200만 석 이상을 매매 알선하기도 하였다. 동 협회는 경성에 본부를 두고 동경과 나고야에 지부를 두고 활동하였다.

본부: 京城府 南大門通 4丁目 76
東京지부: 東京市 深川區 佐賀町 1丁目 26
名古屋지부: 名古屋市 中區 米濱町 3
회장: 有賀光豊
전무이사: 菱本長次

회원: 인천곡물협회, 군산미곡상조합, 부산곡물상조합, 대구곡물상조합, 경성곡물상조합, 목포곡물상조합, 강경미곡상조합, 평북곡물협회, 논산미곡상조합, 동양척식 경성지점, 조선정미주식회사(朝鮮精米株式會社), 齊藤合名會社, 주식회사 공익사(共益社), 今村精米所, 조선흥업주식회사, 龍山精米所, 齊藤九太郎, 南 藤馬, 加藤平太郎, 米田八百三, 富浦福一, 井上恒吉, 杉山 富, 安種洵.

4. 조선미의 수이출과 貿易收支

1) 조선의 무역규모와 미곡 이출대금

일제시대에는 조선무역의 70~80%가 대 일본무역이었다. 이 가운데 미곡의 이출액이 단일 품목으로 가장 큰 부분을 점하였는데 1930년을 전후하여 총 수이출액의 50%까지 차지하였다. 대 외국무역은 전체무역의 20~30%이었으나 외국무역의 90% 이상이 만주·관동주·점령지 중국과의 교역이었다. 당시의 조선무역은 사실상 외화(外貨)의 사용없이 일본제국의 영역 내에서 이루어졌다.

〈표 5-22〉 조선의 총수이출액 규모와 미곡의 수이출 비중

(단위: 천원)

연도 (연평균)	총수이출액 (A)	농산물수이출액 (B)	미곡수이출액 (C)	B/A (%)	C/B (%)	C/A (%)
1916-1918	98,255	60,324	36,105	61.3	59.8	36.7
1919-1921	209,955	139,281	93,284	66.3	66.9	44.4
1922-1924	268,702	179,342	124,730	66.7	69.5	46.4
1925-1927	354,502	241,958	185,769	68.2	76.7	52.4
1928-1930	326,063	197,779	147,403	60.6	74.5	45.2
1931-1933	313,927	190,118	150,384	60.6	79.1	48.0
1934-1936	536,492	305,650	226,638	57.0	74.1	42.2
1937-1938	782.575	339,385	272,211	43.4	80.2	34.8

자료:『朝鮮總督府統計年報』각 년도 및 朝鮮農會,『農業發達史』發達編, 1944, 부록, 통계.

조선의 무역구조를 보면 대 외국무역은 침체 상태를 보인 반면 대일무역은 빠른 신장세를 나타냈다. 조선의 이출 품목은 대흉작 때를 제외하고는 농산물이 시종일관 가장 큰 비율을 차지하였다. 총 이출액 가운데 농산물의 비중은 거의 해마다 60%대를 유지하였다.

이출 농산물 가운데 압도적인 비율을 차지하고 있는 것은 미곡으로 총 농산물 이출액의 70~80%를 점하였다. 조선 대일무역의 가장 큰 특징은 미곡을 중심으로 한 농산물 이출하고 공산품을 이입하는 구조가 일제 통치기간 동안 변함없이 계속되었다는 점이다.

대일무역은 미곡의 이출에 힘입어 1920년대 말까지 흑자를 유지하였다. 미곡의 이출로 인한 무역 흑자는 1910년대에는 총 3억 원, 1920년대에는 12억 원, 1930년대에는 17억 원으로 비약적으로 증가하였다. 미곡 이출량의 증가와 이에 따른 미곡 이출대금의 증가는 조선경제의 무역수지를 적자로부터 흑자로 전환시키는 데 지대한 공헌을 하였고 조선경제를 꾸려나가는데 핵심적인 역할을 하였다.

미곡의 수이출을 통해 얻은 이익의 대부분은 농업잉여라고 볼 수 있다. 미곡의 이출에 따른 잉여의 일부는 가계에 환원되어 공산품을 중심으로 생활물자의 구입에 사용되고 일부는 산업부문에 투자되었다. 조선이 일본으로부터 이입하는 상품은 대부분 공산품이었는데 공산품 가운데 가장 비중이 큰 품목은 각종 면직물류(綿織物流)이었다. 면직물은 1930년 초까지 총 이입액의 약 3분의 1 내지 4분의 1을 차지하였다. 그 다음은 기타 공업제품 및 식료품의 순이었다. 기타 공업제품 가운데 비중이 높은 것은 소비재였다.

2) 조선미의 이출대금과 자본형성

조선산미증식계획의 추진을 통하여 만들어진 농업잉여는 지주와 유통과정을 장악한 정미상을 포함한 이출 미곡상들에게 돌아갔다. 일제시대의 큰 미곡상은 정미업을 겸업하는 것이 상례였다. 대지주들 가운데도 정미업을 운영하는 사람이 많았다. 특히 개항장의 미곡 이출상들은 거의 모두가 정미소를 함께 겸영하였는데 이들 가운데 대지주도 상당수였다.

조선미를 생산하는 농민들은 소작료를 내고 나면 판매할 미곡이 거의 남
지 않았다.

조선미를 이출하여 부를 축적한 지주와 미곡 상인들은 한편으로는 호
화로운 생활을 하면서 다른 한편으로는 축적한 부를 소비재를 비롯한 각
종 산업에 투자하기도 하였다. 지주와 곡물상들은 자녀들을 일본으로 또
는 경성으로 유학 보내고 신식 문화생활을 하는 경우가 많았다. 이들 가
운데 일부는 벌어들인 돈으로 지주경영을 확대하기 위해 농지를 더 사들
이는 한편 정미소와 양조장, 방직공장 등에 투자하기도 하였다.

〈표 5-23〉 會社 代表 가운데 조선인 地主 및 穀物商의 비율

(단위: 社, %)

	1925			1935			1939		
	회사수 (A)	지주 대표자(B)	비율 B/A	회사수 (A)	지주 대표자(B)	비율 B/A	회사수 (A)	지주 대표자(B)	비율 B/A
은행	11	4	36.4	6	3	50.0	3	2	66.7
금융신탁	16	6	37.5	19	5	26.3	34	13	38.2
제조	12	6	50.0	18	10	55.6	55	19	34.5
농업	9	6	66.7	19	14	73.7	59	52	88.1
광업	0	0	0.0	6	2	33.3	17	6	35.3
상업	48	10	20.8	78	24	30.8	152	40	26.3
기타	2	0	0.0	13	5	38.5	32	6	18.8
합계	117	38	32.5	209	70	33.5	485	178	36.7

비고: 합계는 위 표의 회사 이외에도 보험, 철도, 운수, 창고, 전기, 정미, 양조, 인쇄,
수산업을 포함하였음. 그러나 동척, 조선신탁 등 법인과 소작경영을 목적으로 하
는 거대 지주와 회사는 제외하였음. 표의 지주대표자는 미곡상도 포함한 것임.
자료: 金洛年, "植民地朝鮮の産米增殖計劃と工業化"『土地制度史學』, 146, 1995,
p.13.

<표 5-23>은 일제시기「조선은행회사조합요록」에 수록된 회사 가
운데 지주나 곡물상이 출자하여 설립한 회사(자본금 5만원 이상의 주식
회사, 합자회사, 합명회사)를 추려내어 업종별, 민족별로 회사의 수와 불

입 자본금 등을 분석한 것이다. 이 표는 김낙연이 산미증식계획으로 창출된 농업잉여 가운데 어느 정도가 자본화(資本化)되어 어떤 기업에 투자되었는가 알아보기 위해 만든 것이다.[39] 이 표는 일제시대의 지주 명부와 회사 및 주주 명부를 교차 이용하여 작성하였기 때문에 누락된 것도 많고 개념상 불분명한 점도 없지 않으나 이런 종류의 실증적 연구로는 유일한 것이다.

대지주와 미곡상은 산미증식계획의 추진을 통하여 얻은 농업잉여를 가장 많이 취득한 사람들로 볼 수 있다. 일제시대에 설립한 주식회사, 합자회사, 합명회사의 대표자 가운데 지주·미곡상의 비율이 어느 정도인가를 보면 조선인 회사의 경우는 1925년 회사 대표의 33-37%가 지주·곡물상 출신이었다 이들 대표자는 1925년에는 상업·제조업·금융신탁·은행 등에 주로 분포하였는데 1930년대에는 농업·정미업·양조업의 비율이 크게 증가하였다. 이 밖에 지주·미곡상의 비율이 높은 업종은 은행·제조업·금융신탁업이었다. 특히 제조업은 1935년까지 대표자의 절반이 지주·미곡상이었다. 그 후 이 비율은 감소하였으나 절대수는 증가하였다.

지주·미곡상의 투자규모를 알아보기 위해 개인 주주의 불입 자본금 가운데 지주·미곡상의 소유분을 합산한 것이 <표 5-24>이다.

조선인의 경우 1925년에는 전체 불입금의 29%를 차지하였으나 1935년과 1939년에는 43%와 47%로 상승하였다. 다시 말하면 조선인 지주미곡상의 자본금 기여도는 절반에 가까웠다. 농업과 정미업을 제외한 업종에도 지주·미곡상의 기여도가 30%전후의 수준을 보여 1930년의 공업화 과정에서 농업과 정미업의 기여도가 상승하였다고 추론할 수 있다.

일본인의 경우는 지주·미곡상의 기여도가 조선인보다 낮아 23-24%에 불과하였다. 농업과 정미업을 제외하면 기여율은 12-15%로 조선인

---

39) 金洛年, "植民地朝鮮の産米增殖計劃と工業化"『土地制度史學』146, 1995.

에비해 낮았다. 그러나 지주·미곡상의 불입 자본금의 절대액은 조선인
보다 훨씬 컸다.

〈표 5-24〉 地主·米穀商의 민족별, 산업별 자본금 기여도

(단위: 백만원, %)

	1925		1935		1939	
	주식불입금	지주분	주식불입금	지주분	주식불입금	지주분
(조선인주주)						
은행	6.5	24.8	3.2	37.1	5.5	50.5
금융신탁	0.8	32.1	0.9	24.7	1.6	30.4
제조	1.2	49.6	1.5	36.4	4.2	15.6
농업	1.0	53.9	4.3	87.8	12.8	88.1
광업	0.0	0.0	0.3	0.0	8.9	49.6
상업	2.5	18.6	4.1	34.4	8.3	28.5
기타	0.1	40.0	4.2	28.5	5.7	34.2
합계	13.7	29.2	21.1	42.7	55.5	46.5
(일본인주주)						
은행	15.4	9.3	3.4	23.3	7.3	16.4
금융신탁	2.3	23.1	4.4	10.2	10.7	4.5
제조	4.7	10.1	6.3	6.6	18.8	12.9
농업	7.1	82.5	16.1	87.7	18.3	92.5
광업	0.2	21.7	8.4	3.1	18.6	5.8
상업	10.6	17.4	19.9	19.0	29.1	12.8
기타	4.1	14.2	24.5	7.1	26.0	8.8
합계	66.9	24.1	112.9	23.5	165.9	22.6

비고: 합계는 위 표의 회사 이외에도 보험, 철도, 운수, 창고, 전기, 정미, 양조, 인쇄, 수산
업을 포함하였음. 그러나 동척, 조선신탁 등 법인과 소작경영을 목적으로 하는 대
지주와 회사는 제외하였음. 표에서의 지주는 지주와 미곡상의 합계를 의미함.
자료: 金洛年, 상게서, p.14.

지주·미곡상 주주의 업종별 투자를 보면 조선인의 경우는 1925년은
은행에 투자가 집중되었으나 그 후 농업과 정미업, 양조업, 제재업, 광업
의 비중이 크게 상승하였다. 제조업 비중은 하락하였다. 일본인의 경우
에는 투자선이 1925년 이후 조선인에 비하여 농업과 정미업에 집중하였

다. 그 다음은 운수·창고업과 상업의 비중이 높았다. 일본인은 미곡의
이출과 관련이 있는 업종을 중심으로 투자하는 경향을 보였다.

<표 5-24>를 통하여 추론하여 볼 때 1930년대 전반까지 미곡의 이
출대금의 증가가 조선의 공산품시장을 확대하였고 조선의 공업화는 지
주·미곡상 자금의 자본전화(資本轉化)에 힘입은 바 크다고 할 수 있다.

그러나 조선의 무역수지는 1930년대에 들어와 적자로 돌아섰다. 적자
의 원인은 일본이 만주사변 이후 만주국을 건국하면서 대륙진출을 위한
교두보로서 조선의 공업화를 추진한 데 큰 원인이 있었다. 1930년대 중
반부터는 일본으로부터 막대한 양의 자본과 자본재의 이입이 있었다.
일본의 대륙진출을 위한 공업화 정책이 추진되면서 이입품 가운데 소비
재의 비중이 크게 줄어들고 기계·기구, 금속 등 생산재의 이입이 급증하
였다.

제6장
일본시장에서 조선미의 경쟁구도와
이입·이출상간의 거래

1. 일본시장에서 일본미·조선미·대만미의 경쟁

1) 일본시장의 조선미 시세

조선미의 일본 이출량이 많아지면서 조선미의 가격은 풍흉 등 특별한 경우를 제외하고는 일본 시세에 의해 큰 영향을 받게 되었다. 특히 조선미의 시세는 조선미의 최대 수요지인 오사카에서의 현물시세 혹은 청산시세에 좌우되는 일이 많아졌다. 전신, 전화, 라디오 등 통신기관의 발달에 따라 오사카에서의 미곡 시세가 즉각 조선에 알려지고 그에 따라 조선미의 시세가 오르내리는 것이 보통이 되었다.

일본에서의 미곡 시세가 변동하면 조선의 오지에서도 일본 시세로부터 단가를 산출할 수 있을 정도가 되었다. 이 때문에 조선의 벽지에 있는 미곡상도 일본의 시세에 민감하게 반응하여 부자연스러운 시가의 형성은 자취를 감추게 되었다. 조선과 일본의 쌀값은 자리적으로는 멀리 떨어져 있으나 대체로 일정한 차이와 고저의 패턴을 가지고 움직여 조선의 미곡시장이 일본의 미곡시장에 종속된 것과 같은 관계를 갖게 되었다.

그러나 일본의 미가가 조선의 미가 형성에 일방적으로 영향을 미치는 것만은 아니었다. 나중에는 조선과 대만으로부터 이출되는 식민지 미의 양이 일본미의 시장 출하량에 비해 상대적으로 많아지면서 식민지미의 입하량이 일본미의 가격형성에 영향을 주게 되었다.

1930년대에 들어와서는 조선미와 대만미, 일본미의 가격이 서로 영향을 주고 받는 관계로 진전되었다. 일본과 조선 및 대만의 미곡시장은 기본적으로 자유시장 체제 아래서 움직였기 때문에 쌀값의 변동은 일본 경제권 내의 전체적인 수요와 공급에 의해 결정되었다. 조선미와 대만미는 이출 초기에는 상품성이 낮아 일본시장에서 싼 값으로 매매되었으나 조선미와 대만미가 상품성을 갖추면서 일본미의 강력한 경쟁자로 변신하였다. 일본미와 조선미, 대만미는 일본시장에서 상호 경쟁하는 관계가 되었다.

(1) 大阪시장에서의 일본과 조선 표준미의 가격 차이

대판에서 조선과 일본의 표준미 중품의 가격에 대한 가장 오래된 조사는 1924년 일본 농상무성 식량국에 의한 미곡통계이다. 이 조사는 당시 일본미는 셋츠(攝津) 3등미를, 조선미는 부산 3등미를 표준미로 하였다. 현미로 환산한 조선과 일본 표준미의 연평균 가격차는 1910년대부터 1920년대 중반까지 일본미가 조선미에 비하여 석당 2원 50전 내지 4원 50전이 비싼 것으로 나타났으나 뚜렷한 변화의 추세는 보이지 않았다.[1)]

1917년부터 4년 동안 일본과 조선의 미가가 비정상적으로 크게 오른 것은 제1차 세계대전 특수와 일본에서의 쌀소동 때문이었다. 이 기간 동안 일본미와 조선미의 가격 차이가 가장 심하게 나타났다. 그러나 1920년 대 후반부터는 일본미와 조선미의 가격차가 눈에 띄게 줄어드는 경향을 보이기 시작하였다.

특히 1930년 이후부터는 일본미와 조선미의 가격차이가 석당 1원 대에 접어들어 사실상 조선미의 품질이 일본미와 거의 같아졌음을 나타내었다. <표 6-1>은 이와 같은 경향을 확인하여 주고 있다. 1930년 이후 조선미와 일본미의 가격차가 크게 줄어든 것은 조선미에 대한 검사가 본 궤도에 오르면서 일본의 소비자들이 조선미의 품질을 일본미와 다름이

---

1) 1924년 이전에는 어느 것이 표준미인지 알 수 없으나 통계의 연속성을 고려하여 조선의 표준 중미는 부산 3등미를, 일본의 표준미는 섭진 3등미로 간주하였다.

없다고 인정하기 시작하였기 때문이라고 보여진다.

〈표 6-1〉 大阪시장에서 조선과 일본 標準米의 가격차 추이

(단위: 원.전/현미 석)

연도	釜山 3등미	攝津 中米	가격차	가격차 비율(%)	연도	釜山 3등미	攝津 中米	가격차	가격차 비율(%)
1914	12.96	15.82	2.86	11.1	1926	35.53	39.05	3.52	9.0
1915	10.06	12.90	2.84	22.0	1927	32.09	36.96	4.87	13.1
1916	11.72	13.91	2.19	15.7	1928	28.00	30.80	2.80	9.1
1917	17.67	19.16	1.49	7.8	1929	28.05	30.65	2.60	8.5
1918	30.90	28.84	-2.06	-7.1	1930	25.00	26.40	1.40	5.3
1919	42.38	46.23	3.85	8.3	1931	17.00	19.00	2.00	10.5
1920	40.52	45.29	4.77	10.6	1932	21.43	23.20	1.77	7.6
1921	26.87	32.21	4.34	13.9	1933	21.65	22.50	0.85	3.8
1922	31.64	36.59	4.95	13.5	1934	24.06	26.56	2.50	9.4
1923	29.36	32.91	3.55	10.8	1935	29.28	31.23	1.95	6.2
1924	35.35	39.73	4.38	11.0	1936	30.40	32.60	2.20	6.7
1925	39.20	42.44	3.24	7.8	1937	32.48	33.95	1.47	4.3

비고: 釜山 3등미는 1922~1932년까지는 3등미를, 1933년 이후는 3등미를 표준미로
간주하였음. 가격차와 가격차 비율은 일본 표준미를 기준으로 하였음.
자료: 菱本長次, 『朝鮮米の硏究』 千倉書房, 1938, p.593에서 인용.

(2) 東京시장에서의 일본과 조선 표준미의 가격

동경심천정미시장(東京深川正米市場)에서의 조선 표준미와 일본 표준미의 가격차는 <표 6-2>와 같다. 동경도 조선 표준 중미의 가격을 발표한 것은 1915년 이후부터이다. <표 6-2>를 개관하면 1917~1921년까지는 조선미와 일본미의 가격차가 2원 32전부터 5원 11전까지 상당한 차이가 있었으나 1924년부터 1928까지의 가격차는 1~2원대를 하회하였다.

일본미와 조선미의 석당 가격차이는 1929년 이후에는 80전대 이하로 축소되어 사실상 가격차가 없어지기 시작하였다. 특기할만 한 것은

1933년, 1935년 1936년은 조선미의 가격이 오히려 일본미보다 높아졌다는 점이다.

예를 들면 1936년 동경시장에서 조선의 ⓒ미의 석당 가격은 30.25원, ◈미의 가격은 30.47원, ㉠미의 가격은 31.03원, ㉡미의 가격은 30.26원, ㉮미 31.24원이었는데 비하여 일본의 혼이시(本石)米는 29.95원, 난부(南部)米 30.20원, 센보쿠(仙北)米 30.23원, 에치고(越後)米 30.20원, 지바(千葉)米 30.37원으로 조선미의 가격이 일본미보다 높게 형성되었다. 이것은 조선의 개항 이후 조선미를 일본에 수이출하기 시작한 지 약 50년 만에 처음 일어난 대 역전이었다.

〈표 6-2〉 東京시장에서 조선과 일본 標準米의 가격차 추이

(단위: 원.전/현미 석)

연도	조선中米	일본中米	가격차	가격차 비율(%)	연도	조선中米	일본中米	가격차	가격차 비율(%)
1915	11.17	13.07	1.90	14.5	1927	33.36	35.42	2.07	5.8
1916	11.89	13.76	1.87	13.5	1928	28.67	31.03	2.36	7.6
1917	17.45	19.84	2.39	12.0	1929	28.27	29.12	0.05	2.8
1918	30.44	32.75	2.32	7.0	1930	26.48	27.34	0.86	3.2
1919	42.82	45.99	3.17	6.9	1931	17.62	18.46	0.84	4.5
1920	39.52	44.63	5.11	2.5	1932	20.43	20.69	0.26	1.3
1921	37.39	34.79	3.40	2.0	1933	21.54	21.43	-0.12	-0.6
1922	-	35.14	-	-	1934	24.29	24.80	0.51	2.1
1923	-	32.53	-	-	1935	30.15	29.86	-0.29	-0.1
1924	36.40	38.58	2.18	5.6	1936	30.76	30.70	-0.06	0.0
1925	39.50	41.64	2.14	5.1	1937	31.60	31.76	0.16	0.5
1926	35.90	37.79	1.89	5.0					

비고: 표준미는 조선과 일본 모두 당시에 中品으로 인정받던 여러 개의 銘柄米의 평균 가격임. 1934년 이후의 동경지방에서 조선 중미의 표준가격은 6개의 銘柄 가운데, ⓒ, ◈, ㉠미의 銀坊主 3등, 그리고 ⓒ, ㉡미의 穀良都 3등, 또 ㉮, ㉮의 龜の尾와 陸羽 132號 4등의 평균 가격으로 구하였음. 일본의 표준미 가격도 관동과 동북지방의 대표적 명병의 중품 평균가격임. 1922년과 1923년의 조선미 가격이 없는 것은 1923년의 관동대지진 때 자료를 분실하였기 때문임.

자료: 菱本長次, 상게서, p.598.

〈표 6-3〉 東京과 大阪시장에서 조선미와 일본미의 5개년 연평균 가격 및 가격차

(단위: 원.전/현미 석)

東京시장					大阪시장				
연도	조선 中米	일본 中米	가격차	가격차 비율(%)	연도	부산 3등미	攝津 中米	가격차	가격차 비율(%)
1914-17	13.50	15.56	2.06	13.2	1914-17	3.10	15.45	2.35	15.2
1918-22	37.54	38.66	1.12	2.9	1918-22	36.26	37.83	1.57	4.1
1923-27	36.29	37.19	0.90	2.4	1923-27	34.31	38.22	3.91	10.2
1928-32	24.29	27.33	3.04	11.1	1928-32	23.90	26.41	2.51	9.5
1933-37	27.67	27.71	0.04	0.0	1933-37	27.57	29.37	1.80	6.1

자료: <표 6-1>와 <표 6-2>에서 작성.

동경시장과 대판시장에 있어서 조선미와 일본미의 가격 추이를 5개년 평균으로 비교한 것이 <표 6-3>이다. 조선미의 가격은 동경시장이 대판시장에 비하여 석당 1~2원 정도가 더 비싼 것으로 나타났다. 이 차이는 수송비의 차이 등을 고려하면 그리 비싼 것은 아니다.

시간이 지날수록 조선미의 평균가격과 일본미 가격과의 차이가 빠르게 축소되는 경향을 보였다. 이와 같은 추세는 동경시장이 대판시장보다 더 빠르게 좁혀져 조선미와 일본미의 가격 차이는 거의 무시할만한 수준이 되었다. 1933~1937년의 연평균 가격 차이는 동경시장에는 거의 없어진 반면 대판시장은 아직도 일본미가 석당 1원 80전 정도가 비싼 것으로 나타났다.

1933~1937년의 5개년간에 이르러서는 동경시장에서의 일본미와 조선미의 가격 차이가 0.4%로 격감하여 대판의 6.1%에 비하여 현저한 조선미의 가격 향상이 있었음을 볼 수 있다. 물론 여기에는 동경, 대판 양 시장의 표준미에 다소 차이가 있으나 대판시장에서는 일본미와 조선미의 가격차가 완만하게 축소된 반면 동경시장은 빠르게 좁혀져 조선미에 대한 성가가 동경에서 더 높았다는 것을 말해준다.

동경시장에서 조선미에 대한 평가가 더 빨리 향상된 이유는 동경지방

에 조선의 석발미가 본격적으로 소개된 시점이 관동대지진 이후였기 때문에 이 지역 사람들이 조선미에 대한 나쁜 기억이 별로 없다는 점, 관동대지진 이후 폐허에서 재건된 동경지역의 미곡거래 관행이 조선미에 대해 다소 유리하게 개선되고 조선미의 조제와 검사가 철저하게 된 시점이 관동대지진 이후부터였다는 점, 동경의 소매상들이 조선미에만 추가적으로 더 들어가는 첨가미(添加米) 때문에 조선미의 구매를 선호하였다는 점 등이 유리하게 작용한 것으로 보인다.[2]

2) 대만의 미곡증산과 蓬萊米의 育種

일본은 1894년의 청일전쟁에서 승리한 대가로 청국으로부터 대만(臺灣)을 할양받아 일본 영토에 편입시켰다. 일본제국주의자들은 통치기구로 대만총독부를 설치하고 대만경제의 자본주의화 및 일본화를 위한 초석을 놓기 위하여 관세제도를 철폐하고 토지조사사업(1898~1905)을 실시하는 한편 도량형(度量衡)제도를 일본식으로 개정(1903)하고 화폐제도를 개혁(1911)하여 일본은행권과 대만은행권의 교환비율을 1:1로 정하였다.

대만총독부는 출범 이후 농업개발을 가장 중요한 경제정책으로 선택하였다. 대만은 1899년 대북농사시험장을 설립하고 1903년에는 총독부 농사시험장을 개설하였다. 대만은 토지는 넓으나 수리시설을 갖추고 있는 면적이 적었다. 대만총독부는 1907년부터 총 예산 3,000만원을 투입하여 16년간의 계속 사업으로 대규모 수리개선 사업에 착수하였다.

대만은 1900년대 초부터 미곡을 일본으로 이출하기 시작하였다. 1910년경에 60~70만 석이던 대만미의 이출량은 1918년에는 100만 석을 넘게 되었다. 당시 조선의 미곡 이출량은 대만보다 적었다.

---

2) 菱本長次, 『朝鮮米の研究』 千倉書房, 1938, p.599.

대만미의 문제점은 일본인들의 구미에 맞지 않는다는 점이었다. 대만미는 인디카(Indica) 종이기 때문에 일본미나 조선미와는 달리 찰기가 없어 소비자들에게 인기가 없었다. 대만미는 소득 수준이 낮은 공장지대의 노동자나 도시 빈민들을 수요자로 확보하고 있었다. 상품으로서 대만미의 또 다른 문제점은 건조도가 낮고 협잡물(挾雜物)이 많이 섞여 같은 문제를 갖고 있는 조선미와 함께 일본시장에서 열등미로 취급되어 싼 값으로 거래되었다.

대만총독부는 일찍부터 대만미의 질을 개선하기 위한 사업에 착수하였다. 가장 먼저 해결해야 할 문제점은 한 필지의 논에 적미(赤米), 흑미(黑米), 녹미(綠米) 기타 피(稗) 등의 품종이 뒤섞여 있는 상태를 바로 잡아 백미(白米)를 생산하는 것이었다.

대만총독부는 산미개량사업으로 적미와 흑미 등 다른 품종을 제거하는 한편 재래종 가운데 일본미와 비슷한 품종을 찾아 품종의 순도를 향상시키고 이 품종을 보급하는 사업을 시작하였다. 그러나 대만미의 외형만을 일본미와 비슷하게 만드는 이 사업은 대안(對岸·중국 본토)수출에 부적합한 것으로 대만 농민들과 마찰을 빚었다.

대만총독부의 두 번째 과제는 일본 벼를 들여다가 대만에서 재배하는 것이었다. 일본(Japonica) 종 벼의 현지화는 대만의 기후 풍토가 일본과는 전혀 다른 아열대 기후이기 때문에 실패의 연속이었다. 그러나 대북주의 한 산간 지방에서 유일하게 살아 남은 품종이 있었다. 일본의 농학자인 이소나가요시(磯 永吉) 등은 이 품종을 바탕으로 인공교배(人工交配)를 계속하여 1922년경 새 품종으로 완성시켰다.

이 신품종은 처음에는 내지종(內地種) 미로 불렸다. 내지종 미는 1926년 5월 2일 대북시에서 개최된 대일본미곡대회(大日本米穀大會)에서 당시 대만 총독이던 이사와(伊澤多喜男)가 봉래미(蓬萊米)라고 명명한 이후부터 봉래미로 불리게 되었다.[3] 봉래미는 자포니카 종으로 일본인들이 좋아하는 종류였다.

대만농사시험장은 봉래미의 재배방법도 개발하고 점차 산지에서 평야로, 북부에서 남부로, 그리고 제1기 작에서 제2기 작으로 확대 적용시켰다. 봉래미는 다수성(多收性)품종으로 비료의 증투와 수리시설을 전제로 하는 품종이었다. 봉래미는 처음에는 수량이 많지 않았으나 나중에는 재래종보다 훨씬 많게 되었다.

대만총독부는 봉래미의 육종사업이 성공하자 이것을 대대적으로 증식하여 일본으로 이출하기 시작하였다. 봉래미의 보급 초기에는 농민들이 봉래미의 재배에 반발하였다. 대만총독부는 농민들의 저항을 극복하기 위하여 개량벼 종자의 채취, 배포, 이앙에 이르기까지의 작업을 농업 기술 관리와 함께 경찰이 입회하여 강압적인 방법으로 농사를 지시하고 감독하였다.

대만총독부는 1925년부터 각 주와 농회(農會)에 보조금을 주어가며 봉래미의 보급에 적극적으로 나섰다. 지주는 소작인에게 종자와 비료를 보조해주고 재배법을 가르쳐주었다. 지주는 종자 및 비료대의 일부 또는 전부를 부담하면서 봉래미를 재배토록 한 후 제1기 작은 전 생산량을 지주에게 납입하게 하고 제2기 작은 소작인의 자유에 맡기면서 수익 전부를 소작인이 갖도록 하거나 봉래미를 재배하면 소작료를 20%정도 감액하여 주는 등 봉래미의 재배를 유도하였다.[4]

대만총독부는 여러 종류의 봉래미 종 가운데 한 품종을 선택하여 이 품종이 봉래미 식부 면적의 85%가 되도록 집중시켰다. 봉래미의 품종을 통일하는 것은 상품의 규격을 통일하여 대량 공급을 가능하게 함으로써

---

3) 磯 永吉, "臺灣産米改良事業槪要"『第25周年記念論文集』大日本米穀協會編, 1931 年, pp.355-378; 川野重任,『臺灣米穀經濟論』有斐閣, 1941, p.58; 郭明仁,『臺灣 における米穀流通の硏究』成文堂, 1979; 커즈 밍(문명기 역)『식민지시대 대만은 발전했는가, 쌀과 설탕의 상극 1895-1945』일조각, 2008.
4) 色部米作, "臺灣內地種蓬萊米に就て"『大日本農會報』, 1929, 10, pp.2-11.

일본에서의 시장 지배력을 높이려는 것이었다.

봉래미의 출현 이후에는 대만의 미작농업은 비료와 물을 많이 사용하는 집약농업으로 급속히 이행하였다. 봉래종은 보통 종보다 비료를 2배 증투하면 수확량도 2배가 증가하였다. 이에 비하여 재래종은 같은 양을 투하해도 수확량 증가는 낮게 나타났다. 봉래미는 재래종보다 비료·노임·재료 등 많은 경영비를 필요로 하나 조수입(粗收入)이 재래종보다 2배 이상이며 자가노임까지 보태면 재래종보다 갑(甲)5)당 3배 이상의 수익을 올렸다.6)

이것이 대만 농민들이 봉래미 재배에 뛰어들어 짧은 시일 내에 전체 논 면적의 50%이상에 봉래미를 재배하게 된 연유이다. 대만은 날씨가 더워 쌀을 연간 2회 생산할 수 있기 때문에 봉래미도 1년에 2번 재배하였다. 제1기 작(第1期 作)은 5월부터 7월 사이에 수확하고 제2기 작(第2期 作)은 10월부터 11월 사이에 수확하였다.

봉래미의 1기 작은 일본의 단경기인 5~7월에 햅쌀로 일본에 들어오는데 이때는 일본에서는 지난 가을에 생산한 쌀의 밥맛이 떨어질 때이므로 봉래미는 여름 쌀로 인기가 있었다. 조선미의 여름장 시세도 일본미와 마찬가지로 경쟁미인 봉래미에 눌려 상대적으로 좋지 않았다.

대만에서도 농민들이 쌀을 판매할 때는 벼의 형태로 하였다. 대만 전래의 미곡 수집상이며 소규모 정미업자인 토룡간(土龍間)이 사들인 벼는 이들에 의하여 현미 또는 백미로 도정되어 이출업자에게 판매되었다.

대만총독부는 1904년부터 실시하기 시작한 지방의 자치적 미곡검사 제도를 개선하여 1930년부터 미곡검사기관을 총독부로 통일하고 품질, 건조, 조제, 중량, 포장의 5개 항목에 대하여 검사를 하였다. 대만총독부는 봉래미에 대하여서 생산지 명병(銘柄)을 부여하여 모두 6명병 6등급

---

5) 甲은 대만의 토지면적을 재는 단위로 1甲은 0.98町步에 해당한다.

6) 川野重任, 『臺灣米穀經濟論』有斐閣, 1941, p.78.

제를 실시하였다. 봉래미는 거의 전량을 일본에 이출하였다.

봉래미가 단시간 내에 수도작 면적의 50%이상을 점유하게 된 이면에는 대만총독부의 독려와 지주·정미업자·이출상 등에 의한 경제적 유인(誘因) 제공의 힘도 컸다. 대만 농민들은 봉래미를 재배하여 얻는 소득이 재래종보다 많기 때문에 재배면적을 급속도로 증가시켰다. 그러나 대만인들은 봉래미가 구미에 맞지 않기 때문에 자가 식량용으로는 재래종을 심었다. 대만 사람들은 대만의 전통적인 쌀을 먹기 때문에 재래미는 시장가격이 봉래미보다 낮은 데도 많이 재배하였다.

3) 생산량보다 빠른 대만미의 이출량 증가

1904년 대만총독으로 재임 중 러일전쟁에 참모장으로 출정하게 된 고다마(兒玉)가 30만 석의 대만미를 군용미로 일본군에 납품한 것이 대만미의 대규모 수출의 시작이라고 말할 수 있다. 당시 대만미의 생산은 기후조건도 좋고 경지도 넓음에도 불구하고 수리시설이 미흡하여 토지면적 단위당 생상량이 낮고 조제와 건조가 불량하여 일본에서 성가가 아주 낮았다.

대만총독부는 1906년부터 대만 재래미의 개량사업과 수리개선 사업에 착수하고 1922년 경부터 봉래미의 육종에 성공한 결과 일본으로의 이출량은 1900~1904 5개년 연평균 45만 석으로부터 1935~1938 4개년 연평균이 475만 석으로 무려 11배나 증가하였다.

<표 6-4>는 같은 기간 동안 대만미의 생산량은 3배밖에 증가하지 않았으나 이출량은 생산량 증가 속도보다 훨씬 빠르게 증가한 사실을 보여주고 있다. 대만에서의 이출량 증가 속도는 조선보다 훨씬 빠르게 나타났으나 대만인들의 쌀 1인당 연평균 소비량은 1926년의 1.07석에서 1938년에 0.87석으로 2두(斗) 정도의 소비량 감소가 있었을 뿐 조선의

현저한 1인당 소비량 감소와는 다른 현상을 보였다.[7]

〈표 6-4〉 대만미의 생산량과 수이출량 추이

(단위: 千石, %)

연도	연평균 생산량		연평균 수이출량		생산량에대한 수이출량 비율
	생산량	지수	수이출량	지수	
1900-1904	2,984	100	452	100	15.1
1905-1909	4,384	147	875	193	20.0
1910-1914	4,416	148	756	167	17.1
1915-1919	4,785	160	950	213	1.9
1920-1924	5,145	172	1,117	247	21.7
1925-1929	6,460	216	2,390	520	37.0
1930-1934	8,060	270	3,478	770	43.1
1935-1938	9,344	313	4,750	1,050	50.8

자료: 臺灣總督府米穀局, 『臺灣米穀要覽』, 1939, pp.9-12; 川野重任, 『臺灣米穀經濟論』 有斐閣, 1941, p.286.

4) 일본시장에서 일본미·조선미·대만미의 경쟁력

조선과 대만으로부터 들어오는 식민지 이입미의 수량이 일본미의 도부현(都府縣) 관외(管外) 출하량의 80%를 초과하기 시작한 것은 1931년부터였다. <표 6-5>가 보여주는 것처럼 1935년부터는 식민지미의 이입량이 일본미의 도부현 관외 출하량보다 많아졌다.

일본미의 생산지 도부현 관외 이출량은 일본미 생산지의 행정구역 밖의 도시로 출하되는 물량을 말한다. 조선미와 대만미도 주로 큰 도시를 중심으로 소비되므로 일본의 소비지에서 거래되는 미곡은 일본의 도부현 관외 이출미와 조선·대만미라고 볼 수 있다.

양자의 비율은 1921년 77:23 정도였다. 1933년에는 54:46이 되고 1935년에는 50:50으로 식민지미의 거래량이 일본미와 같아졌다. 조선

---

7) 川野重任, 『臺灣米穀經濟論』 有斐閣, 1941, p.301.

미와 대만미의 일본 이입량이 급속히 증가한 결과 일본시장에서 외지미
의 비중이 커지면서 이제는 식민지미의 공급량이 일본의 미가를 결정하
는 중요한 요인의 하나가 되었다.[8]

〈표 6-5〉 일본시장에서 일본미·조선미·대만미의 경쟁구도

연도	수량(千石)					비율(%)				
	일본미管外 이출량	조선미 이입량	대만미 이입량	식민지미 이입량計	합계	일본미管外 이출량	조선미 이입량	대만미 이입량	식민지미 이입량計	합계
1921	13,246	2,905	1,034	3,939	17,185	77.1	16.9	6.0	22.9	100.0
1923	12,162	3,453	1,132	4,585	16,747	72.6	20.6	6.8	27.4	100.0
1925	11,982	4,428	2,522	6,951	18,933	63.3	23.4	13.3	36.7	100.0
1927	12,011	5,910	2,638	6,548	20,558	58.4	28.8	12.8	41.6	100.0
1929	13,627	5,378	2,253	7.631	21,258	64.1	25.3	10.6	35.9	100.0
1931	13,385	7,992	2,699	10,691	24,076	55.6	33.2	11.2	44.4	100.0
1933	13,590	7,532	4,217	11,749	25,339	53.6	29.7	16.7	46.4	100.0
1935	12,227	8,957	4,511	13,464	25,691	47.6	34.9	17.5	52.4	100.0
1936	13,627	8,971	4,824	13,795	27,422	49.7	32.7	17.6	50.3	100.0
1937	15,800	6,736	4,855	11,591	27,391	57.7	24.6	17.7	42.3	100.0
1938	15,347	10,149	4,971	15,120	30,467	50,4	33.4	16.2	49.5	100.0

자료: 農林省 米穀局 『米穀摘要』, 1939(18), pp.22-23; 川野重任, 『臺灣米穀經濟論』
　　　有斐閣, 1941, p.295에서 작성.

봉래미는 연 2회에 걸쳐 생산하므로 생산비가 일본보다 훨씬 쌌다.
<표 6-6>이 보여주는 것처럼 일본미와 봉래미의 현미 석당 가격이 3
원~6원의 차이가 났다. 해에 따라 가격차이가 다르나 이 차이는 일본미
보다 12.2내지 21.8%가 낮은 가격이었다.

그러나 계절적으로 보면 제1기 작이 입하되는 5~7월은 대만미의 가
격이 일본미보다 비쌌다. 일본미가 수확되기 시작하면 일본미의 가격이
대만미의 가격보다 다시 비싸진다. 이것은 햅쌀로 들어온 대만미가 지난
해 가을에 생산된 일본미보다 밥맛이 좋기 때문이었다.

---

8) 澤村 康, 『米價政策論』, 南郊社, 1937, pp.28-29; 守田志良, 『米の百年』, 御茶の水
　　書房, 1966, p.169.

〈표 6-6〉 일본미와 대만 봉래미, 조선미의 가격 경쟁력 추이

(단위: 원.전/石, %)

연도	일본미 가격	대만봉래미 가격	조선미 가격	일본미와 대만미 가격차	일본미와 조선미 가격차	대만미의 가격차 비율	조선미의 가격차 비율
1928	31.03	25.44	28.67	5.59	2.36	18.01	7.61
1929	29.12	24.82	28.27	4.30	0.85	14.77	2.92
1930	27.34	22.88	26.48	4.46	0.86	16.31	3.15
1931	18.46	14.43	17.62	4.03	0.84	21.83	4.55
1932	20.69	17.66	20.43	3.03	0.26	14.64	1.26
1933	21.43	18.30	21.54	3.13	-0.11	14.61	-0.51
1934	24.80	20.67	24.29	4.13	0.51	16.65	2.06
1935	29.86	25.71	30.15	4.15	-0.29	13.90	-0.97
1936	30.70	26.96	30.76	3.74	-0.06	12.18	-0.20
1937	31.76	27.40	31.60	4.36	0.16	13.73	0.50
1938	34.06	29.72	-	4.34	-	12.74	-

비고: 대만미와 조선미, 일본미의 가격은 東京深川正米市場의 현미 중품 1석의 평균 시세임.
자료: 조선미와 일본미의 가격은 <표 6-2>, 대만 봉래미의 가격은 臺灣總督府 米穀 局, 『臺灣米穀要覽』, 1939, pp.112-113; 川野重任, 『臺灣米穀經濟論』有斐閣, 1941, p.295에서 작성.

동경시장에서 대만미의 시세는 일본미보다 석당 3원 내지 5원 50전 정도가 저렴하게 거래되었다. 반면에 조선미의 가격은 일본미와 거의 대등하였다. 1929년 이래 일본미와 조선미의 가격차는 석당 86전을 하회하였고 특히 1933년과 1935년, 1936년은 조선미의 가격이 일본미보다 오히려 비싸게 나타났다. 대만미는 이출량의 절반 가량을 관동지방에서 소화하였다. 동경시장에서 대만미의 가격 경쟁력이 높아 일본미와 조선미 시장을 빠르게 잠식하는 구도가 되었다.

2. 조선-일본간 미곡 유통비용

1) 조선과 일본에서의 조선미 시세

일본 관서지방(關西地方)의 중심지인 대판시장에서 조선미 시세는 풍흉 등의 사정에 따라 차이가 있지만 보통은 조선보다 석당 1원 50전~3원 가량이 높게 형성되었다. 거리가 먼 관동지방(關東地方)의 동경시장에서는 석당 2원~3원50전으로 더 비쌌다.

〈표 6-7〉 朝鮮米의 조선 내 時勢와 일본 내 시세, 운송비의 비교

(단위: 원.전/石)

연도	조선내 조선미시세	동경의 조선미시세	조선-동경 쌀값차이	진남포-동경 선박운임	대판의 조선미시세	조선-대판 쌀값차이	인천-阪神 선박운임
1915	-	11.17	-	0.70	10.23	-	0.50
1917	14.93	17.45	2.52	1.50	17.79	2.86	2.00
1919	36.18	42.82	6.64	1.80	42.65	6.47	1.30
1921	22.42	27.39	4.97	1.00	27.69	5.27	0.70
1923	24.99	-	-	0.90	29.13	4.14	0.80
1925	36.62	39.79	3.17	0.85	39.62	3.00	0.70
1927	30.70	34.03	3.32	-	33.69	2.98	0.75
1929	25.98	28.16	2.18	0.90	27.82	1.84	0.70
1931	15.25	17.64	2.39	0.78	17.17	1.92	0.63
1933	20.00	21.54	1.54	0.90	21.41	1.41	0.60
1935	28.11	30.15	2.04	1.15	29.57	1.46	0.69

비고: 조선 내 조선미의 시세는 조선총독부 식산국의 조사로 京城, 仁川, 開城, 木浦, 大邱, 釜山의 中米의 평균 시세임(조선미곡요람). 일본 東京과 大阪에서의 조선미 시세는 1925년까지 미곡통계연보, 그 이후는 동경은 미곡요람, 대판은 조선미곡요람에서 작성.
자료: 木村和三郎, 『米穀流通費用의 硏究』有斐閣, 1936. pp.160-161.

조선의 주요 이출항에서 소비지인 대판과 동경까지의 운송요금 및 기타 비용은 원거리임에도 불구하고 쌀값 차이의 2분의 1 내지 3분의 1정

도 밖에 되지 않았다. 미곡 무역상들이 조선미를 일본으로 들여와 판매하면 수익성이 충분히 보장되는 정도였다. <표 6-7>은 조선미의 연도별 평균시세와 조선미의 일본 동경과 대판지역에서의 시세를 선박운임과 함께 비교한 것이다.[9]

조선미의 조선-일본간 운송비용은 조선 이출항의 정미공장에서 본선(本船)에 적재하여 목적지 항구의 부두 또는 창고에 인도하기까지의 비용을 계산하였다. 산지로부터 이출항 정미공장까지의 조선 내 유통비용은 여기에 포함되지 않았다. 1935년 조선미를 조선의 주요 이출항 부두에서 선적하여 오사카(大阪)-고베(神戶) 또는 동경-요코하마(橫濱)항에서의 부두인도(埠頭引渡) 또는 창고인도(倉庫引渡)까지의 비용은 다음 <표 6-8>과 같다.

〈표 6-8〉 이출항에서 大阪·神戶 또는 東京·橫濱까지의 조선미 유통비용(1935)

(단위: 원.전/ 1백석)

費目	內譯		부산	목포	군산	인천	진남포	원산	신의주
수송비용	濱出賃		7.50	10.00	7.50	10.00	7.50	5.00	7.50
	移出港 艀賃		12.00	12.90	16.20	4.50	10.00	10.00	75.00
	移入港 艀賃		15.00	15.00	15.00	15.00	15.00	15.00	15.00
	揚陸費		1.75	1.75	1.75	1.75	1.75	1.75	1.75
	운송보험료		5.42	5.42	5.42	5.42	5.42	5.43	5.43
	소계		41.76	45.07	45.87	36.67	39.67	37.17	122.17
	本船運賃								
		阪神까지	69.19	86.49	86.49	86.49	91.05	-	91.05
		京濱까지	85.00	102.30	102.30	102.30	106.84	198.00	108.86
	합계								
		阪神까지	110.86	131.56	132.36	123.16	130.72	-	213.22
		京濱까지	126.67	147.37	148.17	138.97	146.53	235.17	229.03
재고비용	倉入料		7.00	7.00	7.00	7.00	7.00	7.00	7.00
	보관료		11.25	11.25	11.25	11.25	11.25	11.25	11.25
	합계		18.25	18.25	18.25	18.25	18.25	18.25	18.25

---

9) 조선-일본간의 미곡 유통비용에 관한 연구는 주로 木村和三郎,『米穀流通費用의 研究』(日本學術振興會 第6小委員會報告 8), 有斐閣, 1936을 참고하였음.

유통비용	매매 중개료	10.00	10.00	10.00	10.00	10.00	10.00	10.00
총계	移入地埠頭渡 阪神	104.11	124.81	125.61	116.42	123.97	-	206.47
	京濱	119.92	140.62	141.42	132.12	159.78	228.43	222.28
	移入地倉庫渡 阪神	139.12	159.81	160.61	151.41	158.97	-	241.47
	京濱	154.92	175.62	176.42	167.22	174.78	263.43	257.28
금융비용	荷爲替割引料	6.60	6.60	6.60	6.60	6.60	6.60	6.60

비고: ①본선운임은 1935년 선항동맹회의 협정요금에서 각종 할인 및 장려금 등 7%를 차인한 금액임. ②원산에서의 운임은 朝鮮郵船會社의 요금으로 할인이 없음. ③ 신의주는 1-3월 동안 결빙으로 항구를 이용할 수 없으므로 이출항 艀費는 진남포 까지의 기차 수송요금을 더한 것임. ④阪神은 大阪(오사카)·神戸(고베), 京濱은 東京·橫濱(요코하마)를 의미함.

자료: 木村和三郎, 상게서, pp.142-143.

인천에서 오사카-고베(大阪-神戸)까지의 현미 1석당 부두인도(埠頭引渡) 비용은 1원 25전, 창고인도(倉庫引渡) 비용은 1원 51전이었다. 인천에서 도쿄-요코하마까지의 현미 1석당 부두인도 비용은 1원 32전이고 창고인도 비용은 1원 67전으로 나타났다.

2) 일본의 주요 소비지까지 조선미와 일본미의 수송비용

조선미를 조선의 이출항에서 일본의 소비지까지 보내는 수송비용은 어느 정도인가. 또 조선미와 경쟁하는 일본의 서부지역과 구슈(九州), 시고쿠(四國)의 쌀을 대판으로 수송하는 비용은 얼마인가. 1935년 현재 조선미 이출상의 수익성을 검토하기 위하여 조선미를 인천과 군산, 부산의 이출항에서 대판으로 수송하는 비용과 일본 본토의 서부와 구슈 등지에서 생산되는 일본미를 대판까지 운반하는 비용을 비교한 것이 <표 6-9>이다.

이 표에서 조선미는 인천, 군산, 부산에서 대판-신호까지의 운송비용이며 일본미는 서부 일본의 주요 쌀 산지에서 대판까지의 이송요금이다.

당시 무역 관행상 일본의 도착 항구나 철도역까지의 운송비는 조선의 판매자가 부담하였다.

〈표 6-9〉 大阪-神戶까지 조선미와 일본 西部米의 이송비용

(단위: 錢·리/石)

비용 항목	조선미			일본미				
	仁川	群山	釜山	滋賀縣	岡山縣	山口縣	佐賀縣	熊本縣
수송비 (本船運賃 또는 철도요금)	86.49	86.49	69.19	21.00	30.00	57.50	78.00	81.70
기타 제비용	36.67	45.87	41.67	32.50	35.90	57.50	46.60	40.30
재고비용(저장비)	18.25	18.25	18.25	22.50	22.50	23.75	10.00	15.00
순수유통비용 (제 수수료)	10.00	10.00	10.00	23.70	22.80	17.50	15.00	20.50
합계	151.41	160.61	139.13	99.70	111.20	156.25	149.60	157.50
금융비용(위체금리)	6.60	6.60	6.60	6.80	4.70	4.20	1.60	3.36

비고: 포장비와 미곡검사료는 비교의 편리를 위해 제외함, 일본미는 농가로부터 소비지까지, 조선미는 이출항 정미공장에서 일본 소비지(항구 또는 철도역)까지의 비용. 기타 제비용에는 접속비, 본선 또는 철도 적재임, 운송보험료 등 포함, 순수 유통비에는 산지와 소비지의 중개 수수료, 협회비, 공과금을 포함한 것임. 금리는 포함하지 않음.
자료: 상게서, p.169.

조선미는 이출항인 인천, 군산, 부산의 정미공장으로부터 일본의 대소비지인 대판까지, 일본미는 일본 서부지역 생산 농가의 앞마당에서 대판까지의 비용을 비교하였다. 따라서 조선미의 유통 제비용은 이출항의 정미공장으로부터 본선에 실어 소비지 항구의 창고까지의 이출비용을 계산하였다. 산지로부터 이출항 정미공장까지의 벼·현미의 조선 내 유통비용은 포함되지 않았다.

조선미의 운송요금은 일본미의 운임 제비용과 거의 같았다. 이 원인은 선박회사 간의 경쟁으로 선항동맹회(鮮航同盟會)의 협정요금이 깨져 운송비가 상당히 낮아진 반면 대판시장으로 들어오는 서부 일본산 미곡

은 대부분 철도편으로 수송되는데 일본 철도는 독점적으로 운영되어 운임의 인하가 없었다. 구마모토(熊本)-오사카(大阪)간 철도요금은 석당 81전 7리이고 인천(仁川)-오사카(大阪)간 본선운임은 86전 49리로 거의 같은 수준이었다. 그러나 부산으로부터의 운임은 69전 19리는 구마모토의 81전 7리보다 훨씬 저렴하여 부산에서 들어오는 조선미는 구마모토산보다 월등한 경쟁력을 갖고 있었다.

소비지인 대판을 중심으로 볼 때 인천과 군산으로부터 들어오는 조선미는 구주의 구마모토에서 오는 일본미와 충분히 경쟁할 수 있었다. 수송비와 기타 비용 및 제수수료를 포함한 유통비용 면에서도 결과는 같았다.

마찬가지로 동경시장의 주요 미곡 공급지인 일본 동북부의 아키다(秋田), 니가타(新潟), 야마가타(山形), 미야기(宮城) 등도 인천(仁川)과 거의 대등한 위치에 있었다.[10) 결론적으로 말해 일본미는 일본 내 주요 소비지까지의 경제적 거리가 조선보다 우위에 있지 않았다.

조선미는 전 조선으로부터 통일적인 6개의 명병(銘柄)으로 분류되어 인천, 부산, 군산, 진남포, 목포의 5대 항구로 집중되었다. 조선미 유통의 집중은 수송과정의 합리화와 수송단가의 저하를 통하여 유통비용을 줄였다. 14개의 선박회사가 조선에 취항하는 일본의 해운업은 상호 경쟁으로 조선미의 수송비를 낮추는데 기여하였다.

3) 일본의 미곡 소매상이 조선미를 선호하는 이유

일본으로 이출하는 현미와 백미는 이입항 (예를 들면 阪新 또는 京濱) 중개인의 손을 거쳐 소비지의 미곡 도매상인 문옥(問屋)에 매각된다. 이입항 소비지 중개인은 전화로 시내의 문옥과 매매교섭을 한다. 매매가

---

10) 木村和三郎, 『米穀流通費用의 硏究』 有斐閣, 1936. p.170.

성립된 미곡은 정기선 또는 부정기선의 도착항 도착과 함께 부선(艀船)에 적재하거나 또는 하역하여 주운(舟運), 화차(貨車) 또는 자동차로 소비지 시내의 창고에 입고하거나 직접 소매상에게 배달하였다.

문옥은 구매한 조선미를 정미시장을 이용하거나, 혹은 직접 현미 도매상, 백미 판매상 등에게 판매하였다. 현미는 정미(精米) 후에 소비자에게 판매하기 때문에 현미의 소매 즉 소비자와의 거래를 설명하기 앞서 먼저 정미에 대해 알아본다.

대판과 신호 등지에서는 소매상으로서 도정 장치를 가지고 있는 곳이 상당히 많았다. 이들은 정미업자들로부터 백미를 공급받지 않는다. 이들은 그대신 문옥으로부터 조선 현미를 구입하여 이를 도정하여 백미로 소비자들에게 판매하였다.

대판지역에서는 동경과 같이 다수의 명병 현미를 혼합하여 도정하는 경우는 적고 한두 가지 종류의 것만을 정미하였다. 여름철 봉래미(蓬萊米)의 출회기에는 조선미와 이를 혼합하여 도정하는 것이 보통이었다. 이전에는 조선미에 혼입된 사석(沙石)의 제거가 필요하였기 때문에 석발정선기(石拔精選器)를 사용하지 않으면 안 되었으나 1932년 이후는 모든 이출미가 석발미이기 때문에 별도의 석발 과정은 필요없게 되었다.

동경에서도 백미 소매상의 대부분이 소형 정미기를 갖추고 자가 도정하기 때문에 순수한 정미업자는 극히 소수에 불과하였다. 백미 소매상은 점포의 한 구석에 1대 내지 2대의 정미기를 설치하고 전력(電力)으로 정미하였다. 판신지방처럼 한 가지 종류 또는 2종을 배합하여 정미하는 일은 적고 대개는 2, 3종 또는 그 이상의 현미를 혼합하여 도정하였다.

동경-요코하마 지방 소비자들은 예부터 혼합미를 좋아하였다. 그러므로 이 지역의 미곡 소매상들은 계절에 따라 여러 종류의 현미를 혼합한 다음 도정하여 혼합미를 만들어 팔아왔다. 예를 들면 겨울철에는 연질미(軟質米)가 많이 출하되므로 여기에 다량의 경질미(硬質米)를 혼합하였다. 조선 현미는 건조가 양호하여 경질에 가까운 식미를 가지고 있으므로 가격이 높더라도 조선미를 배합에 많이 사용하였다는 것이다.

이들은 단가를 낮추기 위하여 봉래미를 혼합하면서 식미를 더 좋아지게 하기 위하여 조선의 상급미를 배합하였다. 조선의 ㉓ 陸羽 132호, ㉤미 및 ㉪미의 다마금(多摩錦)은 고가임에도 불구하고 소매상들이 많이 구입하는 것은 이와 같은 사정 때문이라는 것이다.

또 도정 시에 조선미는 도정률이 좋기 때문에 소매상의 환영을 받았다. 1938년 동경미곡취인소가 동경시내의 주요 정미소를 대상으로 조사한 바에 따르면 일본산 명병 현미 1가마를 정하면 평균 56.1kg이 나오는데 조선의 명병미 1가마를 도정하면 평균 58.5kg이 나와 그 차이는 2.4kg이나 되었다.[11] 조선미는 매 가마니마다 첨가미를 더 넣기 때문이었다.

3. 조선미 移出商과 일본 移入商간의 거래방법

1) 조선미의 이출량 증가와 거래 형태의 多岐化

조선미가 본격적으로 일본으로 이출되기 시작한 것은 한일합병 이후부터라고 할 수 있으나 대량으로 이출되기 시작한 것은 산미증식계획이 시작된 1920년 이후부터였다. 이때부터 조선미의 이출은 대단히 빠른

---

11) 조선미는 가마 당 또는 포대 당 규정된 양의 첨가미를 더 넣도록 미곡검사규정(조선곡물검사항규칙 제10조, 1932)에 정하여 이보다 적은 양을 넣으면 검사에 불합격 시켰다.(제4장 국영검사 참조) 일본미도 지역에 따라 첨가미를 더 넣도록 규정하고 있으나 사실상 지켜지지 않았다. 이 때문에 일본상인들은 조선미를 선호하는 경우가 많았다.

속도로 증가하기 시작하였다. 조선미의 이출은 초기에는 부산, 인천, 군
산, 목포, 진남포, 신의주, 원산 등의 이출항에 있는 이출상의 손을 거쳐
일본으로 팔려나갔다.

조선미의 이출량이 늘어나 일본의 전국 각지에서 팔리게 되자 조선미
에 대한 거래처도 다기화(多岐化)되었다. 조선에서는 집산지의 미곡상은
물론 오지(奧地)의 미곡상도 직접 일본과 거래할 수 있게 되었다. 일본
쪽에서도 초기에는 大阪과 神戸의 미곡상(問屋)을 통하여 조선미를 구
입하였으나 이어 東京과 요코하마의 미곡상이 참여하고 나중에는 전국
각지의 미곡상들도 직접 거래에 나서는 경우가 많아졌다. 뿐만 아니라
조선의 대 농장과 일본의 큰 소매상, 양조장 그리고 대량 소비자들과 직
거래를 하게 되는 등 거래의 형태가 복잡하게 발전하였다.

조선과 일본 사이의 미곡거래를 구분하여 보면 ①조선의 이출 미곡상
과 일본의 이입 미곡상간의 거래, ②조선 미곡도매상과 일본 소비자간의
거래. ③조선 농장과 일본 미곡상간의 거래로 나눌 수 있다. 이 가운데
조선의 이출 미곡상과 일본의 이입 미곡상간의 거래가 조선미 거래의 대
부분을 점하였다. 조선 미곡상과 일본 미곡상간의 거래는 중개인을 통하
여 거래하느냐 혹은 매매 당사자가 직접 거래하는 것이냐에 따라 직접거
래와 중개거래로 구별할 수 있다.[12]

---

12) 조선미의 조선 이출상과 일본의 이입상 간의 거래방법은 菱本長次, 『朝鮮米の硏
　　究』千倉書房, 1938, 第13章과 朝鮮殖産銀行 調査課, 『朝鮮の米』, 1928을 많이 참
　　고하였다.

2) 조선의 이출 미곡상과 일본의 이입상 간의 거래

(1) 직접거래

가. 매매계약

조선의 이출 미곡상 또는 대 정미소 등이 쌀을 일본에 판매하려는 경우 일본의 구입선인 이입 미곡상 또는 중매인에게 전보를 보낸다. 이 전보는 쌀의 명병과 품종, 등급, 수량, 도착 가격, 하역 시기, 기타 특수 사항을 기재한다. 예를 들면 "㉮ 은방주(銀坊主) 4등 현미 100석, 모월 모일 오사카(大阪) 부두착(埠頭着), 몇 원 몇 전에 판매, ○○상점"이라는 내용을 타전한다. 가격을 홍정하는 경우는 "2등 미 100석 가격은 얼마"라는 식의 가격을 제시한다. 일본의 미곡상이 조선의 이출상에게 문의하는 경우는 예를 들면 "㉯ 다마금(多摩錦) 3등 5백석, 직적(直積) 요코하마(橫濱) 부두도(埠頭渡), 3원 50전에 판매 가능한가, ○○상점"이라고 타전한다.

이와 같은 조회 전보를 받은 상대방은 "0원 0전으로 0석을 사겠음 또는 팔겠음"과 같은 내용의 답전을 보낸다. 서로 의사가 합치된 경우 상담이 성립한다. 전신·전화로 상담이 된 경우는 매약중(賣約證)과 매약중(買約證)을 교환한다. 매약중(賣約證 또는 買約證)에는 농산물검사소의 지소명(때로는 출장소명도 병기), 품종명, 등급, 수량, 도착 항구 또는 철도역도(渡) 가격, 선적(船積·積出)시기, 기타 특수 사항 등을 기입하여 날인하고 이를 상대방에게 송부한다.

미가의 등락이 심할 때에는 전신 교섭 중 시세의 등락으로 인해 거래의 성립 여부에 관한 분쟁이 생기는 경우가 가끔 있다. 이것과 관련하여 1932년 10월 조선곡물상조합연합회 대회에서 조선과 일본의 양지역 미곡상간에 다음과 같은 기준으로 거래성립 여부를 둘러싼 분쟁을 해결한다고 결정하였다.

즉 전신 왕복 중 조선측의 판매 제의에 대해서 일본측으로부터 "매입하겠음"이라는 답전을 보냈는데 이를 전후하여 조선측에서 "먼저의 전보 취소함"이라는 전보를 보낸 경우는 양자 가운데 발신 시간이 먼저인 쪽의 의사에 기초하여 그 상담의 성립 여부를 결정하였다.

이와 반대로 일본 쪽에서 "상거래 취소함"이란 내용의 발신을 한 경우에도 똑같이 발신 시각 전에 조선측으로부터 "매각한다"는 전신을 보낸 경우는 거래가 성립한 것으로 본다고 결정하였다. 즉 발신 시간이 먼저인 쪽의 의사에 따라 거래의 성사 여부를 결정하도록 하였다.

계약의 수량에 대해서는 보통은 석수로 계약하나 백미에 대해서는 "60kg, 몇 가마" 또는 "30kg, 몇 대(袋)"로 거래한다. 또 "몇 차(車)"로 계약하는 경우도 있는데 이 경우 한 화차는 보통 200石(500가마)을 의미한다. 그러나 백미일 경우 462가마로 협약하는 수도 있다. 이것은 현미일 경우 1차에 500가마를 적재하나 백미는 1가마에 60kg을 넣고 있으므로 1차에 462가마가 적재되기 때문이다. 선적시기는 "직적"(直積)은 계약 후 10일 이내에 화물을 실어 보내는 것이고 "1월 상순적"이라 함은 1월의 10일까지 "2월 말적"은 2월 말까지 "연내 적"은 12월 말까지 화물을 실어 보내는 것을 말한다.

나. 船積

계약이 성립하면 바로 발송 준비에 들어간다. 현품이 없는 경우에는 물건을 구입하기 위한 수배(手配)가 필요하다. 특히 선물매매는 오지미상(奧地 米商)과 선약(先約)을 한 경우 미곡의 일부를 청산시장에서 매입하여 위험을 완화한다. 이는 보험과 연계하는 것을 의미한다. 선박의 주선은 선박회사의 대리점에 신청한다. 조선 오지의 미곡상이 일본의 미곡상과 거래하는 경우, 혹은 이출지의 미곡상이 오지로부터 구입한 것을

수송하기 위해서는 운송업자와 철도 수송도 교섭해야 한다

이출 대금은 하환위체(荷換爲替)를 꾸며 거래 은행에 가서 미리 할인(割引)받는다. 하환위체는 이출 미곡을 본선에 적재한 후에 발행한다. 선박회사가 가끔 본선을 변경하여 다음 선편으로 항해를 연기하는 일이 있어 그 때문에 화물의 연착과 하환위체 지불의 연체를 가져와 결제상의 문제를 일으키는 일이 있다. 만약 하환위체를 보낸 후 선박회사에서 본선을 변경한 경우는 지체없이 그 사실을 매입자에게 통지하여야 한다.

매매의 완결은 화물의 인도가 도착 항구의 부두도(埠頭渡) 인지 또는 도착지 철도역의 레일도(渡) 인지의 계약에 달렸으나 본선 또는 화차에서 선하증권(船荷證券) 또는 선차연락증권(船車連絡證券)과 교환하여 화물을 인수하는 것으로 완결된다. 그러나 실제의 상관습은 매입의 경우 대리점을 통하여 자기가 지정한 장소로 화물을 보내도록 하고 여기서 실물을 확인한 후 결제하는 것이 많다.

선적 시의 해상보험은 본선의 부선(艀船)은 물론 도착지 부선까지의 해상보험료는 조선의 판매자(賣主)가 지불하고 화물의 양육 후 1주일간의 육상화재보험료도 판매자가 부담하는 것이 관행이었다.[13] 철도 수송의 경우도 운송보험료는 물론 역 도착 후 1주일간의 육상화재보험료도 판매자가 부담한다. 이것은 1924년 진남포에서 개최되었던 조선곡물상조합연합대회에서 조선과 일본의 곡물상 업자들의 협정에 따른 것이다.

그러나 실제의 상관습은 선박 또는 철도 대리점이 본선 또는 화차에서 화물을 수취하여 구입자(買主)의 창고 또는 기타 지정한 장소에 운반토록 하여 그곳에서 수취하였다. 본선 또는 화차 이후의 보험료를 새로

---

13) 무역거래상의 CIF(Cost Insuranse and Fright, 到着港引渡)와 같은 개념이다. 매도인이 보낸 화물의 인도가 수입항구(도착항구)에서 이루어지며 도착항구까지의 비용과 위험을 매도인이 책임진다. 매도인이 수입항까지의 해상운임과 보험료를 지불하고 계약물품을 선적하면 매도인의 의무가 해제된다. 매수인은 수입항에 도착한 이후의 비용과 위험을 부담한다. CIF가격은 到着港引渡 가격을 말한다.

구입자가 체결하도록 하는 것은 번잡한 수속을 요할 뿐만 아니라 만일 그 사이에 사고가 있으면 큰 일이므로 적출과 동시에 보험이 적용 되도록 협정하였다.

해상 또는 육상화재보험의 금액은 판매가격에 3일 이자를 더한 것으로 협정하였다. 이것은 매매 후 다소 미가의 상승이 있는 경우에 대비하기 위한 것이다. 선하증권의 비고란에는 "하조불량"(荷造不良) 혹은 "우중"(雨中) 또는 "설중하역"(雪中荷役)등과 같은 수송·하역 중의 문제점을 기재하여 실제 품질, 포장 등에 손상이 생긴 것은 판매자(賣主)가 책임지도록 협정하였다. 계약품 선적 시에는 판매자는 구입자(買主)에게 바로 출하안내서를 발송한다. 이 안내서에는 선명, 출항 월일, 선적 월일, 적하(積荷) 내역, 위체 금액, 지불 기일, 지불 은행명, 보험회사명 등을 기입하였다.

다. 引受

일본에 있는 구입자(買主)는 조선에 있는 판매자(賣主)로부터 출하안내서를 받으면 바로 본선에서 화물을 하역하여 부선(艀船)으로 받아 온 다음 창고에 입고하고 위체를 결제할 준비를 하였다. 부선(艀船)업자는 부임을 수하주 단체 예를 들면 대판미곡(大阪米穀), 동경회미문옥조합(東京廻米問屋組合) 등과 부임을 협정하고 있으므로 요금을 할인해 주는 경우가 많았다.

창고회사도 마찬가지로 미곡상 또는 특정 조합원에 대하여 할인해주는 것이 보통이었다. 각 부선업자는 하역인부를 사용하여 명병, 품종, 등급 등을 구분하여 각각 소정의 창고에 하역하였다. 매주(買主)는 점원 또는 대리인을 시켜 계약과 다름없는지 확인하고 이상이 없으면 하환위체를 결제하였다. 선차연락(船車連絡)시에도 지정한 창고 또는 장소에서 화물을 인수한 후에 하환위체를 결제하였다. 현물의 수수가 지체되면

위체를 결제하지 않거나 혹은 지불이 지연된다.

　(2) 仲介去來

가. 중개거래

　중개거래(仲介去來)는 매매 양자 사이에 중개자가 개입하여 매매를 알선하는 거래방법이다. 조선미의 이출량이 격증하면서 거래의 범위가 확대되자 조선과 일본 모두 다수의 미상간에 거래가 활발하게 되면서 점차 중개거래가 증가하게 되었다. 이 결과 일본의 대도시에는 조선미를 전문으로 취급하는 중개업자가 수십 명씩 존재하게 되었다.

　조선에서 미곡을 판매하는 미곡상은 일본에 있는 1~2인의 중개인에게 조회 전보를 보낸다. 중개인은 이것을 해당 지역의 미곡상에게 통지하여 매수할 것을 권유한다. 중개인은 접촉한 이입상 가운데 가장 비싼 값을 주겠다는 사람을 찾아내어 구입 수량과 희망 가격을 교섭한다. 중개인은 매수자의 희망 또는 자신의 생각을 고려하여 바람직한 판매가격을 정해서 조선의 판매자에게 통지한다. 조선의 판매상은 양쪽 지역의 매매 상황과 시세를 검토한 후 팔 것인지의 여부를 결정하여 답을 보낸다.

　중개자는 매매 양자의 의견이 합치되면 거래가 성립한 것으로 보고 쌍방에 중개통지서를 발송하고 양쪽으로부터 매약증(賣約證)과 매약증(買約證)을 받아 이를 보관하였다. 계약이 성립하면 파는 쪽은 출하안내서를 중개인에게 보내준다. 중개인은 현물의 수수에 책임을 지고 또한 위체의 결제를 독촉하고 연체를 방지하도록 노력하였다. 계약의 변경, 해약은 물론 거래상의 제 문제가 발생하면 모두 중개인의 조정에 의해 해결하였다. 기타의 거래과정은 직접거래의 경우와 마찬가지이다. 중개인에 대한 수수료는 일정하지 않으나 대체로 대판에서는 1석당 5전, 동경에서는 8전 내외였다.

나. 先約去來

선약거래는 계약 후 10일 이내에 현물을 선적해야 하는 직적거래(直積去來) 이외의 선적거래(先積去來)를 총칭하여 말한다. 선약거래는 현품의 준비 없이 선약한 가격으로 미래의 한 시점에 미곡을 수수하기로 약속하는 거래를 말한다. 선약거래는 선물 청산거래와 비슷한 성격을 갖는 거래이나 청산거래와 같은 제도적 안전장치가 없는 것이 특징이다.

선적거래는 보통 해당 월 중순적(中旬積), 해당 월 월말적(月末積), 다음 달 상순적(上旬積), 다음 달 중순 적, 다음 달 월말적 등이 있다. 선적 시기는 매매 당사자의 희망에 따라 2개월 이내에 할 수 있으나 3개월 내지 5개월의 장기선약거래도 있다.

장기선약거래는 투기성이 높다. 선약거래는 중개자의 손에 의해 성립하는 일이 많다. 장기선약은 미가의 등락이 심하게 되면 위험하게 되므로 중개인도 함부로 알선하지 않고 파는 쪽과 사는 쪽 모두가 상당한 신용과 재력이 있는 사람을 골라서 하는 것이 보통이었다.

계약은 보통의 중개통지서와 매약증(賣約證)과 매약증(買約證)을 교환하고 별도의 보증금 같은 것은 징수하지 않았다. 매매 양자는 상호 신용으로 중개인을 신뢰하여 계약하였다. 매약(賣約)을 한 조선의 미곡상은 매물(賣物)의 일부를 확보하기 위하여 청산시장에서 매입하거나 또는 오지의 상인과 매약(買約)을 하였다. 오지상인이 신용이 없거나 또는 오지 상인이 장기선약을 희망하지 않을 시는 거래를 중지한다. 일본의 매수자도 같은 방법으로 일부를 청산시장에 팔도록 연계하거나 타인에게 전매하는 경우가 많았다.

만약 실제 미가가 선약한 가격과 현저하게 차이가 생기면 계약 불이행으로 문제가 생기는 경우가 있다. 해약을 희망하는 경우에는 중개자를 통하여 쌍방의 동의를 구하여 할 수 있으나 이런 때에는 당시의 현실가격과 계약가격과의 차금(差金)을 수수하고 해약할 수 있다. 그러나 지불해야 하는 차금이 거액이어서 지불할 수 없는 경우도 적지 않았다. 이런 경우는 큰 분쟁이 되므로 중개자는 양자를 조정하여 지불 가능한 차금을 변상하고 나머지는 연부상환 등으로 할 수 있도록 하여 해결하는 것이 보통이었다.

위험을 수반하는 장기선약거래가 증가하는 경향이 있는데 그 이유는 청산거래에서는 장기거래라고 해도 3개월을 초과할 수 없으나 이 선약거래는 5개월까지 선약이 가능하기 때문이고, 청산거래에서는 보증금과 다액의 수수료를 요하나 이 거래에서는 전혀 이것이 필요하지 않다는 점, 만약 계약이 불이행에 빠지더라도 중개자가 책임을 다하여 해결에 나서므로 어느 정도 안심할 수 있다는 점 때문이었다.

(3) 米倉渡 거래

직접거래와 중개거래는 모두 도착 항구의 부두渡 또는 도착 철도역의 레일도(渡) 거래이다. 그러나 이 두 가지 말고도 미창도(米倉渡) 거래가 있다. 즉 조선미곡창고주식회사 소속의 창고도(倉庫渡) 거래를 의미한다.

조선미창(朝鮮米倉)은 조선미의 홍수 이출을 막고 월별평균적 이출을 장려하기 위하여 1930년 3월에 설립되었다. 미창은 조선의 이출항과 주요 도시에 창고를 건설하여 1938년에는 창고의 수용능력이 195만 석을 넘었다.[14] 미창의 입고미에 대해서는 농업창고와 똑같이 창하증권(倉荷證券)을 발행하여 은행의 할인을 받을 수 있거나 또는 저리자금의 융통을 받을 수 있었다. 창고의 보관료는 일본보다 훨씬 저렴하였다. 이 때문

---

14) 조선미의 대일본 홍수출하를 억제하기 위하여 수립한 조선총독부의 농업 및 상업 창고정책은 제7장에서 상세하게 다룬다.

에 일본의 대미곡상은 미창渡로 조선미를 구입하고 구입한 미곡은 조선의 미창 창고에 보관하였다가 필요한 시기에 일본으로 인출하였다.

미창에 보관하여 두는 것은 ①일본보다 보관료가 싸고, ②여름 철의 기후가 일본보다 건조하여 저장 중 품질이 손상될 염려가 적고, ③일본의 수급, 재고의 다소, 기타의 상황에서도 임의로 인출하기가 쉽고, ④청산거래의 경우 조선에 저치(貯置)하여 둔다면 그 상황을 일반인이 잘 모르고 필요에 따라 비밀리에 신속하게 이입하여 매각하는 것이 용이하다는 등의 이유로 미창을 이용하는 경향이 늘어나고 따라서 미창도(米倉渡) 거래가 증가하였다.

일본의 미곡상이 미창도 조건으로 미곡을 매입할 때는 직접 또는 중개인을 통하여 조회전보를 발송한다. 이때에 "어떤 명병, 어느 품종, 어떤 등급의 현미 몇 석을 어느 지역 미창에 입고, 혹은 어느 달 말 창도물(倉渡物) 몇 석을 매도"라고 전보를 친다. 창입물(倉入物)이라는 것은 현재의 입고미를 가르키며 창도물이란 창고에 보관 중에 있는 미곡으로서 수도가 가능한 물건이라는 뜻이다. 창도미 가격은 보통 일본의 항만 부두도 가격에서 운임과 제비용을 뺀 것이다.

상담이 성립하면 매약증(賣約證)과 매약증(買約證)을 교환하고 중개에 의한 것은 중개통지서를 양자에게 발송하였다. 현품과 금전의 수수는 미창회사, 은행 또는 신용 있는 미곡상에게 의뢰하였다. 창하증권을 인수하여 지불하는 것도 있는데 대금은 일본의 은행으로부터 미창 소재지의 은행으로 위체를 송금하였다. 이 경우 현품은 즉시 일본으로 운반하는 경우는 드물고 상당 기간 미창에 그대로 보관하는 것이 보통이었다. 창하증권을 담보로 하여 은행으로부터 자금을 융자받는 경우도 많았다.

3) 조선의 미곡상 및 대농장과 일본의 오지 미곡상 및 소비자와 직거래

(1) 釀造場과의 거래

조선의 미곡상이 일본 내지의 소비지와 직접 거래하는 일은 식민지 초기에는 없었으나 후기에는 많이 증가하였다. 설명의 편의상 양조가와의 거래, 군대와의 거래, 공장, 회사 구매조합 등과의 거래로 나누어 볼 수 있다.

조선미가 양조 원료로서 적합하고 값도 저렴하다는 것이 점차 일본의 양조가(釀造家)들에게 알려짐에 따라 양조가들은 조선의 미상(米商)으로부터 쌀을 직접 구매하는 풍조가 생겼다. 주조가 들에게 조선미의 유리성을 인식시키고 직거래의 실행을 유도한 것은 선미협회(鮮米協會)의 활동에 힘입은 바 크다.15) 여기서는 선미협회의 알선에 의한 거래방법을 기술한다.

조선의 미곡상은 선미협회(鮮米協會)에 판매할 쌀에 대한 안내 전문을 보낸다. 선미협회는 각 지의 양조장에 이를 통보하고 구입 희망 유무를 묻는다. 협회는 미리 전국의 양조장에 직원을 파견하여 조선의 산지 사정, 매입 방법, 기타의 설명을 하거나 또는 조선주미정보(朝鮮酒米情報)를 발행하고 견본미(見本米)를 송부한다.

상담이 성립하면 선미협회는 알선통지서와 함께 매약증(賣約證) 또는 매약증(買約證)을 보낸다. 미가의 변동이 예상될 시는 양조가인 매주(買主)로부터 1석당 2원 정도의 계약금을 협회에 예치하도록 하고 산지에서는 이 돈을 공제한 금액을 위체로 만들어 보낸다. 협회는 현품이 도착하면 계약금을 매주(賣主)에게 송금한다. 철도역 레일도의 경우는 대체로 선차연락(船車連絡)으로 하여 하위체(荷爲替)를 보낸다.

---

15) 鮮米協會, 『鮮米協會 10年誌』, 1935. pp.135-137.

(2) 軍隊, 공장, 학교 등 대량 수요자와의 거래

일본 육군의 양말창(糧秣廠)은 공개 입찰로 조선미를 구매하나 대부분 일본 내지의 미상이 응찰 납입한다. 조선의 미상이 직접 납입하는 일은 드물었다. 이에 반하여 해군에서는 조선의 미곡상으로부터 직접 백미를 구입하는 일이 많았다. 특히 구레(呉) 진수부(鎭守府)에서는 여러 해 동안 조선 백미를 직접 구매하여 왔는데 ㉾ 1등 백미를 사용하여 왔다. 또 요코스카(橫須賀) 진수부와 동 구매조합에서도 1937년부터 조선 백미를 직접 구매하였다. 해군의 조선미 구입은 선미협회의 알선에 따른 것인데 쌀값은 선하증권(船荷證券)과 교환하는 것으로 지불하는데 월말에 하는 것이 보통이었다.

일본 내지의 대공장과 회사의 식당, 학교 기숙사 등 쌀을 많이 소비하는 곳과 구매조합, 소비조합 등은 직접 조선 미상으로부터 조선미를 구입하는 일이 증가하고 있다. 특히 대판, 신호 등지에서 이런 경향이 뚜렷하였다. 거래방법은 처음에는 신용 있는 중개인의 손을 통하여 구입하였으나 나중에는 직접거래 하는 것이 보통이 되었다. 이들 대량소비지는 조선 미상으로부터 미리 견본을 받아보고 입찰을 통하거나 특약을 통해 구입하였다. 가격은 항구 도착 또는 특정 장소 도착 가격으로 구입하고 하위체를 통해 대금을 결제하였다.

(3) 조선의 大農場과 일본 米穀商간의 직거래

조선의 대농장, 대지주와 일본의 미상(米商)간의 직접거래는 해마다 증가하는 경향을 보였다. 대생산자는 벼는 조선 내에서 처분하나 현미는 대부분을 일본 내지의 미곡상에게 직접 판매하는 경우가 많았다. 동척(東拓), 불이흥업(不二興業), 동산농사(東山農事), 선만개척(鮮滿開拓), 조선실업 등의 회사를 시작으로 다목(多木), 구마모토(熊本) 같은 대농장은 특정 중개기관을 통하여 일본으로 바로 판매하는 경우가 많았다. 조선인 대지주는 직접 일본과 거래하는 것은 드물고 대부분 조선 내에서 처분하였다.

대농장은 중개자에게 미리 각종의 견본미를 보내 생산·수검 상황과 함께 판매 방침에 대해 통지하고 판매할 매물의 명병, 등급, 수량, 선적 시기 등을 전보로 알려준다. 중개자는 일본내의 미상과 농장에게 현재의 매입 시세와 매취계약의 체결 상황 등을 알려 준다. 상담이 성립하면 중개인은 중개알선통지서를 발송하고 동시에 매약증과 매약증을 교환하도록 하였다. 판매자는 현품의 발송과 함께 하위체(荷爲替)를 보내고 구매자는 화물이 도착하면 하위체를 결제, 송금하였다. 거래방법은 중개자에 의한 보통의 도착항구도 매매(CIF)와 대차 없다.

그러나 조선의 일부 대농장은 생산 미곡의 일부를 위탁판매하기도 한다. 즉 특정 문옥(問屋)에 농장미를 보내 지정한 창고에 입고시킨 뒤 가장 유리한 시기에 이것을 판매하도록 하는 것인데 위탁을 받은 문옥은 판매 시점에 예상 가격과 수량을 농장주에게 알려 그의 의견을 구한다. 매각 승인이 떨어지면 즉시 매주(買主)에게 통지하여 상담을 성립시켰다.

위탁판매는 창고료와 수수료 등이 많이 소요되나 가장 적당한 시기에 가장 비싸게 매각할 수 있는 장점이 있었다. 불이흥업(不二興業)은 동경의 정미시장(深川正米市場)을 통하여 백미 소매상에게 직매하였다.

(4) 일본 奧地의 미곡상과 조선 미곡상과의 직거래

종래 조선미의 이입은 대체로 이입항의 대 미곡상에 의해 이루어졌으나 점차 일본 각지의 큰 소매상이나 중간급 도매상(問屋)과 조선의 미곡상과의 직거래가 성행하게 되었다. 이는 조선미의 취급량이 증가함에 따라 이익과 구전을 대미곡상과 나누기 싫은 중간급 도매상이나 대형 소매상들이 직접 매수를 희망하게 됨에 따라 자연히 증가하게 되었다.

　조선의 미곡상들은 이들 다수의 일본 도매상의 신용상태를 알지 못하므로 신용있는 중개자의 손을 거쳐 계약하였다. 그러나 신용없는 중개자가 상점과 직거래를 하고 이 때문에 하수불능 기타 분쟁을 야기하여 거래질서를 저해하는 경우가 왕왕 있었다.

　일본의 대미곡상은 이런 종류의 직거래의 성행을 방지하기 위하여 이입상조합(移入商組合) 등을 조직하여 본선운임(本船運賃)의 할인, 창고료의 할인 등을 특약으로 이에 대항하고 혹은 조합의 전속 중개인 제도를 만들어 이들 도매상의 직거래를 방지하고자 노력하였으나 성공하지 못하였다.

　일본의 오지 미곡상들도 조선의 미곡상과 직거래를 하는 경우가 점차 증가하였다. 오지 미곡상과의 직거래는, 선차(船車)의 수배, 화차(貨車)의 중계, 위체의 지불 등 무역거래가 익숙하지 않은 경우가 있으므로 신용있는 중개인이나 선미협회(鮮米協會)와 같은 조선미의 마케팅 기구를 통하여 도움을 받기도 하였다.

제7장

조선미의 이입량 통제:

조선총독부와 일본정부의 갈등

1. 지속적 미가 하락과 일본농업의 위기

1) 전후 恐慌과 미곡수요량의 감소

제1차 세계대전이 끝나자 일본경제는 불황기로 접어들었다. 세계대전 이후 참전국들이 전후 복구에 몰두하면서 보호주의 무역성향을 나타내기 시작하였다. 1920년에는 전년도 가을의 풍작으로 쌀의 공급량이 크게 늘어났으나 전후 공황으로 수출량이 감소하면서 면사와 생사가격이 폭락하고 수많은 공장이 문을 닫았다. 이 때문에 1920년 3월에 동경시장에서 석당 50원을 넘던 미가는 그 해 12월에는 26원대로 하락하면서 반토막이 났다. 미가는 1921년에도 회복되지 않았다.

일본에서 미가문제는 시급한 현안으로 부상하였다. 일본의 제국농회(帝國農會)는 쌀을 석당 35원 이하로는 팔지 말자는 운동을 일으켰고 조선농회에 대해서도 일본으로의 이출을 자제해줄 것을 요청하는 협조문을 보냈다.[1] 일본 중의원(衆議院)의 농촌 출신 의원들은 정파를 초월하여 정부에 미가 상승책을 요구하였다.

일본정부도 사태를 진정시키기 위해 미곡법안을 마련하여 의회에 제출하였다. 제국의회는 이 법안을 통과시켜 1921년 4월 미곡법(米穀法)이 성립하였다. 미가 하락에 대처하기 위해 만든 미곡법의 제1조는 "정부는 미곡의 수급조절을 위해 필요하다고 인정할 시에는 미곡의 매입·매도·교환·가공 또는 저장을 할 수 있다"고 규정하였다. 일본정부는 이와 함께 미곡수급조절특별회계법을 만들어 운용자금 2억원을 배정하였

---

1) 朝鮮總督府 殖産局, 『朝鮮の米』, 1926, pp.33-39.

다. 미곡법은 미가조절을 위해 정부가 시장에 개입할 수 있도록 만든 최초의 법률이었다. 미가조절은 미곡의 유통량 조절을 통해 달성한다는 생각이었다.

일본의 미곡시장은 명치유신 이래 쌀소동이 일어날 때까지 거의 자유방임 상태의 자유시장 기조 아래 운영되었다. 미곡법을 제정할 당시에는 미소동을 겪은지 얼마 되지 않았기 때문에 미가는 시장기능에 맡겨두되 정부의 시장 개입은 극단적인 변동만을 완화하는 수준에 그친다는 관점에서 입법하였다. 미곡법은 미가가 쌀 때 시가로 구입하고 비쌀 때 시가로 파는 시가주의(時價主義)를 채택하였기 때문에 당시 특별회계의 적자문제는 관심사항이 아니었다.

일본의 미가는 1920년 말부터 하락하였으나 1923년의 관동대지진으로 인한 복구경기에 힘입어 일시 회복되는 기미가 있었다. 그러나 미곡 수급사정은 다시 1925년 경부터 공급 과잉의 징조를 보이기 시작하였다. 쌀 생산량이 연달아 평년작을 초과하고 조선과 대만으로부터의 이입량도 매년 빠른 속도로 증가하였다. 1927년은 미가가 다시 큰폭으로 하락하기 시작한 해였다. 1927년은 일본과 조선에서 모두 풍작을 이루었다.

〈표 7-1〉 5개년 평균으로 본 일본의 미곡 수급변화

(단위: 만 석)

연도	일본 생산량	외국미 수입량	조선미 이입량	대만미 이입량	수이출량	다음해 이월량	일본 총소비량
1912-1916	5,302	172	95	79	54	586	5,546
1917-1921	5,835	224	206	98	47	493	6,268
1922-1926	5,764	320	416	165	96	615	6,612
1927-1931	6,089	185	630	244	108	710	6,978
1931-1935	6,103	61	802	399	100	1,068	7,181

자료: 農林省 米穀局 『米穀摘要』, 1939.

1927년에 미가가 다시 하락한 원인은 수요측면에서 볼 때 일본에서

금융공황이 발생하였기 때문이었다. 이 해의 금융공황은 그동안 일본경제의 저류에 숨어있던 기업들의 방만한 투자와 은행의 부실 대출이 표면화 되면서 시작되었다. 공황은 동경의 와타나베은행과 주고은행이 지불불능 상태에 빠졌다는 소문이 돌면서 촉발되었다. 고객들의 예금인출 사태가 걷잡을 수 없이 확대되면서 주고은행을 비롯하여 44개 은행이 도산하거나 휴업에 들어갔다.[2)]

은행의 도산으로 야기된 소화 금융공황은 산업계 전반으로 퍼져나가면서 수많은 기업과 공장이 문을 닫고 실업자가 양산되었다. 이 때문에 미곡의 소비량이 감소하면서 쌀값이 크게 떨어지기 시작하였다.

2) 조선미와 대만미의 이입량 증가

일본의 미가가 1920년대 들어와 지속적인 하락세를 나타낸 원인의 다른 한 축은 미곡의 공급 과잉에서 찾을 수 있다. 1918년의 쌀소동으로 시작된 일본의 미가 폭등은 1920년 초에 들어와서 일단 그 예봉이 꺾였으나 이것은 일본 내에서의 미곡생산이 증가한 탓이 아니라 동남아산 외국미의 대량 수입 때문이었다.

1922년 이후부터는 식민지 조선과 대만으로부터의 미곡 이입량이 현저하게 증가하기 시작하였다. 특히 조선으로부터의 이입량은 1922년 310만 석, 1924년 450만 석, 1926년 520만 석, 1927년 590만 석, 1928년에 700만 석, 1931년에는 800만 석으로 빠르게 증가하였다. 대만으로부터의 이입량도 1925년부터 250만 석을 넘고 1931년까지 매년 250~270만 석을 유지하다가 1933년부터는 420만 석대를 돌파하였다.

조선과 대만으로부터의 이입량 증가는 연간 300~400만 석에 이르던 외국미의 수입량을 거의 대체하였다. <표 7-2>에서 보는 것처럼 조선

---

2) 日本農林水産省百年史編纂委員會, 『農林水産省百年史』(中) 1977, p.202.

과 대만으로부터 일본시장으로의 미곡 이입량은 1931년부터 1,000만 석을 돌파하여 식민지미 이입량 1,000만 석 시대를 열었다. 식민지미 1,000만 석은 일본의 실질적 미곡 유통량의 44%에 달하는 양이었다.

〈표 7-2〉 일본 미곡시장내 일본미·조선미·대만미의 공급량 추이

연도	지역별 공급량(千石)					지역별 공급량 비율(%)				
	일본미管外 이출량	조선미 이입량	대만미 이입량	식민지미 이입량計	합계	일본미管外 이출량	조선미 이입량	대만미 이입량	식민지미 이입량計	합계
1921	13,246	2,905	1,034	3,939	17,185	77.1	16.9	6.0	22.9	100.0
1923	12,162	3,453	1,132	4,585	16,747	72.6	20.6	6.8	27.4	100.0
1925	11,982	4,428	2,522	6,951	18,933	63.3	23.4	13.3	36.7	100.0
1927	12,011	5,910	2,638	6,548	20,558	58.4	28.8	12.8	41.6	100.0
1929	13,627	5,378	2,253	7.631	21,258	64.1	25.3	10.6	35.9	100.0
1931	13,385	7,992	2,699	10,691	24,076	55.6	33.2	11.2	44.4	100.0
1933	13,590	7,532	4,217	11,749	25,339	53.6	29.7	16.7	46.4	100.0
1935	12,227	8,957	4,511	13,464	25,691	47.6	34.9	17.5	52.4	100.0
1936	13,627	8,971	4,824	13,795	27,422	49.7	32.7	17.6	50.3	100.0
1937	15,800	6,736	4,855	11,591	27,391	57.7	24.6	17.7	42.3	100.0
1938	15,347	10,149	4,971	15,120	30,467	50,4	33.4	16.2	49.5	100.0

자료: 農林省 米穀局 『米穀摘要』, 1939(18), pp.22-23; 川野重任, 『臺灣米穀經濟論』 有斐閣, 1941, p.295에서 작성.

3) 일본시장에서의 지속적 미가 하락

조선산미증식계획은 쌀소동 이후 일본 내의 식량문제를 해결하기 위한 사명을 가지고 태어났다고 할 수 있다. 대만에서도 마찬가지로 산미증식을 위한 정책이 추진되었다. 일본정부는 제국의 영토 내에서 식량을 자급한다는 목표 아래 조선과 대만에서의 미곡증산을 적극 지원하였다. 특히 조선과 대만에서는 일본인들의 입맛에 맞는 일본 품종을 도입하고 관개시설을 개선하여 일본식으로 재배하였다. 동시에 경종법과 조제법도 현대화하여 조선미와 대만미의 품질은 크게 개선되었다. 여기에다 조선총독부와 대만총독부는 전국적으로 통일된 미곡검사제도를 도입,

품질을 표준화하여 명병(銘柄)이라 일컫는 브랜드만 가지고도 대량거래
가 가능하게 만들었다.

　이 결과 1931년부터는 연간 8~9백만 석의 조선미가 일본으로 이출되
었고 대만도 1933년부터 연간 420~500만 석의 봉래미를 일본으로 이출
하였다.[3] 이것은 조선과 대만의 각각 총미곡생산량의 거의 절반에 해당
하는 양이었다.

<표 7-3> 일본 내지의 쌀값 변동 추이

(단위: 원.전/石)

연도	연평균가격	최고가격	최저가격	최고·최저가격 차이	
				가격 차	평균가 대비율(%)
1910	12.64	16.10	11.00	5.10	40.0
1915	13.02	14.70	10.60	4.10	31.5
1920	48.56	55.70	33.40	22.30	45.9
1925	41.95	45.80	38.80	7.00	16.7
1928	31.38	34.90	28.80	6.10	19.4
1929	29.19	31.40	27.70	3.70	12.7
1930	27.34	31.60	17.60	14.00	51.2
1931	18.46	21.60	16.90	4.70	25.5
1932	20.69	22.90	17.00	5.90	28.5
1933	21.42	24.20	19.80	4.40	20.5
1934	24.90	31.10	21.60	9.90	38.2
1935	29.86	31.90	28.70	3.20	10.7
1936	30.70	32.80	28.70	4.10	13.4

비고: 미가는 東京正米市場의 일본산 현미의 중품 시세임.
자료: 澤村 康, 『米價政策論』南郊社, 1937, p.10.

　장기간의 공황으로 인한 미곡의 수요량 감소와 식민지로부터의 미곡
공급량 증가는 일본시장에서의 미곡가격의 폭락으로 나타났다. <표

---

　3) 조선총독부와 대만총독부가 채택한 미곡증산 정책과 수단은 유사점이 대단히 많
　　다. 대만의 산미증식계획 추진과정에 대해서는 川野重任, 『臺灣米穀經濟論』有斐
　　閣, 1941을 참고할 것.

7-3>은 1925년 이후 1936년까지 일본시장에서 미가의 오름세와 내림세를 보여 주고 있다. 일본경제는 소화 금융공황으로부터 시작하여 세계 대공황의 소용돌이 속으로 급속히 빠져들어가면서 물가와 임금이 하락하고 공업생산은 감소하였다. 이에 따라 미가도 붕락(崩落)하여 소화 금융공황 이후 약 10년에 걸친 저미가 시대를 맞게 되었다.

2. 미가 하락이 일본과 조선농업에 미친 영향

1) 미가 하락이 일본농업에 미친 영향

일본의 미가는 미곡법의 제1차 개정이 있던 1925년 8월의 석당 45원에서 지속적으로 하락하여 1926년에 38원, 1927년 35원, 1928년 31원, 1929년에는 27원대로 떨어졌다. 특히 1930년에는 1929년 10월 미국의 주가 대폭락을 계기로 시작된 세계 대공황의 여파가 일본에 도달하면서 일본은 미증유의 공황을 맞게 되었다. 이 때문에 1931년의 미가는 1930년의 27원 대로부터 최저가격이 일거에 16원 대로 폭락하였다.

미작(米作)과 양잠(養蠶)을 주축으로 하는 일본 농업은 세계 대공황으로 직격탄을 맞았다. 당시 일본의 주력 수출품이던 생사(生絲)의 가격이 폭락하면서 생사의 원료인 누에고치를 생산하던 농업부문이 심각한 타격을 받았다.

공황 전 생사의 가격은 60kg 1표(俵)에 1,300원 내외였는데 공황 직후 580원으로 추락하였다. 이에 따라 누에고치 가격도 1관에 7.5원에서 2~3원으로 떨어졌다. 당시 일본 농가호수의 30%를 차지하던 겸업농가(兼業農家)도 공장의 폐쇄와 조업 단축으로 실직하거나 임금 소득이 크게 축소되었다. 이처럼 어려운 상황 속에서도 1930년 미곡생산이 공전

의 풍작을 이루면서 미가와 함께 다른 농산물 가격도 붕괴하였는데 이것
이 농가경제에 미치는 영향은 심각하였다.

〈표 7-4〉 공황 전후 일본의 농가 호당평균 농가경제 상태

	1928년(원)	1931년(원)	감소율(%)
농업조수입　　①	2,031	754	-62.9
농업수입중 미작수입	789	411	-47.9
농업경영비　　②	1,150	360	-68,7
농업소득 ①-②=③	881	394	-55.3
농외소득　　　④	316	148	-53.2
농가소득 ③+④=⑤	1,197	542	-54.7
가계비　　　　⑥	1,090	549	-49.6
농가경제잉여 ⑤-⑥	107	-7	-106.5

자료: 農林省, 『農家經濟調査』(農家經濟累年統計 1), 1974.

　　<표 7-4>는 1928년 대비 1931년의 일본의 농가 호당 평균 경영실적
이 농업조수입 63%, 농가소득 55%, 가계비는 50%가 하락하고 농가경
제 잉여는 106.5%가 감소하여 적자가 난 것을 보여주고 있다. 이후 식
민지로부터 이입되는 미곡의 양이 큰 폭으로 증가하면서 일본 농가의 농
업소득과 농가소득은 1939년까지 적자상태를 벗어나지 못하였다.[4]
　　특히 일본 농업에서 가장 중요한 비중을 점하는 쌀농사는 미가의 하
락으로 생산비도 회수하지 못하는 상황이 상당 기간 계속되었다. 일본의
농촌경제는 거의 파탄 상태에 빠지고 소작료를 받아 생활하는 지주층의
생활까지도 위협하는 정도였다.
　　지주들은 공황의 타격에서 벗어나기 위해 소작지를 방매하거나 회수
하여 다른 농가에게 넘기는 일이 많아지면서 소작조건이 악화되고 소작
쟁의가 크게 증가하였다. 도시에서는 셀 수도 없이 많은 공장이 도산하

---

4) 櫻井 誠, 『米その政策と運動』上, 明治初期~昭和20年, 農山漁村文化協會, 1989,
　p.79.

여 실업자가 길에 넘쳤다. 농촌에서는 결식 아동이 속출하였고 빚을 갚기 위해 토지를 방매하고 파산 농가가 야반도주하는 일은 다반사가 되었다. 빚을 갚지 못하는 농가에서는 딸 자식을 공창(公娼)에 팔아 넘기는 일이 흔하였다.[5]

급기야 일본정부는 1933년부터 농가부채대책을 필두로 하여 일련의 농촌경제갱생대책(農村經濟更生對策)을 내놓고 일본 의회는 농업·농촌 문제를 다루기 위한 소위 구농의회(救農議會)를 소집하여 농촌대책을 논의하기 시작하였다. 일본의 농업공황과 그에 따른 농촌경제의 피폐는 급진적인 정치운동의 토양이 되었고 결국은 1932년 5월 15일 수상이 암살되는 정치적 격변으로 이어졌다. 1936년에는 육군의 청년장교들이 쿠데타를 일으킨 2·26사건[6]의 원인(遠因)이 되기도 하였다. 쿠데타는 곧 진압되었지만 이 사건은 5·15사건과 함께 군부의 정치적 득세의 빌미가 되었고 결국은 일본을 군국주의와 전쟁의 길로 들어서는 대문을 열어준 셈이 되었다.

2) 미가 하락이 조선농업에 미친 영향

일본 시장에서의 미가 상승과 하락은 조선에도 큰 영향을 미쳤다. 조선에서도 쌀값은 제1차 세계대전 기간동안 일본에서의 호경기에 힘입어 상승하였으나 1927년부터 일본에서의 쌀값 하락의 영향을 받아 급락하

---

5) 日本農林水産省百年史編纂委員會, 『農林水産省百年史』(中) 1977, p.207. 1931년 전국의 농가부채는 50~60억원으로 추산되었는데 이것은 호당 평균 1,000원 정도로 1931년 총 농가소득의 약 2배에 달하는 금액이었다.

6) 5·15 사건은 1932년 5월 15일 일본정부가 농촌의 궁핍화를 방치하고 해군 군축을 지지한다는 이유 등으로 일단의 해군 급진파 장교들이 반란을 일으켜 당시 수상이던 이누가이 쓰요시(犬養毅)를 암살한 사건. 2·26사건은 1936년 2월 26일 일단의 일본 육군의 황도파 청년장교 들이 부하 1,400여 명을 이끌고 빈곤타파, 부패일소, 국가개조, 천황친정 등을 요구하며 일으킨 반란사건을 말한다.

기 시작하였다. 조선미의 주력 시장인 일본에서의 미가 하락은 조선으로
파급되어 조선에서의 쌀가격도 해마다 떨어졌다. 예를 들면 1926년 15
원하던 조곡(벼) 1석의 가격이 1931년에 6.61원으로 약 56%가 하락하였
다. 이는 일본에서의 쌀값 하락보다 그 정도는 심하지 않으나 그 변동의
패턴은 거의 일치하였다. 잡곡 가격도 같은 형태로 변하였다.

〈표 7-5〉 조선의 미곡 수확량과 미가 및 미가지수, 물가지수, 1926~1931

연도	미곡생산량 (조곡/千石)	미곡가격 (원.전/租穀 石)	미가지수 (%)	물가지수 (%)
1926	15,301	15.01	100.0	100.0
1927	17,298	13.62	90.0	97.4
1928	13,511	11.83	70.8	94.5
1929	13,701	12.02	80.0	95.1
1930	19,181	10.14	60.8	86.6
1931	15,872	6.61	56.0	-

자료: 『朝鮮總督府統計年報』 각 연도 및 朝鮮銀行 『調査月報』, 1933; 金俊輔, 『農業
經濟學序說』 고려대출판부, 1967, p.237에서 재인용.

특이한 점은 미가의 계속적인 하락에도 불구하고 식민지 조선에서의
농업생산은 자연적 요인의 흉년을 제외하고는 생산량의 감소는 거의 없
었다는 점이다. 오히려 가격이 하락하여도 일본으로의 이출량은 증가하
는 추세를 나타냈다. 이는 조선의 미작농업이 자급자족적 소농체제 아래
서 운영되고 있었기 때문에 나타나는 현상이었다.

농업 공황기에 들어간 조선의 소농경제는 일본의 농업경제보다 훨씬
큰 어려움을 겪었다. 미가의 폭락은 우선적으로 지주에게 수입의 감소를
가져왔지만 그 부담은 즉시 영세농에게 전가(轉嫁)되었다. 소작인들은
지주의 소작권 회수와 소작료의 인상에 시달리고 농가소득의 감소는 부
채의 상환을 어렵게 만들어 부채가 누적되는 함정에 빠지게 만들었다.

부채의 누적은 농지의 방매와 소작인으로의 전락이나 이촌(離村)으로

이어지는 결과를 가져왔다. 여기에 더해 전반적인 농산물가격의 하락 속도는 공산품가격의 하락 속도보다 더 빠르게 나타나 소위 세레현상 (Schere 現象)을 일으켜 농촌의 곤궁은 그 정도를 더 심하게 하였다. 이 때문에 당시 조선에서는 소작쟁의가 급증하였고 일본에서 이입된 농업 공황은 조선에서 더욱 악화되어 농민층의 계급적 분화를 촉진시켰다.

예를 들면 경상남도 관내 220여 개소의 근농구제조합(勤農救濟組合) 내 부락의 26,161호 가운데 부채를 지고있는 호수는 14,298호로 부채 총액은 1,528,658원에 달하였다. 이는 호당 107원의 부채인데 이들 농가의 연평균 총수입은 150원에 불과하여 소농의 부채로서는 감당하기 어려운 수준이었다.[7]

〈표 7-6〉 공황기의 세민과 궁민의 증가

(단위: 명, 괄호안은 전체 국민에 대한 비율,%)

연도	細民	窮民	걸인	합계
1926	1,860,000(9.7)	295,620(1.5)	10,066	2,155,620(11.2)
1930	3,466,104(17.1)	876,283(4.3)	-	4,342,387(21.4)
1931	4,203,104(20.7)	1,048,467(5.1)	163,735(0.8)	5,439,446(26.8)

비고: 세민이란 생활이 극히 궁박한 상태에 있는 자로 겨우 延命하여가는 자, 궁민이란 긴급히 救濟를 요하는 상태에 있는 자(아래 李如星의 정의에 따름).
자료: 李如星·金世鎔, 『數字朝鮮研究』 4, 1933, p.67(합계에 차이가 있으나 원통계를 따름); 金俊輔, 『農業經濟學序說』 고려대출판부, 1967, p.237에서 재인용.

미가 하락은 소작농의 몰락과 실업자의 수도 증가시키고 걸식자의 수도 크게 늘렸다. 무직자의 수는 1920년대 전반에 20~25만 명 정도였는데 이후 1920년대 후반부터 지속적으로 증가하여 1930년 대 후반에 35만~40만 명 수준에 이르렀다.[8]

1913~1917년 평균으로 볼 때 전국의 총 농가호수 255만 호 가운데

---

7) 朝鮮總督府, 『朝鮮の經濟事情』, 1931, p.238.

8) 車明洙, "世界農業恐慌과 日帝下 朝鮮經濟" 『經濟史學』, 15, 1991, p.80.

자작농이 21.8%, 자소작농 38.8%, 소작농이 39.4%를 차지하였는데 공황기를 거친 후 1940년에는 총농가호수 300여만 가운데 소작농의 비율이 53.1%, 자소작농이 23.3%, 자작농이 18.7%, 농촌 노동자가 3.3%, 화전민이 2.2%로 변하였다.[9] 이 기간 동안 39.4%에 불과하던 소작농이 전체농가의 58.6%(소작농, 농업노동자, 화전민의 합계)를 차지할 정도로 농민계층이 와해되었다.

1930년대 초 공황으로 인한 조선 사회의 참상은 <표 7-6>이 그 일면을 보여주고 있다. 당시 춘궁기의 농민들은 초근목피로 연명하는 사람들이 부지기수였다. 전국적으로 긴급 구호를 요하는 궁민(窮民)들의 숫자가 크게 증가하여 사회문제가 되기도 하였다.

일례를 들면 1926년에 1만 명 수준에 불과하던 거지(乞人)의 수가 1931년에는 16만4천 명으로 기하급수적으로 늘어났다.<표 7-6> 이들의 대부분은 농촌에서 밀려나 할 수 없이 도회지의 거리로 나온 사람이라고 해도 과언이 아니었다. 당시 조선의 농촌은 위기상황에 처해 있었고 소농과 소작농의 생활은 절망상태에 있었다.

조선총독부도 일본의 예에 따라 1933년부터 총독부 정무총감의 통첩으로 농가경제갱생계획(農家經濟更生計劃)을 수립하고 부채 근절과 소작권의 보호를 시작으로 자작농창설사업(自作農創設事業) 등을 추진하지 않을 수 없었다.

---

9) 朝鮮總督府, 『朝鮮の農業』, 1932 및 『朝鮮總督府統計年報』, 1940, 1940년 조사에는 과거에는 없던 화전민과 농업피용자 항목이 생겼다.

3. 조선미의 이입통제를 위한 일본정부의 대책

1) 제1차 미곡법의 개정

1920년부터 미가의 유지는 일본정부의 최대 과제중의 하나가 되었다. 일본은 1925년 미가 하락에 대처하기 위해 처음으로 미곡법(米穀法)을 개정하였다. 제1차로 개정한 미곡법은 제1조를 "정부는 미곡의 수급조절 및 시가조절을 위해 필요하다고 인정할 시에는 미곡의 매입·매도·교환·가공 또는 저장을 할 수 있다"로 개정하면서 '시가조절'이라는 말을 더 추가하였다. 그리고 제2조의 "정부는 미곡의 수량 또는 미가를 조절하기 위해 필요하다고 인정할 시에는 칙령으로 기간을 정하여 미곡의 수입세를 증감·면제 또는 수입과 수출을 제한할 수 있다"는 규정을 외지에도 적용할 수 있도록 수정하였다. 1921년에 제정한 미곡법은 이때 처음으로 개정하였는데 앞으로 두 차례 더 개정한 후 미곡통제법으로 대체하게 된다.

일본은 제1차 개정 미곡법 제2조를 대만과 조선에서도 실시할 수 있도록 조치하였다.[10) 이는 식민지에서 외국미의 수입세를 인상하면 외국미의 수입량이 줄어들고 따라서 현지에서 쌀의 소비량이 증가하면 일본으로의 이출량이 감소할 것을 기대하였기 때문이었다. 이것은 지금까지 법률적인 측면에서 독립적으로 움직이던 일본 내지와 식민지의 미곡시

---

10) 일본은 1926년 제1차 개정 미곡법의 제2조를 대만에서도 실시할 수 있도록 조치하였다. 조선총독부도 일본정부의 요청에 따라 1928년 2월 미곡법 제2조를 조선에도 시행하였다. 대만과 조선에서의 미곡 소비를 증가시키기 위해 외국미의 수입세를 인상하였으나 조선미의 일본 이출을 줄이고 미가의 하락을 막는데 아무런 도움이 되지 않았다. 그럼에도 불구하고 조선총독부는 일본정부의 재정적 지원을 얻어 1926년에 조선산미증식계획의 갱신계획에 착수하여 본격적인 미곡증산에 나섰다.

장을 서로 연결하여 협력체제를 만들기 위한 최초의 시도였다.[11]

2) 米穀調査會의 설치와 제2차 미곡법 개정

1927년의 소화 금융공황 이후 미가의 폭락 사태를 맞자 일본정부는 본격적으로 미가유지 대책을 세우지 않으면 안 되었다. 일본정부는 식민지 조선과 대만에서 일본으로의 이출량 증가에 대응하여 새로운 미곡정책의 수립이 필요하다고 판단하였다. 당시 다나카(田中義一)내각은 1929년 5월 임시미곡조사회(臨時米穀調査會)라는 자문기구를 내각 직속으로 설치하였다.

미곡조사회는 내각의 총리가 회장을 맡고 부회장은 농림상과 장상(藏相)이 담당하는 가운데 30여 명의 관료, 학자, 관련 단체의 전문가 등으로 구성하였다. 일본정부는 미곡조사회에 "미곡의 수급 및 가격조절에 관한 새로운 방책을 어떻게 할 것인가"를 자문하였다.

미곡조사회는 미가 하락문제에 대처하기 위하여 조사회내에 특별 소위원회를 구성하였다. 10여 명의 전문가로 구성된 소위원회에서는 일본내의 미가 하락을 방지하기 위해서는 식민지미의 이입량을 통제해야 한다는 농림성의 주장이 논의의 중심이 되었다.

이 가운데서도 조선미의 이입량 조절이 가장 중요한 이슈가 되었다. 1910년대 초에는 조선미의 일본 이입량은 대만미 이입량보다 훨씬 적었다. 그러나 1919년부터는 조선미의 이입량이 대만미 이입량을 추월하기 시작하여 1928년에는 706만 석으로 대만미 243만 석을 2배 이상 앞지르기 시작하였다. 이때부터 일본에서의 미가문제 논의에는 조선미가 중

---

11) 경제적인 측면에서는 1913년 이래 일본과 조선의 미곡이 출세와 이입세가 폐지됨으로써 하나의 시장이 되었다. 일본 법률의 조선 적용에 관해서는 제2장의 보론을 참고할 것.

심적 위치에 서게 되었다.

특별 소위원회는 각계에서 제출한 식민지미의 통제방안을 놓고 심의
에 들어갔다. 제출된 안 가운데 가장 주목을 받은 것은 외지미의 이입허
가안(移入許可案·東鄕 實, 衆議院 議員)으로 조선과 대만에서 미곡을
들여올 때는 정부의 허가제로 하자는 것이었다.

이밖에도 중요한 제안은 이입한 식민지미는 정부가 모두 사들여 독점
판매해야 한다는 외지미전매안(外地米專賣案·矢作榮藏, 帝國農會 회
장), 일본미 외지미 할 것 없이 모두 정부의 전매로 하자는 미곡전매안
(三輪市太郞·衆議院 議員), 미곡법을 본국과 식민지에 모두 적용시키자
는 미곡법외지적용안(三橋信三·三菱倉庫 상무; 加藤勝太郞·名古屋商
工會議所, 米穀商), 조선미의 총이입량이 문제가 되는 것이 아니라 추수
기에 외지미가 한꺼번에 들어오는 것이 미가 하락의 주 원인이므로 조선
과 대만미의 이입량을 월별평균적으로 조절하자는 외지미 월별평균이입
안(月別平均移入案, 有賀光豊·朝鮮殖産銀行 頭取) 등이었다.[12]

미곡조사회는 우여곡절 끝에 1930년 3월 다음과 같은 요지의 답신을
마련하여 정부에 제출하였다. ①조선에서 일본으로 이출하는 조선미의
수량은 월별평균적으로 조절하고 조선총독부는 이 안에 대한 적당한 실
시방안을 조속히 수립할 것, ②정부는 조속히 미곡법의 발동에 필요한
최고·최저가격을 결정할 것, ③농업창고를 장려하고 저리자금을 지원할
것, ④외국미의 수출입허가제도를 만들어 외국미의 수출입을 관리 통제
할 것, ⑤종전의 미곡수급조절특별회계의 손실을 일반회계로 이관할 것
등이었다.

미곡조사회가 조선미의 통제방안으로 채택한 월별평균적이출안은 조
선미를 일본에 이출할 때는 월별평균적 수량으로 제한하여 추수기의 홍

---

12) 石塚 峻, "朝鮮米事情" 『朝鮮米と日本の食糧問題』, 友邦シリス 第2號, 友邦協會,
   1941, p.20.

수 이입을 막아 미가 하락을 저지한다는 것이었다. 이 안은 조선 대표로 조사위원으로 참여한 아리가 마쓰도요(有賀光豊)가 제시한 안이었다. 그는 조선총독부와 긴밀한 협조 아래 조사위원들을 설득하여 조선농업에 가장 문제가 적다고 보는 월별평균이출안을 관철시켰다.[13]

미가대책을 실시하기 전 1926~1930년의 5개년 동안의 조선미 월별평균 내지 이출량을 보면 신곡출하기(新穀出荷期)인 11월부터 다음 해 2월까지 4개월 동안에 총이출량의 50.6%, 3월부터 6월까지 4개월 동안에 32.7%, 그 후 7월부터 10월까지 4개월간에 16.7%를 이출하여 신곡출하기에 심한 이출 편재현상을 보이고 있었다.[14] 월별평균이출안은 법규에 의한 강제적 방법이 아닌 경제적 유인(誘因)을 이용하는 자율적 규제라는 점이 특징이었다.

일본정부는 미곡조사회의 답신을 기초로 1931년 2월 제2차로 미곡법을 개정하였다. 개정의 요점은 ①정부는 매년 12월에 미곡의 최저가격과 최고가격을 정하여 고시하고 미가가 이 선을 넘어 하락하거나 상승할 때는 정부가 나서서 미곡을 매입 또는 매도한다. ②외국미를 수입·수출할 때는 정부의 허가를 받도록 한다. ③조선미에 대한 통제문제는 조선총독부의 자율에 맡겨 월별평균적이출을 할 수 있도록 적절한 방책을 수립하도록 하는 것으로 정리하였다.

조선미의 월별평균이출을 미곡법에 포함시켜 법령으로 규정하지 않고 조선총독부의 자율에 맡긴 것은 조선미의 통제를 법규로 제정하는 것은 조선 통치상 좋지 않다는 총독부의 주장을 수용하였기 때문이었다. 제2차 개정 미곡법은 미곡의 최저·최고가의 기준은 미곡생산비(米穀生産費), 가계비(家計費), 율세미가(率勢米價)를 참고로 하여 결정하되 구체적 산출방법은 시행규칙으로 정하였다.[15] 이와 함께 미곡수급조절특

---

13) 有賀光豊, 『米穀調査會と鮮米の移出統制』, 京城商工會議所, 1930, pp.14-16.
14) 佐佐木勝藏, 『朝鮮米の進展』, 鮮米協會, 1935, p.347.

별회계법도 개정하여 미곡특별회계 자금을 3억5천만 원으로부터 4억8천만 원으로 증액하였다. 그러나 제2차 개정 미곡법의 핵심이라고 볼 수 있는 미가조절을 위한 정부의 과잉미 매입과 매도는 일본미에 한하고 조선미와 대만미는 제외하였다.

3) 제3차 미곡법 개정과 조선미의 買上

1930년은 1929년 미국에서 시작된 세계공황의 여파가 일본에 밀어닥쳐 수많은 공장이 추가로 문을 닫고 실업자가 양산되던 해였다. 이해 가을에는 일본의 미곡생산량이 6,700만 석이라는 대풍을 기록하였다. 조선과 대만에서도 각각 1,900만 석과 750만 석의 대풍작을 맞았다. 이 결과 1931년 조선과 대만으로부터 일본으로의 미곡 이출량이 처음으로 1,000만 석을 넘었다. 이 때문에 제2차 개정 미곡법에 의한 시장 개입은 거의 효과가 없었고 일본의 미가는 1930년에 이어 연달아 붕괴되고 농촌의 불황은 더욱 심각하게 되었다.

중의원(衆議院)에서도 제2차 미곡법의 실효성에 대해 강한 불만을 나타내었다. 일부 의원들은 정부가 시장개입의 기준가를 정하는데 율세미가의 하한치 20%를 기준으로 삼는다는 규정은 현실을 무시한 것이라며 폐지를 주장하였다. 이들은 정부의 기준대로 하면 미가가 생산비 이하로 떨어져도 정부가 수매에 나설수 없으므로 농민 보호의 목적을 달성할 수 없다고 반발하였다.[16]

---

15) 率勢米價는 미가지수를 물가지수로 나눈 비율로 나타낸 미가를 뜻한다. 당시 일본에는 농민의 生産費와 소비자 家計費에 대한 통계조사가 없었기 때문에 추후 생산비와 가계비의 조사가 완료될 때까지 최저가격을 율세미가의 하한치 20%이상을 최저가격으로, 최고가격도 율세미가의 상한치 20%에 상당한 가격으로 정하였다.(미곡법 시행령 부칙)

16) 생산비 자료가 없는 상태에서 율세미가를 기준으로 한 최저·최고가격은 사실상 시가의 변동에 따라 최저·최고가격이 결정되는 구조를 갖고 있어 시장상황에 따

세계 경제공황이 몰고온 경기 침체와 구매력 감퇴는 일본에도 미가의
붕락을 가져와 농림성은 미곡정책을 다시 검토하지 않을 수 없었다. 농
림성은 미곡가격을 부양하고 피폐해진 농촌을 재건하기 위하여 1932년
6월 농림성내에 미곡부(米穀部)를 설치하는 한편 미곡고문회(米穀顧問
會)라는 자문기구를 만들었다. 미곡고문회는 식민지에서 일본으로 이출
되는 미곡은 내지에 필요한 수량만 이입 허가를 하고 나머지는 일본으로
이입하지 못하게 하는 이입량허가제(移入量許可制)를 포함하여 식민지
미에 대한 과세안(課稅案), 전매안(專賣案) 등 몇 가지 식민지미 이입통
제안을 비밀리에 만들고 있었다.17)

미곡고문회에서의 작업 내용이 일본을 방문하던 조선총독부의 이마
이(今井 田) 정무총감에 의해 조선에 알려지자 조선에서는 즉각 반발이
일어났다. 조선에서는 총독부의 후원으로 선미옹호기성회(鮮米擁護期
成會)가 결성되고 그 지부가 전국적으로 설치되었다.18) 조선농회를 비
롯하여 미곡상단체, 상업회의소를 비롯한 각종 경제단체와 언론기관도
반대운동에 합세하였다. 조선미의 이출입을 일본정부가 통제하려는 계
획에 반대하는 집회가 연이어 일어났다.

결국 농무성이 추진하려던 외지미의 이입통제계획은 조선과 대만의
강력한 반대로 취소되었다. 일본 농무성은 과잉 미곡의 조절을 위한 대
안으로 외지미의 매상(買上)과 매도(賣渡)를 중심으로 하는 미곡법의 제
3차 개정을 추진하기로 하였다.

1932년 9월 임시 의회를 통과한 제3차 개정 미곡법의 요지는 다음과 같다.

라 정부가 미곡법의 발동을 위하여 결정한 최저가격이 생산비에도 미치지 못할
수도 있었다.

17) 釜山日報, 1932. 7. 2.

18) 조선에서의 鮮米擁護運動에 관해서는 다음 절에서 상술한다.

① 일본정부는 조선미와 대만미의 내지 이입량을 월별평균적으로 조정하기 위하여 당분간 조선미와 대만미를 매입, 매도, 또는 저장을 할 수 있다.

② 정부는 미곡의 수량 또는 시가를 조절하기 위하여 필요한 경우에는 기간을 정하여 조(粟)의 수입세를 증감 또는 면제할 수 있다.(이 규정은 내지와 동시에 조선, 대만, 화태(樺太)에도 시행한다)

③ 당분간 매상을 위한 미곡의 최저가격은 율세미가 대신에 미곡 生產費에 기초하여 정한다.

④ 미곡수급조절특별회계법을 개정하여 미곡자금의 차입 한도를 3억5천만 원으로부터 4억8천만 원으로 확대한다. 이 가운데 3천만원은 조선과 대만미의 매입에 할당하다.

이로써 조선미와 대만미의 월별평균이출규정과 중앙정부에 의한 매입·매도규정이 처음으로 제3차 개정 미곡법에 포함시켜 법률로 규정하였다. 또한 미곡법은 미곡의 수량 또는 시가를 조절할 필요가 있을 때는 조(粟)의 수입세를 증감 또는 면제할 수 있도록 하였다. 정부가 미곡을 매입하는 최저가격은 생산비에 기초를 두기로 하여 생산비 조사의 중요성이 커졌다.

조의 수입세를 인상하는 문제는 공급 과잉의 주 원인이 조선미에 있다고 보고 조선에서의 쌀 소비량을 증가시켜 일본으로의 이출량을 감소시키려는 것을 목적으로 하는 것이었다. 즉 조의 가격이 오르면 조선의 농민들은 조의 소비량을 줄이고 대신 쌀의 소비량을 증가시킬 것이라는 예상에서 조의 수입세를 인상할 수 있도록 법규화한 것이었다. 좁쌀은 보리와 더불어 조선의 서민들이 쌀을 대체하여 소비하는 중요한 잡곡의 하나였다.

일본정부는 제3차 개정 미곡법에 따라 1933년에 1932년 조선산 현미약 45만 석, 벼 3만 석의 계절매상을 실시하였다.[19] 이 매상은 수량은

---

19) 佐佐木勝藏, 『朝鮮米の進展』, 鮮米協會, 1935, p.341.

많지 않았으나 일본정부가 처음으로 조선에서 조선산 미곡을 일본정부가 직접 수매한 최초의 사례였다. 일본정부는 조선미의 매입 및 매각 사무를 위해 1933년부터 조선에 미곡사무소를 설치하였다.

4) 미곡통제법의 제정과 조선미의 이입량 통제

세 차례의 미곡법 개정에 따른 조치와 일본정부의 조선미 수매에도 불구하고 쌀값은 여전히 회복되지 않고 일본 농업은 침체상태에서 벗어나지 못하고 있었다. 1933년의 평균미가는 석당 21원 42전으로 전년도의 20원 69전과 거의 다름이 없었다. 일본정부의 미곡조작(米穀操作)으로 인한 특별회계의 적자는 누계 2억4천만 원에 달하였다. 이것은 1933도 농림예산의 절반에 해당되는 액수였다.[20]

일본의 대표적 농업단체인 제국농회(帝國農會)는 정부가 미곡을 매입·매도하여도 미가가 회복되지 않는 것은 식민지미의 이입 총량에 대한 규제가 없기 때문이라며 미곡법에 대한 불만을 들어내기 시작하였다. 제국농회는 1933년 8월 임시총회에서 조선·대만으로부터의 이입미를 국가가 관리할 것을 요구하는 결의안을 채택하고 계통 농회도 조선·대만미의 이입을 정부의 전매사업으로 할 것을 주장하는 등 점점 통제 요구의 수준을 높였다.[21]

농림성 관리들은 물론 식량문제 전문가들 사이에서도 조선과 대만으로부터 들어오는 이입미의 총량을 통제하지 못하는 한 일본 농업의 회생은 불가능하다는 인식이 확산되었다. 일부 농업경제 전문가들은 식민지미의 대량 이입은 일본미에 비해 생산비가 낮기 때문이며 특히 조선미는

---

20) 櫻井 誠, 『米その政策と運動』 上, 明治初期~昭和20年, 農山漁村文化協會, 1989, p.108.
21) 상게서, p.92.

일본시장에서 일본미와 거의 같은 가격으로 판매되고 있기 때문에 이익이
많고 이것이 조선미의 이입을 격증시키는 원인이라고 주장하였다.22) 일본
쪽에서 볼 때 미곡법의 문제점은 식민지로부터 이입미가 대폭적으로 증가
하여도 이것을 직접적으로 규제할 수 있는 방법이 없다는 점이었다.

　일본정부는 일련의 노력에도 불구하고 미가가 회복되지 않고 의회와
농업단체로부터 좀더 강경한 대책에 대한 요구가 잇따르자 1932년 11월
내각 총리를 회장으로 하는 미곡통제조사회(米穀統制調査會)라는 자문
기구를 설치하였다. 이 조사회는 장상(藏相)과 농림상을 부회장으로, 그
리고 정부관리, 정당대표, 각계의 전문가 40명으로 구성하였다. 일본정
부는 미곡통제조사회에 "미곡수급 및 가격조절에 관한 근본정책을 어떻
게 할 것인가"라는 과제를 자문하였다. 이것은 사실상 식민지미의 내지
이입량 통제방안을 묻는 것이었다.

　일본정부는 미곡통제조사회가 제출한 답신에 기초하여 1933년 3월
미곡법을 대체하는 미곡통제법(米穀統制法)을 만들고 11월부터 실시에
들어갔다. 미곡통제법의 요점은 일본미에 대해서는 매년 미곡의 최저가
격과 최고가격을 공정가격(公定價格)으로 정하고 미가가 최저가격을 밑
돌 때는 생산자의 매도 희망량을 무제한 매입하고 미가가 최고가격을 벗
어나면 정부 보유미를 매각한다는 것이었다.23)

　그러나 공정 최저가격과 최고가격에 의한 미곡의 무제한 매입과 정부
미의 매각 조작은 일본에만 적용하고 조선과 대만에서는 시행하지 않기
로 하였다. 즉 미곡통제법은 조선과 대만에서는 일본에 이출하는 미곡의

---

22) 澤村 康, 『米價政策論』, 南郊社, 1937, p.31; 持田惠三, 『米穀市場の展開過程』, 東
　　京大出版會, 1970, p.142.
23) 표준 최저가격의 결정은 생산비에 기초를 두고 率勢米價의 하한치 10~20%의
　　범위안에서 결정하고 표준 최고미가는 가계비를 기초로 하여 산출한 家計米價에
　　율세미가의 상위치 20~30%의 범위안에서 정하기로 하였다.(미곡통제법 시행령
　　제3조)

양은 월평균적 수량으로 하고 칙령이 정하는 바에 따라 조선미와 대만미를 매입, 매도, 가공 또는 저장할 수 있도록 하였다. 이 경우 매입 또는 매도 가격은 시가에 준거하여 정하도록 하여 일본 내지에서의 공정가격에 의한 무제한 매입과는 차별화하였다. 또 미곡통제법은 미곡의 해외수출입을 허가제로 바꾸고, 외국미와 조, 잡곡의 수입세를 증감, 면제 또는 수입 제한을 할 수 있도록 하였다.

미곡통제법은 생산자와 소비자를 다같이 보호하자는 법이었으나 주로 일본의 생산자와 소비자를 위한 법이었다. 일본정부는 미곡통제법을 통해서도 여전히 내지와 외지 사이에 차별적 정책을 고수하였다. 일본정부는 미곡수급조절특별회계법을 고쳐 매입자금을 4억8천만 원에서 7억 원으로 증액하였다.

5) 식민지미의 減産추진

새로 만든 미곡통제법은 미곡법보다 강력한 것이었으나 제대로 실행에 옮겨보기도 전에 또다시 문제가 생겼다. 1933년 가을 일본과 조선·대만에서의 미곡 작황은 대풍작이 예상되었다. 최저가격에 따른 정부의 매입량은 1,029만 석으로 추정되었다. 1천만 석의 쌀매입은 일본정부가 재정적으로 감내할 수 없는 막대한 양이었다.

재정 파탄을 염려하게 된 농림성은 조선과 대만총독부에 긴급 협의를 요청하였다. 농림성이 내놓은 대책안은 임시미곡작부감축안(米穀作付減縮案)이었다. 즉 일본과 조선·대만에 걸쳐서 1934년산 쌀의 생산량을 감축시키기 위해 벼의 식부면적을 줄이자는 것이었다.

농림성이 제안한 미곡 감반안(減反案)은 다음과 같은 것이었다.[24]

---

24) 日本農林水産省百年史編纂委員會, 『農林水産省百年史』(中) 1977, p.129.

① 1934년 10월 말에 발생하게 될 내지의 과잉미를 줄이기 위하여 예상 수량 가운데 상당량을 내지, 조선과 대만에서 감산(減産)으로 대처한다. 내지미와 조선미의 감산은 1934년산 쌀에 대하여 행하고 대만미는 1935년 제1기 작미에 대하여 행한다.

② 감산 할당수량은 과거의 최대 이출수량의 비율에 의한다.(일본에 대해서는 생산지 도부현(都府縣) 밖으로의 이출량, 조선·대만에서는 일본으로의 이출량)

③ 감산은 수도(水稻) 작부면적(作付面積)의 제한방식에 의하고 작부 제한면적은 반당 수량(反當收量 일본 2석, 조선 1석, 대만 1석 2두)으로 감산 할당수량을 제하여 산출한다.

이 감반안이 신문에 보도되자 조선과 대만에서 또다시 비판 여론이 비등하였다. 이번에는 일본에서도 강력한 비판 여론이 일어났다. 생산량 제한은 조선총독부가 한일합병 이후 심혈을 기울여 추진해오던 증산정책을 근본적으로 폐기하는 것을 의미하는 것이었다. 일본의 농가를 위하여 미곡 생산량의 감축을 강요하는 것은 식민지 경제의 기본 축을 훼손하는 것으로 조선총독부와 대만총독부가 앞장서서 반대투쟁에 나섰다.

일본의 의회에서도 이입미대책은 최대의 정치적 과제였다. 재계(財界)에 우호적인 의원들은 대체로 이 안에 찬성하였으나 농촌 출신 의원들은 감산에 반대하였다. 감반안에 대하여 일본의 제국농회는 대체로 지지하는 편이었으나 내부적으로는 상당한 논란이 있었다. 일본정부 내에서도 농림성을 제외한 척무성(拓務省)과 군부(軍部)는 반대의사를 표명하였다. 척무성은 식민지 통치의 관점에서, 육군성과 해군성은 군량미의 보급원을 줄이는 것이라는 군사적 관점에서 반대가 심하였다. 결국 작부 면적 감축안은 각 계의 강력한 저항에 부딪혀 무산되었다.[25]

---

25) 미곡작부감축안은 일본정부가 처음부터 입법화 시키려는 의도가 있었던 것이 아니고 外地米移入量限度設定案을 통과시키기 위해 세간의 주의를 다른 곳으로 돌리기 위한 사석(捨石)으로 제안한 것이라는 주장이 있었다. 일본농림수산성백년사 편찬위원회, 『農林水産省百年史』(中), 1977, p.130.

6) 조선미 移入量限度의 설정과 自由移出 금지안

농림성이 임시변통으로 내놓은 미곡작부감축안은 조선과 대만의 총독부와 일본 군부와 척무성 등의 거센 반대로 무산되었으나 다량의 미곡 재고를 갖게 된 농림성은 매년 늘어나는 과잉 보유미의 처리와 함께 미곡법에 따라 신곡을 수매하지 않으면 안 되는 곤혹스러운 상황에 처해 있었다. 농림성은 이 딜레마에서 벗어나기 위해 조선·대만미의 이입총량을 어떤 형태로든지 규제할 필요성이 있었다.

농림성은 1934년 2월 감반안 철회와 동시 대안으로 식민지미의 이입량을 법적으로 줄이는 것을 의미하는 외지미이입량한도설정안(外地米移入量限度設定案·外地米移入管理案)을 만들었다.

이 안은 내지미의 경우 공정 최저·최고가격을 결정하고 그 범위를 벗어나면 정부가 무제한적으로 매상하거나 보유미를 매각하고 조선·대만미는 수급을 추산하여 일본에서 필요한 수량만 허가를 받은 업자를 통하여 이입하고 나머지 외지미는 일본으로의 이출을 금지시킨다는 것이었다.

일본정부는 이 문제를 정부안으로 결론짓기 위해 수상, 장상, 농상, 척상, 철상(鐵相·철도상)이 참가하는 5상회의(5相會議)를 열었다. 5상회의에서 척무성은 농림성안에 대하여 무역상 이출입의 자유만은 보장해야 한다며 반대하였으나 수상이 절충에 나서 ①매년 외지미의 일본 자유이입량의 한도는 관계 관청의 협의로 정하고, ②이렇게 함으로써 식민지에 남게 되는 과잉미는 조선과 대만이 미곡수급조절특별회계를 설치하여 총독부가 매상한다는 데 의견을 모았다.

농림성은 5상회의에서 결정한 절충안을 제65회 의회에 상정하려 하였으나 조선과 대만에서는 맹렬한 반대운동이 일어났다. 특히 조선에서는 총독부와 협력하여 조선미옹호기성회를 중심으로 각계의 반대운동이 치열하게 전개되었다. 조선총독부와 대만총독부도 전면에 나서 일본정부와 의회를 압박하였다. 5상회의의 절충안은 조선총독부와 대만총독부를 비롯한 식민지 각계의 완강한 반대로 의회에 상정하지 못하였다.[26]

이 사이 농림성의 소극적인 태도에 불만을 가진 중의원의 정우회(政友會)소속 일부 의원들이 정부와 상의없이 독자적으로 식민지미통제법안(植民地米統制法案), 미곡전매법안(米穀專賣法案), 미곡법중 개정법안의 3안을 의회에 제출하였다. 이 가운데 식민지미통제법안의 내용은 "정부로부터 허가를 받지않은 자는 조선과 대만미를 이입할 수 없다", "정부는 조선과 대만미를 필요한 만큼만 내지로 이입한다"는 등의 식민지의 사정을 도외시한 일방적인 내용을 포함하고 있는 것으로 농림성이 만들었던 외지미이입량한도설정안과 거의 같은 것이었다.[27]

중의원은 조선에서의 여론이 들끓자 정우회 의원들이 제출한 식민지미통제법안과 미곡전매법안의 심의를 중지하고 이 안을 폐기하였다. 그 대신 의회는 1년간 한시적인 효력을 내는 임시미곡이입조절법을 대안으로 통과시켰다.

외지미이입한도설정안으로 큰 파란을 겪은 의회는 임시미곡이입조절법(臨時米穀移入調節法)을 통과시키면서 부대조건으로 정부에게 "미곡의 수량 및 가격조절에 관한 현행제도의 문제점을 근본적으로 개선하고 내외지를 망라하는 미곡통제계획을 수립하여 의회에 제출할 것"을 요구하였다.[28] 임시미곡이입조절법의 내용은 일본정부가 다음해 3월 31일까지만 조선과 대만미를 매상하여 이입수량을 조절하는 것으로 하되 그 수량을 못박지는 않았다.

---

26) 石塚 峻, "朝鮮米事情"『朝鮮米と日本の食糧問題』, 友邦シリス 第2號, 友邦協會, 1941, p.27.

27) 石塚 峻, 상게서, p.23.

28) 상게서, p.35.

7) 근본대책과 米穀自治管理法의 제정

(1) 미곡자치관리법의 개요

일본 의회의 판단은 식민지미의 총량규제 없이는 어떤 방법도 미가문제를 해결할 수 없고 이것과는 모순되게 미곡통제법을 실시하면 정부의 부담이 너무 커져 재정파탄이 일어나게 될 것이라는 점이었다. 그러므로 현행 제도의 문제점을 근본적으로 개선하는 미곡통제계획이란 식민지미의 이입총량 규제와 재정적자 문제를 동시에 해결할 수 있는 묘안을 찾는 것이었다.

일본정부는 의회의 요구에 따라 미곡통제법을 기반으로 하는 현 제도의 미비점을 보완하고 내외지를 통하여 이입량 통제계획을 수립할 수 있는 방안을 마련하기 위하여 1934년 9월 수상을 회장으로 하는 자문기구 미곡대책조사회(米穀對策調査會)를 발족시켰다. 미곡대책조사회는 정부에서 참고안으로 이송받은 이입외지미곡통제안(移入外地米穀統制案), 내지미곡자치적통제안(內地米自治的統制案), 미자치적통제안(米自治的統制案) 등과 기타 사안(私案)을 검토한 끝에 대책안을 만들어 정부에 답신하였다.

답신안의 요점은 일본·조선·대만을 통하여 미곡이 과잉으로 생산될 때는 정부에서 미곡통제법에 따라 직접 매상하고 나머지 과잉미곡은 내외지를 통해 생산자단체 또는 미곡상단체 등으로 하여금 자치적으로 저장(貯藏)토록 함으로써 미곡의 시장 유입량을 줄이고 미가가 표준 최고가격보다 오르는 경우는 저장을 해제하여 판매하도록 하자는 것이었다.

일본 농림성은 1935년 2월 조사회의 답신을 기초로 하여 미곡자치관리법안(米穀自治管理法案)을 입안하여 제국의회에 제출하였다. 이 법안의 개요는 다음과 같다.

① 내외지를 막론하고 생산자로 하여금 미곡통제조합(米穀統制組合)을, 미곡 상인들로 하여금 미곡상통제조합(米穀商統制組合)을 조직하여 과잉미곡을 할당하여 저장시키고, 미가가 표준 최저가격보다 10%정도 오른 경우에는 저장을 해제하여 자유롭게 처분한다.

② 이를 위해서 정부는 매년 미곡연도가 시작할 때 내외지를 통하여 수급 추산을 하고 과잉미의 수량을 산출하여 이것을 일본 35%, 조선 43%, 대만 22%의 비율로 할당하여 저장시킨다.

③ 만약 미가가 최저가격보다 더 내려가는 경우에는 미곡통제조합과 미곡 상통제조합에게 이미 저장한 것에 추가하여 더 많은 저장을 명할 수 있다.

이 법안은 일정량의 미곡을 생산자와 미곡상 등으로 구성된 단체에서 저장시키고 미가가 일정한 수준으로 오를 경우 저장단체가 시중에 판매한다는 것으로 일종의 미곡자치관리를 실시한다는 것이었다.

미곡자치관리법안은 과잉 미곡을 저장하는 단체를 미곡통제조합(米穀統制組合)으로 호칭하고, 시정촌(市町村)에는 미곡통제조합을 두고, 도부현(都府縣)에는 미곡통제조합으로 조직되는 지방미곡통제조합연합회를, 중앙에는 지방미곡통제조합연합회로 조직되는 중앙미곡통제조합연합회를 조직한다는 것이다.

조선은 부군도(府郡島), 대만은 청군시(廳郡市)의 구역을 지구로 하여 일본과 똑 같은 형태의 계통 조직을 만들도록 하였다. 미곡통제조합은 해당 구역내의 생산농민과 지주로 조직하기로 하고 미곡상통제조합은 주요 미곡 집산지에 있는 미곡상 등 미곡 취급업자로 조직한다는 것이다.

미곡자치관리법안은 그러나 미곡통제조합의 사업을 기존의 산업조합(產業組合)29)이 대행할 수 있다는 조항을 포함시켰다. 즉 일선 미곡통제조합의 업무는 일선 산업조합에, 지방미곡통제조합연합회의 사업은 도

---

29) 일본에서는 농업협동조합의 구매·판매조합의 성격을 가진 협동조합을 산업조합이라고 하였다.

부현미곡판매조합연합회가, 중앙미곡통제조합연합회의 사업은 전국미곡판매조합연합회가 대행하도록 한다는 것이었다. 이것은 농업협동조합의 판매조합격인 산업조합에게 저장 미곡을 판매할 수 있는 독점권과 유사한 권리를 주는 것이었다.

(2) 미곡상단체의 미곡자차관리법 저지운동과 농업단체의 반격

미곡자치관리법안(米穀自治管理法案)이 의회의 심의에 들어가자 일본의 미곡상단체가 크게 반발하였다. 미곡 판매를 업으로 삼아온 미곡상들은 저장 미곡의 독점 판매권을 산업조합에게 준다는 것은 미곡상의 존립을 위협하는 것이라며 반대투쟁에 나섰다.

미곡상단체는 이 법안이 국가권력을 배경으로 하여 농업협동조합을 강화하려는 것으로 보아 미곡상의 사활이 걸린 것으로 인식, 대대적인 반산업조합운동(反産業組合運動)을 전개하여 정부와 의회를 움직이려고 하였다. 미곡상과 비료상(肥料商)이 중심이 되어 전국 각지에서 수천 수만 명을 동원하여 시위를 벌이면서 산업조합의 미곡판매업 진출을 반대하는 반산운동은 사회적 정치적으로 커다란 파장을 일으켰다.

이에 맞서 농업단체인 계통 산업조합은 정당한 농민들의 권리인 협동조합운동을 상인들이 반대하는 것으로 보고 이를 지키기 위한 반반산운동(反反産運動) 일으켜 이에 대항하였다. 농업단체는 농민들의 입장을 지지하는 인사를 중의원에 당선시키기 위한 농정활동을 전국적으로 확대하였다.[30]

미곡자치관리법안은 일본 내의 미곡상단체와 농업단체의 양보할 수 없는 싸움의 가운데에 서게 되었고 두 단체간의 극심한 대립으로 정국은 혼란에 빠졌고 1년이 넘도록 법안의 처리가 불가능하였다. 정부는 미곡

---

30) 櫻井 誠, 『米その政策と運動』上, 明治初期~昭和 20年, 農山漁村文化協會, 1989, pp.152-156.

상단체의 주장을 일부 받아들여 통제조합의 역할을 원안보다 약화시키고 미곡상의 손실을 국가가 보상해준다고 약속한 후 1936년 5월에 이르러서야 의회의 가결을 얻어 미곡자치관리법을 공포하게 되었다.

조선에서도 미곡자치관리법안을 둘러싸고 두 단체간에 갈등은 있었으나 일본에서와 같은 전면적인 대결은 없었다. 그 이유는 조선에서는 일부 지역에서만 산업조합이 초기 단계에 있었고 조선의 지방 미곡상들은 조직력이 약하였다. 미곡통제조합은 총독부가 주도하여 조직한 관변단체의 성격을 띠고 있었기 때문으로 보인다.

(3) 米穀自治管理法과 벼(籾)공동저장조성법의 제정

미곡자치관리법은 내·외지미의 수량 통제를 목적으로 한 법률이라고 말할 수 있다. 이법은 생산자로 하여금 상당량의 미곡을 보관하게 하여 시장 유입을 차단, 미가를 유지하도록 하면서 정부는 미곡을 수매하여 보관하는 비용을 줄이려는 목적으로 만든 것이었다.

미곡자치관리법은 미곡통제법이 가지고 있는 재정상의 문제점을 보충하는 성격을 가진 법으로 1개의 법률로 일본과 조선·대만에 공통으로 적용하는 특색도 지녔다. 미곡자치관리법은 국가가 과잉미곡의 저장을 할당하는데 이것을 보관하는 주체는 미곡통제조합으로 정하였다.[31] 벼 공동저장조성법은 미곡의 자치관리를 위해 건설하는 창고와 저장하는 벼에 대하여 보조금 등 재정지원을 위한 법이었다.

미곡통제조합의 사업은 ①조합은 저장할 미곡의 수량을 조합원에게 할당하여 이를 저장하고, ②조합원은 저장을 위하여 자금을 융자받을 수 있도록 하고, ③저장 미곡에 대해서는 창하증권(倉荷證券)을 발행할 수 있도록 한다는 것이었다. 정부의 할당으로 저장된 미곡은 정부가 인정하

---

31) 미곡통제조합은 地主와 미곡생산자가 설립하는 조직으로 수도작 5단보 이상의 자작농, 1정보 이상의 소작농, 1정보 이상의 지주가 조합원이 되었다.

는 경우에 한하여 저장을 해제, 자유롭게 판매할 수 있도록 하였다. 미곡의 저장을 위해서 필요한 저리자금의 융통, 저장 미곡에 대한 금리, 보관료의 교부, 훈증비(燻蒸費)와 창고 건설비의 지원은 벼공동저장조성법에 의해 국가가 보조하기로 하였다.

4. 조선미의 이출을 둘러싼 조선총독부와 일본정부의 대립

1) 미곡법의 조선 적용에 대한 일본정부와 조선총독부의 입장

(1) 조선총독부의 속셈

미곡법의 핵심은 미가가 지나치게 하락하거나 상승할 때는 정부가 나서서 수매하거나 정부 보유미를 매각하여 미가를 안정시킨다는 것이다. 미곡법은 1921년에 제정한 후 1934년 미곡통제법으로 대체될 때까지 3차례의 개정이 있었다. 미가 하락 문제에 대처하기 위하여 미곡법을 개정하던 초기 단계에는 일본정부와 조선총독부 사이에 미곡법의 적용 문제에 대하여서는 서로 견해 차이가 있었으나 표면적으로는 의견 대립이 없는 것처럼 보이게 하였다.

초기 단계에 미곡법을 조선에 적용하는 문제에 대해서는 일본정부와 조선총독부가 모두 반대하였다. 결과적으로 반대는 동일하였으나 그 이유는 양쪽이 현저하게 달랐다. 이 때문에 미곡법은 외국미의 수입을 통제한다는 조문을 제외하고 제3차 미곡법 개정시까지 약 11년 동안 조선에서 실시되지 않았다.[32]

미곡법이 조선에서 실시되지 않은 이유는 크게 두 가지로 볼 수 있다. 그것은 첫째 조선총독부와 일본정부의 업무 영역과 권리를 둘러싼 갈등이고, 둘째는 미가의 유지를 위한 조선미의 매상 효과에 대한 양쪽의 이견 때문이었다.[33)]

먼저 조선총독부가 미곡법을 조선에 실시하는데 난색을 표시한 이유는 조선총독부의 독자적인 통치권에 흠집을 내지 않기 위해서였다. 그 구체적인 이유는 세 가지였다.

첫째, 미곡법을 조선에도 실시하면 일본정부의 농림상이 조선 내에서 미곡을 매입·매도·저장 등을 하게 되는데 이것을 조선총독의 고유 통치권을 침해하는 것으로 보았기 때문이다. 조선총독부는 일본 법령인 미곡법이 조선에 연장 실시된다면 앞으로 이것을 선례로 하여 총독의 권한을 침해하게 될 것이라고 예상하였다. 그러므로 조선총독의 통치권을 훼손할 우려가 있는 일본 법령의 시행은 막아야 하고 만약 이런 법령이 필요하다면 별도로 조선총독이 제령(制令)을 발포하여 실시하면 된다는 속셈이었다.

둘째, 미곡법을 조선에서도 실시한다면 장차 만주 조(粟)을 포함하여 외국미에 대한 수입제한·금지 혹은 수입세의 인상과 같은 조치를 취하게 되는 경우를 예상하지 않을 수 없는데 이렇게 되면 조선의 영세농과 하층민의 생활을 위협하는 결과를 가져올 것이라고 보았다.

셋째, 미곡법을 조선에도 실시하면 미곡을 매입·매도해야 하고 그렇게 하기 위해서는 막대한 경비가 필요하게 된다. 이 비용 가운데 일부를

---

32) 당시 일본제국의 법체계는 내지와 외지에 통일적으로 적용되지 않고 별도로 운영하였다. 조선총독은 일본 의회가 입법한 法令에 이것을 조선에도 적용한다는 규정이 없는한 일본 법령을 따를 필요가 없었다. 조선은 조선총독이 제정하는 制令을 통하여 통치하였다. 대만은 대만총독의 律令으로 통치하였다. 자세한 것은 제2장 보론을 참조할 것.

33) 菱本長次 『朝鮮米의 研究』 千倉書房, 1939, 제17장.

총독부가 부담하게 될 가능성이 있는데 빈약한 총독부의 재정으로 감당하기 곤란하고, 또 주로 일본 미가의 조절을 목적으로 하는 사업에 총독부가 거액의 부담을 지는 것은 불합리하다는 것이었다.

(2) 일본정부의 내심

일본의 일부 전문가들 사이에는 미곡법을 조선에도 시행하여야 한다는 주장이 있었으나 농림성을 비롯하여 정당, 농회 쪽에서 대부분 반대 의견을 가지고 있었다. 그 이유는 대체로 다음 두 가지였다.

첫째, 일본정부는 미곡법을 조선에서 실시하여도 미가를 끌어 올리는 데 그 효과가 불투명하거나 오히려 조선미의 이입을 더욱 조장할 가능성이 있다고 보았다. 일본정부는 과거의 경험으로 볼 때 일본미를 매상하면 일본미는 시장 또는 산지로부터 수량이 감소하나, 다른 한편으로는 미가에 좋은 영향을 주어 조선미가 더 많이 이입되기 때문에 미가가 예전으로 다시 돌아갈 수 있다고 생각하였다. 그러므로 조선미는 매상(買上) 이외의 방법으로서 문제점을 해결해야 되는데 예를 들면 조선미의 이입허가제를 실시하거나 이입세(移入稅)를 부과하자는 주장이었다.

둘째, 미곡법은 주로 일본의 생산자와 소비자의 이익을 위해 제정한 법률이라는 것이다. 미곡을 매상하는 것은 일본 내지미의 가격을 유지·부양시켜서 일본 생산자의 이익을 보전하는 데 있다. 매상 경비의 일부로 조선미를 구입하는 것은 일본미의 가격을 유지·부양하려는 효과를 줄이며 또 매상의 이익을 조선의 생산자 또는 상인과 나누고 정작 일본의 농촌에는 그 이익을 균점(均霑)시키지 못하므로 미곡법의 제정의 취지에 어긋난다는 주장이었다.

일본정부와 조선총독부는 이상과 같은 동상이몽(同床異夢)적 생각 때문에 미곡법을 조선에도 연장 실시하는 것을 꺼려 미곡법은 외국미의 수입 조절에 관한 일부 조항을 제외하고 상당 기간 조선과 대만에서 실시되지 못하였다. 그러나 미곡 과잉의 기조가 장기화되면서 일본정부와 조선총독부의 어색한 공조는 끝나고 서로 얼굴을 붉히며 자기 주장을 관철시키기 위해 온갖 수단을 동원하는 대결 상태로 들어가게 된다.

2) 식민지미의 이입통제대책과 鮮米擁護運動

(1) 제1차 선미옹호운동(1929~1930)

1929년 11월 동경에서 열린 다나카 내각의 자문기구인 미곡조사회(米穀調查會)에서 미가의 하락을 방지하기 위하여 조선미에 대한 이입허가제, 이입전매제 등 차별적 대책이 논의된다는 소식이 신문을 통해 조선에 전해졌다. 이입허가제란 미곡의 자유유통이 금지되고 일본정부의 허가를 통해서만 조선미가 일본으로 이출될 수 있는 제도를 의미한다. 당시 이입허가제안은 미곡조사회의 특별위원회 소위원회에서 거의 통과될 상황에 있었다.[34]

미곡조사회에서 조선미의 이입허가제를 중심으로 한 조선미 통제방안의 내용이 알려지자 즉각 조선의 농업단체를 비롯한 각계에서 조선미에 대한 차별반대운동이 일어났다. 조선농회는 1929년 10월 전선농업자대회(全鮮農業者大會)를 열고 조선미의 수량적 이입량제한 반대와 함께 내선 공통의 통일적 정책수립을 요구하는 성명을 발표하였다.[35] 인천을 비롯한 부산, 군산, 목포 등 이출지의 미곡상단체들도 반대 집회를 열었다. 경성에서는 조선인 실업가 박승직(朴承稷) 외 7명이 주도하여 조선미이입제한반대동맹회(朝鮮米移入制限反對同盟會가 조직되었다.[36]

---

34) 당시 소위원회 위원 6명 가운데 1명을 제외한 모든 위원이 이입허가제에 찬성하고 있었다. 有賀光豊, 『米穀調查會と鮮米の移出統制』京城商業會議所, 1930, p.6.

35) 朝鮮農會, 『朝鮮農會報』3-11, 1929, pp.61-63.

36) 반대투쟁에 서명한 조선인 실업가는 다음과 같다. 朴承稷, 韓相龍, 朴榮喆, 金寬鉉, 金漢奎, 劉詮, 兪致衡, 元應常. 朝鮮日報, 1929. 11. 18; 每日申報, 1929. 11. 18.

조선미이입제한반대동맹회는 이입허가제가 조선경제에 미칠 악영향을 우려하고 이것이 의미하는 정치적 함의(含意)를 비판하는 결의문을 채택하여 총독부와 일본정부에 전달하였다. 조선일보와 동아일보 등 민족계의 언론기관은 일제히 보도와 사설, 해설을 통해 조선미 이입허가제의 부당성을 지적하였다. 당시 신문에 보도된 조선미의 이입규제 반대이유와 논리는 대체로 다음과 같다.

① 막대한 경비를 들여가며 선내의 미곡수요증가에 대비하고 농가경제의 향상을 도모하며 제국(帝國)의 식량문제 해결에 기여하기 위해 실시하다던 조선산미증식계획을 돌연 부정하고 그 계획의 산물을 일본으로 들여오지 못하게 하려는 것은 조선을 우습게 아는 것이며 조선을 도구국으로 사용하려는 것이다. 이는 조선을 희생하여 일본의 지주와 농민을 과도하게 살찌게 하려는 것에 불과하다. 급할 때는 갖다 먹고 배부를 때는 이입을 막는 것은 가증한 처사에 불과하다.[37]

② 쌀은 조선의 수이출무역의 대종으로 조선인의 생활물자를 획득하는 길이다. 이입허가제를 도입하자는 안은 조선의 전 산업을 피폐하게 만들고 조선인의 생활을 어렵게 만들 뿐이다. 농업창고의 설치와 저리자금의 융자를 통해 이입을 제한한다고 하나 이 정책을 통해 이익을 볼 수 있는 사람은 소수의 호상(豪商)과 미곡상에 불과하다. 조선 농민의 대다수를 차지하는 자·소작농과 소작농은 저리자금을 받을 수 없어 호상의 농락으로 미가가 더 떨어지게 되므로 종전보다 더 어려운 처지에 놓이게 된다.[38]

③ 조선미의 이입을 제한하려는 것은 조선을 외국으로 인정하여 차별대우하자는 것이다. 이는 일본 천황의 조선통치 근본 방침인 내선일치(內鮮一致)와 일시동인(一視同仁)에 반하는 것으로 앞으로 조선 통치에 큰 어려움을 줄 것이다.[39]

---

37) 朝鮮日報, 1929. 11. 17; 朝鮮日報, 1929. 11. 18; 東亞日報, 1929. 11. 20.
38) 朝鮮日報, 1929. 11. 17; 東亞日報, 1929. 11. 25.
39) 東亞日報, 1929. 11. 19.

조선미옹호운동이 진행될 당시 조선총독부는 반대운동의 전면에 나서지 않고 무대의 이면에서 본국 정부와 협의에 나섰다. 이 당시 조선총독부의 입장은 조선미의 이입통제를 법령으로 하는 것보다는 경제정책으로 하는 것이 효과적이라는 방침이 서 있었다.

총독부는 마쓰무라(松村) 식산국장을 일본에 파견하여 조다(町田) 농림상을 비롯한 농림성의 고위 관리들이 참석한 자리에서 조선미에 대한 대책은 창고를 짓고 보조금을 주어 신곡기의 미곡을 저장하도록 하므로써 일본으로의 일시적 쇄도를 막는 경제적 방법을 채택하는 것이 최선책이라는 총독부의 입장을 설명하였다.

일본 농림성과 의회는 제2차 미곡법의 개정시에 조선측이 주장한 자율적인 경제적 방법을 수용하기로 하고 조선미에 대한 규제내용을 입법화 하지 않음으로써 제1차 선미옹호운동은 종결되었다.

조선총독부의 자율적 월별평균이출안으로 알려진 이 안은 조선대표로 미곡조사회의 조사위원으로 참여한 아리가 마쓰도요(有賀光豊)가 소위원회에서 제시한 대안이었다. 그는 조선에 국립창고를 설치하고 민간창고를 이용하여 추수기에 약 200만 석 정도의 쌀을 저장하여 두었다가 월별평균수량으로 판매하여 추수기에 홍수이출을 방지하여 미가 하락을 막자는 안이었다.

아리가는 조선총독부와 긴밀한 협조 아래 조사위원들을 설득하여 조선 농업에 가장 문제가 적다고 보는 월별평균이출안을 관철시켰다.[40] 이 안은 1930년에 개정된 미곡법에는 포함되지 않고 조선총독부가 자율적으로 실시한다는 선에서 타협을 보고 상황이 종료되었다.

1929년에 일어난 민간에서의 조선미옹호운동을 제1차 선미옹호운동(鮮米擁護運動)이라고 규정할 수 있다. 그러나 미곡조사회에서의 논의 내용이 조선의 이해 관계자와 농민들에게 잘 알려지지 않았고 미곡법 개

---

40) 有賀光豊, "米穀調査會と鮮米の移出統制" 京城商工會議所, 1930.

정의 결과가 어떻게 나타날지 불분명하였기 때문에 운동의 규모나 파급
력에 있어서 제한적이었다. 제1차 선미옹호운동은 개정 미곡법에 조선
미의 이입제한에 관한 내용이 포함되지 않았기 때문에 비교적 짧은 기간
에 끝났다. 그러나 이 당시의 반대운동 경험이 나중에 올 보다 치열하게
전개된 제2차, 제3차 선미옹호투쟁의 밑거름이 되었다.

(2) 제2차 鮮米擁護運動(1932~1933)

일본에서는 제2차 개정 미곡법에 따라 1931년에 미곡 수매와 조선미
에 대한 경제적 조절이 있었음에도 불구하고 1931년 조선미의 일본 이
입량은 840만 석에 달하여 조선미의 이입증가율은 조금도 누그러지지
않았다. 여기에 이월미 900만 석이 넘어오게 되어 1932년에도 미곡과잉
의 기조가 계속되어 미가 회복의 전망은 매우 어두었다. 일본의 조야에
서는 식민지미의 이입을 법률적으로 제한·저지해야 한다는 논의가 다시
일어났다.

일본 농림성은 1932년 6월 미가문제를 전문적으로 다룰 미곡부(米穀
部)를 설치하였다. 농림성의 미곡부를 중심으로 미가의 하락을 방지하기
위해 비밀리에 조선과 대만미에 대한 이입량허가제와 이입과세제(移入
課稅制)등 강력한 통제방법을 준비하고 있다는 소문이 나돌았다. 일본
농림성은 조선미를 연간 600만 석 정도만 매상(買上)하여 들여오고 그
이상은 전혀 일본에 들어올 수 없게 한다는 계획을 만들고 있다는 것이
었다.[41]

조선총독부는 농림성이 조선미에 대하여 이입량허가제 등 강력한 규
제를 입안할 것이 거의 확실하다는 정보를 입수하였다. 총독부는 일본정
부가 조선과 대만의 반대를 무릅쓰고 이입량허가제 등을 입법할 결심이

---

41) 釜山日報, 1932. 7. 2. 이 정보는 조선총독부의 今井 田 政務總監이 일본을 방문했
   을 때 얻은 것으로 보도되었다.

선 것으로 보고 지금 손을 쓰지 않으면 실기할 것으로 판단하였다.

조선에서는 1932년 7월 22일 총독부의 지원 아래 각계를 아우르는 선미옹호기성회(鮮米擁護期成會)가 결성되고 그 지부가 전국적으로 설치되었다.[42] 선미옹호기성회는 "조선미에 대한 차별적인 통제책은 조선의 산미(産米)와 경제를 사지(死地)에 빠뜨릴 것으로 인정되어 그 실현을 저지시킬 것을 기한다"는 선언문을 발표하고 조직적인 반대운동에 들어갔다.

조선농회를 비롯하여 미곡상단체와 각종 농업단체는 물론 사회·경제단체와 언론기관도 반대운동에 합세하였다. 상공회의소와 조선취인소연합회 및 갑자구락부(甲子俱樂部)[43] 같은 경제단체와 사회단체들도 참가하였다.

조선상공회의소는 임시총회를 열고 "정부는 내지의 농촌구제를 목적으로 조선미에 대해 차별적 법령을 제정하려는 것은 조선 2천만 민중의 생활을 위협하는 것이며 조선 통치상 불행한 사태를 야기할 수 있는 우를 범하는 것이므로 정부는 병합(倂合)의 성지(聖旨)에 기초하여 진실한 대책을 강구할 것을 요구한다"는 결의문을 채택하였다.[44] 식민지미통제

---

42) 鮮米擁護期成會의 주요 구성원은 다음과 같다. 三井榮長(會長, 鮮米協會 회장, 不二興業 전무), 加藤敬三郎(朝鮮銀行 총재, 선미옹호기성회 발기위원장), 有賀光豊(朝鮮殖産銀行 두취), 矢鍋永三郎(조선식산은행 이사), 韓相龍(朝鮮生命 사장, 朝鮮農會 평의원), 朴榮喆(朝鮮商業銀行 두취, 조선米倉 이사), 吉田秀次郎(仁川商議會頭, 奧田정미소 대표), 松井房次郎(朝鮮米倉 사장), 齋藤久太郎(朝鮮穀物商組合聯合會 간사장, 齋藤정미소 대표), 秋山滿夫(朝鮮取引所 전무), 久保薰一(朝鮮土地改良株式會社 전무), 船越光雄(朝鮮農會 이사), 田淵薫(東洋拓殖 이사) 京城日報, 1932. 7. 15; 田剛秀, "농업공황기의 미곡·미가정책에 관한 연구"『經濟史學』13, 1989, p.156.

43) 1924년 경성에서 조직된 정치·사회단체로 오카기(大垣丈夫), 핫도리(服部豊吉)등 일본인과 芮宗鎬, 趙秉擔, 方奎煥등 조선인이 함께 참여하여 일본의 식민지통치를 찬성하는 대신 조선인에 대한 참정권 부여, 지방자치제 실시 등의 실현을 목적으로 청원운동을 하던 친일단체.(한국민족문화대백과사전)

안에 반대하는 집회가 경성은 물론 부산, 인천, 군산, 목포 등 미곡 이출
항을 중심으로 전국의 주요 도시에서 연이어 일어났다.

각종 경제 및 사회단체가 주최하는 집회에서는 조선과 내지를 차별하
는 미곡통제는 절대 반대한다는 등의 결의문을 채택하고 대표단을 동경
으로 파견하여 의회와 농림성 기타 요로에 조선의 사정을 진정하기 위한
동상운동(東上運動)을 활발하게 전개하였다.

언론계에서는 조선일보와 동아일보와 같은 민족계 언론은 물론 총독
부의 기관지인 경성일보(京城日報), 매일신보(每日申報)도 번갈아가며
거의 연일 조선미의 이입허가제 또는 조선미통제의 부당성을 지적하는
기사와 해설, 특집, 논평을 실었다. 조선공론(朝鮮公論), 조광(朝光) 같은
월간지와 조선농회보(朝鮮農會報)같은 기관지도 이 운동에 적극 동참하
였다.

조선총독부도 더 이상 일본정부의 눈치를 보지 않고 반대운동에 현시
적으로 동참하였다. 우가키(宇垣)총독도 조선미의 이입제한을 반대하고
적극적인 매상을 통해 이입량을 조절하자는 조선의 입장을 전달하기 위
해 동경을 방문하였다. 조선총독은 대만총독과 함께 일본정부의 수상과
농상·척상(拓相)과의 회담에서 내지 농업을 보호하기 위해서 외지를 희
생하는 것은 통치상 중대한 문제를 야기할 것이라면서 외지미의 정부 유
통제에 대해서 반대하였다.[45]

결국 일본 농림성이 추진하던 조선미와 대만미에 대한 직접적인 이입
통제계획은 조선과 대만의 강력한 반대로 매상(買上)을 통하여 이입량을
조정하는 미곡통제법의 제정을 통하여 해결하는 방향으로 전환함으로써
일단락하게 되었다.

제2차 선미옹호운동이 제1차 운동과 다른 점은 조선총독부가 종용하

---

44) 朝鮮新聞, 1932. 7. 22.
45) 京城日報, 1932. 12. 6.; 東亞日報, 1932. 12. 7.

여 조직한 선미옹호기성회 같은 관변단체[46])와 상공회의소와 甲子俱樂部 같은 친일적 경제단체와 사회단체들이 대거 참가하였다는 점이었다. 당시 조선총독부의 입장은 조선미에 대한 일본 내지의 극단적인 여론을 우려하여 미곡법을 조선에도 실시하여 조선미도 매상하여 줄 것을 일본 정부에 요청하는 입장으로 한발 물러나 있었다.

일본정부에서 조선미의 이입량제한 등을 추진하기로 결심하자 조선 총독부는 내외지간의 자유유통(自由流通)의 중지를 의미하는 이입제한에 대해서는 절대 반대한다는 입장으로 선회하였다.[47]) 이때부터 일본 정치계에서의 미곡문제의 논의는 식민지를 대표한 조선·대만총독부와 본국간의 대결로 바뀌게 된다.

제2차 선미옹호운동의 또다른 특색은 총독부와 민간이 역할을 분담하면서 반대운동을 하였다는 점이다. 즉 조선총독부는 일본정부와 의회를 상대로 반대운동을 하였고 민간 단체는 농림성과 의회, 관련단체, 언론 기관을 대상으로 陳情과 반대운동을 펼쳤다.

제2차 조선미옹호운동의 방법과 일본 측에 대한 대항 논리는 제1차 조선미옹호운동 때의 그것과 거의 같았다. 그러나 이 당시에는 일본정부에서 논의하는 조선미에 대한 통제방법이 확정되지 않았기 때문에 반대의 대상이 모호하였다는 점이다. 이 때문에 투쟁의 역량을 한 곳에 집중시키지 못하는 문제점이 있었다.

(3) 제3차 선미옹호운동(1934~1936)

1933년 3월에 공포된 미곡통제법도 실시하기도 전에 위기를 만났다. 1933년 가을 또다시 일본과 조선·대만에서 풍작이 예상되는 가운데 이

---

46) 선미옹호기성회는 당시 조선총독부 정무총감 수井 田의 제안으로 1932년 7월 13일에 발기인회가 열렸다.

47) 京城日報, 1932. 7. 13.

월량이 1,300만 석으로 늘어나 미곡통제법을 통하여 미가의 하락세를 진정시키고 미가를 부양한다는 계획은 재정상 실현하기 어렵게 되었다. 농림성에서는 응급대책으로 일본·조선·대만을 통하여 1934년에 약 450만 석의 쌀 생산량을 줄여야 한다는 임시미곡작부반별감소안(臨時米穀作付反別減少案·減反案)을 제안하였다.

감반안은 10여년에 걸쳐 조선총독부가 산미증식계획을 통해 증산을 추진해 오던 최대의 역점 경제사업을 전면적으로 부정하는 것이었기 때문에 도저히 받아드릴 수 없는 안이었다. 감반안은 조선과 대만측에서 완강한 반대가 있었지만 일본 내에서도 반대가 만만치 않았다. 척무성(拓務省)과 군부(軍部)에서도 식민지 통치의 관점에서, 군량미의 확보라는 군사적 관점에서 반대가 심하였다. 결국 벼의 식부면적을 감축하자는 감반안은 철회되었다.

그러나 1934년 2월 농림성이 감반안의 찰회와 동시에 대안으로 내놓은 것은 외지미이입관리안(外地米移入管理案)이었다. 이것은 조선·대만미는 수급을 추산하여 일본에서 필요한 수량만 허가를 받은 업자를 통하여 이입하고 나머지 외지미는 일본으로의 이출을 금지시킨다는 것이었다.

제3차 선미옹호운동이 일어난 것은 농림성이 내부적으로 검토해 오던 이 대책안을 정부안으로 확정짓기 위해 수상 이하 장상(藏相), 농림상, 척무상, 철도상이 참석하는 5상회의에 올린 것이 계기가 되었다.[48] 5상회의에서 조선미의 내외지간의 자유매매는 금지하고 이출을 허가제로 하는 법안을 확정하려 한다는 소식이 전해지자 조선에서는 또다시 선미옹호기성회를 중심으로 맹렬한 반발이 일어났다.

조선에서 반대 소동이 벌어지는 사이 5상회의에서 척무성은 농림성안에 대해 농림성은 이출입의 자유만은 보장해야 하며 조선과 대만은 농

48) 東亞日報, 1933. 9. 24.

림성의 미가대책에 협조해야 하고 잉여미곡을 총독부가 매상할 것 등의
절충안을 제시하였다.[49] 당시 사이토(齋藤 實) 수상이 농무성과 척무성
안의 절충을 시도하여 외지미의 내지 이입의 자유는 인정하되 조선미의
내지 이입량은 일본이 수급계획을 검토하여 정하고 매상에 의해 수급을
조절하되 식민지에 남는 쌀은 해당 총독부가 특별회계를 만들어 매상한
다는 안을 만들었다.[50]

  5상회의에서 조선미의 통제안이 논의되자 조선일보는 1934년 2월 10
일자로 이 소식을 전하는 호외를 발행하였다. 조선농회와 선미옹호기성
회는 빠른 시일 내에 전조선이 참여하는 전선(全鮮)대회를 개최하기로
결정하였다. 조선총독부는 즉각 대책안의 철회를 설득하기 위해 동경으
로 정무총감을 급파하는 한편 조선미의 이입제한이 불가한 이유를 공개
적으로 신문에 발표하였다. 총독부의 반대요지는 다음과 같다.[51]

    조선미에 대한 이입세의 부과가 불가한 이유

      ① 조선의 주요 물산인 미에 대하여 관세장벽을 설치하고 이입을 저지
        하려는 것은 너무도 일본 내지본위의 정책이고 조선통치의 대국에
        서 보아 불가하다.
      ② 조선미 이입을 감소시킬 정도의 세율을 과하는 것은 조선미의 미가
        저락을 불러오고 이것은 조선의 농업경영을 불가능하게 하여 농촌
        의 존립을 위기로 빠뜨리는 일이다.
      ③ 水田의 담보가격을 하락시켜 은행과 농사회사의 자산가치를 저하
        시켜 조선의 경제조직을 근본적으로 파괴할 우려가 있다.
      ④ 과세를 하게 되면 그 결과 농민의 소득과 구매력을 감퇴시키고 따
        라서 일본 내지의 물자에 대한 조선의 이입 무역을 감퇴시킨다.

---

49) 동아일보, 1933. 9. 30.
50) 京城日報, 1934. 3. 6 ; 1934. 3. 10.
51) 東亞日報, 1934. 2. 13.

조선미에 대한 이입량 제한이 불가한 이유

① 이출량에 제한을 가할 때는 조선미의 상거래가 조선에 국한되어 쌀 가격은 극도로 저하할 것이다.
② 이출수량을 일정한 한도에 한정시킬 때는 이출수량에 대한 허가 수속을 요하고 허가에 정실이 수반될 염려가 있을 뿐만 아니라 실제 문제로 공정한 전형이 곤란하다.
③ 이출허가제는 총독부에 있으나 그 실질은 일본 내지에 있으므로 이출제한 수량을 매년 축소할 우려가 있다.

조선일보는 1934년 2월 11자 신문에서 "기로에 선 조선미의 운명, 관리제를 실시하면 조선미가 대폭락, 소위 시가매상은 전혀 무의미, 조선미는 어디로"라는 제하의 해설기사를 실어 5상회의에서 논의된 일본의 대책안이 실시될 경우 이것이 조선경제에 미치는 영향을 자세히 보도하였다.

동아일보도 1934년 2월 13일자 신문에서 "조선미문제는 어디로"라는 제하의 全面 특집기사에서 5상회의에서 결정한 조선미이입대책을 비판하는 기사와 논평, 전문가들의 해설기사를 실었다. 조선에서 발행하는 신문, 잡지는 일제히 일본측의 조선미이입제한을 위한 허가제도에 대한 비판기사를 실었다.

동아일보는 동년 2월 13일자 신문에서 조선미이입제한 대책이 일본에서 논의되기 시작한 2월 초의 1주일 동안에 있었던 민간에서의 반대운동 소식도 전하고 있는데 그 내용은 다음과 같다.

○ 2월 3일: 조선미옹호기성회, 상공회의소, 조선농회, 취인소연합회, 곡물상조합연합회의 대표자 20여 명이 모여 반대 선언을 발표하고 회장을 급거 도동(渡東)케 함,
○ 2월 3일: 대구상공회의소 관계 인사들이 모여 7일 대구공회당에서 반대 집회를 열기로 결정,

○ 2월 4일: 군산취인소, 곡물상조합, 상공회의소가 연합 대책을 협의하고 도동위원을 결정,

○ 2월 5일: 조선상공회의소에서 긴급 상의회를 개최하고 조선상의로서 반대할 것을 결의,

○ 2월 5일: 조선미옹호기성회는 대만농회(臺灣農會)에 제휴 궐기를 권유하는 전문을 타전,

○ 2월 6일: 곡물상연합회는 각계에 반대 전문을 발송하고 도동위원을 출발시키기로 함,

○ 2월 7일: 곡물협회와 상공회의소는 부민대회를 개최하고 도동위원에게 격려 전보를 타전,

○ 2월 7일: 대구에서 경북도민대회를 열고 반대 결의문을 선포한 후 도동위원을 출발케 함,

○ 2월 9일: 목포곡물이출상조합 및 관계 단체에서 도민대회를 열고 결의문을 요로에 타전,

○ 2월 10일: 관계 방면의 주선으로 금융조합연합회에서 전조선대회 개최 예정,

○ 2월 10일: 신의주에서 평북농회 주최로 관계방면의 반대 운동을 하고 도동위원을 결정,

부산지역에서도 여러 차례의 반대집회를 열고 결의문 800여 통을 일본의 요로에 타전하였다. 그러나 중의원에서 정우회 의원들이 독자적으로 식민지미통제법안(植民地米統制法案), 미전매법안(米穀專賣法案)을 의회에 제출하였다. 이 법안의 내용은 일본정부는 외지미를 미곡수급상 필요한 양만 들여와야 하며 정부로부터 허가를 받지 않은 자는 조선과 대만미를 이입할 수 없다는 등 미곡의 자유유통이 금지시키는 농림성의 주장을 거의 그대로 본딴 것이었다.[52]

조선과 대만에서는 맹렬한 반대운동이 계속되었다. 특히 조선에서는 조선미옹호기성회를 중심으로 각계의 반대운동이 치열하게 전개되었다.

---

52) 이 안은 농림성 미곡고문회의 건의안과 비슷하다. 石塚 峻, "朝鮮米事情" 『朝鮮米と日本の食糧問題』 友邦シリス 第2號, 友邦協會, 1941, p.23.

조선총독부도 전면에 나서 일본정부와 의회를 압박하였다. 우가키(宇垣一成) 조선총독도 반대의사를 표명하였다.[53] 일본의 중의원은 조선에서의 여론이 들끓자 정우회 의원들이 제출한 식민지미통제법안과 미곡전매법안은 심의를 중지하고 이 안을 폐기하지 않을수 없게 되었다.

조선에서의 제3차 선미옹호운동은 이전의 제1·2차 선미옹호운동보다 훨씬 치열한 것이었다. 다만 제2차 선미옹호운동은 일본정부가 조선미의 이입을 허가제 또는 과세제 같은 방법으로 통제하려는 기도에 대해 조선총독부가 앞장서서 반대였다면 제3차 선미옹호운동은 일본정부가 미곡의 생산량 제한 및 이입량허가제라는 구체적인 방법을 통해 조선미의 이입을 괸리하고 상인들의 자유무역을 금지시키려 법률안에 대한 반대였다.

제2차 운동과 제3차 운동의 방법은 거의 같았다. 언론기관을 통하여 조선미 통제의 부당성을 지적하는 한편 관계 단체들이 집회를 열어 결의문을 채택하고 일본으로 대표단을 파견하여 조선미의 통제에 대한 부당성과 반대 입장을 진정하고 일본측의 입법 시도를 저지하기 위해 노력하는 형태였다.

3) 미곡생산비 조사를 둘러싼 조선총독부와 일본 농림성의 대립

(1) 외지미의 이입 원인과 생산비문제

일본의 농림성과 농업문제 전문가들은 조선미의 일본 이입량 증가율이 조선미의 생산량 증가율보다 더 빠른 것은 조선미의 생산비가 일본미의 생산비보다 훨씬 싸기 때문이라고 보았다. 여기에 더해 조선미의 가격이 일본시장에서 일본미의 가격과 거의 차이가 없기 때문에 조선미를

---

53) 朝鮮日報, 1934. 6. 8.

이입하면 이윤이 많고 이 때문에 일본으로의 이입량은 해마다 증가한다
고 보는 것이 일반적인 견해였다.

환언하면 조선과 대만의 외지미는 내지미에 비하여 생산비가 저렴하
기 때문에 경쟁력이 강하다는 생각을 갖고 있었다. 외지미의 생산비는
일본에 비해 지가(地價)가 싸기 때문에 세금과 공과금이 낮고 또 노임이
낮기 때문에 외지미의 생산비는 내지미에 비하여 현저하게 낮다고 보는
것이 상식처럼 되어 있었다.[54]

〈표 7-7〉 일본미·조선미·대만미의 石당 평균가격 1927~1935

(단위: 원/石)

연도	일본미	조선미	대만미
1927	35.93	34.03	30.15
1928	31.38	29.26	26.30
1929	29.19	28.16	25.30
1930	27.34	26.48	24.33
1931	18.46	17.64	15.45
1932	20.69	20.43	18.35
1933	21.42	21.54	19.38
1934	24.90	24.29	21.48
1935	29.86	30.10	26.78

자료: 農林省, 『米穀要覽』, 1936. 일본미는 東京深川正米市場의 中米標準時勢, 조선
　　미는 東京深川正米市場의 中米標準時勢, 대만미는 新戶米肥市場의 표준시세
　　임. 櫻井 誠, 『米その政策と運動』上, 明治初期~昭和20年, 農山漁村文化協會,
　　1989, p.97에서 재인용.

미가정책이 1933년 제정된 미곡통제법에 따라 정부매상을 생산비 보
상주의로 하게 됨에 따라 미곡의 생산비가 중요한 문제로 부상하였다.
이전에는 조선에서나 일본에서도 과학적인 근거를 가진 생산비의 조사
가 없었다. 조선총독부는 행정기관을 통해 참고자료로 여러 차례 생산비

---

54) 澤村 康, 전게서, p.31.

조사를 한 바 있으나 통계학적 측면에서 상당히 미흡한 것이었다.[55]

미곡통제법에 따른 정부 매상에 대비하여 조선총독부도 1933년도부터 조사항목과 조사방법을 일본과 똑같이 하여 미곡생산비조사를 실시하기로 하였다. 그러나 표본 선출은 전 조선에서 18개의 조사지(마을)를 선정하고 1개 조사지당 자작농 2호, 자작겸 소작농 2호, 소작농 2호씩 모두 108호의 농가를 조사농가로 선정하였다.

조사방법은 일본은 농가가 조사기간 동안 매일 지출과 수입을 기장(記帳)토록 하여 조사하였다. 조선의 농민들은 교육받은 사람이 적어 기장조사를 할 수 없기 때문에 총독부가 임시로 고용한 조사원을 배치하여 매일의 작업 내용을 청취하고 이것을 기록하는 방법으로 조사를 하였다.

(2) 조선미생산비 조사에 대한 일본측의 의구심

조선총독부의 당국자는 1934년 봄 제65회 제국의회에서 조선미의 생산비를 묻는 의원들의 질문에 답하여 1933년도 조선미의 농장생산비는 석당 20원 98전이고 조선 내의 이출항까지는 운임 기타 비용을 합하여 21원 70전이라고 발표하였다.[56](대만미는 농장가격 17원 26전, 집산지 가격은 17원 81전) 이 해의 일본 내지미 생산비는 23원 34전으로 집계되어 조선미와 비교하여 그 차이가 1원 64전에 불과한 것으로 나타났다. 조선미의 생산비가 의외로 높게 나타나자 의회에서 논란이 시작되었다.

---

55) 조선에서 처음으로 미곡의 생산비 조사를 한 것은 1915년이었다. 이 조사는 농업 경영의 합리화와 조선에서의 미곡 생산 상황을 알아보기 위한 참고자료를 얻기 위한 목적으로 실시되었는데 표본의 선정, 조사비의 구성 항목, 조사 방법 등은 총독부의 권업모범장과 각 도 농업기술관과의 협의 아래 결정하였고 조사원도 도청 직원, 道 種苗場 직원 등을 지방에 출장시켜 모범 농가인 생산자로부터 청취조사를 하였다. 농민이 기억하기 어려운 것은 조사원의 상식적인 판단으로 처리하는 등 통계학적 기본 원리를 적용한 조사라고 보기 어려운 점이 많았다.

56) 당시 생산비조사의 구체적 방법은 岩片磯雄, "朝鮮米生産費に關する調査"『米穀經濟の研究』2, 有斐閣, 1940, pp.292-304 참고.

조선미의 생산비는 두가지 측면에서 일본 농림성 당국자의 강한 의구심을 자아냈다. 첫째 1931년의 조사에서는 석당 생산비가 16원대라고 발표하였는데 어떤 이유에서 생산비가 갑자기 21원이나 상승하였는가. 둘째 조선미의 생산비가 그리 높은데 어떻게 운임까지 부담하여 가며 해마다 이입량이 급증하는 것이 가능한가 하는 의문을 제기하였다. 그리하여 이상의 의문점이 설명되지 않으면 발표한 생산비는 외지미의 이입통제가 실시될 때를 대비하여 외지미의 매상가격을 되도록 고액으로 하기 위한 정치적 목적을 가미한 허위 숫자라는 비난을 받아도 변명의 여지가 없을 것이라고 주장하였다.

농림성 당국자들은 외지미의 이입통제가 중요한 정치문제가 됨에 따라 식민지당국이 외지미 이입통제론의 근거를 없애고 다른 한편으로는 외지미에 대하여 직접 또는 간접적으로 보상을 받는데 유리하도록 할 욕심으로 외지미의 생산비는 결코 싸지 않다는 주장을 하기 위한 것이라고 비난하였다.

(3) 생산비 조사방법의 통일과 재조사

일본정부는 조선미의 생산비조사에 고의적으로 과장한 측면이 있다고 보고 조선미의 생산비조사도 내지미 생산비 조사양식과 방법에 준거하여 정확하게 조사할 필요가 있다고 결론을 내렸다. 일본 농림성은 외지의 미곡생산비를 외지당국에 맡겨서는 안 된다는 주장 하에 외지미의 생산비조사를 위하여 1934년 4월 내각 총리대신 감독하에 미곡생산비조사회(米穀生産費調査會)를 설치하였다.[57]

미곡생산비조사회는 1934년도산 조선과 대만의 미곡생산비조사요강

---

57) 미곡생산비조사위원회에 조선측 위원으로 有賀光豊(조선식산은행 두취), 矢島(총독부 농림국장),田淵薰(東拓 이사), 山澤(총독부 산업과장), 石塚 峻(총독부 기사) 등이 참가하였다.

을 확정하고 생산비조사의 결과가 집계되는대로 조사회에서 이 결과를
다시 심의하여 생산비를 결정한다고 결의하였다. 조사방법은 일본에서
의 생산비조사 양식을 그대로 따르기로 하고 조선에서의 조사지는 145
개소, 조사농가의 수도 870호로 증가시켰다. 자작과 자·소작 그리고 소
작농의 비율도 현실을 반영하였다.

그후 1934년 12월 조사회에서 미가의 조사결과를 심의하기도 전에
조선미의 생산비가 석당 27원 대라고 신문에 보도되자 조사회의 분위기
가 싸늘해졌다. 조사회는 조선총독부를 대표하는 위원과 일본을 대표하
는 위원들 사이에 조사항목에 대한 평가를 둘러싸고 의견이 대립하여 7
개월이 넘도록 심의하여도 아무런 결론을 내릴 수 없는 공전(空轉)상태
에 빠졌다.58)

(4) 조선미 생산비의 정치적 결정

조선에서는 조선일보와 동아일보 등 언론기관이 나서서 조선미의 생
산비가 예상외로 고가로 나왔다는 주장은 조선의 농촌 실정을 이해하지
못한 탓이며 총독부의 조사는 합리적이라는 총독부조사 생산비의 정당
성을 옹호하는 기사와 해설을 자주 실어 조선측의 의견에 힘을 보태어
주었다.59)

이들 신문은 전문가의 말을 빌어 조선미의 생산비가 비싼 것은 단위
당 생산량이 일본에 비해 낮은데 노동 능률이 낮고 소작료와 비료대가
비싼 탓이라고 주장하였다. 또한 조선의 노임 수준이 일본에 비해 그리
낮지 않으며 조선에서는 흉풍의 차가 많기 때문에 1석당 생산비가 비싸
게 나오는 것이라고 총독부 조사를 엄호하였다. 뿐만 아니라 조선에서의

58) 東亞日報, 1935. 6. 7. 石塚 峻, "朝鮮米穀事情"『朝鮮米と日本の食糧問題』友邦シ
  リス 第2號, 友邦協會, 1966. p.64.
59) 東亞日報, 1935. 5. 25.; 1935. 6. 6.; 1935. 6. 7.; 1935. 6. 12.; 1935. 6. 15.

조사는 일본방식을 그대로 따르고 일본 농림성의 지도하에 이루어졌기 때문에 틀림이 없다고 주장하였다. 일본 농림성은 미곡생산비조사회가 제기능을 발휘하지 못하면서 말썽의 근원이 되고 있다고 보고 1936년 3월 미곡생산비조사회를 해산하였다.

  미곡생산비조사회가 폐지된 후 외지미의 미가는 농림성과 조선 및 대만총독부의 정치적 절충에 의하여 결정하지 않으면 안 되게 되었다. 예를 들면 1936년도산 미의 생산비는 내각조사위원회, 농림성, 척무성, 조선총독부, 대만총독부의 관계자들이 협의한 후 조선미의 생산비는 22원 62전, 대만미(봉래미 제2기)의 생산비는 17원 99전으로 결정하였다.[60] 이것은 실제의 생산비라기보다는 정치적 타협과 흥정의 결과였다.

4) 米穀自治管理法의 제정과 갈등의 봉합

  1929년부터 외지미의 과잉 이출문제를 둘러싼 일본정부와 조선총독부간의 갈등은 1936년 미곡자치관리법의 제정과 실시를 계기로 하여 해소국면으로 들어갔다. 미곡자치관리법이 일본과 식민지 간의 갈등을 해소하는 계기가 된 것은 내외지의 미곡정책이 차별적 기조에서 처음으로 통일적 기조위에서 수행하는 것을 골자로 하고 있었기 때문이었다.

  미곡자치관리법은 일본과 조선·대만을 막론하고 지구별로 미곡통제조합을 결성하고 해당 지구내에서 발생하는 과잉 미곡은 유통되기 전에 자치적으로 저장, 시장에서 격리하여 미가를 유지한다는 것이었다. 이 법은 외견상 본국과 식민지간의 차별정책이 아닌 형평의 입장에 있었고 미곡을 저장하는 비용을 정부가 보존하여 준다는 점에서 큰 불만을 제기하기 어려웠다고 보아야 할 것이다. 이런 이유에서 조선총독부는 미곡자치관리법의 제정과 시행에 대해서는 반대하지 않았다.

---

60) 澤村 康, 『米價政策論』 南郊社, 1937, p.44.

여기에는 크게 두 가지의 이유가 있다고 추론할 수 있다.

첫째, 선미옹호운동에서 조선총독부의 가장 중요한 이해 사항은 미곡 매상제도의 통일적 운영이라는 점이었고 미곡자치관리법은 사실상 이 요건에 준거하여 미곡의 준 국가관리제를 추진하고 있었다는 점이다. 둘째, 가장 중요한 이유는 조선총독부가 당시 사실상 산미증산계획을 포기하고 조선 경제개발의 주력 분야를 공업부문으로 전환하는 것을 검토하고 있었다는 점에 기인하였다고 볼 수 있다.[61] 이후 조선총독부는 1934년 3월 조선산미개량증식계획을 중지한다고 발표함으로써 일본정부와의 갈등을 끝내게 되었다고 말할 수 있다.

미곡자치관리법은 형식상 자치관리의 형식을 취하고 있으나 정부가 과잉 미곡의 양을 결정하고 내외지간에 저장 비율을 정해준다는 점에서 사실상의 국가관리제라고 할 수 있었다. 미곡자치관리법에서 불공정한 점은 통제수량의 내외지간 할당 비율에 있었다. 미곡자치관리법 부칙은 "제41조 제1항에 규정한 일정 수량의 내지, 조선과 대만에 대하여 할당의 비율은 당분간 내지 100분의 35, 조선 100분의 43, 대만 100분의 22로 한다"고 규정하여 조선에 상대적으로 불리한 할당의 근거를 만들었다. 그러나 조선총독부가 가장 우려하였던 내외지간의 미곡 자유거래제를 폐지하지 않고 기본적으로 자유거래를 인정받았다는 점에서 조선측이 마지막 양보선을 지킬 수 있었다고 평가할 수 있다.

---

61) 菱本長次, 『朝鮮米の研究』 千倉書房, 1938, pp.770-773.

5. 조선미 이입통제 논란의 정치·경제적 성격

1) 일본측의 논리

일본이 내지의 미가를 인위적으로 인상·유지한다는 정책을 추진하는 이유는 소화공황과 세계공황을 맞아 붕괴상태에 빠진 일본의 농업과 농가경제를 보호하기 위한 것이 그 출발점이었다. 일본 농업의 주축은 조선과 마찬가지로 소농체제로 운영되는 미작 농업이었다. 일본의 일반적 정서는 쌀농사는 일본농업의 중추를 이루고 있기 때문에 쌀농사가 궤멸되는 것은 농촌을 황폐화시키는 첩경이고 농민들이 농촌을 떠나 도시로 나가게 만드는 길이라고 보았다.

일본에서는 전통적으로 농업을 중시하는 동양의 농본주의(農本主義) 사상이 강하게 남아있었다.[62] 일본의 농본주의자들은 일찍부터 농업은 단순히 식량만을 생산하는 것이 아니라 정직하고 부지런한 백성을 양성하며 유사시에는 충성심이 강한 군인으로 동원할 수 있다고 생각하였다.[63]

이들은 농업이 하루라도 없어서는 안 될 국민의 기본식량인 쌀을 생산해 줄 뿐아니라 농업 생산활동을 통하여 일본의 전통문화를 계승하고 농촌의 자연경관을 유지·보호해 준다고 생각하였다. 뿐만 아니라 농촌은 국산 공산품에 대한 가장 확실한 시장이기 때문에 농촌의 황폐화는 상공업의 번영을 위해서도 막아야 한다고 생각하였다.

일본인들의 생각에 농업을 보호해야 할 또 다른 이유는 국방적 견지

---

62) 동양의 農本主義 思想에 대해서는 吳浩成, 『조선시대 農本主義思想과 經濟改革論』, 경인문화사, 2009를 참고할 것.

63) 일본의 대표적인 농본주의자는 사고우 쓰네아기(酒勾常明)라고 볼 수 있다. 제5장 주 29) 참조.

에서 식량자급의 필요성 때문이었다. 전시에는 선박의 부족 기타의 장애로 인하여 필요에 따라 다량의 미곡을 신속 용이하게 이입할 수 없기 때문에 일본에서 필요한 식량은 내지에서 자급하는 것이 가장 좋다는 생각이었다. 농업의 쇠약은 국민을 정신적으로 육체적으로 취약하게 하는 것으로 부국강병을 위하여서도 용인할 수 없는 일이라고 생각하였다. 농업은 한번 황폐화되면 재건하기 힘들므로 일조유사시(一朝有事時)를 생각하여 평시부터 값싸고 풍부한 식량을 생산할 수 있도록 준비하고 있어야 한다는 것이다.

이 때문에 농촌에 정치적 기반을 둔 중의원들이 계속적으로 내각과 농림성에 강력한 미가 부양대책을 주문하면서 정부측에 압력을 행사하게 된 것이 사태의 원인이 되었다. 일본 농림성과 의회는 내지 중심의 정책이 효과를 내지 못하자 조선·대만과의 마찰을 개의치 않고 계속 강수를 두었기 때문에 조선총독부와 대만총독부는 일본정부와 대립각을 세우지 않을 수 없었다.

일본의 농업문제를 해결해야 하는 책무를 가진 일본 농림성은 일본의 농촌을 구제하는 것이 식민지 농촌의 구제보다 먼저라는 입장에 서있었다. 농림성으로 대표되는 일본의 농업보호론자들은 일본의 농업과 식민지 농업을 동시에 살릴 수 없는 양자택일의 순간이 왔다고 보고 일국주의(一國主義)적 관점에서 식민지의 농업을 버리고 일본의 농촌과 농민만을 위하는 차별적 대책을 수립하려고 하였다고 볼 수 있다.

2) 조선측의 대응논리

(1) 미가 차별은 內鮮간의 정치적 차별

처음부터 조선총독부와 선미옹호단체의 공통된 입장은 조선미에 대한 일본의 이입통제정책이 단순한 경제정책이 아니라 조선통치상 중대한 결과를 초래할 수 있는 정치적 문제라고 보았다. 이들은 조선미에 대한 차별은 쌀에 대한 차별을 넘어 내선간의 차별이자 조선인에 대한 차별대우로 간주하였다.

조선의 선미옹호운동세력은 조선미의 자유이출을 막는 것은 조선을 외국으로 보지 않으면 있을 수 없는 차별이며 이것은 조선인에 대한 분명한 차별대우라고 주장하였다. 한나라 안에서 물자이동의 벽을 쌓는 행위는 전적으로 부당한 일로 만약 통제가 필요하다면 일본과 조선에 똑같이 통일된 규제를 해야 한다. 그런데 이제와서 조선만 통제를 하겠다는 것은 어불성설이라는 입장을 견지하였다.

당시 조선과 대만에 대한 일본의 공식적 입장은 조선은 일본의 식민지가 아니라 내지(內地)의 연장이며 이는 이미 하라 다케시(原敬) 내각 당시에 조선통치의 방침으로 표방되었다. 일본의 제국주의자들은 본국과 식민지의 관계에는 차별이 없으며 내선은 모두가 '천황(天皇)의 적자(嫡子)'요 대일본제국의 동등한 일원으로 '내선일치(內鮮一致)'와 '일시동인(一視同仁)'의 정신으로 뭉쳐야 한다는 슬로간을 내세우며 일본의 식민지통치에 협조할 것을 요구하였다.

선미옹호회측은 현재의 내지와 외지는 한나라이며 동일 경제권에 포함되어 있으므로 내외지에 공통적인 정책을 적용하는 것이 순리라고 주장하였다. 만약 내지에는 유리하고 외지에는 불리한 편파적인 방책을 채용하면, 혹은 내지의 부담은 가볍게 하고 외지는 무겁게 하는 차별적인 정책을 실시한다면 외지의 백성들은 일시동인의 통치방침을 거부하고 극력 반항·거부하게 되는 것을 강조하였다. 만약 이를 억지로 실행한다면 외지의 민심은 이반되어 통치의 근저를 위협하게 되어 단순히 미곡문제에 그치지 않고 중대한 결과를 초래하게 되므로 이 점을 통제방식을 논의 할 때 신중하게 고려해야 한다고 역설하였다.

(2) 미곡문제는 조선 전체의 경제문제

조선경제에서 미곡이 갖는 또다른 측면의 중요성은 미곡이 일본과 조선의 경제를 연결하는 가장 중요한 상품으로 이출미의 가격과 수량은 조선경제에 미치는 영향이 막대하였다는 점이었다. 한마디로 말하면 조선의 물산 가운데 연 생산액이 4~6억원에 달하는 것은 아무 것도 없으며 쌀을 팔아서 얻은 돈으로 조선이 필요로 하는 각종 생활물자와 생산 기자재를 일본에서 사오는 경제 구조를 가지고 있다는 점을 강조하였다.

조선은 일본이 일본의 농업경제를 회생시키기 위하여 외지미의 이입 통제가 필요하다고 할 때 조선에서는 조선의 중·소농민들만 곤경에 빠지는 것이 아니라 조선경제 전체가 황폐화 된다는 논리로 맞섰다. 조선총독부는 조선미의 이출이 제한되면 일본으로 나가던 약 3~4백만 석의 미곡이 조선에 남게 되는데 이것은 조선 내의 미가를 하락시킬 뿐만 아니라 미곡의 이출대금으로 일본에서 들어오던 돈도 크게 감소하여 조선에서 필요한 물자 및 생필품의 구입량을 줄이는 결과를 가져오기 때문에 조선 전체의 경제를 궁지에 빠뜨리고 이것은 식민지의 통치상 악영향을 야기한다는 논리를 폈다.

(3) 소농의 窮迫販賣는 조선의 빈곤문제를 증폭

조선측은 미가가 하락하면 가장 많은 피해를 입는 계층은 농촌의 영세농이라는 논리를 폈다. 조선미에 대한 이출통제정책은 직접적으로는 조선미의 이출로 이익을 얻는 지주와 이출 미곡상 및 정미업자 그리고 중소 유통업자에게 영향을 미치는 것이지만 가장 큰 타격을 받게 되는 계층은 미곡을 직접 생산하는 농민층이라는 점을 강조하였다.

조선은 농민이 전체 인구의 80%를 차지하고 있다. 조선의 농가호수 300만 호 가운데 자소작농과 소작농의 비율이 총농가호수의 93%를 차지할 정도로 영세 규모이며 소작지면적은 답면적의 68%를 점하고 있다.

조선의 농민들은 수확하는 벼를 지주에게 소작료로 내고 나면 남는 것은 절반도 안 된다. 이들 자소작농과 소작농은 미가가 하락하면 할수록 가지고 있는 소량의 보유미를 더 많이 시장에 내다 팔 수밖에 없는 한계상황에서 살아가고 있다는 것을 상기시켰다.

농민들은 추수기에 춘궁기를 넘기기 위해 지주에게서 빌려 먹은 식량은 현물로 갚아야 하고, 비료대, 자녀들의 초등학교 월사금을 포함한 각종 公課金, 관혼상제비, 의료비 등과 생활필수품을 구입하기 위해서 더욱 많은 양의 미곡을 시장에 내다 팔 수밖에 없는 궁박판매의 함정에 빠져있다. 그러므로 쌀값이 더 떨어지면 조선농촌의 빈곤문제는 더욱 악화되며 해결불능이 된다는 논리를 폈다.

3) 조선미 이입통제문제의 정치·경제적 性格과 含意

1929년부터 1936년 사이에 일어난 미가의 하락과 이에 대한 대책을 둘러싸고 일어난 일본정부와 조선총독부 사이에 일어난 일련의 대립과 갈등에 대한 연구는 지금까지 불과 3~4건에 불과하다. 기존 연구는 조선총독부와 일본정부 사이의 갈등의 성격을 아주 단순화하여 내지의 지주세력을 대변하는 일본의 농림성과 조선에 진출한 일본의 지주세력과 조선미의 이출로 부(富)를 집적한 미곡상과 도정업자 등의 식민세력간의 대결로 보는 경향이 뚜렷하였다.[64]

---

64) 미가 하락문제를 둘러싼 일본과 조선간의 갈등을 주제로한 연구는 3~4건밖에 없다. 기존 연구는 일본과 식민지간의 갈등을 일본의 지주세력과 식민지의 지주 및 미곡상 간의 대립으로 보고 있다. 예를 들면 川東竫弘, "昭和農業恐慌下の米價政策"『經濟學雜誌』78. 2, 1978; 川東竫弘, "昭和農業恐慌下の米價政策の轉換"『經濟學雜誌』81. 2, 1980; 田剛秀, "농업공황기의 미곡·미가정책에 관한 연구-식민지미 이입통제대책을 중심으로-"『경제사학』13, 1989; 기유정, "식민지 대 모국간의 경제마찰과 재조일본인 사회의 대응: 1929-1936년 선미옹호운동의정치적 함의에 대한 분석을 중심으로"『사회와 역사』82, 2009; 박영구, "1930년대 미곡

그러나 위에서 설명한 것처럼 일본 농림성과 조선총독부를 중심으로 한 이 대결은 일본의 지주세력과 조선의 지주 및 미곡상 등 재조(在朝) 식민세력의 대결로 간단히 규정할 수 없다는 사실이 명백해진다. 1930년대 일본정부와 조선총독부의 대립과 갈등은 일본의 농업과 농민을 보호하려는 일본정부와 농촌 출신이 주축이 된 일본의 의회 대 조선총독부를 중심으로 한 조선의 지주, 미곡상, 생산 농민, 그리고 실업가와 상공인들을 모두 합친 식민지내의 연합세력 간의 투쟁이라고 규정할 수 있다.

일본정부의 척무성(拓務省)은 이입량통제와 감반안에 대해, 군부(軍部)는 감반안에 대하여 조선측의 입장에 동조적이었다. 일본정부의 척무성과 육군성 등의 입장은 자기들의 고유 업무분야를 감안하여 부처의 입장을 대변하였다고 할 수 있다. 이런 점에서 농림성도 마찬가지였다. 일본정부는 정부로서의 일관된 입장이 분명하지 않았다고 볼 수 있는 반면 조선과 대만총독부는 해당 식민지의 정치적 경제적 입장을 분명히 가지고 미가문제에 대해 일관적인 태도로 임하였다.

조선 측의 투쟁논리는 정치와 경제논리를 모두 동원하여 모국의 자국 중심의 경제논리에 맞섰다고 할 수 있다. 조선측이 들고나온 논리는 대지주·미곡상 등 소위 식민세력을 옹호하는 것이 아니었다. 조선미에 대한 차별은 내선간의 차별이라는 논리는 일본의 공식적인 조선통치방침을 차용하여 일본의회와 농림성을 견제하는데 상당히 효과적인 대응이었다.

일본의 의회 지도자들이나 일본정부 특히 농림성의 일국주의적 경제적 효율성에 대항하여 천황의 통치이념과 일본제국의 존립근거를 내세

정책의 성격연구-미곡생산비논쟁을 중심으로-"『경제사학』14, 1990는 이런 관점에서 문제를 보고 있다. 박영구는 당시 일본 농림성과 조선총독부 간의 갈등을 일본내의 독점자본과 조선에 진출해있는 은행, 유통 등의 식민지 독점자본간의 대결로 보고 있다.

우는 식민지 측의 반격에 효과적으로 대응할 수 없었다.

경제논리도 농업부문 만이 아닌 조선경제 전체로서의 문제점을 들고 나왔다. 미가하락이 조선경제 전체와 빈한한 농민들을 더욱 가난하게 만들뿐이라는 주장도 현실적인 것이었다. 외지미의 이입통제를 둘러싼 일본측과 식민지측의 대결에서 식민지세력이 시종일관 정치적, 논리적 우위를 점하였다고 평가할 수 있다.

당시의 조선미통제정책을 둘러싼 모국 대 식민지간의 갈등이 야기된 정치적 상황은 일본의 대의정치(代議政治)에서 나온 권력구조의 파생물이라고 볼 수 있다.[65] 1930년대의 일본은 정당을 통한 대의정치가 활발하던 시기였다. 농촌을 선거구역으로 갖고 있는 의원들은 당시 지역구 농민들의 참상을 무시할 수 없었고 이들이 힘을 합쳐 내각과 농림성을 압박하였다. 당시의 일본 내각은 의회의 다수당이 조각하여 담당하였는데 의회의 도각운동에 의해 수시로 교체되는 상황이었다.

반면에 조선을 비롯한 식민지측이 본국에 강경한 자세로 맞설 수 있었던 것은 일본제국주의 식민지통치구조의 특이성에서 나온 것임이 분명해 보인다. 즉 조선총독은 일본의 의회나 총리대신의 관할 아래 있지 않고 천황에 직예(直隸)하는 권력구조를 가지고 있어 일본의 내각과 의회에 대해 어느 정도 독립적인 위치에 있었다. 이 당시는 조선총독이 반대하면 일본정부는 독자적으로 조선과 관련된 정책을 추진할 수 없었기 때문이라고 볼 수 있다.

---

65) 京城日報, 社說, 1934. 2. 11; 기유정, "식민지 대 모국간의 경제마찰과 재조일본인 사회의 대응: 1929-1936년 선미옹호운동의 정치적 함의에 대한 분석을 중심으로"『사회와 역사』82, 2009, p.355.

6. 조선총독부의 미가대책

일본은 1920년대 후반부터 일본을 엄습한 금융공황과 미가 하락 사태의 해결을 위해 미곡법 개정을 필두로 점차 높은 수준의 대책을 세웠으나 별 효과가 없이 사태는 장기화하였다.

조선총독부는 쌀 과잉사태의 해소와 미가의 안정을 위해 조선미의 이입량을 축소하려는 본국 정부의 노력을 무시할 수도 없고 그렇다고 조선총독부가 심혈을 기울여 추진하고 있는 중점 경제시책인 산미증식계획의 결과로 증산된 쌀을 일본으로 이출하지 않을 수도 없는 모순적인 입장에 처하게 되었다.

이 때문에 조선총독부는 본국 정부에 대해 한편으로는 협조적 입장을 가졌으나 다른 한편으로는 사안에 따라 일본정부와 대립각을 세우는 것을 주저하지 않았다. 조선총독부가 일본정부의 미가정책에 협조하여 자발적으로 추진한 정책과 법령에 따라 취하지 않을 수 없었던 정책수단은 다음과 같다.

1) 외국미의 수입세 인상과 輸入허가제 실시

조선총독부는 미가 하락의 초기 단계에 미곡법의 개정을 통해 미가문제에 대처하려는 일본정부의 요청에 따라 1928년 2월, 미곡법 제2조를 조선에도 시행하도록 양해하고, 필요에 따라 외국미의 수입세를 증감 또는 면제할 수 있게 하였다. 당시 일본정부는 외국미의 수입 조절을 통해 미가를 안정시킬 수 있을 것으로 보았다.

그러나 일본정부는 미곡법 제2조의 적용이 별 효과가 없자 1931년 미곡법을 다시 개정하여 미곡의 대 외국 수출입은 정부의 허가를 필요로 하는 조항(제3조)을 새로 만들었다. 이 조항은 "미곡의 수입 또는 수출은

칙령에 별도로 정하는 경우 이외에는 정부의 허가를 받도록" 규정하였
다. 조선총독부는 동법 제3조의 시행을 조선에서도 할 수 있도록 동의하
여 1931년 7월부터 외국미의 수입을 총독부가 완전히 관리할 수 있게
하였다.

2) 조선미의 이출 조절을 위한 조선미곡창고계획

(1) 조선미곡창고계획 수립의 전말

1929년 다나카(田中)내각이 설치한 자문기구 임시미곡조사회(臨時米
穀調査會)는 조선미의 이출 통제를 논의의 초점으로 삼았다. 미곡조사
회는 약 1년간에 걸쳐 미가문제를 심의를 한 후 "내지로 이출하는 조선
미의 수량을 월별평균적으로 조절하기 위하여 조선총독부가 적절한 방
책을 수립하도록" 일본정부에 답신하였다.

조선에서는 소농과 영세농이 미곡의 대부분을 생산하고 있었기 때문
에 추수기에 미곡이 일시에 시장에 출회하였고 일본시장으로의 이출도
계절적으로 편재되어 있었다. 신곡기에 조선미의 홍수이입은 일본에서
의 미가를 더욱 하락시키는 요인으로 지적되어 왔었고 당시 조선에는 현
대적 의미의 미곡창고가 거의 없었다.[66] 그 이유는 소농들은 미곡을 해
를 넘겨 저장할 만큼의 수량을 갖고 있지 못하였고 대지주나 대농들은
벼를 야적(野積)으로 저장하는 관습이 있었기 때문이다.

조선총독부는 미곡조사회의 답신을 존중하여 조선미곡창고계획(朝鮮
米穀倉庫計劃)을 수립하고 1930년부터 실시에 나섰다. 조선미곡창고계

---

66) 조선총독부가 조선미곡창고계획에 앞서 조선에서 처음으로 농업창고를 건립한 것
은 1929년이었다. 총독부는 木浦와 江景, 그리고 全北의 不二 농촌에 국고 보조금
을 주어 약 250평의 근대적 창고를 건립하였다. 목포와 강경창고는 道 農會가 불
이창고는 산업조합이 경영하였다.

획은 미곡 출하의 계절적 편의(偏倚)를 시정하여 월별평균적 이출을 가능하도록 하기 위한 것이었다. 이를 위해 생산지인 농촌에는 농업창고(農業倉庫)를, 이출지인 개항지에는 상업창고(商業倉庫·朝鮮米穀倉庫株式會社의 창고)를 건설하기로 하였다.

미곡창고는 갑종(甲種)과 을종(乙種)으로 구분하였는데 갑종은 농업창고로 중요한 쌀의 생산지에 소규모 창고를 많이 만들어 농민들이 가을에 미곡을 방매하는 것을 방지하는데 목적이 있고 을종은 상업창고로서 미곡의 이출지에 비교적 대규모의 창고를 건설하여 신곡기에 일본으로의 이출을 조절 완화하려는 목적을 갖고 있었다.

조선미곡창고계획은 2기로 나누어 추진하였다. 제1기 계획은 1930년부터 5개년 동안에 현미 50만 석 수용의 농업창고를, 또 같은 양의 현미를 수용할 수 있는 상업창고를 개항지에 건설하고, 제2기 계획은 1935년부터 10년 동안에 현미 150만 석을 수용할 수 있는 농업창고를 생산지에 건설하여 총계 250만 석의 수용능력을 확보한다는 내용이었다.

제1기 계획의 근거는 당시의 계절적 과잉 이출량 100만 석을 조절하기 위한 목적으로 100만 석을 수용하기 위한 창고를 건설하는 것이었다. 제2기 계획의 근거는 제1기 계획이 끝난 후에 10년 동안 산미의 증가에 따른 이출량의 증가가 있을 것이고 이를 조절하기 위하여 150만 석 수용의 창고를 건설한다는 가정에서 나왔다.[67] 그러나 경비 조달 등의 문제로 1932년에 제1기의 5개년계획을 7개년으로 연장하여 실시하였다.

(2) 농업창고(甲種倉庫)

농업창고는 주요 쌀 산지인 농촌에 건설하고 농회 또는 산업조합이 경영하였다. 농업창고 1개소의 건평은 250평, 수용능력 1만 석으로 하고

---

67) 佐佐木勝藏, 『朝鮮米の進展』, 鮮米協會, 1935, p.351.

제1기 계획의 5개년 동안은 매년 10개소씩 도합 50개소에 12,500평, 제2기 계획의 10개년 간은 매년 15개씩, 합계 150개소에 37,500평을 지어 완성 후에는 총 200개소 건평은 50,000평으로 모두 200만 석을 수용하는 것으로 계획하였다.

그러나 1930년과 1933년은 대풍작이었으므로 응급 미가대책에 따라 조선미곡창고계획에서 계획한 농업창고 보다 더 많이 건설하고 새로 벼(籾)창고도 건설하여 모두 4,690평을 신설하였다. 농업창고의 건설은 해마다 응급 미가대책 때문에 계획과 실적은 일치하지 않았으나 최종 실적은 계획을 초과하여 달성하였다. 1929년 이후 건설된 농업창고는 벼창고를 합하여 135개, 건평 28,803평으로 수용능력은 152,120석이었다.

농업창고는 미곡 이외에도 창고의 상황에 따라 보리, 콩 등 다른 농산물과 비료, 가마니, 종자 등을 혼합 보관할 수 있고 위탁가공, 위탁판매 등을 할 수 있도록 하였다. 예를 들면 농업창고는 부대사업으로 현미 제조설비를 가지고 현미 가공도 하였다. 그러나 이것은 어디까지나 농창의 주 목적이 아닌 부대사업이었으나 경영상의 도움을 얻기 위하여 저장보다 현미 조제에 몰두하는 경우도 적지 않았다. 농업창고는 보관 미곡 에 대해 창고증권(倉庫證券)을 발행할 수 있었다.

(3) 상업창고(乙種倉庫)

조선총독부는 상업창고인 을종창고를 건설하고 운영하기 위해서 조선미곡창고주식회사(朝鮮米穀倉庫株式會社)를 설립하였다. 을종창고는 이출 미곡상의 쌀을 개항지에 저류시켜 일본으로의 홍수 이출을 막는데 있었으므로 쌀의 이출지인 주요 개항지에 건설하였다.

조선미창(朝鮮米倉)은 본점을 경성에 두고 부산, 목포, 군산, 인천, 진남포에 지점을 두고 창고를 경영하였다. 조선미창은 전 조선의 상업창고를 독점적으로 운영하였다. 반면 농업창고는 각지의 농회나 산업조합이

독자적으로 운영하였다. 조선미창은 출범당시 자본금 100만원으로 출발
하였으나 곧 200만원으로 증자하여 거대 회사가 되었다.

조선미창은 처음에는 1개소에 평균 2,500평의 대형 창고 5개 12,500
평을 건설하려 하였으나 계획을 변경하여 7개년 동안에 7,500평만 건설
하거나 매수하고 나머지 5,000평은 기존의 창고를 빌려서 이용하였다.
그러나 조선미의 이출량이 계속 증가하여 개항지에 창고 수요가 많아졌
기 때문에 미창은 계획 이상으로 창고를 건설하고 매수한 결과 1937년
까지 총건평 45,174평, 수용능력 1,806,960석을 보유하게 되었다. 조선
미창은 일본과 조선을 통틀어 三菱倉庫, 東神倉庫 다음으로 제3위의 수
용능력을 가진 대형 창고회사로 발전하였다.

미창창고는 농업창고와 마찬가지로 조선미의 계절적 편중 이출을 조
절할 목적으로 건설하였으므로 신곡 출하기에 가능한 한 다량의 미곡을
수용·저장할 필요가 있었다. 따라서 미창은 보관료를 일반 창고보다 저
렴하게 하고 또 입고한 미곡에 대해서는 저리자금을 대부하여 주어 미창
을 많이 이용하도록 유도하였다.

농업창고와 미창창고는 모두 영리를 목적으로 하는 것이 아니고 소위
국책 수행을 위하여 총독부의 지원으로 건설되었기 때문에 총독부가 이
들의 사업을 감독하는 위치에 있었다. 그러나 이들 창고도 적자를 내어
서는 안 되었기 때문에 사업을 되도록이면 조직을 위해 유리한 방향으로
이끌려고 하였다. 미창은 부수적으로 일반 화물의 보관, 위탁판매, 운송,
화재보험의 대리점 등의 업무도 겸영하였다.

(4) 벼창고(籾倉庫)

조선총독부는 조선미곡창고계획에 의한 창고 건설 이외에 별도로 벼
(籾·正租)창고를 지어 운영하였다. 벼창고는 풍년 또는 기타의 사정으로
별도의 연도별 미가대책의 일환으로 벼를 추가적으로 저장할 필요성이

생겨 건설한 창고를 말한다. 벼창고는 생산자인 농민을 대상으로 하는
창고이므로 벼창고의 경영 주체는 군농회, 산업조합, 금융조합(金融組
合)이 담당하였다.

예를 들면 조선미곡창고계획이 시행에 들어간 1930년 가을에는 일본
과 조선·대만에서 대풍이 예상되었다. 일본 농림성과 조선총독부는 대
풍으로 인한 추가적 미가의 하락에 대비하여 미가대책을 세울 필요가 생
겼다.

당시 추진 중이던 조선미곡창고계획의 농업창고는 초기여서 가용 창
고가 별로 없기 때문에 별도로 창고를 건설하고 또 차고(借庫)와 야적
(野積)을 통하여 벼 300만 석을 추가로 저장하기로 하였다. 이 때 미곡
창고 20,052평을 급하게 지어 벼 1,444,480석을 저장하고 나머지는 금
융조합이나 수리조합 또는 지주의 개인창고를 빌려 수용하거나 야적하
도록 한 것이 벼창고 건설의 연원이었다. 벼창고는 1931년과 1932년에
도 건설되었다.

1933년에도 대풍작이 예상되자 일본정부는 1934년 말까지 1,500~
1,600만 석의 이월미가 발생할 것으로 예상하였다. 따라서 종래와 같은
소규모의 미곡 저장과 수매로는 미가를 안정시키기 어렵다고 보고 일본
정부는 1933년 8월 내외지당국자협의회를 소집하고 이입량 통제방안으
로 감반안(減反案)을 제의하였으나 각계에서 심한 반대가 있어 철회되
었다.

내외지당국자협의회는 감반안 대신 실시하기 쉬운 벼(籾)를 저장한다
는 계획을 세웠다. 이 계획에 따라 일본은 600만 석, 조선 300만 석, 대
만 100만 석 합계 1,000만 석의 벼를 저장하도록 할당하였다.[68] 조선총
독부는 당국자협의회가 할당한 300만 석의 저장을 위해 벼장기저장계획

---

68) 대만은 기후관계로 저장이 어려워 벼의 저장 대신 代作으로 감산을 선택하였다.
  佐佐木勝藏, 『朝鮮米の進展』 鮮米協會, 1935, pp.344-345.

(籾長期貯藏計劃)을 수립하고 이에 따라 벼 65만 석은 기존 창고에 저장하고 나머지 235만 석은 야적(野積)하였다. 이듬해인 1934년 2월까지 20만 석을 수용할 수 있는 벼창고 5,000평을 건설하여 야적 벼의 일부를 수용하므로써 할당된 벼 300만 석의 저장을 완료하였다.

(5) 경영주체별 미곡창고와 벼창고의 수와 저장규모

조선총독부가 1929년 이래 미곡통제의 목적으로 건설한 미곡창고는 1937년 4월까지 모두 646개에 달하였다. 건설한 창고의 연건평은 113,956평, 미곡의 수용능력은 4,558,240석이었다. 창고의 경영주체는 218개였는데 경영주체 별로 본 내역은 다음 <표 7-8>과 같다.

〈표 7-8〉 총독부의 미곡창고계획에 따른 경영주체별 미곡창고의 수와
규모 및 수용능력

경영주체별 창고	경영주체수	창고의 수	건평(坪)	수용능력(石)
1. 농업창고	33	135	28,803	1,152,120
2. 벼창고				
군농회	145	442	35,205	1,408,200
산업조합	13	15	1,188	47,520
금융조합	26	43	3,586	143,440
소계	184	500	39,979	1,559,160
3. 朝鮮米倉 창고	1	11	45,174	1,806,960
합계	218	646	113,956	4,558,240

자료: 石塚 峻, "朝鮮米事情"『朝鮮米と日本の食糧問題』, 友邦シリス第2號, 友邦協會, 1941, p.56.

이상에서 본 것처럼 창고의 건설은 농업창고, 상업창고, 벼창고로 나누어 건설 운영하였다. 성적이 좋은 곳은 창고의 수용능력을 다 채워 저장하는 곳도 상당히 있었다. 과거에는 쌀의 수확기인 11월부터 다음 해 1월까지 일본시장에 쇄도하였던 미곡을 이들 창고에 저장시킨 결과 계

절적으로 편재된 이출량을 상당히 조절할 수 있게 되었다.[69]

농민들도 종래 성출기에 값싸게 팔지 않을 수 없었던 것을 어느 정도 면할 수 있게 되는 효과를 거두었다고 볼 수 있다. 그러나 농업창고에 맡긴 미곡이 대부분 지주와 미곡상의 소유이고 농민이 맡긴 양은 전체의 43%에 불과하여 농민들의 혜택은 제한적이었다.[70] 조선총독부의 창고계획은 그러나 조선미의 연간 이출량 증가를 통제하는 데는 효과가 없었다.

(6) 창고의 건설과 운영을 위한 자금의 조달과 융통

가. 갑종창고

조선총독부는 조선미곡창고계획의 원활한 추진을 위해 창고건설비, 창고경영비를 보조하고 입고미에 대해서는 저리자금을 알선하였다.[71] 조선미곡창고계획을 위한 갑종창고와 을종창고의 건설비의 대부분은 일본정부의 자금 공여로 해결하였다.

갑종창고는 건설비의 70%를 국가에서 보조하여 주다가 나중에 65%로 감액하였다. 제1기 7개년 동안에 50개소의 창고에 대해서 총액 1,495,880원을 보조하였다. 갑종 창고의 경영자들은 대개 창고 경영의 경험이 없기 때문에 경영이 부실해 질 것을 우려하여 최초 3년간 경영보조금으로 1개소에 대해서 1,800원씩 3개년을 보조하다가 이후부터는 1개소당 1,453원씩, 연 135개소의 창고에 대하여 204,821원을 보조하였다. 이 보조금은 1933년도의 미가대책으로 벼창고를 추가로 건설하였기

---

69) 菱本長次, 『朝鮮米の硏究』 千倉書房, 1938, p.762.

70) 西澤基一, "米穀配給と農業倉庫" 『經濟時報』, 1931, p.29; 菱本長次, 『朝鮮米の硏究』 千倉書房, 1938, p.369; 田剛秀, "농업공황기의 미곡·미가정책에 관한 연구-식민지미 이입통제대책을 중심으로-" 『경제사학』 13, 1989, p.143에서 재인용.

71) 구체적인 자금계획은 佐佐木勝藏, 『朝鮮米の進展』 鮮米協會, 1935, pp.360-397 참조.

때문에 이후에는 감액하는 변동이 있었다.

창고를 건설한 목적은 출성기(出盛期) 동안 미곡을 저장하여 일본에
서의 미가의 하락을 방지하기 위한 것이었다. 미곡을 저장하기 위해서는
창고에 조선미를 많이 저장하는 것이 필요하고 이를 위해서는 미곡을 기
탁하는 생산자나, 지주, 상인들에게 경제적 동기를 부여해 줄 필요가 있
었다.

조선총독부는 특수은행인 조선은행, 조선식산은행, 동양척식회사의 3
행을 통해 일본 대장성(大藏省) 예금부(預金部)의 저리자금을 빌려와 대
부를 해줄 수 있게 하였다. 즉 대장성에서 빌려온 장기 저리자금을 농업
창고에 대해서는 동척과 조선식산은행을 통하여 자금을 빌려주고, 상업
창고에 대해서는 조선은행을 경유하여 일반 시중은행에서 자금을 융통
하여 주도록 하였다.

창고 경영자 또는 업자는 농회, 농창, 또는 미창이 발행하는 창고증권
또는 미곡예치증권을 담보로 저리자금을 대출받을 수 있도록 하였다. 저
리자금의 지원액수는 입고미(入庫米) 현미 1석의 시가를 30원으로 보고
이 액수의 80%를 융통하여 주었다. 제1기 계획 완성후 수용미곡 100만
석에 대해 2,400만원, 제2기 250만 석에 대하여 6,000만원의 저리자금
을 대부하여 주었다.[72]

대출자금에 대한 금리는 대장성 예금부로부터 빌려오는 이율이 연
4.5%, 조선은행, 식산은행, 동척의 대출이율은 창고증권 담보로 연 5.4%,
금융조합은 조합 보관 연 6.6%, 제3자 보관 연 6.8%였다. 야적벼는 연
6.6%이었다. 1936년도 이후에는 대장성으로부터의 대출이율이 연 4%
로 내려갔다.

---

72) 佐佐木勝藏, 『朝鮮米の進展』, 鮮米協會, 1935, pp.360-397.

나. 을종창고

총독부는 을종창고에 대해서는 이출미곡창고영업보조규칙에 의하여 창고의 건설, 매수(買收), 차고(借庫), 부지의 매입, 부속 설비의 구입 등에 필요한 비용의 60% 이내에서 국고에서 보조금을 주었다. 건설 또는 매수의 보조금은 평당 119원, 조선미곡창고계획이 끝나는 7개년 간 건설·매수 7,500평에 대하여 905,400원, 차고료에 대한 보조금은 평당 10원 14전으로 총 315,90원 양자를 합하여 모두 1,221,090원을 지출하였다.

미창이 경영하는 을종창고도 미곡의 이출을 조절하기 위한 목적으로 건설되었으므로 보관료를 저율(低率)로 할 필요가 있었다. 보관료는 입고기간의 장단에 따라 차등을 두었다. 입고미에 대해선는 농업창고와 마찬가지로 대장성의 저리자금을 얻어와 은행으로 하여금 입고미에 대해서는 시가의 80%까지 저리자금을 대출하여 주었다. 상업창고의 운영자인 미창은 기탁자의 요청에 따라 창하증권(倉荷證券)을 발행할 수 있게 하였다.

다. 벼창고

1930년산 미곡이 대풍이 예상됨에 따라 벼 300만 석을 저장하기 위해 새로 건설하는 벼창고와 차입창고에 대해서도 건설비 또는 차입비용의 60%를 보조금으로 지급하였다. 그리고 벼창고에 입고시킨 벼 1,444,480석에 대해서도 농업창고와 마찬가지로 대장성으로부터 빌려온 저리자금 8,666,880원을 융통하여 주었다. 입고미에 대한 저리자금의 융자기준은 시가의 80%로 하였다. 이에 따라 금융조합, 수리조합, 지주와 산업조합의 창고나 부지에 입고시키거나 야적한 벼 1,662.000석에 대한 저리자금 9,972,000원을 융통하여 주었다.

3) 조선미의 買上과 만주 조의 수입세 인상

일본정부는 1932년 9월에 개정한 제3차 개정 미곡법의 부칙에 따라 1932년산 조선과 대만미의 계절매상을 할 수 있게 되었다. 일본 농림성은 1932년 12월부터 다음 해 8년 2월까지 4회에 걸쳐 조선산 현미 44만 9천여 석, 벼 3만여 석의 계절매상을 실시하였다.

제3차 개정 미곡법 부칙은 정부는 당분간 조선미와 대만미의 일본 이입량을 월별 평균적 양으로 제한하고 미곡의 수량 또는 시가를 조절할 필요가 있을 때에는 기간을 정하여 조의 수입세를 증감 또는 면제할 수 있도록 규정하였다.

만주 조는 조선 영세민들이 주로 먹는 곡물로 해마다 100만 내지 200만 석을 수입하였는데 1928년부터 1932년까지 5개년 평균으로 연간 156만 석을 수입하였다.[73] 조는 영세민의 생활을 안정시키는데 큰 역할을 하였기 때문에 조선총독부는 조의 수입관세를 인상하는데 반대하였으나 일본정부는 조의 수입세를 인상하면 조선미의 이출을 줄일 수 있을 것으로 보아 수입세의 인상을 요구하였다. 조선총독부는 1933년 조 100근의 수입세 50전을 1원으로 배 인상하여 동년 8월 5일부터 실시하였다.

4) 米穀統制調査會의 답신에 따른 조선미이출통제계획

(1) 조선미이출통제계획 수립의 전말

1932년 11월 식민지미의 내지 이입량 통제방안을 묻기 위해 설치한 일본정부의 자문기구인 미곡통제조사회(米穀統制調査會)는 답신을 통해 미곡의 출회기에 조선·대만미의 쇄도를 방지하기 위하여 중앙정부와 조선·대만총독부가 충분히 협의하여 유효 적절한 방도를 찾아 실시할

---

73) 鮮米協會, 『朝鮮米の進展』, 1935, p.344.

것을 권고하였다.

조선총독부는 이에 부응하여 1933년 1월 총독부의 자문기구로 임시 조선미곡조사위원회를 설치하고 이 위원회의 자문을 참고하여 벼 312만 석(현미 환산 156만 석[74])을 통제하려는 조선미이출통제계획(朝鮮米移出統制計劃)을 수립하였다.[75]

조선미이출통제계획은 조선총독부가 독자적으로 만든 계획으로 종래에 실시하던 이출 조절책 이외에 새로 ①벼(籾)창고 20개소를 신설하여 벼 20만 석 저장하는 이외에 종래의 야적벼 60만 석을 80만 석으로 확대하고, ②조선시대의 영세민 구호정책이었던 사환미제도(社還米制度)[76]를 부활하여 읍 또는 면이 주체가 되어 도비(道費)를 빌려 벼 46만 석을 매취(買取)하여 저장하였다가 영세민에게 대부하도록 하고, ③ 강제저축미로 현미 20만 석, 벼 34만 석을 저장하도록 하고 이에 대해 보조금을 지급한다는 것이었다.

조선미이출통제계획이 실시되기 이전에는 저장미는 저리자금을 융통하여 주고 저장을 하도록 하되 출고는 자유로웠기 때문에 통제의 목적을 충분히 달성하기 어려웠다. 이 때문에 조선미이출통제계획에서는 미곡의 출하 성수기간 중(2월 말까지)에는 자유출고를 허락하지 않고 강제저

---

74) 조선미이출통제계획의 조절목표 연간 156만 석(현미 환산)은 다음 근거에 의해 산출되었다. 즉 1927년부터 1931년까지의 5개년간 출회 최성기(11월부터 다음 해 2월까지 4개월간)의 평균 이출수량(3,271,000석)이 연 이출수량의 월평균 4개월 분(227만 석)을 초과하는 최고 수(1929년산 미의 경우 약 1,244,000석) 120만 석을 계절적 초과 이출량으로 보고 여기에다 30%를 보탠 156만 석을 조절목표로 결정하였다.

75) 鮮米協會, 『朝鮮米の進展』, 1935, pp.343-344.

76) 社還米제도는 조선시대 영세민 구호를 위하여 공공시설에 쌀을 저장하여 두고 영세민이 식량이 없을 때 이를 대부하여 주고 추수기에 저율의 이자를 붙여 현물로서 회수하던 제도였다. 이 영세민 구호제도는 조선초에는 常平倉, 조선조 말에 還穀제도, 社還米로 명칭을 바꾸어 실시하였으나 각종 폐해가 너무 많이 발생하여 甲午更張 때 폐지하였다.

장을 하도록 제도를 바꾸었다.

(2) 저장 장려금

조선미이출통제계획에서는 계절적 이출 초과량 120만 석의 50%, 60만 석을 시장으로부터 완전히 격리하기 위하여 이의 매각 또는 이동을 하지 못하도록 계획을 세웠다. 이를 위해서는 2월 말까지 저장을 하는 자에 대해서만 저장 장려금을 교부하도록 하였다.

실행 방법은 농업창고, 간이 벼창고, 미곡통제조합 창고에 입고한 생산자 또는 지주에 대해서는 다음 해 2월 말까지 출고하지 않는다는 요지의 계약서를 쓰고 벼 1석에 대하여 65전의 장려금을 지급하였다. 일단 저장을 하면 저장 중에 현미로 조제하는 것을 불허하였고 또 기탁자가 도지사의 승인없이 임의로 저장을 해제할 경우 벼 1석에 대하여 1원 30전의 위약금을 내도록 하였다.

(3) 社還米제도의 운영

조선총독부는 조선미의 이출량이 해마다 증가하는 배경에는 미곡의 증산과 함께 영세 농민들이 춘궁기에 지주와 부자들로부터 연 50~100%에 달하는 고리로 농량과 벼를 차입하여 연명하고 이를 갚기 위해 쌀의 소비를 줄이고 있다고 보았다. 조선 총독부는 조선시대에 실시하던 사환미(社還米·還穀)제도를 실시하면 영세민도 돕고 미곡의 소비량도 증가시킬 수 있다고 보았다.

춘궁기에 영세농에게 농량과 벼를 저리로 대부하여 주고 가을에 갚게 하여 준다면 미곡의 소비량도 증가시킬수 있다고 보았다. 즉 조선 내의 미곡 소비를 증가시켜 이출을 감소시키는 방책이 될 수 있다고 판단하고 읍 또는 면(面)이 주체가 되어 도(道)의 협조를 얻어 사환미제도를 실시하기로 하였다.

그 방법은 면이 벼를 매취하는데 필요한 자금을 도비(道費)에서 대부받고 도는 여기에 필요한 자금을 은행, 기타 금융기관에서 차입하고 차입금에 대한 이자는 국가가 보조하기로 하였다. 면은 도로부터 대부받은 자금을 무이자로 연부상환의 방법으로 갚도록 하였다. 면은 이 돈으로 벼를 매입하여 춘궁농민에게 대부하여 주고 농민은 가을에 현물로 면에 반환한다. 농민에게 대부해주는 벼의 이자는 면마다 다르나 보통 연 10~12%수준이었다.

5) 朝鮮産米增殖計劃의 중지

조선총독부는 1920년 일본제국의 식량문제의 해결에 기여하고 조선의 식량 공급과 농가경제를 향상시키기 위하여 조선산미증식계획에 착수하였다. 조선산미증식계획은 제1·2차 계획을 통하여 수리시설의 건설, 개간·간척, 농사개량 등의 사업을 통하여 상당한 성과를 나타내었다.

1930년 세계 대공황의 여파가 일본에 밀어닥치면서 실업자의 증가와 이에 따른 미곡 수요의 후퇴는 쌀값의 대폭락을 가져왔고 다른 한편으로는 조선과 대만으로부터의 이입미의 지속적인 증가로 미가는 더욱 하락하자 일본 농민들의 불만이 폭발, 식민지에서의 미곡 감산과 이입량의 조절을 강력하게 요구하기 시작하였다. 자연히 조선산미증식계획은 일본 내지에서 격한 비판의 대상이 되었다.

일본정부는 식민지로부터의 이입량을 줄이기 위해 1933년 미곡통제법을 제정하고 조선미의 매상에 나섰다. 조선총독부로서도 더 이상 대규모적인 농업투자를 통한 미곡증산의 명분을 상실하게 되었고 결국 1934년 5월 산미증식계획의 중단을 선언하게 되었다. 산미증식계획의 중단 선언은 1934년 5월 총독부 이마이(今井) 정무총감(政務總監)의 담화문 형식으로 발표되었다.

담화문의 주요 내용은 ①산미증식계획의 근간을 이루는 토지개량사업은 당분간 중지한다, ②기존 사업은 완성시킨다, ③추가 개량공사와 재해복구공사는 인정하지 않고 기설(既設)사업의 개선과 충실에 주력한다, ④재정곤란에 빠진 수리조합은 정리한다 는 등으로 되어 있다. 이에 앞서 1931년 동양척식주식회사의 토지개량부가, 1933년에는 총독부의 토지개량부가 각각 폐지되고 급기야 1934년에는 조선토지개량주식회사를 해산하는 사태를 맞게 되었다.

6) 水稻의 代作을 위한 준비조사와 미곡의 재고량 및 이동량 조사

1934년산 미는 일본에서는 대 흉작이었으나 조선은 평년작 이상이었다. 1935년산 미도 일본에서는 평년작이었으나 조선에서는 1,790만 석의 풍작이었다. 이리하여 양년도 모두 조선에서는 전년에 이어 계속 벼와 현미의 저장을 장려하여 장려금의 교부, 저리자금의 융통을 주어 1934년산 미는 현미로 환산하여 약 131만 석, 1935년산 미는 약 175만 석을 저장하였다.

조선총독부는 미곡대책조사회가 1935년 1월 "대작(代作)을 장려하기 위해 적당한 방책을 수립할 것"이라는 답신을 한 점을 고려 더 이상 미곡의 증산정책을 추진하는 것이 어렵다고 보고 수도작을 줄이고 이를 대체할 수 있는 대체작물을 개발하기로 하였다. 총독부 권업모범장과 각도의 농사시험장에서는 1936년 이후 수도(水稻)의 대체작물 재배에 관한 각종 시험조사에 착수하였다.

미곡자치관리법의 공포에 따라서 조선총독부는 1937년 1월에 경성외 16개소에 미곡통제조합을 설치하였다. 이 법에 따라 미곡의 생산량, 재고량 및 이동상황을 정확하게 조사할 필요가 있어서 1936년 이후 총독부와 각 도의 직원을 동원하여 미곡의 재고량과 이동상황 등을 조사하였다.

7) 조선총독부 미가대책의 효과

(1) 미가

미가조절을 위해 일본정부가 1921년 미곡법을 제정한 이래 수많은 시책과 입법이 있었음에도 불구하고 1933년까지는 별 효력을 발휘하지 못하고 상황은 개선되지 않았다. 조선의 미가도 일본 농업공황의 영향을 받아 지속적으로 하락하였다. 이 때문에 조선의 농업부문은 극도의 침체 상황을 겪었다. 농가의 계층별 구조는 와해되어 자작농과 자소작농의 비율이 줄고 소작농의 비율이 급증하였다. 저미가가 계속되는 기간 동안 절량 농가가 늘고 농촌에서 밀려나 도시 빈민으로 전락하는 이농 인구가 크게 증가하였다.

그러나 1933년에 입법한 미곡통제법을 시행한 이후부터는 상황이 악화되는 것을 어느 정도 저지할 수 있었다. 1933년 가을에는 미곡생산량이 대풍을 이루었으나 동년 11월부터 실시에 들어간 미곡통제법에 의한 무제한 매상과 식민지에서의 매상에 힘입어 동년 12월과 1934년 1월 일본의 미가는 1년 전 같은 기간에 비해 1석당 약 2원밖에 떨어지지 않는 결과를 가져왔다. 1937년에도 역시 일본과 조선에서 대풍을 이룩했으나 동년에 발효된 미곡자치관리법에 의하여 다량의 미곡이 시장에서 격리되었기 때문에 미가는 하락하지 않고 전년에 비해 약간 상승하는 효과를 거두었다.

(2) 이출량의 계절적 편중

미곡창고계획을 중심으로 한 각종 미가대책을 실시하기 전 조선미의 월별 이출상황을 보면 1926년부터 1930년의 5개년 평균으로 볼 때 신곡이 출하하는 11월부터 이듬 해 2월까지 4개월 동안 연간 총이출량의 50.6%가 일본시장으로 팔려나갔다. 나머지는 3월부터 6월까지 4개월 동안에 32.7%, 그 이후 7월부터 10월까지 4개월 동안에 16.7%를 이출하는 것으로 나타났다. 다시 말해 연간 이출량의 50% 이상이 신곡기인 11월부터 이듬 해 2월까지 일본시장으로 홍수 이출되었다. 일본에서도 역시 신곡기에 일본산 미곡이 집중적으로 출하되기 때문에 조선미의 계절적 편중 이출은 일본의 미가 하락에 상당한 역할을 하는 것으로 분석되었다.

그러나 조선미의 이출통제가 실시된 후 상황은 호전되어 홍수 이출이 감소한 것으로 나타났다. <표 7-12>에서 보는 바와 같이 1931년부터 1933년 동안 신곡기 4개월간의 이출비율이 50%로부터 43% 정도로 하락하였고 3월부터 6월까지는 30~40%, 7월부터 10월까지는 20~25%로 증가하여 계절적 편재현상은 상당히 개선되었다고 할 수 있다.

〈표 7-12〉 조선미 이출통제실시 전후의 계절별 이출량 및 비율의 변화

4개월단위 계절	미가대책 실시 전		미가대책 실시 후					
	1926~1930 5년평균		1931년		1932년		1933년	
	이출량(石)	비율(%)	이출량(石)	비율(%)	이출량(石)	비율(%)	이출량(石)	비율(%)
11월~2월	3,043,123	50.6	3,515,717	41.8	3,491,287	46.1	3,278,926	41.9
3월~6월	1,977,928	32.7	3,321,821	39.5	2,221,218	29.2	2,755,395	34.1
7월~10월	1,000,835	16.7	1,577,577	18.7	1,873,462	24.7	1,940,097	24.0
합계	6,021,886	100.0	8,415,115	100.0	7,585,967	100.0	8,074,418	100.0

자료: 佐佐木勝藏, 『朝鮮米の進展』, 鮮米協會, 1935, pp.347-348에서 요약.

(3) 조선미의 이출량

조선미의 이출조절 대책이 논의되던 1929년 조선미의 대 일본 이출량은 약 540만 석이었다. 조선미의 이출량은 1931년에 800만 석, 1935년에 약 900만 석으로 빠르게 증가하였다. 조선미의 이출량은 각종 미가

대책에도 불구하고 흉년이었던 1933년과 1937년을 제외하고는 전혀 감
소되지 않았다. 조선미의 이출량은 1938년 전년 가을의 풍작에 힘입어
기록적인 1,000만 석을 돌파하였다.

조선미의 이출량은 1939년에는 514만 석으로 전년 대비 반감하였으
나 이것은 조선을 휩쓴 미증유의 대한발 때문이었다. 1939년 이후 일본
은 중일전쟁의 확전으로 전시경제 체제로 들어감에 군량미의 조달과 비
축을 위해 미곡을 증산하지 않으면 안 되는 상황으로 돌변하였다. 미곡
의 과잉상태를 해소하기 위해 10년에 걸쳐 만든 수많은 입법과 대책은
자연히 그 효력을 잃게 되었다.

제8장
戰時 統制經濟와 미곡시장의 해체

1. 中日戰爭의 발발과 미곡 수급사정의 역전

1) 쌀의 공급과잉에서 부족으로

일본은 1937년 7월 노구교(蘆溝橋)사건을 빌미로 중일전쟁을 일으켰다. 중일전쟁은 그 동안 과잉미 대책을 중심으로 하던 미곡정책에 근본적인 변화를 가져오는 계기가 되었다. 1937년까지 미가 회복을 위해 전력을 기울이던 일본 농림성은 군량미의 원활한 공급과 비축을 위해 증산을 독려하지 않으면 안 되는 처지로 상황이 급변하였다.

식량은 전쟁 수행을 위해서 가장 필수적인 물자의 하나로서 조선은 전시(戰時) 식량공급기지로서 다시 부각되었다. 농림성은 전쟁이 확대되면서 징병으로 인한 농업 노동력의 감소와 비료와 석유 등 각종 농업 생산자재의 공급 축소로 농업 생산량이 필연적으로 감소된다고 보고 대책 마련에 들어갔다. 일제는 조선에서 적극적인 증산을 통해 전시 식량을 확보하는 것을 식량정책의 우선순위에 두었다.

일본정부는 중일전쟁을 일으킨 직후인 1937년 9월 미곡의 응급조치에 관한 법률을 제정 공포하였다. 미곡응급조치법은 정부 보유미를 군용으로 매도할 수 있도록 하는 것으로 중일전쟁과 관련하여 필요한 군량미를 확보할 수 있도록 하기 위한 조치였다. 그러나 중일전쟁이 일어난 1937년의 쌀 작황은 일본은 풍작, 조선은 대풍작이었다. 이에 따라 1938년 조선으로부터의 미곡이출은 1,000만 석을 돌파하였다.

일본은 1937년의 대풍을 일시적인 것으로 보고 전쟁 수행을 위해 1938년 말부터 농업생산력의 유지 증진에 관한 대책과 농업생산을 위한

물자의 수급조정을 위하여 임시농촌대책부(臨時農村對策部)를 설치하
였다. 농림성은 임시농촌대책부를 중심으로 1939년부터 미·맥 및 기타
농산물의 증산계획을 수립하고 이의 시행에 들어갔다.

2) 조선미의 증산정책과 朝鮮增米計劃의 추진

조선총독부도 본국의 방침에 따라 1939년 다시 미곡증산계획을 수립
하였다. 총독부는 1934년 일본정부의 종용에 따라 중도 포기하였던 조
선산미증식계획을 수습하여 5년 만에 다시 세운 미곡증산계획을 증미계
획(增米計劃)이라고 명명하였다.

증미계획은 1939~1941의 3개년 동안 수리안전답 70만 정보의 토지
생산력을 높이고 수리불안전답의 절반인 약 49만 정보에 대하여 토지개
량사업과 경종법의 개선을 통해 연간 약 226만 석의 쌀을 증산한다는
것이었다.[1] 총독부는 증미계획을 위하여 40만원의 예산을 책정하였다.

증미계획은 실시 첫해인 1939년 조선 중·남부지방에 엄습한 한발로
미곡 생산량이 평년작 대비 56%가 줄어든 대흉작을 만나면서 결정적인
차질을 빚게 되었다. 1939년 조선의 미곡생산량은 1,436만 석으로 이것
은 1938년의 2,410만 석 보다 약 1,000만 석이 줄어든 근래에 보기 드문
흉작이었다.

총독부는 1940년 증미계획을 보강하여 다시 1940~1945년 6개년 계
획으로 조선증미계획(朝鮮增米計劃)을 세우지 않을 수 없었다. 조선증
미계획은 16만 3천 정보에 대한 토지개량사업과 경종법 개선을 통하여
연간 680만 석을 증산한다는 내용이다.[2]

---

1) 『朝鮮農會報』, 1939. 2. p.124.
2) 농지개량조합연합회,『농조연합회10년사자료집』, 1989, pp.129-130; 농림부·한국
   농촌경제연구원,『한국농업·농촌100년사』상, 2003, pp.719-721.

1941년 일본이 미국의 진주만을 기습하며 제2차 세계대전에 뛰어들면서 식량 증산문제는 절박한 과제가 되었다. 조선총독부는 조선증미계획에 이어 1941년에는 식량전작물증식계획(食糧田作物增殖計劃)을 세우고 잡곡의 증산에도 나섰다. 조선총독부는 조선증미계획을 수정, 연장하여 1950년까지 총 2,964만 석의 쌀 생산을 목표로 하는 조선증미갱신계획(朝鮮增米更新計劃)을 수립하고 그 사업대행기관으로 조선농지개발영단(朝鮮農地開發營團)을 창설하였다.

조선총독부는 조선증미계획과 조선증미갱신계획을 추진하는 데 비용이 많이 들고 시간이 오래 걸리는 대규모 관개시설의 건설보다는 경종법의 개선에 상대적인 중점을 둔다는 생각이었다.3) 그러나 조선증미계획은 전쟁이 확대되면서 노동력 및 비료·석유를 비롯한 각종 자재의 부족과 물가상승으로 시작부터 차질을 빚었다. 이 기간 동안 한발과 풍수해도 유달리 심하였다. 이 때문에 조선증미계획은 일제가 패망할 때까지 한번도 연차 별 목표도 달성하지 못하였다.

---

3) 토지개량사업은 몇 개의 예외(평남 평원군 소화수리조합, 황해도 어두진수리조합, 충남 예산·당진의 예당수리조합, 충남 논산수리조합)를 제외하고 주로 기성답의 소규모 관개개선과 경지정리에 중점을 두고 신규 개답은 관개개선과 동시에 실시하는 것이 유리한 경우에만 실시한다는 방침을 세웠다. 경종법의 개선은 품종 개량과 비료의 증투 및 부락 공동작업 등을 내용으로 하는 것이었다. 朝鮮總督府 農林局, 『朝鮮の農業』, 1942, p.205.

2. 일본의 미곡시장 폐쇄와 유통의 전면적 국가관리

1) 국가총동원법의 제정과 미곡취인소와 정미시장의 폐지

일본은 1938년 전쟁수행체제로 전환하기 위하여 국가총동원법(國家總動員法)을 제정하였다. 일본은 국가총동원법의 시행에 따라 1939년 이후부터 쌀의 생산과 유통도 국가관리 상태로 들어가게 하였다. 일본은 전시체제로 진입하게 되었고 따라서 과잉미곡의 통제를 목적으로 한 각종 법률은 사실상 그 유효성을 잃게 되었다.

일본은 1939년도를 기하여 미곡수급은 과잉시대로부터 부족시대로 들어갔다. 조선으로부터의 이입량은 흉년으로 전년보다 40% 이상 감소한 569만 석에 불과하였다. 시장에서는 전시체제에 따른 노동력과 각종 자재의 부족 등으로 미곡의 공급부족을 예상하고 매점이 성행하여 미가는 폭등하였다.

일본은 전시 상황 아래서 군수용 쌀의 확보 및 미가의 안정과 소비자의 불안을 최소화하기 위해 미곡시장을 정부의 통제 아래 두기로 결정하였다. 이를 위해 일본은 1939년 3월 미곡배급통제법을 제정하고 4월부터 시행에 들어갔다. 미곡배급통제법은 시장의 미곡 유통기구를 정리하여 투기를 억제하고 시장에서 미가 변동의 범위를 제한하는 한편 생산자로부터는 생산물을 공출(供出)하고 소비자에게는 미곡을 배급하기 위한 법적 근거를 만들기 위한 것이었다.

일본정부는 미곡배급통제법과 이에 근거한 각종 성령(省令)[4]에 따라

---

4) 일본은 1939년 11월 미곡배급통제법에 있는 명령규정을 발동하여 미곡의 배급통제에 관한 응급조치를 省令으로 공포하여 생산자로부터 미곡을 강제 매상할 수 있는 길을 열었다. 뒤이은 미곡응급조치법의 제1차 개정으로 정부는 쌀의 배급을

미곡시장을 정부의 의도대로 개편하기 시작하였다. 제일 먼저 내린 조치
는 지금까지 청산거래를 업무로 하던 미곡취인소(米穀取引所)와 미곡
현물도매시장인 정미시장(正米市場)을 폐지하고 일본미곡시장주식회사
(日本米穀市場株式會社)를 설립하는 것이었다.

1939년 10월부터 일본미곡시장주식회사가 개설됨에 따라 1876년 개
설된 대판당도미곡취인소(大阪當島米穀取引所)를 시작으로 도쿄(東京),
나고야(名古屋), 교토(京都), 고베(新戶) 등 19개 지역의 미곡취인소가
폐쇄되었다. 또 같은 해 10월부터 정미시장규칙이 폐지됨에 따라 1930
년이래 개장하였던 東京의 욱천정미시장(旭川正米市場)을 시작으로 아
오모리(青森), 이바라키(茨城), 벳부(甲府), 고베 등 14개소의 현물시장
이 문을 닫았다.

일본미곡시장주식회사는 정부의 위탁에 의한 미곡의 매매와 미곡의
유통과 통제를 위해 필요한 사업을 하는 것을 목적으로 하였다. 미곡시
장은 일본미곡주식회사만 개설할 수 있도록 하였는데 일본미곡시장주식
회사는 현물 중심의 도매시장을 운영하였다.

미곡시장에서의 거래는 명병, 등급에 의한 거래 대신에 견본(見本)과
상대매매의 방법으로 하고 매매성립 후 5일 이내에 수도(受渡)하는 현물
거래가 중심이 되었다. 일본 미곡시장의 오랜 전통이던 청산거래와 차금
결제는 폐지되었다.

미곡배급통제법은 지금까지는 자유롭게 영업하던 미곡상을 허가제로
전환하면서 미곡 상인들에게 매도·양도 등 배급통제상 필요한 명령을
내릴 수 있도록 하였다. 이어 일본정부는 1939년 11월 미곡배급통제법

위해 필요한 경우 매도를 명령할 수 있게 하고 쌀 이외의 곡류도 매매할 수 있도
록 하였다. 미곡관리규칙은 농민들이 생산한 쌀은 자가보유미를 제외하고 정부에
전량 판매할 의무를 지도록 하는 것이었다. 또 통제미의 유통은 원칙적으로 특정
경로로 통일하고 일본 내지·도·부·현의 管外 이출미에 대해서는 전국판매조합연
합회로부터 정부에 매도하도록 강제하는 것이었다.

에 관한 응급조치라는 칙령을 통하여 미곡의 유통업자·생산자·소비자에게 미곡의 매입과 출하에 대해 강제적 명령을 내릴 수 있게 하였다.

2) 미곡국가관리안요강과 조선미의 직접 통제

1939년 말부터 미곡사정이 눈에 띠게 악화하면서 미가가 폭등하자 일본은 미곡의 유통과 관리를 정부가 담당할 수 있도록 1939년 11월 각의(閣議)의 결정으로 미곡국가관리안요강(米穀國家管理案要綱)을 만들었다. 이 요강은 미곡의 공출과 배급 요령을 규정하고 있는데 말미에 "본 대책의 효과를 완성하기 위해 외지에서도 적당한 대책을 강구할 것"을 부기하여 조선과 대만에서도 같은 조처를 취할 것을 요구하였다.

일본은 미곡국가관리안요강에 따라 1940년 8월 20일 농림성령으로 임시미곡통제규칙과 동년 10월 24일 미곡관리규칙을 연달아 제정하고 미곡의 국가관리에 돌입하였다. 일본정부는 또한 조선과 대만에서 생산하는 식민지미에 대해서도 일본 농림성의 직접 통제 아래에 두는 조치를 취하였다. 이에 따라 일본 농림성은 조선미등 식민지미에 대해서도 출하명령권을 가지게 되었다.

일본의 미곡국가관리안요강의 요점은 다음과 같다.[5]

① 정부는 내지·도·부·현의 관외(管外) 이출미, 외지미(外地米), 외미(外米) 등의 국가관리를 최종 목표로 하여 단계적으로 미곡의 집하(集荷)·배급 통제를 강화한다.

② 미곡 국가관리의 원만한 달성을 위해 생산자단체(농회, 산업조합 계통기관, 농업창고)를 주체로 하는 일원적 집하기관을 확립한다.

③ 정부는 전국 도·부·현에 대하여 미곡 공출수량의 할당을 통보하고 도·부·현은 이 양을 시·정·촌에 분할 할당한다.

---

5) 櫻井 誠, 『米その政策と運動』 上, 農村文化協會, 1989.

④ 농림대신의 지시에 따라 지방장관은 시·정·촌 단위조합에서 현판련(縣販連)에 집하된 미곡은 당해 소비 부(府)·현(縣)에 할당 수송한다.

⑤ 소비 부·현은 당해 지방장관의 지시에 따라 임시미곡배급조합을 통하여 소비자에게 판매한다.

⑥ 외지미는 전부 정부보유미에 포함시켜 반미(飯米) 부족지역에 수시로 판매한다.

미곡국가관리요강은 생산자·지주가 판매하는 쌀은 산업조합 계통을 통하여 정부에 판매해야 하는 것을 의무화하였다. 또 미곡을 소유·점유하고 있는 자도 마찬가지로 정부에 매도하도록 하였다. 이와 같은 일련의 조치에 따라 그 동안 시장에 의하여 움직이던 유통이 대부분 금지되는 동시에 자본주의적 자유 미곡시장은 그 뼈대가 해체되고 정부에 의한 관영 유통체제가 대신 들어서게 되었다.

3) 식량관리법의 제정과 모든 식량의 전면적 국가관리

일본의 식량사정이 극도로 어렵게 된 것은 1941년 12월 태평양전쟁에 돌입하면서부터였다. 일본은 1942년 2월 지금까지 여러 개의 임시적인 법령을 통하여 운용하던 미곡통제정책을 하나의 법률로 정리 통합하고 전시 식량통제를 강화하기 위해 쌀은 물론 기타 식량까지 국가가 관리하는 식량관리법(食糧管理法)을 제정하였다.

식량관리법은 미·맥 뿐 아니라 기타 식량[6]도 국가의 통제체제 안에 편입시켜 관리하고 또 시장을 대신하여 식량을 관리하기 위한 기구를 창설하기 위한 것이었다. 이 법에 따라 생산된 미·맥은 정부가 공출(供出)

---

6) 식량관리법(제2조)에서 주요 식량이라 함은 미곡, 대맥, 과맥(稞麥), 소맥, 기타 칙령이 정하는 식량을 말한다고 하여 米·麥을 비롯하여 대부분의 잡곡을 주요 식량으로 포함하고 있다. 동 시행령에는 澱粉, 감자, 고구마, 麵類, 기타 가공식품, 빵 등도 주요 식량으로 명시하고 있다.

을 통해 매상(買上)하는 동시에 기타 식량도 하나의 카테고리에 포함시켜 종합적으로 관리하게 되었다. 일본은 배급사업을 전담시키기 위하여 중앙과 지방에 식량영단(食糧營團)을 창설하였다. 식량영단은 식량을 가공하거나 비상용 식량을 저장할 수 있는 기능도 갖고 있었다. 식량관리법의 주요 조항은 칙령(勅令)을 통해 조선과 대만에도 적용하도록 하였다.

> 1942년 7월부터 시행된 식량관리법의 주요 내용은 다음과 같다.[7]
>
> ① 미곡·대맥·과맥(稞麥·쌀보리)·소맥(이하 米麥으로 칭함)의 생산자 또는 지주는 자가 소비분을 제외한 판매미는 모두 정부에 매도한다. 정부의 매입가격은 칙령이 정하는 바에 의하여 생산비와 물가 기타 경제사정을 참작하여 결정한다.
> ② 집하(集荷)및 유통은 산업조합 계통으로 일원화한다. 생산자는 미·맥을 농회의 출하통제에 따라서 판매조합에 매도하고 도·부·현 판매조합연합회는 이것을 전국구매판매조합연합회(全國購買販賣組合聯合會)에 위탁한다. 전국관련은 이것을 정부에 매도한다.
> ③ 정부가 매입한 미맥의 매도(賣渡)는 식량영단 또는 정부가 지정한 자로 한정한다. 식량영단 이외의 매도선(賣渡先)은 군·관청·미맥 취급업자, 또는 기타 단체에 한한다. 매도가격에 대해서는 가계비와 물가 기타 경제사정을 참작하여 정한다.
> ④ 정부는 주요 식량에 대하여 직접 수·이입을 할 수 있으며 타자의 수·이입은 정부의 허가를 받아야 하고 수·이입한 미맥은 명령에 따라 정부에 매도해야 한다.
> ⑤ 정부가 정한 식량배급계획에 따라 주요 식량을 배급하기 위하여 식량영단(食糧營團)을 설립한다. 일본미곡시장주식회사는 중앙식량영단(中央食糧營團)에 흡수 통합시킨다.

---

7) 일본은 식량관리법 제2조, 제11조 제1항, 제4항, 제12조, 제32조 제1항, 제2항의 규정, 제3조 제1항 중 미맥 등의 약칭에 관한 규정을 조선에도 적용하기 위하여 식량관리법 조선시행령을 칙령 제598호로 제정하였다.

4) 농가와 지주의 自家保有米制度

식량관리법은 농가와 지주는 생산하거나 또는 소작료로 받은 미곡 가운데 자가보유미를 제외한 나머지를 정부에 매도하도록 규정하고 있다. 미곡관리규칙은 자가보유미의 수량은 다음과 같은 기준에 따라 결정하도록 하였다. ①연령별 1인당 소비량을 기초로 가족 수에 따라 계산한 1년 분의 수량(구체적으로 15세 이상의 남자 미작 종사자는 표준에서 30% 추가, 여자는 10% 추가함), ②이 수량의 100분의 1(된장·간장 등을 만드는 데 필요한 량), ③종자용 소요량의 3배를 가한 수량으로 하였다.[8]

1941년 4월에 고시한 도·부·현 1인당 기초 소비량은 미작에 종사하는 자는 1일당 2.76~3.11홉, 평균 2.88홉(合), 일반 소비자는 2.03~2.21홉, 평균 2.13홉이었다. 고미(古米), 쇄미(碎米)는 위의 계산에서 제외하였다. 지주는 지구 내의 토지로부터 받는 소작미 가운데 자가용 보유미를 가질 수 있으나 해당 도·부·현에 거주하지 않는 부재지주는 자가용 보유미를 가질 수 없도록 하였다. 이 결과 지주가 받는 소작미는 자가보유미를 제외한 전량을 정부 관리미로 판매하도록 하고, 부재지주는 현물 소작료가 아닌 금납(金納)으로 하도록 하였다.

5) 공출부락책임제와 공출사전할당제의 실시

1942년산 쌀의 공출 할당은 농회가 부락을 통하여 개개 농가에 할당하였으나 1943년산부터는 시·정·촌장이 부락 단위에 할당하고 개인별 할당은 부락의 협의에 따라 결정하도록 하였다. 이것은 지역 특유의 공동체의식을 활용하여 할당된 공출량을 부락 전체가 책임지고 달성하도

---

8) 櫻井 誠, 『米その政策と運動』 上, 農村文化協會, 1989. p.216; 247.

록 하기 위한 것이었다. 부락의 공출책임량을 납부하고 남는 쌀이 있으면 이것을 부락의 특별 관리미로 보관하여 화재나 장제(葬祭)시 등에 사용할 수 있도록 하였다. 할당량을 초과하여 자발적으로 더 공출한 자는 국가가 표창하도록 하였다.

1944년산 미부터는 공출량을 평년작의 수량을 기준으로 하여 벼를 심기 전에 미리 공출량을 할당하는 사전할당제로 강화하였다. 부락의 공출량은 할당량의 90%를 초과하여 100%에 이르는 부분에 대해서는 생산자에게 석당 40원, 지주에게는 15원의 공출 장려금을 교부하였다. 할당량 이상으로 공출하는 부락에 대해서는 이 초과분에 대해 생산자에게는 석당 100원, 지주에게는 75원을 교부하였다.

6) 食糧營團의 설립과 식량의 배급

식량관리법에 따라 창설한 식량영단은 중앙식량영단과 지방식량영단으로 나누어 설립하였다. 중앙식량영단은 중앙통제기관으로 종전의 일본미곡주식회사를 중심으로 전국미곡상조합연합회, 전국제분(製粉)배급주식회사, 일본정맥(精麥)공업협동조합연합회, 일본제면(製麵)공업조합연합회가 통합하여 설립하였다.

자본금의 반액은 정부가 출자하고 나머지 반액은 일본미곡주식회사 등이 출자하였다. 지방식량영단은 도·부·현 별로 미곡상조합을 중심으로 소맥분·국수·빵·잡곡 등의 단체가 통합하여 생겨났다. 자본금은 중앙식량영단이 반액을 출자하고 나머지는 관계 단체, 개인, 판매조합연합회 등이 출자하였다.

식량영단은 정부로부터 미곡을 매도 받아 이를 정미(精米)하여 배급소에 할당하였다. 배급소는 통장제(通帳制)를 통하여 민간에게 미곡을 배급하였다. 지방식량영단의 배급업무는 일부 지역에서는 산업조합이 대행하였다. 이것은 인구가 적은 농촌 등에서는 구매조합이 식량영단을 대신하여 배급하는 것이 효율적이기 때문이었다.

7) 銘柄米의 정리와 水稻-陸稻의 가격차 철폐

전쟁 말기에는 미곡을 포함하여 모든 식량이 극도로 부족하였다. 일본정부는 쌀의 질보다는 양의 확보를 우선으로 할만큼 다급하였다. 미곡의 수량을 조금이라도 더 증산하기 위하여 가격차가 존재하던 명병을 1944년 산부터 완전히 폐지하였다. 또 지금까지 존재하던 수도(水稻)와 육도(陸稻)의 가격차와 떡쌀과 주조미(酒造米) 간의 가격차도 철폐하였다. 전쟁이 끝나가던 1945년에는 미곡의 부족이 심각하여 가정배급기준량을 10% 인하하지 않으면 안 되었다. 이마저 보리, 잡곡, 서류, 돼지감자 등으로 대체 배급하는 경우도 허다하였다.

3. 조선총독부의 미곡시장 폐쇄와 미곡의 유통관리

1) 조선 米穀市場의 폐쇄

조선에서는 1939년 중남부지방을 엄습한 한발로 미증유의 대 흉작을 맞았다. 여기에 중일전쟁의 확전으로 인한 식량사정의 악화까지 겹쳐 시장에서 쌀값이 폭등하고 매점·매석이 일어났다. 조선총독부는 미곡의 수급과 가격의 안정을 위해 미곡시장을 통제하지 않으면 안 될 상황이었다. 때마침 일본에서 전쟁수행을 위한 유통 통제정책을 시행하자 조선총독부도 일본의 통제정책을 뒤따라 거의 같은 시기에 같은 조치를 취하기 시작하였다.

조선총독부는 1939년 3월에 공포한 일본의 미곡배급통제법에 대응하여 그 동안 민간에 의해 운영되어 오던 미곡시장을 폐쇄하고 관영 미곡시장을 세워 미곡의 유통을 통제할 목적으로 1939년 9월 조선미곡시장주식회사령을 제령 제15호로 공포하였다. 이에 따라 조선 내에서의 모든 미곡취인소(米穀取引所)와 정미시장(正米市場)은 폐쇄되었다. 문을 닫은 6개 취인소는 조선취인소(인천취인소), 군산미곡취인소, 목포미곡취인소, 대구미곡취인소, 부산미곡취인소, 진남포미곡취인소였고 경성정미시장, 부산정미시장, 군산정미시장, 목포정미시장 등 모든 정미시장이 문을 닫았다.

총독부는 그대신 새로 설립한 조선미곡시장주식회사(朝鮮米穀市場株式會社)로 하여금 경성과 취인소가 있던 도시에 현물 및 미착물(未着物)시장을 열어 미곡 판매를 독점적으로 운영하도록 하였다. 총독부는 시장회사와 거래원에 대해서 미곡의 배급 통제상 필요한 명령을 내릴 수 있도록 조치하고 미곡의 매매와 매개를 업으로 하려는 자에 대해서는 총독부의 면허를 받게 하였다.

총독부는 나아가 미곡시장 내에서의 미가 결정은 공정가격의 범위 이내에서만 가능하도록 하였다. 미곡시장주식회사는 자본금 500만원을 총독부와 민간(주로 대미곡상)이 공동 출자하여 만든 조직으로 총독부가 유사시에 미곡의 배급통제를 할 수 있도록 만든 관영회사였다. 종래 미곡 수이출상이 담당하던 미곡의 수이출도 금지하였다. 미곡의 수이출은 조선미곡시장주식회사가 전담하도록 하였다.

2) 官製 유통기구의 창설

총독부는 같은 해 12월 조선미곡배급조정령(제령 제25호)과 조선미곡배급규정에 의한 미곡배급통제에 관한 건(총독부령 제226호)을 공포하였다.9) 조선미곡배급조정령은 시장을 대신하여 미곡 유통을 통제하기 위하여 미곡배급기관을 설립하고 이를 지원하기 위한 법령이었다.

총독부는 조선미곡배급조정령에 따라 조선 내의 미곡 유통을 담당할 새로운 기구로 조선양곡중앙배급조합(朝鮮糧穀中央配給組合)을 만들었다. 그리고 각 도(道)는 도양곡배급조합(道糧穀配給組合)을 조직하고 부(府)·군(郡)·도(島)에는 부·군·도배급조합을 만들어 쌀의 유통과 배급을 담당하도록 하였다.

도양곡배급조합은 도지사가 지정하는 일부 양곡업자 및 양곡 판매실적이 있는 생산자(지주 포함)로 조직하였고 도지사가 그 업무를 감독하도록 하였다.10) 도지사는 미곡의 최고판매가격(조선총독이 지정하지 않은 것)을 정하여 판매자에게 이 가격으로 판매하도록 명할 수 있고 또 미곡의 이동, 판매에 관하여 필요한 명령 또는 처분을 내릴 수 있도록 하였다.

3) 총독부의 전시 식량대책

일본에서는 1940년 8월과 10월 농림성령으로 임시미곡통제규칙과 미곡관리규칙을 공포하고 미곡의 국가관리에 돌입하였다. 조선총독부도 이에 대응하여 정무총감의 명의로 1940년 10월 14일 「1941년미곡연도식량대책」을 발표하였다. 조선총독부의 1941미곡연도식량대책은 전시 식량대책으로 그 목적은 국민식량의 수급조정, 국민생활의 안정, 군수

---

9) 조선미곡배급조정령과 조선미곡시장주식회사령은 1943년 조선식량관리령이 제정될 때까지 조선에서의 미곡통제를 위한 법적 근거로 중요한 역할을 하였다.

10) 道配組合의 조합장은 도지사가 임명하고 조합원은 도지사의 승인 없이는 탈퇴할 수 없다. 도배조합은 도지사의 지시에 의해서만 해산한다. 조합원에 대한 이익금의 배당은 연 5%이내로 하되 도지사의 승인을 받아야만 배당할 수 있다.(道配組合規約準則)

(軍需)의 완전한 충족에 두었다.

1941미곡연도식량대책의 주요 내용은 다음과 같다.[11]

1. 출하통제
    (1) 본부(本府·조선총독부)는 주조용(酒造用), 제유용(製油用) 등 특
        수 용도의 것을 제외하고 일반에게 직접 식량으로 제공되는 양곡
        에 대해서는 원칙적으로 1인당 소비량은 동일하게 책정한다. 각
        도는 1년간의 소비수량을 사정하여 각 도지사에게 통달한다. 이
        경우 최근 조선경제의 경이적 발전에 따른 광공업, 어업, 건축업
        에 종사하는 노동자의 격증을 감안하여 이들에게 소비 수량을 특
        별히 고려할 수 있다.
    (2) 본부는 과잉도(過剩道)에 대하여는 과잉 수량을 매입 또는 강제
        보관을 명한다.
    (3) 과잉도는 과잉 수량을 도내 과잉군(過剩郡)에, 과잉군은 과잉읍·
        면에 각각 할당하여 출하를 통제한다.
    (4) 부족도(不足道)는 과잉도로부터 식량을 공급받는데 본부는 이것을
        지령한다.
    (5) 공출은 자발적 시행을 기대하나 필요가 있을 시에는 출하명령을
        발동하여 반드시 소정 수량을 확보해야 한다.

2. 수하(蒐荷)[12]
    (1) 공출을 명 받은 도는 농회 기타 산업단체의 도움을 받아 국민정신
        총동원부락연맹을 단위로 하여 공출필행회(供出必行會)를 조직하
        여 총협화정신(總協和精神)에 따라 자발적으로 공출하도록 한다.
    (2) 수하 양곡은 도양곡배급조합(이하 道配組合)이 일괄적으로 구입한
        다. 이 경우 생산자로부터의 구입은 원칙적으로 벼(租穀)로 한다.
    (3) 도배조합이 구입한 양곡의 매도선(賣渡先)은 본부의 지휘에 따라
        조선양곡중앙배급조합(당분간 조선미곡시장주식회사)가 대행한다,
        부족 도배급조합 또는 내외지(內外地)의 식량배급기관 또는 내외

---

11) 全國經濟調査機關聯合會 朝鮮支部, 『朝鮮經濟年鑑』, 1941·1942年版, pp.252-255.
12) 수하(蒐荷)는 集荷의 다른 말로 상품 또는 화물을 한 곳으로 모여들게 하는 것을
    의미한다.

지의 상인에게 판매한다.

3. 배급
  (1) 과부족도 간의 배급은 본부의 지령에 의하여 도지사는 도배조합에 분배한다.
  (2) 도내의 배급은 도지사의 명에 의하여 도배급조합은 부(府)·군(郡)·도(島)배급조합을 통하여 실시한다. 단 도지사가 지정하는 광산, 공장 등 중요한 소비자단체에 대해서는 직접 배급할 수 있다.
  (3) 공출을 명 받은 수량의 공출이 완료될 때까지는 도내의 자유거래는 금지된다.
  (4) 특수 용도에 제공되는 양곡의 배급은 본부의 지시에 의해 도지사가 도배조합(道配組合)에 명령을 내릴 수 있다.

4. 수이입(輸移入)
  (1) 수이입은 원칙적으로 본부(조선총독부)의 지휘에 따라 조선양곡배급중앙조합이 담당한다.
  (2) 수출입에 대해서는
    ① 거래의 상대는 본부가 지정한 기관으로 한다.
    ② 본부가 지정하는 상인은 거래를 중개할 수 있다.
  (3) 이출입 거래의 상대방은 식량배급기관 또는 상인으로 한다.
  (4) 예외적으로 도배급조합은 본부의 승인을 받아 이출입을 할 수 있다.

5. 도배급조합의 강화 확충
  현재의 도배급조합의 조직을 강화 확충하고 도지사의 강력한 감독 아래 둔다.

6. 감독 및 조성
  (1) 조선양곡배급중앙조합은 조선 내에서 도배급조합과 거래를 할 수 있다.
  (2) 매입 또는 강제 보관을 명 받은 양곡은 표찰 등을 붙여 다른 양곡과 구별하고 그 소재와 수량을 분명하게 하여 둔다.
  (3) 강제 보관을 명 받은 양곡은 이를 담보에 제공하거나 또는 이를 대상(代償)으로 강제 보관을 할 수 없다.

(4) 양곡배급통제로 인하여 통제기관이 입은 손실은 국고에서 보상
한다.

7. 자금의 알선
조선양곡중앙배급조합 및 도배급조합의 소요 자금은 본부에서 알선
한다.

8. 가격의 조작(操作)
(1) 공정가격은 생산자판매가격, 도매가격 및 소매가격의 3종류로 정
한다.
(2) 통제기관 상호간의 거래는 양곡 소재지의 공정가격에 따른다.

9. 소비규정(消費規正)
소비규정 가운데 절미(節米)에 대해서는 본부(本府)·도·군 기타의 당
국은 국민정신총동원연맹과 긴밀한 연락을 갖고 지방청의 수뇌부, 지
방유지 등을 망라하는 절미장려위원회(節米奬勵委員會) 등을 조직하
여 대용식(代用食), 혼식(混食)의 상식화(常食化), 양곡 중시 관념의
철저화 등 소비규정에 관한 취지를 심화시킨다. 도·읍·면은 일별 양곡
소비량을 예상하여 이것을 매월 1일 현재 재고량과 대비하여 양곡의
낭비 또는 퇴장을 억제한다.

4) 식량대책에 따른 전시 미곡 유통체계

조선미곡배급조절령과 1941미곡연도식량대책에 따라 조선에서도 전
시 미곡의 소비절약과 배급에 이르는 제반 대책이 시행되었다. 이 대책
은 수급의 추산, 절미운동, 미곡 및 잡곡 가격의 공정(公定), 잡곡의 수이
입, 미곡의 공출 및 배급통제에 이르는 전 유통과정에 이르는 것이었다.
각 도가 확보하게 될 미곡의 수량, 도간 미곡의 이동 등은 총독부의 명
령에 의하여 실시하고 매상(買上)은 도배급조합이 담당하도록 하였다.
동시에 총독부는 미곡의 강제보관령, 강제판매명령, 도외 반출금지령 등
을 발령하였다.

총독부는 1941식량대책에 따라 각 도 별로 미곡 소비량을 산정하고 이 것을 각 도의 생산량과 대비하여 과부족의 정도를 계산한 후 쌀이 남는 과잉도의 과잉미는 총독부의 관리미가 되어 총독부의 지시에 따라 부족도에 공급하고, 나머지는 일본으로 이출 또는 특수 수요에 배정하였다.

총독부는 연초에 전 조선에 걸쳐 균일하게 인구 1인당 소비량을 결정하고 이것을 도별 인구 수에 곱하여 도별 소비량을 결정하였다. 그리고 각도의 생산량을 취합하여 미곡의 과잉도와 부족도를 결정하였다.

과잉미에 대한 공출은 총독부가 과잉도에 공출 수량을 할당하면 도는 과잉군에, 군은 과잉면에 공출량을 할당하였다. 공출은 벼로 하였는데 공출 벼를 일정한 장소로 가져오면 도배급조합이 공정가격인 생산자판매가격으로 모두 매상하였다. 도배가 수매한 벼 가운데 이출 분은 조선미곡시장회사에 인계하고 도배가 배급할 물량은 정미업자에게 주어 7분도(7分搗) 미로 도정한 다음 도내에서 소비하게 될 물량 가운데 특별 수요는 도배가 직접 배급하고 나머지는 부(府)·군(郡)·도(島)배급조합으로 보내 소매상에게 할당하였다.

소매상은 할당 받은 쌀을 소비자들에게 배급하였다. 소매상은 가격을 마음대로 받을 수 없었다. 거래에 적용되는 모든 가격은 총독부령에 따라 최고판매가격에 따르지 않으면 안 되었다.

생산자가 벼를 공출할 때에는 각 도는 공출량 목표를 달성하기 위해 국민정신총동원부락연맹을 단위로 공출필행회(供出必行會)를 조직하여 공출을 독려하였다. 도배와 미곡시장회사의 공출 소요자금은 총독부의 알선으로 금융기관으로부터 융자를 받아 사용하였다.

일부 지역에서는 도배기구가 완비되지 않았기 때문에 농회 또는 산업조합이 대신하여 현물을 인수하고 금융조합이 대금을 지불하기도 하였다. 이때 금융조합은 전액을 현금으로 지불하지 않고 10%를 강제저축으로, 또 비료대, 조합비, 빌린 돈에 대한 상환금을 제외한 나머지를 공출

자에게 주었다.[13)

1941식량대책에서는 도내에서 미곡이 남는 군과 부족한 군이 있으면 이들 간에 잉여 미곡이 이동할 수 있도록 자유거래가 허용되었는데 이것은 통제미의 공출이 완료된 이후에만 가능하였다.[14)

식량사정이 악화하자 「1942식량대책」[15)부터는 총독부는 과잉도의 과잉미 전량을 통제대상으로 삼고 각 도는 과잉군의 과잉미 전량을 통제미로 지정하였다. 즉 모든 농민이 보유하고 있는 과잉미는 전량을 공출하도록 하고 시기와 관계없이 자유거래(自由去來)를 불법화시켰다. 이리하여 조선미곡배급조정령과 식량대책을 통하여 종래 시장이 담당하던 미곡의 유통과 이동, 쌀값의 결정, 배급이 완전히 총독부의 관리하에 들어가게 되었다.[16)

5) 道配의 해산과 도양곡주식회사의 설립

「1942미곡연도식량대책」은 미곡의 집하와 배급기관인 도양곡배급조합을 폐지하고 새 유통기구로 조선양곡주식회사와 도양곡주식회사를 설립하였다. 총독부는 조선양곡주식회사에게 미곡의 수이출과 군수이출(軍需移出) 업무를 배정하고 도양곡주식회사는 도간 도내의 양곡의 집하와 배급을 담당시켰다. 양곡주식회사는 회사의 형식을 취하고 있으나

---

13) 全國經濟調査機關聯合會 朝鮮支部, 『朝鮮經濟年鑑』, 1941·1942年版, pp.252-255.
14) 이때까지 총독부의 미곡통제는 특정지역의 과잉미에 한하였고 부족지역의 생산자가 생산한 미곡에 대해서는 통제하지 않아 미곡의 자유거래가 어느 정도 인정되었다.
15) 총독부는 1941년과 1942년에도 「1942미곡연도식량대책」과 「1943미곡연도식량대책」을 발표하여 각각 전년도 대책의 부족점을 보완하는 조치를 취하였다.
16) 조선총독부는 잡곡의 유통통제는 맥류배급통제요강(1940. 6.) 조선잡곡배급통제규칙1940. 7.) 및 소맥분배급통제요강(1940. 10.) 등의 총독부 府令을 통해 통제할 수 있도록 하였다.

공익을 목적으로 하는 총독부의 비영리 특수회사였다.

도배급조합을 폐지한 이유는 각 도배의 주요 구성원인 미곡상들이 도지사가 운영권을 쥔 도배에 대해서 소극적인 태도를 가지고 있는데다가 각 도의 도배는 어느 정도 독립적이었기 때문에 타도의 도배 또는 미곡시장회사와 마찰을 빚는 일이 많았다. 또 도배급조합이 전국에 걸쳐 업무체제를 완전히 갖추지 못하고 있어 총독부의 지시를 신속하게 이행하는데 한계가 있었기 때문으로 보인다.[17) 도배에 조합원으로 참여하였던 미곡상이나 지주들은 양곡주식회사에 참여할 때 미곡거래업자로서의 성격을 상실하고 출자자로 신분이 바뀌었다.

4. 太平洋戰爭의 발발과 식량의 전면적 국가관리

1) 식량의 전면적 국가관리와 朝鮮食糧營團의 창설

일본에서는 1941년 12월 태평양전쟁이 발발한 직후인 1942년 2월 식량관리법을 공포하고 그와 동시에 식량영단이 설립되어 일원적이고 종합적인 식량의 국가관리에 들어갔다. 조선에서도 일본을 뒤따라 1943년 8월 조선식량관리령을 制令 제44호로 공포하였다. 이어 동령 시행규칙이 府令 제280호로 공포되면서 조선의 식량도 전면적인 국가관리체제로 돌입하였다.

조선총독부는 조선식량관리령을 통해 일본과 마찬가지로 1943년부터 통제식량의 범주에 미·맥·과맥·조·콩 등 잡곡 이외에도 전분·곡분·고

---

17) 조선총독부의 잦은 배급기구의 변경에 대해서는 田剛秀, "戰時體制下 朝鮮에 있어서의 米穀政策에 관한 硏究-유통통제를 중심으로-"『경제사학』14, 1990, pp.110-117 참조.

구마·면류·빵·기타 가공품을 공출과 배급 통제의 대상에 포함시켰다.[18]

총독부는 더욱 강력한 식량의 통제 필요성에 따라 식량의 조작과 배급을 직접 담당하기 위하여 조선식량영단(朝鮮食糧營團)을 설치하였다. 조선양곡주식회사와 13개 도양곡주식회사는 해산되었다. 조선식량영단은 형식상 총독부와 민간의 공동출자에 의한 기구였으나 조선총독이 이사장, 이사, 감사, 평의원 전원을 임명하는 사실상의 국가기관이었다. 조선식량관리령은 식량영단을 통하여 국가에 의한 전체 통제미의 직접 매상과 매도제도를 처음으로 도입하였다

2) 자가보유미제도와 공출연대책임제

조선의 농민과 지주는 조선식량관리령에 따라 자신이 생산하거나 받은 소작미 가운데 자가소비량을 제외한 전량을 공출해야 할 법적인 의무를 지게 되었다.[19] 즉 조선에서도 자가보유미제도가 도입되었다. 자가보유미란 농민이 생산한 미곡 가운데 자가 식량과 종자로 사용되는 부분을 의미한다. 이에 따라 1943년산 미곡부터 종자와 자가소비량 이외의 쌀은 전량 총독부가 매입하도록 하였다.

지주가 받는 소작미도 자가식량 이외에는 전량 공출의 대상이 되었다. 과잉미를 대상으로 하던 통제원칙이 전 농민과 지주의 자가 소비량 이외의 전 생산량을 수매한다는 원칙으로 강화되었다.

「1943미곡연도식량대책」은 이전에는 통제대상이 아니어서 자유거래가 가능하였던 싸래기, 쭉정이 쌀 및 호밀 등을 새로 통제 대상에 포함시켰고 수하(蒐荷) 및 배급의 구체적 방법을 통해서는 부락공출책임제를

---

18) 朝鮮食糧管理令施行細則 第1條.
19) 1943년 조선식량관리령이 제정되기까지의 제반 유통규제는 법률이 아닌 총독부의 통첩 형식으로 집행되었다. 총독부가 통첩을 통하여 규제를 내릴 수 있는 근거는 1939년에 공포한 조선미곡배급조정령과 조선미곡시장주식회사령에 두었다.

도입하였다. 총독부에서 각 도와 부·군에 공출량을 할당하면 부·군은 읍·면에 할당하고 읍·면장은 부락에 공출량을 할당하였다.

행정계통을 통해 각 부락에 공출량이 할당되면 부락에서는 마을 내의 논의를 거쳐 각 농가에 공출 할당량을 정하도록 하였다. 만약 어떤 농가가 공출량을 납부하지 못할 경우에는 각 부락은 할당된 공출량을 연대책임으로 납부하게 하였다. 공출방법은 일시를 정하여 지정 장소에 농민들을 집합시켜 공동으로 공출 매상에 응할 것을 강요하였다.

총독부는 부·군·읍·면·곡물검사소·경찰서 직원으로 하여금 부·군양곡공출위원회를 조직하여 공출을 독려하였다. 농회와 금융조합, 산업조합은 공출 알선과 출하 독려의 역할을 담당시켰다.

3) 공출사전할당제와 농업생산책임제

1943년부터 전황이 악화되면서 외국미의 수입이 두절되고 일본의 식량사정은 더욱 어려워졌다. 일제는 조선에서 식량공출을 한층 강화하지 않을 수 없게 되었다. 총독부는 그 방안으로 1943년산 미에 대해서는 공출사전할당제를 실시하고 1944년산 미에 대해서는 농업생산책임제를 강행하였다.

공출사전할당제는 수확 직전에 실시하던 공출의 할당을 벼를 심을 때 미리 결정하는 것으로 흉풍과 관계없이 사전에 그 책임량을 할당하는 제도이다. 만약 흉년 또는 기타 이유로 농가가 책임량을 생산하지 못하면 그 부족량을 자가식량에서 보충해야 하는 가혹한 제도였다.

1944년산 미곡에 대한 사전할당제는 생산책임제와 결합하여 실시되었다. 농업생산책임제는 사전할당제와 함께 묶어 미리 결정한 공출량의 확보에 차질이 생기지 않도록 생산량까지 책임지라는 것이었다.

4) 식량배급의 방법과 기준

조선에서의 식량배급은 1939년 10월 대한발에 따른 이재민(罹災民) 대책으로 마련된 식량배급이 효시였다. 이 계획은 한해(旱害)지역의 식량대책으로 미곡의 부족을 보충하기 위해 잡곡을 수이입하여 구호가 필요한 농가와 일반 가구에 배급하기 위한 것이었다. 조선총독부가 전시 식량대책으로 부분적으로 미곡의 배급을 실시한 것은 1940년 5월부터였다. 이후 각종 식량배급에 관한 법령과 규칙이 마련되었고 그 시행범위도 점차 확대되어 밀가루, 육류, 우유, 소금, 술, 청과물, 생선까지 포함되었다.

<표 8-1>는 1944년 6월 현재 조선총독부에 의해 실시한 미곡을 비롯한 각종 식품류에 대한 배급 품목과 배급 통제의 수단과 근거 법령 그리고 담당 통제기관을 나타내고 있다.

식량배급의 방법은 통장제(通帳制)와 전표제(傳票制)로 나누어 실시하였다. 통장제는 일종의 쿼터제로 가구마다 일정량의 물품을 할당하고 그 양을 기록한 통장을 주고 물품을 배급할 때나 판매할 때 할당 물품의 수령량을 통장에 기록하는 방식이다, 전표제는 물품을 구입할 수 있는 쿠폰을 주고 이 쿠폰을 가지고 오는 사람에 한하여 쿠폰에 기재된 만큼의 물품을 판매하는 제도를 말한다.

경성부의 식량배급은 초기에는 전표제(매출표제)로 실시하였다. 경성부는 정회(町會·동회)로 하여금 배급을 받아야 할 인원을 조사한 후 정회를 통하여 전표를 교부하였다. 1인당 1회 배급량은 3~5일분 정도로 한정하였다.

경성부는 식량배급기구개혁안에 따라 1943년 3월 1일부터 기존의 양곡배급조합을 해산하고 부내의 8백여 미곡 소매상을 통합하여 미곡소매상조합을 조직하고 이들로 하여금 각 정(町) 단위로 배급소를 설치하여 운영하도록 하였다. 이 때부터 배급 방법을 종래의 매출표제, 단체·기숙사·합숙소의 특별배급제를 폐지하고 통장제로 통일시키는 한편 배급소에서는 소비자 카드를 비치하고 각 가정에 직접 배달하는 것을 원칙으로 하였다.

〈표 8-1〉 식량 및 기타 식품의 배급과 통제기관(1944년 6월 현재)

배급품목	통제수단	근거법령	통제기관
쌀	蒐荷, 배급	조선미곡배급조정령	조선미곡주식회사, 도양곡주식회사, 부군양곡배급조합
잡곡	수하, 배급	조선잡곡배급통제규칙	상동
곡물 加工副産物	수하, 배급	곡물가공으로생긴 부산물 등의 수급조정에 관한 건	조선농회, 조선중앙비료배급통제조합, 조선축산주식회사
밀가루	배급	소맥분배급통제에관한 건	조선소맥분배급통제협회, 각도소맥분배급통제회
연유·분유	배급	연분유배급통제에 관한 건	조선연분유이입조합, 각도연분유배급통제조합, 부군연분유배급통제조합
소금	배급(전매)	조선염전매령	조선염원매팔조합, 부군염사상조합
설탕	배급	조선사탕배급통제실시 건	조선사탕배급통제협회, 도사탕배급통제협의회, 부군사탕소매상배급통제조합
酒類	배급	주류배급기구정비에 관한 건	조선중앙주류배급협의회, 지방주류배급협의회, 지구주류배급협의회, 소지구주류배급협의회
식물성油	배급	조선식물성유지배급통제에 관한 건	조선식물성유지배급협의회, 도식물성유지배급협의회
조선산 과실	수이출	과실의 수이출통제에 관한 건	조선과실협회
이입 靑果物	배급	이입청과물의 배급통제에 관한 건	조선청과물배급통제협회
전분	배급	이입전분배급통제에 관한 건	조선전분이입배급조합
통조림	수하	관힐(罐詰)판매제한규칙	조선관힐업수산조합, 조선관힐협회
寒天	제조제한, 배급	한천수급조정규칙	조선한천공판주식회사, 조선과자공업조합, 조선한천수출조합
청과물	수하, 배급	조선청과물배급통제규칙	청과물배급통제위원회(추정지)
鮮魚介	수하, 배급	조선선어배급통제규칙	鮮魚介배급통제위원회(추정지)

자료: 朝鮮總督府 法務局, 『經濟情報』, 1943, pp.225-226; 朝鮮總督府 農産局, 「朝鮮 靑果物配給統制規則, 朝鮮魚介物統制規則解說」『通報』154, 1944; 이송순, 『일제하 전시농업정책과 농촌경제』, 선인, 2008, p.183에서 인용.

5) 京城府의 식량배급 방법과 배급기준

조선에서의 식량 배급량은 식량수급사정에 따라 해마다 그리고 지역에 따라 달라졌다. 1941년 성인 1인 1일에 2홉(合) 6작(勺), 노동자 6홉이었고 1회의 배급량은 10일분이었다. 경성부의 경우는 1회 배급량이 5~7일분이었다. 식량 배급량은 시간이 지날수록 악화되었다. 1942년에는 배급량이 일반인 2홉 5작, 노동자 5홉으로 축소되었고 쌀 소비를 줄이기 위해 혼식(混食)과 대용식(代用食)을 강제하였다.

1943년 이후에는 주식 배급량이 최저 기준인 3홉 3작에도 미치지 못하여 만주산 잡곡을 혼합한 혼식과 대용식을 강화하였다. 뿐만 아니라 설탕, 소금, 주류, 채소류, 육류, 어패류 등도 심각하게 부족하여 배급제로 나누어 주지 않을 수 없었다.

<표 8-2>는 1944년 경성부의 식량 및 기타 식료품의 배급통제 상황을 보여주고 있다. 쌀(잡곡 포함)과 설탕·생선류는 통장제를, 소금·우유·육류·채소류 등은 전표제를 통해 배급하였다. 그러나 전쟁이 막바지에 들어서면서 물자의 공급량이 대폭 줄어들자 배급에 정실 또는 부정이 생기고 암시장(暗市場)이 성행하게 되었다.

〈표 8-2〉 경성부의 미곡 및 기타 식료품의 배급통제 상황(1944년)

배급 품목	통장·전표의 종류	통장·전표의 연간발행회수	통장·전표의 발행자	통장·전표의 교부대상	통장·전표의 교부자	비고
미곡 (잡곡포함)	가정용 미곡통장	通帳 연1회	京城府	세대주·준세대 대표자	미곡배급소	노무자,중학생 이상은 증량
	업무용 미곡통장	통장 연1회	경성부	업무상 飯米로 미곡을 필요로 하는 자	경성부	
	응급 미곡배급 증명서	單票 신청시	경찰서	장기 체재자, 기타 사유가 있는 세대자	경찰서	지정 등록한자

소금	소금 구입표	單票 연1회	전매국	정착 세대	町會	
육류	가정용 육류구입표	애국반 단위로 윤번제, 단표 연1회	京城府	정착 세대	町會	지정 등록
	영리단체용 육류구입표	單票 연1회	경성부	요리집, 음식점, 여관 등	해당조합	
	비영리단체용 육류구입표	단표 연1회	경성부	합숙료, 기숙사 등	경성부	가까운 정육점에 등록
설탕	가정용 설탕구입 통장	통장 연1회	경성부	호별세 6등	町會	자유등록제
술	자치전표	입하때 단골에게 우선발행	업자	이상의 세대 단골	업자	
鮮魚	가정용 선어구입통장	통장 연1회	경성부	세대주	町會	자유등록제
연유·분유	傳票	필요시 단표	경성부	생후1년 미만 유아·병약자	町會	의사의 증명서
우유	傳票	필요시 단표	경성부	생후1년 미만 유아·병약자	정회	의사의 증명서
고추	구입권	겨울철 김장때	업자	주로 조선인 가정	정회	
채소와 果物	町會 단위로 할당	수급상황 참작하여 지구별로 할당	경성부	定住세대	町會	주로 김장때와 겨울철에 실시

자료: 杉山茂一, 『生活必需物資の配給に就て』, 1944, pp.11-14; 이송순, 『일제하 전시 농업정책과 농촌경제』, 선인, 2008, pp.197-198에서 인용.

6) 농촌의 식량배급

농촌에서의 식량배급 기준도 지역에 따라 달랐다. 평안북도의 경우 자가소비량 기준은 최고 1인 1일에 3홉으로 결정하였으나 거주 지역의 미곡 생산량 다과에 따라 군을 갑, 을, 병으로 구분하고 미곡과 잡곡의 비율을 달리 하였다. <표 8-3>과 같이 쌀 생산량이 많은 갑 군에서는 1인 1일 쌀 배급 기준량을 1.5홉으로 하고 쌀 생산량이 적은 군에서는 0.5홉에 불과하였다. 농촌에서의 1일 3홉의 자가소비량은 도시 거주 일반인의 2홉 5작보다는 높았으나 노동자에 대한 배급량 5홉에 비해서는 낮은 수준이었다.

<표 8-3> 평안북도 농촌지역의 자가소비량 기준

(단위: 1인/1일/슴)

지역	府郡	미곡	잡곡	합계
갑	신의주부, 용천군, 철산군, 선천군, 정주군, 박천군	1.5	1.5	3.0
을	의주부, 귀성군, 태천군, 영변군, 운산군	0.7	2.3	3.0
병	기타의 군	0.5	2.7	3.0

자료: 조선총독부 경무국 경제경찰과, 「긴급식량대책실시상황」, 『경제치안주보』 51 (1942. 4. 24.).

1942년산 미곡은 한발로 생산량이 감소하자 소비량 기준을 강화하여 3홉에서 2홉 5작으로 줄였다. 그나마 이 기준은 잡곡을 포함한 것이었다. 즉 지주와 자작농민은 쌀 1홉 5작과 잡곡 1홉, 소작인은 쌀 1홉과 잡곡 1홉 5작으로 차등을 두었다. 미곡의 생산자인 농민들에 대한 과도한 자가소비량 기준은 농민들로 하여금 생산량의 일부를 감추게 하는 등 공출에 대한 저항을 초래하였다.

1943년산 미곡은 공출사전할당제가 시행되면서 농민의 자가소비량은 더욱 줄어들 수밖에 없었다. 1944년산 미곡에 대해서는 공출사전할당제와 함께 2,600만 석의 생산책임제가 함께 실시되었는데 실제 수확량은 1,605만 석으로 무려 1,000만 석의 생산 차질을 빚었다. 실현 불가능한 목표를 달성하기 위한 공출사전할당제와 생산책임제의 결합 실시는 농민들에게 광범한 배일(排日)사상과 염전사상(厭戰)을 확산시켜 일제는 후방지역에서부터 전쟁수행능력을 급속히 상실하였다.

7) 전시 공출량과 공출미의 용도

일본은 정부에서 21억원에 달하는 특별회계를 가지고 농민들의 전 판

매량을 매상(買上)하여 정부가 직접 관리하고, 집하(集荷)는 법규에 따라
산업조합 계통기관이 전면적으로 담당, 각 통제회사는 무역이나 정부로
부터 불하 받은 후 배급을 주로 담당하였다. 그러나 조선에서는 총독부
가 직접 매상, 관리하지 않고 국책회사를 설립하여 그로 하여금 담당하
게 하였다. 법률적으로도 일본은 미곡관리규칙 및 여러 세밀한 법규를
만들어 통제를 한 반면 조선에서는 가급적 행정조치로 추진하였다.

〈표 8-4〉 미곡의 생산량, 농가보유량, 공출량 및 공출미의 용도

(단위: 천석)

생산 연도	생산량	공 출 량				농가보유량
		이출	군수용	조선내배급	계(공출량)	
1940	21,527	3,241	991	4,976	9,208	12,319
1941	24,886	5,295	979	4,982	11,255	13,631
1942	15,687	-	1,303	7,447	8,750	6,937
1943	18,719	2,737	1,384	7,835	11,956	6,762
1944	16,052	1,487	269	7,878	9,634	6,418

자료: 생산량, 공출량, 농가보유량은 朴慶植, 『日本帝國主義の朝鮮支配』下, 靑木書店,
　　　1973, p.193, p.383. 공출미의 용도는 『朝鮮經濟統計要覽』, 1949. 田剛秀, "戰時
　　　體制下 朝鮮에 있어서의 米穀政策에 관한 硏究-유통통제를 중심으로-"『경제사
　　　학』 14, 1990, p.144.

<표 8-4>는 조선과 일본의 쌀 생산량과 공출량을 비교한 것이다. 공
출율은 일본이 높았으며 할당량에 대한 공출 진척율도 거의 100%에 가
까웠다. 조선도 1943년 이후부터 부락책임공출제, 사전할당제가 실시되
며 공출율이 높아졌다. 1940~1945년까지 전 생산량의 40~60%가 강제
공출되었다.

조선에서 공출된 쌀의 사용처를 보면 1942미곡연도까지는 수이출량
이 최고 47%에 달했고 군용미는 목표량의 거의 100%에 달하였다. 조선
의 식량관리 주목적이 전시 수요에 대응한 군수미와 이출미의 대응에 있
었으므로 식량관리제도가 조선 내 식량 수급사정을 완화시킬 수 없어 공

출에 대한 저항도 커질 수밖에 없었다.

5. 미곡의 국가관리가 미곡 유통체계에 미친 영향

1) 자유거래의 금지와 미곡 유통경로의 변화

조선총독부의 1939년 조선미곡배급조정령과 조선미곡시장주식회사령, 1940년에 발표한 「1941미곡연도식량대책」은 미곡의 자유거래와 시장경제 시스템을 근본적으로 파괴하는 충격적인 조치였다. 총독부의 비상조치는 생산자로부터 소비자에 이르기까지 미곡의 유통경로를 크게 바꾸었다. 이후 실시된 「1942식량대책」, 「1943식량대책」은 미곡의 공출에서 집하, 유통, 분배에 이르기까지의 시장유통기구는 사실상 존재할 수 없게 만들었다.

더욱이 1943년에 내린 조선식량관리령으로 미곡과 기타 식량의 자유거래는 일체 금지되었다. 미곡 유통경로의 급격한 변화는 농민, 소작인, 지주, 농장주, 중매인, 정미업자, 미곡 도매상, 이출상, 소매상, 소비자, 그리고 미곡의 유통을 지원하던 금융기관, 창고업자, 운수업자에게도 중대한 영향을 미쳤다.

2) 미곡상과 정미업자의 몰락

전전(戰前)의 미곡 유통기구는 정미업자가 미곡 유통채널 가운데 절대적 강자의 지위에 있었다. 「1941대책」의 실시에 따라 총독부는 일부 유력한 미곡상을 조직하여 관제(官製) 유통을 담당하는 도배급조합(道配給組合)을 만들고 이들에게 미곡의 유통을 담당하게 하였다.

정미업자는 도배 또는 하급배급조합에 조합원으로 가입하여 독립된 정미업자로부터 배급기구에 예속된 하나의 임도정업자(賃搗精業者)에 불과한 지위로 전락하였다. 정미업자가 가지고 있던 정미(인접)시설은 도배(道配)로부터 임도(賃搗) 주문이 있을 때만 가동되었다. 조선 내의 방대한 정미설비는 약 50%만 가동되고 나머지는 유휴시설이 되었다. 이들은 식민지 조선에서 미곡 매매와 이출로 큰 부를 축적한 신흥 지배계급으로 성장하였으나 미곡시장의 해체로 하루 아침에 그 지위를 잃게 되었다.

전시에 들어가기 직전 조선에는 약 15,000개의 정미소, 제현소(製玄所) 및 지방의 소형 방앗간 등이 있었다. 이 가운데 일본 이출 및 조선 내 배급에 참여하는 정미소와 제현소 1,400개를 통합하고 지방의 영세 업자와 농민들의 지역 방앗간(賃搗所) 약 13,000여 개는 통합에서 제외되고 휴업상태에 들어갔다.[20)

미곡 유통기구의 변화로 직업을 잃게 된 중소 상인과 도정업의 종사자의 수가 얼마인지 알 수 없으나 상당한 숫자에 이른 것으로 보인다. 도정업은 한때 조선 공업의 대표적 지위를 차지하기도 하였고 가장 많은 수의 종업원을 고용하기도 하였다.

미곡상들은 상인의 신분에서 벗어나 각각 도(道)·부(府)·군(郡)·도(島) 배급조합의 조합원으로 배급기구에 참가하거나 폐업하지 않으면 안 되었다. 조합원이 된 미곡상는 조합의 지시에 따라 업무를 보고 조합에 이윤이 있을 때 배당금을 받는 신세가 되었다. 미곡상업자들이 조직한 배급조합은 협동조합과도 다른 조직으로 민법상의 임의조합에 해당하였다.

소매상은 그대로 존재하였으나 이들 역시 미곡소매상조합에 가입시켜 마음대로 영업을 할 수 없었다. 소매상은 배급기관이 소비자에게 할당한

---

20) 국가기록원 나라기록/ 국정분야별검색/ 농림해양수산/ 전시식량통제/ 조선식량관리령, 배민식.

미곡을 배달해주고 일정액의 구전(석당 1원 50전)을 받는 일밖에 할 수
없었다. 석당 1원 50전의 수수료는 통제 전에 비하여 절반밖에 되지 않는
수준으로 점포를 경영하기에도 어려운 수준이었다.[21] 이들은 형식상 자영
업자이나 실제는 임금을 받고 일하는 노동자와 다름이 없었다.

3) 생산자에게 미친 영향

조선에서의 미곡 공출은 1941년 추수기부터 실시되었다. 수탈적 성격
의 미곡 공출은 시간이 지나면서 더욱 강화되다가 1943년의 조선식량관
리령의 실시에 따라 최고조에 이르렀다. 자가보유미제도를 법적으로 확
립하면서 국가가 전체 통제미의 직접 매상과 배급에 나선 이 시점부터
총독부의 농민에 대한 수탈성도 피크에 이르렀다.

총독부는 전시 식량사정이 급박하여지자 자가소비량의 한도를 축소
하고 사전 할당과 부락 연대책임 공출제를 도입하면서 전 행정력과 경찰
력을 동원하다시피 하여 공출을 독려하고 감시하였다.

총독부는 1943년 전쟁이 격화되면서 농촌에서 농업생산과 공출을 위
한 인적 물적 자원의 동원이 어렵게 되자 이데올로기적 교육과 선전을
통해 이를 보충하고자 황국농민도(皇國農民道)를 들고 나왔다. 황국농
민도란 농업이 자본주의 체제 아래의 한 산업으로서 이윤 창출을 위하여
생산 및 유통을 지향하는 것이 아니라 일본제국과 천황을 위해 봉사한다
는 관념에서 농업에 종사해야 한다는 생각이다.[22] 이는 농민들이 수지
개념을 떠나 증산을 하고 생산물을 강제로 공출해야 하는 등 농민들의
이익과는 무관하게 전개되는 전시농정을 뒷받침하기 위한 이념적 근간

---

21) 全國經濟調査機關聯合會 朝鮮支部, 『朝鮮經濟年鑑』, 1941·1942年版, p.263.

22) 皇國農民道는 고이소 구니아키(小磯國昭) 조선총독이 처음 주장하였다. 이상의, 『일
   제하 조선의 노동정책 연구』 혜안, 2006, p.169 참고.

을 마련하기 위한 것이었다.

생산농민들은 생산비에도 미달하는 대금을 주고 가져가는 공출이 강화되자 각종 공과금과 빚을 갚을 길이 막막해졌다. 가정의 비상시에 대비한 금전의 마련은 물론 먹을 식량도 부족하게 되자 생산한 미곡의 일부를 은닉하는 등 자구책을 마련하지 않을 수 없었다.

뿐만 아니라 공출대금을 받을 때 대금의 10%를 강제 저축하게 하고 기타 각종 비용을 공제하기 때문에 공출에 대한 저항도 점점 커지고 일제의 식민정책에 반대하는 사조가 크게 번졌다. 일선 도·부·군에서는 농민들의 이와 같은 행위를 방지하고 할당된 공출량을 확보하기 위해 거의 모든 수단과 행정력을 동원하였다.

총독부는 공출촉진업무요강을 통하여 일선 공무원들에게 다음과 같은 요령으로 공출독려를 할 것을 지시하였다. ①도, 군 및 면 직원의 책임 담당구역 설정, ②도청 직원 일재감독반(一齋監督班)의 군, 면 파견, ③독려통첩 또는 독려전보의 발송, ④도내 유식자 층의 동원, ⑤농상국 간부의 일재독려, ⑥도 및 군 간부의 담당 부락에서의 숙박독려, ⑦경찰 관헌의 적극적 원조 협력, ⑧각종 지도기관의 총력적 응원, ⑨부정 반출에 대한 사찰과 단속을 할 것 등이다. 또한 이 업무요강은 ①공출 불량 부락에 대해서는 물자 배급의 일시 정지, ②불량자를 군청에 소환하여 공출서약서를 받고, ③공출 책임을 완료하지 못한 관공리에 대해서는 징벌할 것 등을 지시하였다.[23]

---

23) 近藤劒一 編,『太平洋戰下の 朝鮮』4, 1963, pp.91-92; 田剛秀, "戰時體制下 朝鮮에 있어서의 米穀政策에 관한 研究-유통통제를 중심으로-"『경제사학』14, 1990, p.131에서 재인용.

4) 소비자에게 미친 영향

조선에서는 1939년의 대흉년을 맞아 처음으로 쌀 소비절약 대책이
강구되기 시작하였다. 조선총독부는 쌀의 소비절약목표를 1937년도 소
비량 1,700만 석의 15%인 260만 석으로 잡고 절미운동을 시작하였다.
이와 함께 총독부는 1939년 10월 조선백미취체규칙(부령 제175호)을 공
포하여 7분도(7分搗)이상 및 혼사미(混砂米)의 판매를 금지하였다. 이어
같은 해 12월 조선미곡도정제한규칙(부령 제207호)를 공포하여 백미의
제조와 판매까지 금지시켰다.

조선총독부가 1940년 5월부터 전시식량대책으로 미곡의 배급을 시작
한 이후 시장에서 미곡을 구입할 수 없게 되었다. 총독부는 급격한 식량
사정의 악화에 대응하여 소비절약운동을 전개하였다. 경성부와 각 도는
한 달에 1회 내지 2회의 대용식일을 정해서 그 날은 음식점에서 쌀밥을
팔지 못하도록 하고 각 가정에서도 쌀밥을 짓지 못하도록 하였다. 혼식장
려를 위해서 아예 쌀과 보리 및 잡곡을 섞어서 판매하도록 하였다.

식량부족으로 매점매석이 일어나고 암거래가 나타나자 총독부는 쌀
과 잡곡을 포함한 모든 식량에 대해 재고조사를 실시하고 각 가정이 가
지고 있는 모든 식량을 신고하도록 하고 위반 시에는 처벌하였다. 식량
재고조사는 정동부락연맹과 애국반, 도시부의 정회(町會)가 담당하였다.
지나치게 많은 식량을 보유하고 있는 가정에 대해서는 강제적으로 환수
하거나 권고하기 위한 것이었다.

5) 기타 관련업자에 미친 영향

미곡 유통기구의 재편성이 생산자단체, 금융기관, 운송 및 창고업자
에 대한 영향도 대단히 컸다. 원래 농회와 산업조합 등의 생산자단체와

금융조합은 미곡의 공출시에 집하기구의 업무를 보완하는 일을 하였다. 이 단체는 공출미의 보관, 검사, 대금 지불, 강제 저축 등을 담당하였다.

미곡 유통기구의 재편성은 은행과 금융조합 등 금융기관에 대한 영향도 적지 않았다. 이들 금융기관의 미곡자금 대출 선은 미곡시장회사와 도·부·군·도의 배급조합에 한하게 되어 행정구역 당 1개의 배급조합에 대해 대출을 해주는 데 불과하였다.

배급조합은 민법상 임의조합으로 관청의 의도에 그 존폐가 달려있어 여신상 큰 위험을 수반하였다. 그럼에도 불구하고 행정당국은 배급기관에 대하여 적극적인 대출을 요구하였다.

미곡시장이 없어짐에 따라 운송업자와 창고업자도 업무가 크게 축소되었다. 업무량이 감소함에 따라 각 부문에서 정리 통합의 필요가 생겨 양자의 제휴 또는 병합에 이르는 경우도 적지 않았다. 이에 따라 고용의 축소, 소득의 감소가 불가피하였다.

제9장
요약과 결론

교통·금융·통신기관의 발달과 미곡 유통구조의 변화

일본은 1904년 러일전쟁의 수행을 위하여 경부선을 완공하고 1905년에는 서둘러 경의선을 개통하였다. 1905년 마산선(馬山線, 삼랑진-마산)을 완공하여 경부선과 접속하였다. 1910년에는 평남선(平南線, 평양-진남포)을 개통시켜 경의선과 연결하고 1914년에는 호남선(湖南線, 대전-목포)과 군산선(群山線, 이리-군산), 경원선(京元線, 경성-원산)을 완성하여 조선반도를 X자형으로 연결하였다. 이로서 부산, 인천, 군산, 목포, 진남포, 신의주, 원산, 마산 등 주요 미곡 수출항이 간선 철도망에 포함되었다.

일본은 신작로(新作路)란 이름의 근대적 도로망의 건설에도 착수하였다. 신작로는 조선 구래의 도로와는 달리 노폭이 넓고 직선화하여 자동차와 우마차가 다닐 수 있도록 만들었다. 1907년 진남포-평양, 목포-광주, 군산-전주, 대구-경주간 도로공사가 시작되고 1908~1910년에는 새로 14개노선이 착공되었다. 1908년에는 전주-군산간 46km의 신작로가 최초로 완공되었다.

철도와 신작로의 개통으로 철도 연변 지방의 미곡은 점차 철도를 통해 개항장으로 반출되었고 조선 최대의 소비지 시장인 한성으로 가는 미곡도 상당 부분 철도를 이용하게 되었다. 미곡의 운송 면에서 볼 때 철도는 조선의 수운(水運)에 비하여 훨씬 효율적인 운송수단이었다. 철도는 겨울철 결빙기나 장마철에는 운행할 수 없는 조선의 수운에 비해 상시 수송이 가능하였다. 철도는 수송 시간이 빠를 뿐만 아니라 미곡이 비에 젖거나 변질할 염려도 적었다. 철도는 해상 사고의 위험이 큰 조선 배보다 안전한 수송 수단이었다.

철도의 개통은 일본인 미곡상의 내륙지 이주를 촉진하였고 전화와 전보 등 통신기관의 발달은 이들의 영업활동을 확대하고 신속화하는데 중요한 역할을 하였다. 종전의 강과 해안의 포구(浦口)를 중심으로 하던 중계지 시장의 전통적 객주는 점차 소멸되었다.

조선에 근대적 금융기관이 생긴 것은 1878년 일본의 제일은행이 부산에 지점을 설치한 것이 처음이었다. 그후 일본의 18은행과 58은행이 조선에 진출하여 주로 일본 상인들의 무역금융과 송금업무를 취급하였다. 한일병합 당시 조선에는 8개의 은행이 있었다. 이들 은행은 모두 상업금융을 취급하였는데 당시 상업금융에서 중요한 부분을 차지하는 것은 미곡자금(米穀資金)이었다.

일본 상인들은 개항기에 조선에 진출하여 미곡을 사들일 때 현금을 지급하는 방식을 애용하였다. 중매인을 통해 미곡을 수집할 때 선대(先貸)를 주고 추수철에 미곡을 매입하기로 약속하는 청전매매(靑田賣買) 또는 입도선매(入稻先賣)의 방식도 많이 사용하였다.

일본 상인들은 미곡거래의 규모가 커질수록 많은 자금이 필요하였고 이들은 조선에 진출한 일본 은행을 통하여 거액의 미곡자금(米穀資金)을 융통하였다. 은행의 미곡자금은 조선 상인들이 이용하는 개인적 차금(借金)이나 어음의 금리에 비해 월등히 유리한 저리(低利)였다.

일본의 무역상들은 기선과 철도를 이용하여 미곡을 수송할 때 하환위체(荷換爲替) 또는 하위체(荷爲替)를 이용하여 대금을 미리 받을 수 있거나 융자를 얻을 수 있었다. 이들은 미곡거래를 위한 자금의 조기 확보와 판매 대금의 빠른 회전과 안전성의 확보가 가능하였다. 구매한 미곡을 창고에 저장하면 창하증권(倉荷證券)을 받을 수 있는데 이것을 담보로 금융기관에서 대출을 받을 수 있었다. 이출 미곡이나 장거리 수송에 대해서는 손해보험에 가입하여 불의의 손실에도 대비하였다.

조선의 전통적인 객주들은 미곡 매매 대금을 결제할 때 개인 어음을 이용하거나 아니면 위탁받은 미곡을 다 판매하고 난 다음 대금을 결제하는 것이 관행이었다. 이 때문에 대금의 결제가 제때에 이루어지지 않는 것이 다반사였다. 경우에 따라서는 대금의 결제가 계속 미루어지거나 결제 불능이 되어 영업을 계속하는데 지장이 많았다. 조선 상인들에게 하환위체나 보험은 생소한 제도였다. 일본 미곡상들은 은행과 보험회사 및 창고회사를 적절히 이용하여 조선의 미곡상에 비하여 자금 이용상 유리한 위치와 신용(信用)을 확보할 수 있었다.

정미업의 발전과 정미상의 유통과정 장악

1890년대까지 일본에 수출되던 쌀은 대부분이 당시 조선에서 거래되던 한백미(韓白米·中白米)였다. 한백미는 건조도가 낮아 수분이 많고 탈곡과 조제 과정에서 흙과 모래 등 잡물이 많이 혼입되어 일본시장에서 일본미에 비해 훨씬 싼 값에 거래되었다.

개항장의 일본 수출상들은 조선미가 일본시장에서 요구하는 상품성을 갖추면 훨씬 유리하다는 것을 알고 정미공장을 세우고 한백미를 구입하여 백미로 도정하기 시작하였다. 수출상들은 곧 일본시장의 수요에 맞추어 잡물의 혼입이 적은 현미(玄米) 또는 백미(白米)로 만들어 수출하였다. 이때부터 개항장에서 한백미의 거래는 감소하고 벼와 현미의 거래가 증가하기 시작하였다.

조선에서 처음 현대적 정미소가 세워진 것은 1892년이었지만 간선 철도망이 갖춰지면서 정미소는 철도를 따라 빠른 속도로 증가하였다.

조선의 정미소는 1933년 말에 1900여 개로 늘어났다. 정미소는 연산 500석 정도의 소규모로부터 연산 100만 석 이상의 대규모에 이르기까지 그 크기가 다양하였다. 이 가운데 현미 또는 백미의 연간 생산량이 1만 석을 넘는 대형 공장은 146개나 되었다. 생산규모 1만 석 이상의 현미공장은 전라남북도가 제일 많았고 정미공장은 인천, 부산, 경상남북도에 많았다. 대규모 정미소는 주로 일본인이 경영하였다.

정미업은 조선의 공업부문에서 특이한 존재였다. 예를 들면 1925년 현재 정미소가 조선 전체의 공장 수 가운데 차지하는 비율은 28.1%였다. 정미소의 종업원 수는 전체 공장 종업원 수의 21%, 정미소의 생산액이 조선 전체 공업 생산액의 53.5%를 차지하였다. 정미업은 조선의 공업 가운데 중심적인 것이 되었다. 이런 현상은 일본은 물론 다른 나라에는 없는 조선만의 특징이었다.

조선의 정미소는 고용면에서도 독특한 측면이 있었다. 일본으로 이출하는 백미를 생산하는 과정의 노동집약적 특성 때문이었다. 석발(石拔) 백미를 생산하는 정미소는 선미(選米)를 위하여 여공을 수백 명씩 고용하였다. 내수용으로 한백미를 생산하는 조선인 정미소에는 석발 여공이 없었다.

정미작업은 과거 농촌에서 자급자족 위주의 전통적 수노동(手勞動) 방식에서 벗어나 근대적 가공부문으로 완전히 분리되었다. 정미부문은 농민들의 손을 떠나 이출상과 정미상에 의해 장악되었다. 그러나 농촌에서 소비되는 한백미는 여전히 전통적인 절구와 디딜방아 등을 이용하여 생산하였다.

이입·이출세의 폐지와 일본 및 조선 미곡시장의 통합

조선총독부는 1912년 조선관세정률령(朝鮮關稅定率令)을 제정할 때 조선미 이출상의 청원을 받아들여 조선미의 이출세를 폐지하였다. 조선미에 대한 일본측의 이입세는 1913년부터 폐지되었다. 조선미에 대한 이출세와 이입세가 폐지됨으로써 조선과 일본의 미곡시장은 하나로 통합되었다.

1912년 석당 평균 21원하던 일본의 미가는 조선미의 이출세와 이입세가 없어지자 조선미의 이입량이 크게 증가하면서 1914년에는 석당 13원으로 약 40%가 하락하였다. 조선미의 일본 이입량은 1910년 50만 석 수준이었으나 이출세와 이입세를 철폐한 직후인 1914년에는 약 103만 석으로 급증하였다. 1915년에는 260만 석으로 비약적인 증가세를 보였다.

조선미를 일본 미곡취인소의 수도미(受渡米)로 상시 대용할 수 있도록 허가하고 조선미의 수도가격을 자율적으로 결정할 수 있도록 하는 조처는 일본의 미곡시장과 조선의 미곡시장을 하나의 시장으로 연결하는 상징적 결정이었다. 뒤이은 조선미의 이출세와 조선미의 일본 이입세의 폐지는 조선의 미곡시장과 일본의 미곡시장을 하나의 시장으로 통합하는 조치였다. 조선과 일본의 미곡은 아무런 장벽이나 규제없이 자유롭게 조선시장과 일본시장을 오갈 수 있게 되었다.

수도미의 상시 대용과 이출세와 이입세의 폐지는 일본의 미가가 조선의 미가에 영향을 주고 반대로 조선의 미곡사정이 일본의 미가 형성에 영향을 주는 관계로 발전하였다. 조선미의 일본 이출량이 많아지면서 조선미의 가격은 풍흉 등 특별한 경우를 제외하고는 일본 시세에 의해 큰 영향을 받게 되었다.

특히 조선 내의 미가는 조선미의 최대 수요지인 오사카에서의 현물시세 혹은 청산시세에 좌우되는 일이 많아졌다. 전신, 전화, 라디오 등 통신기관의 발달에 따라 오사카에서의 미곡 시세가 즉각 조선에 알려지고 그에 따라 조선미의 시세가 오르내리는 것이 보통이 되었다.

소비지 시장 유통구조의 이원화

한일병합 이후 경성에 일본인 거주자가 많아지자 쌀의 소비지 유통에 변화가 생겼다. 일본인들은 10분도(10分搗)의 정백미를 먹었다. 일본 미곡상들은 일본인 소비자를 상대하기 위해 남대문역(서울역) 일대에 정미소를 세우기 시작하였다. 일본 정미소는 원료미를 철도편으로 조달하면서 마포와 서강 일대의 조선인 정미소로부터 현미를 사들여 석발(石拔)백미를 생산하기 시작하였다.

마포방면에 있는 조선인 정미소는 점차 일본 정미소를 위해 현미만을 생산하는 곳으로 분업화하였다. 조선인을 위한 한백미의 생산은 서대문을 비롯하여 다른 곳에 있는 조선인 정미소에서 담당하였다.

한백미를 상식하는 조선인 소비자들은 조선인이 경영하는 쌀가게에서 한백미를 구입하고 일본인 소비자들은 일본인 쌀가게에서 정백미를 사먹었다. 자연히 경성의 미곡유통 채널은 소비자의 기호에 따라 민족별로 이원화 되었다. 식민지 지배하에서 수이출을 중심으로 하는 미곡의 유통은 일본 상인들이 압도적인 주도권을 쥐고 있었지만 조선인을 상대로 한 조선 내의 유통은 조선인 미곡상들이 전담하였다.

조선총독부에 의한 미곡중산과 조선미의 차별화

미소동(米騷動) 이후의 일본은 말서스적 인구·식량문제에 직면하였다. 연간 100만 명씩 증가하는 인구에 비하여 쌀의 일본 내 생산은 정체 상태였다. 이때 중요한 대안으로 떠오른 것은 조선 농업이었다. 일인 전문가들은 조방적(粗放的)이고 낮은 기술수준의 조선 농업에 과학적 농법을 도입한다면 저비용으로 식량증산의 목적을 달성할 수 있다고 보았다. 수입을 통하여 식량문제의 해결을 주장하던 재계(財界)도 제국 영내의 미곡자급정책에 합의하였다.

조선산미증식계획은 1920년부터 시작하여 1934년까지 제1기와 제2기로 나누어 15년간 계속되었다. 조선총독부는 1920년에 시작한 제1기 조선산미증식계획의 목적을 ①조선 내에서의 미곡의 수요증가에 대비하고, ②농가경제와 조선반도의 경제를 향상시키며, ③제국(帝國)의 식량문제를 해결하기 위한 것이라고 내세웠다. 제2기 계획의 목적도 제1기와 동일하였으나 국제수지 대책으로서 외국미 수입의 억제라는 목적이 추가되었을 뿐이었다.

조선총독부는 계획의 달성에 필요한 자금의 전부를 일본에서 들여올 뿐 아니라 전체 인구의 80%를 점하고 있는 농업부문의 경제력 향상이 식민지 통치상 큰 도움을 준다는 판단 아래 산미증식계획의 수정 추진에 적극 동참하였다.

조선총독부는 제2기 계획을 추진하기 위해 경제적 유인(誘因)수단을 강화하였다. 토지개량사업의 공사 단가를 현실화하여 사업 규모는 줄이고 정부 보조금과 저리자금의 융자 액수는 증가시켰다. 기존 답(畓)에 대해서도 화학비료의 구입을 지원하기 위해 저리자금을 알선하고, 토지개량 대행회사의 설립과 기업자 부담금을 축소하여 대행회사의 채산성을 높여주고 간척을 하는 개인에게도 보조율을 50%로 인상하였다.

조선총독부는 제2기 산미증식계획을 더 적극적으로 추진하고 업무는 전문화·세분화하기 위하여 토지개량부(土地改良部)를 만들고 그 밑에 수리과(水利課)와 개간과(開墾課)를 신설하고 토자개량과를 이속시켰다. 총독부는 사업대행기관으로 조선토지개량주식회사와 동척(東拓)에 토지 개량부를 신설하여 이 기구로 하여금 대규모 사업의 조사·설계와 공사 감독, 시설물의 유지 관리 등의 대행도 추진할 수 있게 하였다. 총독부는 수리조합, 조선농회 등도 동원하여 산미증식계획의 추진을 지원하도록 하였다.

제2기 산미증식계획은 1920년대 말까지는 순조롭게 추진되었다. 그러나 1929년 말 시작된 세계 대공황의 여파가 일본에 밀어닥치면서 일본과 조선의 농업무문도 큰 타격을 받게 되었다. 계속되는 불황으로 미곡 수요가 급감하여 쌀값의 폭락을 가져왔다.

일본에서는 식민지 쌀의 과다 공급 때문에 미가가 폭락하였다고 보고 조선미 배척운동에 나섰다. 조선총독부로서도 더 이상 대규모적인 농업 투자를 통한 증산의 명분을 상실하게 되었고 결국 1934년 산미증식계획의 중단을 선언하였다.

조선산미증식계획은 철저한 국가주도 증산계획으로 일본에서도 일찍이 실시되어 본일이 없을 정도의 대규모 개발계획이었다. 산미증식계획은 조선미의 지속적인 증산기반이 되어 미곡 시장규모를 확대하였다.

조선미는 건조와 조제의 불량으로 오랫동안 일본시장에서 평판이 좋지 않았다. 군산과 목포를 비롯한 일부 개항장에 있는 미곡상 단체가 이 문제를 해결하기 위하여 자체적으로 이출미에 대한 검사를 시작하였다. 조선총독부는 미곡검사를 도청(道廳)이 주관하는 사업으로 전환시켰다. 총독부는 미곡검사 내용에 품질검사를 추가하고 검사 등급을 세분하였다.

검사의 내용은 건조의 정도, 돌(石), 흙(土), 피(稗), 뉘(籾), 하미(蝦米), 청미(靑米), 적미(赤米), 死米(쭉정이), 碎米(싸래기) 기타 협잡물의 다소, 다른 연도 산(異年度産) 쌀의 혼입 유무, 용량과 중량 및 포장의 적부 등을 판단하여 등급을 결정하였다.

도영 미곡검사는 도비(道費)로 행하는 지방검사였다. 따라서 행정구역인 도 단위로 검사를 한 결과 동일 미곡일지라도 행정구역이 다르면 등급에 차이가 발생하고 거래 가격이 달라지는 등 불합리가 따랐다. 총독부는 이 같은 문제점을 해결하기 위하여 같은 기준을 전 조선에 통일적으로 적용하도록 1932년 칙령(勅令)으로 조선곡물검사소령(朝鮮穀物檢査所令)을 공포하였다.

총독부는 미곡의 생산 상태와 거래 계통에 따라 전 조선을 6개 지구로 나누어 각 지구의 대표적 집산지인 부산, 목포, 군산, 인천, 진남포와 원산에 조선곡물검사소의 지소를 설치하였다. 조선곡물검사소는 전국에 걸쳐 229개소에 출장소를 설치하였다. 조선곡물검사소는 직원수가 1천 명이 넘는 방대한 조직이 되었다.

총독부는 곡물검사소의 각 지소마다 관할구역 내의 모든 미곡에 대해 독점 검사권을 주고 고유의 명병(銘柄)기호를 부여하였다. 곡물검사소는 미곡의 검사기준을 종전보다 강화하였다. 조선미의 문제점이었던 건조기준도 달성하고 돌(石)의 혼입은 엄격한 관리로 1되에 돌이 2알 이상 있는 것은 불발미(不拔米)로 간주하여 검사에서 불합격시키고 수이출을 금지하였다.

곡물검사소는 쌀의 품종에 대해서도 고유의 기호를 부여하여 명병 기호와 품종 기호를 함께 사용할 수 있게 하여 특정 지역의 특정 품종의 쌀에 대한 차별화를 가능하게 하였다. 이에 따라 조선미는 6개의 프리미엄 브랜드가 탄생하였다. 조선미는 일본시장에서 견본 없이 브랜드 만으로 대량 거래를 할 수 있게 되었다. 일본시장에서 조선미의 가격은 일본미와 거의 동등하거나 때로는 더 높게 되었다.

空腹移出과 조선미의 이출량 증가

조선미의 대 일본 이출량은 생산량보다 훨씬 빠른 속도로 증가하였
다. 조선미의 일본 이출량은 1912년의 29만 석에서 1920년에 175만 석
으로 증가하였다. 1920년 이후 이출량의 증가는 조선산미계획의 추진과
밀접한 관련이 있다. 조선미의 이출량은 1924년에 400만 석대를 돌파하
면서 1934년에 946만 석, 1938년에는 기록적인 1,070만 석에 달하였다.
조선미 생산량의 절반 이상이 일본으로 이출되었다.

그러나 조선내의 미곡 소비량은 점차 감소하는 경향을 나타내었다.
조선내의 미곡 총 소비량은 1920년부터 1928년까지 1,100만 석대를 유
지하다가 1929년 이후 1936년까지는 8백만 석대로 하락하였다. 이 기간
동안 조선의 인구는 1,480만으로부터 2,138만으로 약 44%가 증가하였
다. 조선의 1인당 연평균 쌀 소비량은 1912년의 7.7두에서 계속 감소하
여 1935년에 3.8두로 반감하였다.

산미증식계획과 관련하여 특히 주목되는 점은 쌀 이출량의 증가율이
생산량의 증가율 보다 훨씬 빠르게 진행되었다는 점이다. 일제시대에 수
행된 한 연구는 1930년대 초 연평균 약 700만 석의 이출량 가운데 약
400만 석의 쌀은 조선사람이 먹어야 할 양을 줄여서 내보낸 이출량이라
고 보았다. 이 연구는 조선의 미곡 이출량의 지속적 증대는 쌀의 증산에
의한 부분보다는 쌀의 소비 절약을 통한 공복이출(空腹移出)의 성격이
더 크다는 추론을 내리고 이것은 사회적으로 정당화하기 어려운 일종의
Social Dumping이라고 규정하였다.

조선미의 이출대금과 貿易收支

일제시대에는 조선무역의 70~80%가 일본무역이었다. 조선의 이출품목은 농산물이 시종일관 가장 큰 비율을 차지하였는데 미곡이 총 농산물 이출액의 70~80%를 점하였다. 1930년을 전후하여 미곡의 이출금액은 총 수이출액의 50%까지 차지하였다.

대일무역의 가장 큰 특징은 미곡을 중심으로 한 농산물을 이출하고 공산품을 이입하는 구조가 일제 통치기간 동안 변함없이 계속되었다는 점이다. 미곡 이출량의 증가와 이에 따른 미곡 이출대금의 증가는 조선경제의 무역수지를 적자로부터 흑자로 전환시키는 데 큰 공헌을 하였고 조선경제를 꾸려나가는데 핵심적인 역할을 하였다.

일제시기 조선산미증식계획의 추진을 통하여 만들어진 농업 잉여는 지주와 유통과정을 장악한 미곡상들에게 돌아갔다. 조선미를 생산하는 소농민들은 소작료를 내고 나면 판매할 미곡이 얼마 남지 않았다. 미곡의 이출을 통해 얻은 이출 대금은 일부 가계에 환원되어 공산품을 중심으로 생활물자와 서비스 구입에 사용되고 나머지는 대부분 산업부문에 투자되었다.

조선미를 이출하여 부를 축적한 지주와 미곡상들은 한편으로 호화로운 생활을 하면서 자녀들을 일본으로 또는 경성으로 유학 보내고 신식 문화생활을 하는 경우가 많았다. 이들은 다른 한편으로 축적한 부로 지주 경영을 확대하기 위해 농지를 더 사들이는 한편 정미소와 양조장, 제재소, 방직공장 등 각종 산업에 투자하기도 하였다.

1930년대 전반까지는 미곡의 이출대금이 조선경제의 주요 수요기반이었고 내수시장을 확대시키는 핵심적 요인이었다. 이 당시 조선의 공업화는 지주·미곡상 자금의 자본전화(資本轉化)에 힘입은 바 크며 이들의 자금 출처는 대부분 농업 잉여에서 비롯된 것이라고 볼 수 있다.

조선미의 이입제한을 둘러싼 조선총독부와 일본정부의 대립

1927년의 소화 금융공황으로부터 시작된 일본경제의 불황은 1929년 세계대공황의 내습으로 더욱 증폭되었다. 이에 따라 미가도 폭락하여 소화 금융공황 이후 약 10년에 걸친 저미가 시대를 맞게 되었다. 일본의 미가는 1925년 석당 45원에서 계속 하락하여 1931년에는 최저가격이 16원 대로 붕괴하였다. 미작(米作)과 양잠(養蠶)을 주축으로 하는 일본 농업은 대공황으로 직격탄을 맞았다. 이 때문에 일본 농가의 농업소득은 1939년까지 적자상태를 벗어나지 못하였다.

일본 시장에서의 미가 상승과 하락은 조선에도 큰 영향을 미쳤다. 조선에서도 쌀값은 제1차 세계대전 기간 동안 일본에서의 호경기에 힘입어 상승하였으나 1927년부터 일본에서의 쌀값 하락의 영향을 받아 급락하기 시작하였다. 조선미의 주력 시장인 일본에서의 미가 하락은 조선으로 파급되어 조선에서의 쌀 가격도 해마다 떨어졌다. 일본에서의 쌀값 하락보다 그 정도는 심하지 않으나 그 변동의 시기와 패턴은 거의 일치하였다.

일본은 공황을 맞아 붕괴 상태에 빠진 일본의 농업을 보호하기 위하여 일본의 미가를 인위적으로 인상·유지한다는 정책을 추진하였다. 일본 농림성과 제국의회(帝國議會)는 조선과 대만미의 이입량을 통제하지 않는 한 문제를 해결할 수 없다고 보고 1929년부터 1936년까지 여러 차례에 걸쳐 식민지미의 이입량을 줄이기 위한 대책을 내놓았다.

그 가운데 조선과 대만의 입장에서 볼 때 결코 받아들일 수 없는 안은 식민지미 이입량허가제(移入量許可制)와 자유이출 금지안, 미곡의 식부(植付) 면적을 감소시키자는 감반안(減反案)이었다.

조선에서는 일본정부에 대항하기 위하여 선미옹호기성회(鮮米擁護期成會)가 결성되고 그 지부가 전국적으로 설치되었다. 조선농회를 비롯하여 지주와 미곡상단체, 상업회의소를 비롯한 각종 경제단체와 사회단체, 학계, 언론기관도 반대운동에 합세하였다.

반대운동의 논리는 세 가지로 요약할 수 있다. 첫째, 일본정부의 조선미 이입량 통제 시도는 단순한 경제정책이 아니라 조선 통치상 중대한 결과를 초래할 수 있는 정치적 문제라는 입장을 내세웠다. 이들은 조선미의 자유이출을 막는 것은 조선을 외국으로 보지 않으면 있을 수 없는 일이며 이것은 조선인에 대한 차별대우라는 점을 강조하였다.

둘째, 선미옹호회측은 조선경제에서 미곡이 갖는 또 다른 측면의 중요성은 미곡이 일본과 조선의 경제를 연결하는 가장 중요한 상품으로 이출미의 가격과 수량은 조선경제에 미치는 영향이 막대하였다는 점을 강조하였다. 한마디로 말하면 조선의 물산 가운데 쌀과 같이 연 생산액이 4~6억 원의 거액에 달하는 것은 아무 것도 없으며 조선미를 팔아서 얻는 돈으로 조선이 필요로 하는 각종 생활 물자와 기자재를 일본에서 사오는 경제구조를 가지고 있다고 주장하였다.

만약 일본이 조선미의 이출을 제한하면 일본으로 나가던 약 3~4백만 석의 미곡이 조선에 남게 되는데 이것은 조선 내의 미가를 폭락시킬 뿐만 아니라 미곡의 이출 대금으로 일본에서 들어오던 돈도 크게 감소하여 조선에서 필요한 물자 및 생필품의 구입량을 줄이는 결과를 가져온다는 점을 역설하였다. 조선미의 이출 제한은 미곡상과 지주들만 곤경에 빠지는 것이 아니라 조선경제 전체가 황폐화 된다는 논리로 맞섰다.

셋째, 조선미 옹호세력은 조선미의 일본 이출이 막히면 조선에서의 미가는 더욱 하락하게 될 것이고 이렇게 될 경우 가장 큰 타격을 받게 될 계층은 영세 소농이란 점을 강조하였다. 조선미에 대한 이출통제정책은 직접적으로는 조선미의 이출로 이익을 얻는 지주와 미곡상 및 정미업자의 이익을 훼손하는 것이지만 가장 큰 타격을 받게 되는 계층은 미곡을 직접 생산하는 농민층이라는 것이다. 조선의 농업은 총농가호수 300만 호 가운데 소작농의 비율이 52%를 차지할 정도로 빈한하고 논 면적의 68%가 소작지라는 점을 부각시켰다.

조선의 농민들은 수확하는 벼를 지주에게 소작료로 내고 나면 남는 것은 절반도 안 된다. 농민들은 춘궁기를 넘기기 위해 지주에게서 빌린 부채를 갚아야 하고, 생활필수품을 구입하기 위해서 더욱 많은 양의 미곡을 시장에 내다 팔 수밖에 없는 상황에 처한다. 이런 상황에서 미가가 더 하락한다면 영세농은 빈곤의 악순환에서 헤어나올 수 없고 이는 조선과 일본의 경제력의 차이를 더욱 확대하여 식민통치를 어렵게 할 뿐이라는 점을 강조하였다.

조선미 이입통제논란의 정치·경제적 성격과 含意

일본정부의 조선미 이입통제 시도는 민감한 반응을 불러 일으키지 않을 수 없었다. 조선미의 이출허가제 또는 자유무역 금지조치는 조선 내에서 민족이나 직업의 구별없이 모든 사람들의 분노와 동요를 일으키기에 충분한 사단이었다. 조선의 선미옹호운동세력은 조선경제의 기둥인 농업이 무너지면 식민지경제 전체가 치명타를 입어 쓰러진다는 위기감에서 조선총독부와 함께 일치 단결하여 본국에 맞서 저항하였다.

반면에 일본의 척무성(拓務省)은 농림성이 추진하려는 이입량 통제와 감반안(減反案)에 대해, 군부(軍部)는 감반안에 대하여 조선측의 입장에 동조적이었다. 일본정부의 척무성과 육군성 등의 입장은 자기들의 고유 업무분야를 감안하여 부처의 입장을 대변하였다. 이런 점에서 일본정부 는 정부로서의 일관된 입장이 분명하지 않았다고 할 수 있는 반면 조선 과 대만총독부는 해당 식민지 통치의 정치적 경제적 입장을 분명히 가지 고 미가 문제에 대해 일관적인 태도로 임하였다.

조선미에 대한 차별은 내선간의 정치적 차별이며 이는 농업뿐인 조선 경제를 붕괴시킬 것이라는 논리는 일본 의회와 농림성을 견제하는데 상 당히 효과적인 대응이었다. 일본측은 천황의 통치이념과 일본제국의 존 립근거를 내세우는 식민지 측의 반격에 효과적으로 대응할 수 없었다. 조선미의 이입통제를 둘러싼 일본측과 조선측의 대결에서 시종일관 조 선이 정치적, 논리적으로 우위를 점하였다고 평가할 수 있다.

1929년부터 1936년 사이에 일어난 미가 하락과 이에 대한 대책을 둘러싸고 일본정부와 조선총독부 사이에 일어난 일련의 대립과 갈등에 대한 연구는 몇 편밖에 없다. 이 연구들은 한결같이 조선총독부와 일본 정부 사이의 대립과 긴장을 단순화하여 일본의 지주세력을 대변하는 일본 농림성과 조선에 진출한 일본의 지주와 조선미의 이출로 부를 축 적한 식민세력의 이익을 대변하는 조선총독부간의 대결로 보고 있다.

그러나 약 8년에 걸친 이 대립과 갈등은 일본의 지주세력과 조선내의 식민세력의 대결이라고 간단히 규정할 수 없다. 1930년대 일본정부와 조선총독부의 대립과 갈등은 일본의 농업과 농민을 보호하려는 일본정 부 및 농촌 출신이 주축이 된 일본의 중의원(衆議院)의 의원(議員) 대 (對) 조선총독부를 중심으로 한 조선의 지주, 미곡상, 생산 농민, 그리고 실업가와 상공인, 언론인 등을 모두 합친 식민지 내 연합세력 간의 투쟁 이라고 규정하는 것이 타당하다.

戰時 미곡의 국가관리와 米穀市場의 해체

일본이 1937년에 일으킨 중일전쟁이 확대되면서 시장상황은 급변하였다. 일본은 1938년부터 전시 통제경제 상황으로 들어갔다. 조선총독부도 1939년 조선미곡배급조정령과 조선미곡시장주식회사령을 통하여 그동안 조선 경제를 이끌어오던 미곡의 자유거래와 시장경제 시스템을 해체하는 충격적인 조치를 내렸다. 뒤이은 총독부의 비상조치는 미곡의 공출에서 배급에 이르기까지의 전 유통과정을 총독부가 관장할 수 있도록 만들었다. 총독부는 미곡취인소를 해산하고 미곡 도매시장을 폐쇄하였다.

총독부는 그 동안 정미상이 담당하던 유통기능을 정지시키고 일부 정미상만 선발하여 도배급조합(道配給組合)을 만들고 이들에게 총독부의 명령에 따른 미곡의 유통을 담당하게 하였다. 당시 조선에는 약 15,000개의 정미소, 제현소. 및 지방의 소형 방앗간(賃搗所) 등이 있었는데 이들이 가지고 있던 방대한 정미 설비는 대부분 유휴시설이 되었다.

소매상은 그대로 존재하였으나 이들 역시 개별적인 영업을 할 수 없었다. 경성부는 부내의 700여 소매상을 강제로 관제(官製) 소매상조합에 가입시켰다. 소매상은 총독부의 지시를 받는 배급기관이 소비자에게 할당한 미곡을 배달해주고 정해진 구전을 받는 일밖에 할 수 없었다. 이들은 형식상 자영업자였으나 실제는 임금을 받고 일하는 노동자와 다름이 없었다.

조선에서의 미곡 공출은 1941년 가을부터 실시되었다. 수탈적 성격의 공출은 시간이 지나면서 더욱 강화되다가 1943년 조선식량관리령의 실시에 따라 최고조에 이르렀다. 총독부는 자가보유미제도를 실시하면서 통제미의 직접 매상과 배급에 나섰다. 총독부는 전시 식량사정이 급박하여지자 자가소비량의 한도를 축소하고 공출의 사전 할당과 부락 연대책임제를 도입하면서 전 행정력과 경찰력을 동원하여 공출을 독려하였다.

총독부는 1943년 태평양전쟁이 격화되면서 농촌에서 농업생산과 공출을 위한 인적 물적 자원의 동원이 어렵게 되자 이데올로기적 교육과 선전을 통해 이를 보충하고자 황국농민도(皇國農民道)를 들고 나왔다. 황국농민도란 농업이 자본주의 체제 아래의 한 산업으로서 이윤 창출을 위하여 생산 및 유통을 지향하는 것이 아니라 일본제국과 천황을 위해 봉사한다는 관념에서 농업에 종사해야 한다는 생각이다. 이는 농민들이 수지개념을 떠나 증산과 공출에 협조해야 한다는 전시농정의 이념적 근간이 되었다.

농민들은 생산비에도 미달하는 대금을 주고 가져가는 공출이 강화되자 각종 공과금과 빚을 갚을 길이 막막해지고 가정의 비상시에 대비한 금전의 마련은 물론 먹을 식량도 부족하게 되었다. 농민들은 생산한 미곡의 일부를 은닉하는 등 자구책을 마련하지 않을 수 없게 되었다.

총독부는 1939년 10월부터 7분도(7分搗) 이상의 도정을 금지하고 백미의 제조와 판매를 금지시켰다. 총독부는 1940년부터 쌀의 전면적인 배급제를 실시하였다. 총독부는 한 달에 1회 내지 2회의 대용식 일을 정해서 그 날은 각 가정에서도 쌀밥을 짓지 못하도록 하고 음식점에서 쌀밥을 팔지 못하도록 하였다. 식량부족이 심화되자 도시와 농촌에서 암시장이 나타나고 식량의 밀매 행위가 속출하였다.

결론

일제시대의 미곡시장은 1910~1938년까지의 자본주의 시장경제 시기와 1939~1945년까지의 전시 통제경제 시기로 대별할 수 있다. 일제가 전쟁에 들어가기 전까지 조선의 미곡시장은 전형적인 자본주의 시장경제 시스템 아래서 움직였다.

조선의 미곡시장은 일본은 물론 대만과 만주, 관동주, 동남아 시장과도 연결되어 있었다. 당시 일본의 미가는 시장의 수요와 공급에 의해 결정되었고 미곡시장은 거의 자유방임 상태에 있었다. 조선의 미곡시세는 주로 일본의 시장 상황에 의하여 영향을 받았지만 미곡의 수이출은 기본적으로 미가의 고저에 따라 움직이는 경쟁체제 아래에 있었다.

조선의 미곡 생산지 시장은 초기에는 시장정보에 대한 접근성이 용이한 상인들에게 유리하였다. 정보의 왜곡이 있었으나 점차 완전경쟁시장에 가까워졌다. 미곡의 집산에서 도매, 소매까지의 유통시장은 경쟁시장 조건 아래서 출발하였으나 점차 대 자본을 가진 정미상과 이출상의 지배하에 들어갔다.

조선미를 일본으로 이출하는 이출시장은 초기에는 일본인 이출상에 의한 과점시장으로 운영되었으나 이출량이 급증하고 시장 규모가 커지면서 점차 일본 내의 소규모 무역상과 조선의 생산자 간 그리고 일본의 지방 도매상과 조선 오지의 생산자 간의 거래도 활성화 되었다.

조선산미증식계획은 쌀 소동 이후 일본 내의 식량문제를 해결하기 위한 목적을 가지고 태어났다고 할 수 있다. 대만에서도 마찬가지로 산미증식을 위한 정책이 추진되었다. 일본정부는 제국의 영토 내에서 식량을 자급한다는 목표 아래 조선과 대만에서의 미곡증산을 적극 지원하였다. 조선과 대만에서는 일본인들의 입맛에 맞는 일본 품종을 도입하고 관개시설을 개선하여 일본식으로 재배하였다. 동시에 경종법과 조제법도 현대화하여 조선미와 대만미의 품질은 크게 개선되었다.

조선미의 상품화를 촉진하기 위해 총독부는 전국적으로 통일된 미곡검사제를 도입하였다. 미곡검사의 효과는 비교적 빨리 나타났다. 검사

제도는 미곡의 품질을 표준화하여 명병(銘柄)이라 일컫는 프리미엄 브
랜드를 탄생시켰다. 브랜드만 가지고도 대량거래가 가능하게 만들었다.

조선미는 전 조선으로부터 통일적인 6개의 명병으로 분류되어 인천,
부산, 군산, 진남포, 목포의 5대 항구로 집중되었다. 이 결과 1931년부터
는 연평균 약 8~9백만 석의 조선미가 일본으로 이출되었고 대만도 1933
년부터 연간 400~500만 석의 봉래미(蓬萊米)를 일본으로 이출하였다.
이것은 조선과 대만의 총 미곡생산량의 절반에 해당하는 양이었다.

청산시장에서도 실물이나 견본을 보지 않고 명병과 등급만으로 거래
가 일어났다. 조선미의 명병거래는 거래속도를 빠르게 하고 대량매매를
가능하게 하여 유통비용을 절감시켰다. 조선미는 일본시장에서 일본산
미와 거의 동등한 품질로 인정받게 되었다. 한때 동경시장에서 조선미
가 일본미보다 비싸게 팔리기도 하였다.

일제시대 조선미의 증산과 상품화 과정은 조선총독부가 주도한 사실
상 관영 프로젝트의 산물이었다. 총독부는 계획을 입안하고 일본으로부
터 자금을 조달하고 총독부의 인적(人的) 자원과 관계기관을 동원하는
조장(助長)·지도(指導) 행정을 적극적으로 펼쳤다.

그러나 조선미의 유통은 민간부문이 주도하였다. 조선미의 유통상 유
리성은 일본인 상업자본이 정미소를 거점으로 조선미를 집중시키고 대
량화하여 규모의 경제를 실현시킨데 기반을 두었다. 조선미는 소수의 품
종으로 통일하여 대규모로 수리시설을 갖춘 곳에서 저렴한 인건비로 생
산하기 때문에 일본미에 비해서 생산비가 낮았다. 전국 각지의 수많은
농가에서 생산된 조선미는 인근 지역의 정미소에 집산되어 대도시나 이
출항의 대형 정미소에서 백미와 현미로 가공되므로 도정 단가도 낮았다.

미곡 이출업자들은 동업조합을 만들어 선박회사 및 철도와 우대요금
을 협정하였다. 조선미 유통의 집중은 수송 과정의 합리화와 수송 단가
의 저하를 통하여 유통비용을 절감하였다. 조선에 취항하는 일본의 14개

의 선박회사도 동맹을 맺어 조선미의 이출업자에 대항하였으나 협정에서 유리한 위치를 자지하는 자는 언제나 조선의 미곡 이출업자였다.

조선의 미곡시장은 조선산미증식계획을 비롯한 일제의 미곡증산정책에 의하여 시장규모가 크게 확대되었다. 조선 미곡시장의 확장은 주로 이출시장에서 일어났다. 조선미의 이출 수량이 증가함에 따라 식량이 부족하게 된 조선에서는 만주 조와 외국미의 수입이 증가하였다. 조선 미곡시장의 확대는 외국미와 만주 조 수입시장의 확대도 동시에 수반하였다.

일제시대의 큰 미곡상은 정미업을 겸업하는 것이 상례였다. 대지주들 가운데도 정미업을 운영하는 사람이 많았다. 특히 개항장의 미곡 이출상들은 거의 모두가 정미소를 함께 겸영하였는데 이들 가운데 대지주도 상당수였다.

조선미를 생산하는 농가의 53%를 차지하는 소작농은 소작료를 내고 나면 판매할 미곡이 거의 남지 않았다. 조선산미증식계획의 추진을 통하여 만들어진 농업 잉여는 대부분 지주와 미곡의 유통과정을 장악한 정미상과 이출 미곡상들에게 돌아갔다.

일제시기 대일무역의 가장 큰 특징은 미곡을 중심으로 한 농산물을 이출하고 공산품을 이입하는 구조가 일제 통치기간 동안 변함없이 계속되었다는 점이다. 미곡 이출량의 증가와 이에 따른 이출대금의 증가는 조선경제의 무역수지를 적자로부터 흑자로 전환시키는 데 지대한 공헌을 하였다.

일제시대 때 조선미의 이출 대금은 일본에서 들여오는 각종 원자재와 생활물자를 구입하고 일본의 문화를 수입하는데 없어서는 안 될 존재였다. 지주와 곡물상 가운데 일부는 미곡을 이출하여 벌어 들인 돈으로 농지를 더 사들여 소작경영을 확대하는 한편 정미소와 양조장, 방직공장 등에 투자하기도 하였다. 이들이 미곡 판매와 이출을 통해 획득한 소득의 일부는 공업부문을 위한 투자자본으로 전화(轉化)되기도 하였다.

1927년에 시작된 일본의 소화공황과 1929년에 시작된 세계 대공황은 일본과 조선에서 미가의 폭락을 초래하였다. 전례 없이 장기간 계속된 저미가 사태는 일본정부로 하여금 조선과 대만미의 이입량을 일방적으로 통제하려는 대책을 수립하게 하였다. 여러 차례에 걸친 일본의 대책안은 모두 일본의 농민 만을 고려하고 조선과 대만의 이익은 무시하는 차별적인 내용이었다. 어떻게 해서든지 식민지미의 이입을 통제하려 일본과 이를 저지하려는 조선총독부 간의 치열한 싸움이 계속된 후 조선총독부의 승리로 끝났다.

일제시대 조선은 '쌀 본위제(本位制)'라고 할 만큼 쌀이 조선 경제에서 차지하는 비중이 컸다. 그러나 쌀의 증산과 이출로 인한 부의 증대가 생산과 유통에 참여한 모든 사람에게 균점된 것은 아니었다. 일본인과 조선인 사이의 소득분배와 조선인 계층간의 소득분배는 악화되었다. 특히 농촌 계층이 분해되어 농민의 대다수가 소작농과 영세농으로 전락하였기 때문에 이들이 미곡의 상품화에 관여하는 것이 불가능하였다. 이들은 미곡 이출로 인한 부의 생산과 분배에서 소외되었다.

일제시대 미곡시장은 전쟁기를 제외하고는 전형적인 자본주의 시장경제 시스템 아래 움직였다. 미곡은 조선경제를 움직이는 동력이었으나 농업잉여의 분배에 참여할 수 없었던 농민들의 생활수준은 개선이 거의 없었다. 일제시대 때 조선의 도회지와 농촌 사이에는 빈부의 차가 심하였고 문화적 교류도 거의 단절 상태에 있었다. 조선의 경제는 농업부문과 비농업부문 또는 도시경제와 농촌경제 사이에 깊은 괴리가 있는 전형적인 이중경제(二重經濟)상태에 놓여 있었다고 할 수 있다.

조선에서의 산미증식계획의 성공은 미곡의 증산으로 이어지고 이것은 미곡시장규모를 확대하는 견인차 역할을 하였으나 조선을 포함한 대만에서의 증산 성공은 미가 하락을 초래하는 중요한 원인의 하나로 작용하였다. 그 결과 계속적인 미가 하락으로 조선의 농업부문은 특히 소농

계층에게 큰 고통을 안겨주었다. 일본도 마찬가지 어려움을 겪었다. 일본의 식량문제 해결을 위한 정부주도의 증산 프로젝트의 성공은 결과적으로 미가를 하락시켜 농촌의 소득감소와 생활수준의 하락을 초래하였다. 이것은 일제시대 농업부문에 나타난 전형적인 자본주의 시장경제의 모순이었다고 볼 수 있다.

참고문헌

한문 문헌

『戶口總數』, 正祖 13年(1789).

京畿監營圖(보물 제1349호, 호암미술관 소장).

『統營志』(奎 10876).

『承政院日記』, 正祖 7年 9月 9日.

『日省錄』, 正祖 7年 9月 9日.

『兪吉濬全書』 4, 稅制議, 一潮閣, 1971.

『備邊司謄錄』, 純祖 17年 3月 25日.

국어 문헌

權五翼, 『商業經濟學』, 一潮閣, 1957.

기유정, "식민지 대 모국간의 경제마찰과 재조일본인 사회의 대응: 1929-1936
년 선미옹호운동의 정치적 함의에 대한 분석을 중심으로" 『사회와
역사』 82, 2009.

김도형, "갑오이후 인천에서의 미곡유통구조, 仁川米豆取引所의 설립을 중심
으로" 『許善道정년기념 한국사논총』, 일조각, 1992.

金玉根, 『日帝下 財政史論攷』, 일조각, 1994.

金俊輔, 『農業經濟學序說』, 고려대출판부, 1973.

金俊輔, 『韓國資本主義史研究』(2), 一潮閣, 1974.

김진수, "일제수리사(2)-수리행정기관 및 대행기관-" 『한국관개배수』 15(2),
2008.

농림부·한국농촌경제연구원, 『한국농업·농촌100년사』(상), 2003.

농지개량조합연합회, 『농조연합회 10년사 자료집』, 1989.

박석두, "일제의 식민지 지배체제 구축과 한국농업의 변모", 『한국농업·농촌
100년사』 상, 한국농촌경제연구원, 2003.

박영구, "1930년대 미곡정책의 성격연구-미곡생산비논쟁을 중심으로-" 『경제

사학』 14, 1990.

裵永穆, "일제하 식민지화폐제도의 형성과 전개"『經濟史學』 11, 1987.

수피아여자고등학교, 『수피아100년사』, 2008.

吳浩成, 『朝鮮時代의 米穀流通시스템』, 國學資料院, 2007.

吳浩成, 『조선시대 農本主義思想과 經濟改革論』, 경인문화사, 2009.

유승렬, "일제강점기 서울의 상업과 객주"『서울학연구』 10, 1998.

이명휘, "조선거래소의 주식거래제도와 거래실태"『경제사학』 31, 2001.

이상의, 『일제하 조선의 노동정책 연구』, 혜안, 2006.

이송순, 『일제하 전시농업정책과 농촌경제』, 선인, 2008.

이승렬, "한말 일제하 경성의 은행가 조진태·백완혁 연구"『한국근현대사연구』
        36, 2006.

李榮昊, "19세기 浦口收稅의 유형과 浦口流通의 성격"『한국학보』 11(4),
        1985.

李憲昌, "開港期 韓國人搗精業에 관한 研究"『經濟史學』 7, 1984.

李炳眞, "日帝강점기 米豆·證券 市場정책과 朝鮮取引所", 연세대대학원 석사
        논문, 1992.

李洪洛, "植民地期 朝鮮內 米穀流通"『경제사학』 19, 1995.

田剛秀, "농업공황기의 미곡·미가정책에 관한 연구-식민지미 이입통제대책을
        중심으로-"『경제사학』 13, 1989.

田剛秀, "戰時體制下 朝鮮에 있어서의 米穀政策에 관한 研究-유통통제를 중심
        으로-"『경제사학』 14, 1990.

전우용, "근대이행기 서울의 객주와 객주업"『서울학연구』 24, 2005.

조병찬, 『한국시장경제사』, 동국대학교 출판부, 1992.

車明洙, "世界農業恐慌과 日帝下 朝鮮經濟"『經濟史學』 15, 1991.

蔡丙錫, "朝鮮精米工業의 沿革"『農業朝鮮』 4(4), 大同出版, 1941.

蔡丙錫, "朝鮮米輸移出의 消長"『農業朝鮮』 3(10), 大同出版, 1940.

蔡丙錫, "朝鮮米穀檢查의 發達"『農業朝鮮』 3(2), 大同出版, 1940.

崔墉, "韓國 開化期 客主 研究" 均館大學校 博士學位論文, 1992.

하지연, "타운센드 상회 연구"『한국근대사연구』 4, 1996.

河元鎬, "開港期 서울의 穀物流通構造"『鄕土서울』 55, 1955.

河元鎬, 『개항 이후의 일제침략』, 한국독립운동사편찬위원회, 2009.

한승연, "제령을 통해 본 총독정치의 목표와 조선총독의 행정적 권한 연구" 『정부학연구』 15(2), 2009.

洪性讚, "한말 서울 東幕의 미곡객주 연구-彰熙組合과 西署東幕合資商會의 사례" 『경제사학』 42, 2007.

허영란, 『일제시기 장시연구』, 역사비평사, 2009.

松本武祝, "1930년대 朝鮮의 農家經濟" (安秉直·李大根 외 編) 『近代朝鮮의 經濟構造』, 비봉출판사, 1989.

커즈 밍(문명기 역), 『식민지시대 대만은 발전했는가, 쌀과 설탕의 상극 1895-1945』, 일조각, 2008.

藤原 彰(嚴秀鉉 역), 『日本軍事史』, 時事日本語社, 1994.

일본어 문헌

金洛年, 『日本帝國主義下の朝鮮經濟』, 東京大出版會, 2002.

金洛年, "植民地朝鮮産米增殖計劃と工業化" 『土地制度史學』 146, 1995.

蘇淳烈, "植民地後期朝鮮地主制の研究" 京都大學博士學位論文, 1994.

林炳潤, 『植民地における商業的營農の展開』, 東京大學出版會, 1971.

文定昌, 『朝鮮の市場』, 日本評論社, 1941.

朴慶植, 『日本帝國主義の朝鮮支配』 下, 青木書店, 1973.

崔虎鎭, 『近代朝鮮經濟史: 李朝末期に於ける商業及び金融』, 慶應書房, 1942.

菱本長次, 『朝鮮米の研究』, 千倉書房, 1938.

持田惠三, 『米穀市場の展開過程』, 東京大出版會, 1970.

善生永助, 『朝鮮の市場經濟』, 朝鮮總督府, 1929.

鈴木直二, 『米穀流通經濟の研究』, 成文堂, 1975.

鈴木直二, 『取引所總論』, 1971.

河合和男, 『朝鮮における産米增殖計劃』, 未來社, 1986.

太田嘉作, 『明治大正昭和米價政策史』, 1950.

東畑精一·大川一司, 「朝鮮米穀經濟論」 『米穀經濟の研究』, 有斐閣, 1939.

川野重任, 『臺灣米穀經濟論』, 有斐閣, 1941.

郭明仁, 『臺灣における米穀流通の研究』, 成文堂, 1979.

橫山要次郞,『朝鮮米輸移出の飛躍的發展とその特異性』, 朝鮮穀物協會, 1938.

守田志良,『米の百年』, 御茶の水書房, 1966.

橋谷 弘, "兩大戰間期の日本帝國主義と 朝鮮經濟"『朝鮮史研究會論文集』20, 1983.

櫻井 誠,『米その政策と運動』上, 明治初期~昭和20年, 農山漁村文化協會, 1989.

石塚 峻, "朝鮮米穀事情"『朝鮮米と日本の食糧問題』, (1938), 友邦シリス 第 2號, 友邦協會, 19佐佐木勝藏,『朝鮮米の進展』, 鮮米協會, 1935.

澤村 康,『米價政策論』, 南郊社, 1937.

澤村 康,『農業經濟』上, 1932.

岡田重吉,『朝鮮米穀輸出事情』, 東京高商研究叢書, 19, 1911.

吉野 誠, "朝鮮開國後の穀物輸出に就て"『朝鮮史研究論文集』12, 1975.

四方 博,『市場を通して見たる朝鮮の經濟』,『朝鮮經濟の研究』, 1938.

岡本眞孝子,『植民地官僚の政治史 朝鮮·臺灣總督府と帝國日本』, 三元社, 2008.

水野秀雄, "朝鮮米輸移出入消長" 朝鮮米肥日報, 1937. 12. 10.

鮮米協會,『鮮米協會10年誌』, 1935.

木村和三郞,『米穀流通費用の研究』(日本學術振興會 第6小委員會報告 8), 有 斐閣, 1936.

井上新一郞,『紊亂の極に在る朝鮮取引所界』, 1930.

北崎 進,『取引所槪論』, 明治大學出版部, 1935

土肥鑑高,『米の日本史』, 雄山閣出版, 2001.

秋山滿夫,『株式會社 仁川米豆取引所沿革』, 仁川米豆取引所, 1922.

八木芳之助,『米穀統制論』, 1934.

藤田國之助,『日本取引所解說』, 1942,

二瓶精一,『精米と精穀』, 地球出版社, 1941.

增田吉猪, "在來精米機改善の急務"『朝鮮』, 1926, 9.

池田泰治郞, "土地改良事業に對する本部施設の經過"『朝鮮農會報』 20(1), 1926年 第11號.

淸水吉松,『米穀投機論』, 1913.

渡邊豊彦, "朝鮮米の增殖と改良"『朝鮮土地改良事業史』, 友邦協會, 1960.

西村, "朝鮮産米增殖計劃の槪要"『朝鮮』, 1920, 10.

松本武祝,『植民地朝鮮の水利組合事業』, 未來社, 1991.

山本尋己, "朝鮮產玄米中の不純物調査" 『朝鮮農會報』 12-5, 1917.

德永勳美, 『韓國總覽』, 1907.

淺田喬二, 『日本帝國主義下の民族運動』, 未來社, 1973.

磯　永吉, "臺灣產米改良事業槪要" 『第25周年記念論文集』, 大日本米穀協會 編, 1931.

色部米作, "臺灣內地種蓬萊米に就て" 『大日本農會報』, 1929, 10.

有賀光豊, 『米穀調査會と鮮米の移出統制』, 京城商業會議所, 1930. 6.

岩片磯雄, "朝鮮米生產費に關する調査" 『米穀經濟の研究』 2, 有斐閣, 1940.

西澤基一, "米穀配給と農業倉庫" 『經濟時報』, 1931.

近藤劍一 編, 『太平洋戰下の朝鮮』 4, 1963.

衫山茂一, 『生活必需物資の配給に就て』, 1944.

松本信次, 『取引所の常識』, 千倉書房, 1942.

川東靖弘, "昭和農業恐慌下の米價政策" 『經濟學雜誌』 78. 2, 1978.

川東靖弘, "昭和農業恐慌下の米價政策の轉換" 『經濟學雜誌』 81. 2, 1980.

近藤劍一 編, 『太平洋戰下の朝鮮』 4, 1963.

朝鮮總督府, 『京城·仁川商工業調査』, 1913, 1939.

朝鮮總督府 殖產局編, 『取引所關係事項の槪要』, 1930.

朝鮮總督府 殖產局, 『朝鮮の灌漑及開墾事業』, 1922.

朝鮮總督府, 「朝鮮米增殖計劃要綱」, 朝鮮殖產銀行 『朝鮮の米』, 1926.

朝鮮總督府, 『朝鮮產米增殖計劃要領』, 1922, 1926.

朝鮮總督府 殖產局, 『朝鮮の土地改良事業』, 1927.

朝鮮總督府 鐵道局, 『朝鮮鐵道沿線市場一斑』, 1912.

朝鮮總督府, 『朝鮮における小作に關する參考事項摘要』, 1934.

朝鮮總督府, 『朝鮮の小作慣行』(上), 1932.

朝鮮總督府, 『朝鮮の小作慣行』(下), 1932.

朝鮮總督府, 『朝鮮の經濟事情』, 1931.

朝鮮總督府, 『朝鮮における米穀統制の經過』, 1934.

朝鮮總督府 農林局, 『朝鮮產米增殖計劃の實積』, 1933.

朝鮮總督府 農林局, 『朝鮮土地改良事業要覽』, 1935.

朝鮮總督府 農林局, 『朝鮮の農業』, 1942.

朝鮮總督府 農林局, 『朝鮮米穀要覽』, 1933, 1935, 1937.

朝鮮總督府 法務局, 『經濟情報』, 1943.

朝鮮總督府 農産局, 「朝鮮靑果物配給統制規則, 朝鮮魚介物統制規則解說」 『通報』 154, 1944.

朝鮮總督府 警務局 經濟警察課, 「緊急食糧對策實施狀況」 『經濟治安週報』 51 (1942. 4. 24).

朝鮮總督府, 『京城仁川商工業調査』, 1913.

朝鮮總督府, 『施政30年史』, 1940.

朝鮮總督府, 『朝鮮の市場』, 1924.

朝鮮總督府, 『朝鮮の市場經濟』, 1929.

朝鮮總督府 穀物檢事所, 『朝鮮の稻作』, 1938.

朝鮮商工會議所, 『朝鮮米と朝鮮の經濟機構』, 1934.

朝鮮米穀事務所, 『京城に於ける米穀事情』, 1936.

京城産業調査會, 『精米工業・ゴムニ關スル調査』, 1935.

朝鮮農會(小早川九郎 編), 『朝鮮農業發達史』 政策篇, 1944.

朝鮮農會(小早川九郎 編), 『朝鮮農業發達史』 發達編, 1944.

朝鮮農會(小早川九郎 編), 『朝鮮農業發達史』 發達篇, 附錄, 農業に關する諸統計, 1944.

朝鮮農會, 「農家經濟調査」, (慶南 1931年, 全南 1932年, 平南 1933年).

大藏省, 『明治大正財政史』 第18券(朝鮮篇), 財政經濟學會, 1939.

日本 農商務省, 『韓國土地農産調査報告』, 慶尙道・全羅道, 1905.

日本 農林省 米穀局, 『朝鮮に於ける米穀事情』, 1934.

朝鮮米穀事務所, 『京城に於ける米穀事情』(油印物), 1936.

朝鮮穀物協會, 『朝鮮米穀輸移出の飛躍的發展とその 特異性』, 1938.

露國 大藏省編(日本農商務省 山林局 譯), 『韓國誌』, 東京書院, 1900.

農業發達史調査會編, 『日本農業發達史』 (2), 中央公論社, 1954.

京城府 産業調査委員會報告, 『精米工業・ゴム工業ニ關スル調査』, 1935.

朝鮮殖産銀行調査課, 『朝鮮の米』, 1928,

朝鮮土地改良株式會社, 『朝鮮土地改良株式會社誌』, 1936.

朝鮮貿易協會編, 『朝鮮貿易史』, 1943.

農林局, 『朝鮮米穀要覽』, 1940.

臺灣總督府 米穀局, 『臺灣米穀要覽』, 1939.

農林省 米穀局,『米穀摘要』, 1939(18).

日本農林水産省百年史編纂委員會,『農林水産省百年史』(中), 1977.

大藏省 管理局,『日本人の海外活動に關する歷史的調査』朝鮮篇 製9分册,

仁川府,『仁川府史』, 1933.

群山府(保高正記 編),『群山開港史』, 1925.

법령, 통계자료 및 정기간행물

서울특별시사편찬위원회, "서울 統計資料集, 日帝强占期篇", 1993.

朝鮮銀行 調査部,『朝鮮經濟年報』, 1943.

朝鮮總督府 農林局,『朝鮮米穀關係例規』(朝鮮地方行政學會), 1937. (法令集)

朝鮮總督府 農林局,『米穀關係法規』, 1934~1940.

朝鮮總督府 農林局,『朝鮮米穀要覽』, 1935.

朝鮮總督府,『朝鮮總督府施政年報』, 1914.

朝鮮農會,『朝鮮農會報』20(1), 1926; 3-11, 1929; 1939. 2.

朝鮮農會,『農務提要』(法令·規程集), 1936.

京城商工會議所,『經濟月報』149, 1932.

朝鮮總督府,『朝鮮總督府統計年報』, 1907-1941 各 年度(統監府統計年報 포함).

朝鮮總督府,『朝鮮總督府貿易年報』, 1920-1941 各 年度.

全國經濟調査機關聯合會 朝鮮支部,『朝鮮經濟統計年鑑』, 1939, 1941, 1942.

朝鮮總督府,『農業統計年表』, 1936.

農林省 米穀局,『朝鮮米穀關係資料』, 1936.

朝鮮穀物協會,『朝鮮米穀要覽』, 1934.

朝鮮穀物商組合聯合會,『朝鮮穀物要覽』, 1927.

朝鮮未肥日報社,『新穀物檢查法規詳解』, 1932.

日本商業通信社,『朝鮮經濟統計年鑑』, 1938.

『通商彙纂』8號 20號. (1895. 5. 1).

『通商彙報』附錄. 1890. 3.

『通商彙編』, 明治 14年.

「朝鮮ニ產スル米及籾ニハ移入稅ヲ課セズ」1913年 4月 法律 第17號.

仁川米豆取引所定款と營業細則, 1928.

群山米穀商組合規約

木浦商業會議所, 『統計年報』, 1920.

朝鮮穀物檢査所令(1932年 9月 24日 制令 第2號).

朝鮮穀物檢査所令 施行規則(1932年 9月 24日 府令 第91號).

朝鮮總督府 穀物檢査所官制(1932年 勅令 第264號).

朝鮮食糧管理令 및 施行細則, 1943.

朝鮮米穀配給調整令(1939).

朝鮮米穀市場株式會社令(1939).

大韓每日新報, 1906. 11. 22.

朝鮮日報, 1921. 9. 8; 1929. 11. 17; 1929. 11. 18; 1932. 7. 22; 1934. 6. 8; 1939.
        8. 5; 1939. 8. 18.

朝鮮新聞, 1932. 7. 22.

東亞日報, 1929. 11. 20 1929. 11. 19 1929. 11. 2 1932. 12. 7; 1933. 9. 24;
        1933. 9. 30; 1934. 2. 13; 1934. 8. 8; 1935. 6. 7 1935, 5. 25; 1935,
        6. 6; 1935. 6. 7; 1935. 6. 12; 1935. 6. 15 1939. 7. 16.

每日申報, 1929. 11. 18.

京城日報, 1929. 11. 17; 1932. 7. 12; 1932. 7. 15; 1932. 12. 6; 1934, 3. 6; 1934.
        3. 10.

釜山日報, 1932. 7. 2.

찾아보기

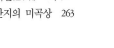

경인한국학연구총서

*대한민국학술원 우수학술 도서　　　**문화체육관광부 우수학술 도서